中国人口史论纲

（1949-2017）

张　弥◎著

中国财富出版社

图书在版编目（CIP）数据

中国人口史论纲：1949—2017／张弥著．—北京：中国财富出版社，2018.12
ISBN 978-7-5047-6833-9

Ⅰ.①中… Ⅱ.①张… Ⅲ.①人口—历史—研究—中国—1949—2017
Ⅳ.①C924.2

中国版本图书馆 CIP 数据核字（2018）第 283196 号

策划编辑　崔晨芳　　责任编辑　戴海林　栗　源
责任印制　尚立业　　责任校对　孙丽丽　　责任发行　杨　江

出版发行　中国财富出版社
社　　址　北京市丰台区南四环西路 188 号 5 区 20 楼　　邮政编码　100070
电　　话　010-52227588 转 2098（发行部）　010-52227588 转 321（总编室）
　　　　　010-52227588 转 100（读者服务部）　010-52227588 转 305（质检部）
网　　址　http://www.cfpress.com.cn
经　　销　新华书店
印　　刷　北京京都六环印刷厂
书　　号　ISBN 978-7-5047-6833-9/C·0222
开　　本　710mm×1000mm　1/16　　版　　次　2020 年 1 月第 1 版
印　　张　20　　印　　次　2020 年 1 月第 1 次印刷
字　　数　338 千字　　定　　价　78.00 元

CONTENTS

目 录

导 言

从 1949 年始到 2017 年止，中国的人口增长和流动已经有 69 年的历史，这期间，中国大的体制环境经历了社会主义改造阶段、计划经济阶段和改革开放阶段。

中国的人口增长和流动与经济的因果关系，有其特殊性。从人口生育模式的变化来看，从 1949 年到 1978 年，虽然我们总体上实行的是公有制经济、计划经济体制和按劳分配制度，但是，在生育决策方面，生育权属于家庭，生育数量由家庭分散决策；而 1978 年改革开放以来，虽然我国向多种所有制经济、市场经济体制和按要素分配制度转型，但是在生育决策方面，实行了计划生育政策，生育数量由政府集中管理。因此，中国自 1949 年以来的生育模式，其实分为家庭分散决策与政府集中管理两个不同的阶段。人口迁移也从 20 世纪 50 年代前中期的自由流动模式，到 20 世纪 50 年代后期的户籍管制模式，再到改革开放后户籍管制加居住证制度下的流动模式，在不同阶段呈现出不同的特点。

一、1949 年后生育自主决策与人口增长及转型

1949—1978 年的 30 年，从大的经济体制变迁来看，中国经历了土地改革和国有化、城乡社会主义改造、三年经济困难、国民经济恢复和“文化大革命”等不同时期。虽然这 30 年我国实行资产国有、资源配置集中管理，也进行过关于人口增长与耕地、粮食等生产资料和生活资料平衡的争论，但是，与改革开放后不同的是，这一阶段的生育权始终在家庭和个人手中。下面我们来看这一阶段我国人口生育模式和人口增长的格局。

（一）社会主义改造时期的生育模式与人口增长

从大的生育模式的体制环境看，20 世纪 40 年代后期到 50 年代初期，中国共产党从解放区开始到全国，逐步进行了土地制度改革，即将土地平

均地分配给农户。1950—1957 年，我国逐步进入社会主义改造阶段。我国农村经济体制从农户私有经济逐步转变为土地产权仍为农户所有的合作社经济，国家没收资本家的财产，对私人资本进行公私合营改造，到后来实行了完全国有化的改造。这一时期的生育权属于家庭，生育数量由家庭分散决策；人口迁移还没有受到管制，人口还可以在区际和城乡间自由流动。

1. 自给自足的小农户的生育模式

对这个阶段中国农村农民家庭生育的成本收益进行分析，结论如下。

（1）生育决策和行为过程中，抚养子女的生活成本低，自然经济程度高，生育受货币收入线的约束较小。农村家庭收入主要来源于自有的或耕种的土地，或者后来入股合作社被划分到的土地，货币化程度很低。除锅碗、食盐、布料等特殊商品外，农村家庭对生活品外购的比例不高；而食品、燃料和住房，则来自自己（或合作社）的种植、采集和建造，相当一部分衣着也来源于家庭纺织等自然经济。虽然农村家庭子女入学率逐步提高，但他们的教育层次仍较低，大学升学率也非常低；农村医疗药品少，农民靠土方治病占多数，西医普及缓慢，药品价格也较低，因此，教育和医疗的支出占家庭生活支出的比例很低。

（2）生育孩子的机会成本低。农业生产有着较强的季节性，有的地区农闲时间长，出工时间也可以由自己安排。虽然当时国家对人口迁移还没有进行管制，但是农村人口，特别是农村妇女，除了村际之间的婚姻嫁娶之外，向外流动的机会不多，加上受教育程度低，许多妇女是文盲，寻找新工作的机会也很少。因此，农村妇女生育孩子，谈不上放弃事业和损失收入。

（3）多生育子女可以提高收益。农村孩子当中，年龄大一些的可以照看弟妹、拾粪集肥、割草砍柴、喂畜放牧，也可以干一些种田收割等辅助性的农活。子女成人之后，子女数量多使得老人养老的选择也多一些。

这一时期农户的生育数量，取决于农村家庭在自然经济下自给自足的能力，以及家庭收益极限中扣除成人生活和农业生产所需外，在剩余收益中抚养子女的直接成本和机会成本的均衡点。

2. 20 世纪 50 年代前中期城镇家庭生育模式

这一阶段的中国，城市人口的比例较小且提高缓慢。城市中实行的是国家计划经济体制，工资低，物价低，家庭教育和医疗成本也较低。城镇家庭生育决策和行为表现如下。

（1）城镇居民的收入主要来源于工资，除了20世纪50年代初的三轮车夫和商贩外，大多数城镇居民的工资收入主要取决于国家计划。与农村居民自给自足不同的是，城镇居民绝大部分生活支出需要以货币支付。虽然在计划经济体制下，教育和医疗成本以及其他物价水平较低，但在一定的工资收入水平内，成年城镇居民自己生活、抚养子女、供养老人的能力是有限的。

（2）机会成本对城镇居民生育子女的数量开始起到微弱的约束作用。当时，城镇妇女中文盲较多，许多妇女进入识字班进行扫盲学习，选择工作和获得收入的机会增多。城镇中的妇女，一少部分已经初中或者高中毕业。她们如果生育过多的子女，就需要自己照料孩子，会失去工作岗位和工资收入等。机会成本机制对城镇家庭的生育意愿和生育率起到了一小部分抑制作用。

（3）城镇居民养育子女的预算是工资收入扣除自身和供养老人开销以及留有一定储蓄后的剩余；生育子女的数量取决于其成本与预算在可承受范围内的平衡。还有许多家庭，丈夫在城镇中工作，妻子在农村生活，丈夫的一部分工资收入可支付给妻儿，加上农村生育子女的直接成本和机会成本较低，因此农村人口生育率仍然很高。

3. 20世纪50年代前中期城乡生育率与人口增长

从中国1950—1957年的人口生育、出生、死亡和增长情况来看，我国这一阶段人口总和生育率年平均高达6. 2，出生率年平均高达35. 66‰。农村总和生育率为6. 5，而城镇为4. 2左右。宏观上看，我国人口呈现高出生率、由高到低死亡率和高增长率的变动模式。

从城乡结构来看，我国乡村人口比例从1949年的89. 36%缓慢下降到1957年的84. 61%。这一时期，人口在城乡之间流动和迁移的政策还较为宽松[①]。综合考虑，农村人口生育率高于城镇，城镇人口增长中有一定的比例来源于农村人口向城镇的迁移。1950—1957年，乡村人口平均比例为86. 76%。同一时期，城市居民收入货币化，抚养子女受到货币收入预算线的硬约束，教育、医疗和其他方面的物价水平较低，城镇平均总和生育率

① 王跃生. 中国当代人口迁移政策演变考察——立足于20世纪50—90年代［J］. 中国人民大学学报，2013（3）.

要比农村低 2 ~3。而农村居民由于经济自给自足，生活资料的来源无硬性约束，生育子女的机会成本比城市低，因此平均总和生育率较高。因此，人口高增长的贡献主要来自农村。

从这一阶段中国的经济体制环境和人口增长状况来看，中国的工业化和城市化（城镇化）刚刚开始，由于城乡二元结构中农村人口和农业经济还占较高的比例，自给自足的经济模式供养着 84% 以上的高生育率人口，因此货币经济、文化水平、机会成本等市场经济调节机制，对人口增长的抑制作用还不能占主导，而人口死亡率却因营养状况的改善和农业生产力的增长而下降。

这样的人口增长态势，引起了经济学家马寅初的警惕。客观地讲，虽然现实状况并不像马寅初想象的那样严峻，但是，这一时期人口年平均增长 21.36‰的速度，已经处于意大利经济学家佩切伊所说的“爆炸式”增长[①]阶段。

此时，如果人口继续在城乡间自由流动，人口城市化水平逐步提高，向着市场经济迈进，决定家庭生育的直接成本和机会成本对抑制人口生育数量的作用就会越来越强，人口的“爆炸式”增长将逐步被平抑。遗憾的是，历史不能假设。

（二）1958—1961 年马尔萨斯式人口平衡

从这一阶段人口增长的体制环境来看：一方面，1958 年全国农村和城郊成立人民公社，农户的生产经营方式从自给自足到以土地等入股的生产合作社，再到集体所有、集体工作、集体生产和集体分配。1958 年 12 月，加入人民公社的农户已占全国总农户的 99.1%。[②] 另一方面，1958 年颁布了《中华人民共和国户口登记条例》[③]，建立并开始实施城乡人口户籍管制制度，基本上限制了人口在城乡和区域之间的自由流动。

这一时期，虽然生育权仍然在家庭，但占总人口 80% 以上的农民家庭的生育行为受到了影响：①1958 年，国民经济“大跃进”，各地虚报粮食产量，国家从农民手中“统购”的粮食太多；许多农村开设公共食堂，取

---

① 佩奇. 世界的未来——关于未来问题 100 页［M］. 北京：中国对外翻译出版公司，1985.

② 苏星. 新中国经济史［M］. 北京：中共中央党校出版社，1999.

③ 公安部治安管理局. 户口管理法律法规规章政策汇编［M］. 北京：中国人民公安大学出版社，2001.

消了家庭食品消费，造成粮食浪费严重；1957 年下半年至 1958 年，人民公社集中劳动力兴修水利和大炼钢铁。1959 年，全国粮食大幅度减产，出现了大面积人口营养不良和食不果腹的情况。[①] 1958—1961 年，全国农民平均占有粮食总量从 311 千克逐步降低到 223 千克和 191 千克。[②] ②农村实现人民公社化后，农户土地归集体，许多地方将原来给农户的自留地也收归集体，这使得农民从自给自足的生产方式变成集体化的生产方式。农村的自给自足经济开始解体，但农户从集体经济中得到的收入有限，集体劳动的紧张性以及粮食不足，都约束了农户的生育行为，降低了生育率。

关于城镇居民家庭生育情况，由于工资水平下调，城镇居民养育子女的货币支付能力下降；1955 年，城镇开始实行按人数供应粮食的制度，这一制度在 1958—1961 年得到完善，但每人粮食供应数量却因经济困难而减少；一些城镇居民还要补贴农村经济困难的亲友，粮食等生活资料严重短缺。城镇家庭生育率下降，使得城镇人口自然增长率也下降。

1958—1961 年，农户自给自足的小农经济转变为集体经济，很大程度上改变了农村家庭养育子女的生活资料来源，使农户生育模式发生较大的变化。工业化的“大跃进”，使城市人口占总人口的比例从 1955 年的 13.48%，上升到 1960 年的 19.75%。国家的粮食分配需要配合这种快速的工业化和城市化，因此国家从农村强制低价收购农产品，结果导致了全国农村农民粮食极度短缺，这一时期因饥饿导致的死亡主要发生在乡村。这实际是马尔萨斯效应中提到的饥荒等方式对人口数量进行的强制平衡，使人口增长的规模与工业化对农村粮食的需要以及公社制度下的农业产出水平等相适应。

（三）计划经济时期的生育模式与人口增长

20 世纪 50 年代，社会主义改造完成后，我国遇到了三年国民经济困难的特殊时期。1962 年，国民经济开始恢复，城乡所有制结构、计划经济体制、户籍管制制度等日臻完善；虽然在物质生产方面实行国家和集体所有、集中计划的体制，但是在人口生产方面，生育权还属于家庭，生育数

---

① 苏星. 新中国经济史［M］. 北京：中共中央党校出版社，1999.

② 辛逸，葛玲. 三年困难时期城乡饥荒差异的粮食政策分析［J］. 中共党史研究，2008（3）.

量由城乡家庭自主决策；农村生产分配政策从公社集中调整到以生产队为基础，适当给农民留有自留地。[①] 综合起来，形成了这一时期中国城乡人口增长的体制环境。

1. 经济恢复和“无产阶级文化大革命”前期的人口生育和增长

1962—1972 年，全国平均总和生育率高达 5. 98，人口年平均出生率为 35. 61‰，但是，由于死亡率从 1961 年的 14. 33‰持续下降到 1972 年的 7. 65‰，因此人口年平均增长率从 1950—1957 年的 21. 36‰上升到 1972 年的 26. 75‰。与 1950—1957 年相比，1962—1972 年我国生育率略有下降，出生率水平相当。人口死亡率下降和平均寿命延长，成为人口快速增长的重要因素。这一时期是中国生育率和人口增长速度最快的 11 年，全国净增加人口 21318 万。这一阶段，我国人口仍呈“爆炸式”增长。究其原因如下。

从农村农户生育的行为和环境来看：①自给自足的家庭经济一定程度上得到恢复，农村居民的生育受货币支付的限制程度较低。②农村居民闲暇时间增多，生育机会成本降低。随着农村人口的增长，农村开始出现人多地少的现象，并且很多人在集体劳动中出工不出力；[②] 农村居民对自留地劳作比较精心，但有限于耕地太少，实际劳动能力存在剩余，工作强度下降，有效劳动时间缩短。③农村家庭人口越多，就可以分配到越多的生活资料和生产资料。④农村居民的营养状况比 20 世纪 50 年代有所改善，一般医疗逐步向农村普及，农村育龄妇女的健康水平提高，受孕率上升，育龄年限延长。⑤处于文盲和被扫盲文化水平的生育年龄妇女比例较大，靠提高受教育水平降低生育率的机制还不起主导作用。⑥失去了靠人口流动和人口城市化降低生育率和抑制人口过快增长的重要平衡机制。人口城市化水平低，是中国这一时期高生育率和高人口增长率的重要原因之一。

从这一时期城镇居民家庭生育行为和人口增长模式来看，存在一些对生育率有负面影响的因素：①虽然物价低，但城镇实际工资水平比 20 世纪 50 年代的最高点有所下降，家庭用于养育子女的货币支出成本降低。这限制了城镇居民生育子女的数量。②城镇居民的受教育水平比农村居民高，

---

① 苏星. 新中国经济史［M］. 北京：中共中央党校出版社，1999.

② 刘欢迎. “偷懒耍滑”：国家在场下的农民生存智慧——以人民公社时期皖北的刘集镇为例［D］. 武汉：华中师范大学，2009.

成人扫盲普及率提高，妇女就业率比20世纪50年代上升，生育子女的机会成本上升，妇女生育意愿下降。③社会的安定形势也影响了家庭生育意愿，影响城镇人口的生育率。

2. “文化大革命”后期的人口生育和增长转型

1973—1979年，中国总人口在7年间增加了1亿人，但是，总和生育率从4.54大幅度降低到2.75。20世纪50年代初的工业化运动开始20多年后，我国的人口生育和增长开始转型，人口的“爆炸式”增长呈现快速降温趋势。

是什么原因导致了中国1973—1979年的人口从高生育率、高出生率和高增长率向低生育率、低出生率和中高增长率转型？此后，这次下滑趋势会持续还是会反弹？这将会对之后30多年我国的生育政策制定产生关键性的影响。

（1）随着教育的发展，文化水平对生育意愿的影响作用越来越重要。20世纪50年代，中国开始重视发展城乡扫盲和小学初中教育，全国的人口包括妇女的文化水平普遍提高，对20年后人口的生育产生影响。按照学历水平越高、生育率越低的规律，教育水平成为这一时期降低人口生育率的重要因素。

（2）农村年青劳动力进入非农业领域工作，增加了其货币收入，并使其闲暇时间，特别是季节性闲暇时间大大减少，这加大了其生育孩子的机会成本。“文化大革命”后期，地方大办“五小”工业，鼓励公社发展社队企业，大中型国有企业也从乡村招收了一部分职工。

（3）长期停止增长的低工资水平以及实际收入的下降，加之处于生育年龄的知识青年去往农村和回到城镇的双向迁移，降低了城镇家庭对养育子女的预算并减少了生育机遇。

（4）中国计划生育政策始于20世纪70年代。一些城镇单位开始在党员和团员中强制执行计划生育，后来在所有的职工中普遍推行，包括妻子在农村的城镇职工，都要响应政府的号召，受到单位约束，逐步少生少育。但这一时期的计划生育政策强制程度不高，没有执行和落实到位。

人口的文化水平提高，城镇人口增加，农村劳动力向非农业领域转移，城镇居民生活水平长期低下，甚至下降，其结果是1972—1979年，中国人口生育率和人口增长速度呈现下滑趋势。

由此可以看出，1949—1979年的中国人口政策、人口增长和流动格局，尽管受到集中生产和分配的计划经济以及20世纪70年代政府提倡计划生育的影响，但是生育权仍在家庭，生育由家庭分散决策；而除了1959—1961年人口增长与粮食产量的关系，遭到了饥饿与营养不良等马尔萨斯效应的强制平衡外，1950—1973年我国人口都处于高生育率、高出生率、由中到低的死亡率的阶段，从而体现为高人口自然增长率的“爆炸式”增长。其原因和机理，可以归结为以下内容。

总体上看，农村的自给自足经济，是农村人口高生育和高增长率的基础条件。从生育率的决定机制来看，农村虽然从小农户自给自足的生产方式转向了集体劳动的生产方式，但是，20世纪50年代前中期，土地仍归农户所有；20世纪60年代初，农民有自己耕种的自留地，加上能源、肥料等也几乎是自然物并自给自足，农村生活的直接成本和农妇生育的机会成本等机制发挥不了很强的抑制人口增长的作用。

城市化进程长期停滞和缓慢，是人口增长过快的重要原因，而对人口流动的限制，使农村高生育率人口比例长期处于82%～90%的高水平，在之后的几十年中，不能通过人口流动和城市化形成的生育直接成本和机会成本上升的机制给人口的“爆炸式”增长降温。“爆炸式”增长时间过长，积累了巨额的人口。

除了1958—1961年外，中国于1949年后粮食产量的提高、医疗卫生事业的发展和农村医疗的普及，包括社会和政局的稳定，使得我国人口死亡率快速下降，保持在中低水平之上，人口的平均寿命不断提高，这使农村社会的自给自足经济占主体，收入与货币支出限制机制起不到抑制生育意愿的作用，中国失去了马尔萨斯效应中抑制人口快速增长最重要的机制。

教育的发展在这一时期还起不到抑制生育率和人口增长的作用。虽然从20世纪50年代中期开始，中国政府大力发展教育，努力提高小学、初中、高中的适龄人口的入学率和教育普及率。但是，受教育水平要发挥抑制家庭生育率的功能，从受教育人口入学到他们进入生育年龄，有一个18～22年的滞后期。这就解释了为什么我国从1974年才开始出现人口生育率和增长率的快速转型。

二、1978年后的生育管制及其人口增长

从1978年年底，中共中央第十一届三中全会决定实行改革开放政策至今，中国从生产资料由国家和集体所有、资源投入和生产按计划管理、收

入按劳分配的制度，转向了多种所有制、市场经济和多要素按贡献分配的制度。但同时，人口的再生产体制，却发生了重大变化。在市场经济体制下，人口生育也必然受到市场机制的调节作用。但在这一时期，经济体制计划经济向市场经济转变，而人的再生产却从由家庭决策转向由政府决策，受政府集中计划管理；同时，市场经济中的农村家庭生活支出快速货币化、农村妇女生育的直接成本和机会成本增高，而对子女质量和数量的选择、妇女受教育水平进一步提高等，发挥出越来越强的约束生育的作用；宏观上看，农民工人口的流动和人口城市化水平的上升，也使得生育意愿较低的家庭越来越多，甚至有相当比例的家庭向超低生育率群体转变。

在人口流动方面，户籍管理制度没有全面放开，但逐步地以办理暂住证、允许农民工到城镇务工、一些小城市可以办理户口农转非等方式松动。实际人口流动方面，实行的也是市场经济加政府管制的双重调节体制。

（一）生育由国家集中计划管制的形成和完善

中国应不应该实行计划生育，这一问题从 20 世纪 50 年代就开始争论。在学术界对于这一问题的争论，主要由经济学家马寅初对 20 世纪 50 年代中国人口高出生率和高增长率与粮食等物资供应的平衡关系的担忧引起。虽然，我们在改革开放前落实了计划经济体制，决策权集中到政府手中；但是，在人的再生产方面，生育权并没有收归政府。那段时期政府也提倡过计划生育，然而生育权仍属于个人，生育仍然由家庭分散决策，政府并没有实行集中的计划管制。

那么，为什么改革开放后，物质的投入再生产已经从计划经济向有计划的商品经济，进而又向市场经济迈进，而人口的再生产却向越来越严格的计划管制转变呢?

1. 中国计划生育理论的形成和强化

20 世纪 50 年代，时任北京大学校长的马寅初认为，国家必须要控制人口的增长，以适应我国有限的耕地数量和粮食供给能力。他提出："我们的社会主义是计划经济，如果不把人口列入计划之内，不能控制人口，不能实行计划生育，那就不能称其为计划经济。"① 然而，1978 年改革开放以前，计划生育并没有成为我国计划经济的组成部分。

① 王勇. 马寅初"人口论"遭批判始末［J］. 文史月刊，2007（12）.

1978年以后，中国在人口理论方面的研究，向着有利于政府进行生育计划调节的方向进展。1979年，马寅初再次强调："20年前中国的人口并不多，现在太多了，你们不要再误事了。"① 他的言下之意是国家要尽快实行计划生育。

随后，中国适度人口规模研究及人口数量控制理论兴起并成为主流。学者们从各种约束条件中，计算出未来100年间我国的适度人口规模为6亿~7亿人。根据这样的适度人口规模，我国就要对人口的数量进行控制，甚至是从当时已经接近10亿人口的规模，下降到6亿~7亿人口，进行硬性的削减性的计划调节，这也成了中国长期实行"一胎化政策"的理论依据。如果开放二胎和二胎以上的生育，都不可能达到6亿~7亿人这样"适度"的人口目标。关键是生育权要从家庭收归到政府，生育决策由分散的家庭决策改由国家集中计划进行，以使人口数量与粮食、就业、淡水、土地等资源相协调。

2. 中国计划生育政策的严格执行

有了主流人口学家们的计算和论证，为了实现到1980年将人口自然增长率降低到10‰以下、到20世纪末将中国人口增长率降为1‰以下并将中国人口控制在12亿以内的目标，当时的决策意愿是全面实行"一胎化"管理。② 后来，由于少数民族人口和农村农民的阻力太大，从而改为"城镇夫妇一对只生1个孩子；农村夫妇第一胎生男孩的只生1个，生女孩的只允许生第二胎；少数民族夫妇可生2~4个孩子"。

从全世界来看，为了抑制进入工业化进程后人口"爆炸式"的增长，在中国大陆、印度、韩国、中国台湾等国家和地区，政府都先后和不同程度地实行了计划生育。中国的计划生育具有以下特点。

第一，人口生育调节目标方面，中国从1973年开始提倡一对夫妇应该间隔地生二孩。到1982年，国家计划生育委员会提出"一胎上环，二胎绝育"的"一孩政策"，拟强制实行只生一胎和生育"少稀晚"的政策。印度由于工业化、城市化、市场化的进程较慢，农村经济范围大，妇女受教育程度提高慢，二元结构时间太长，加之国内伊斯兰居民的抵制，其生育率目标成了摆设。而韩国和中国台湾则由于二元结构转型快，很快就实

① 杨勤民. 马寅初：你们不要再误事了［J］. 今参考，2007（4）.

② 梁中堂. 中国计划生育政策史论［M］. 北京：中国发展出版社，2014.

现了政府倡导的生育率目标。

第二，中国先是于1982年将计划生育作为一项基本国策写入宪法，1992年颁布《计划生育法》，2001年又修改出台《人口与计划生育法》，而且法律的执行力很强。韩国和中国台湾的计划生育则是政府倡导，并无法律约束，而印度的计划生育法律没有得到持续的执行。如印度的甘地夫人在20世纪70年代中期实行的计划生育，遭到民众的强烈反对，并成为其下台的一个重要原因。

第三，从政府组织上，1981年中国专门成立了国务院常设机构——国家计划生育委员会，一直从中央政府延伸到乡镇，都有专门的计划生育干部，以及计划生育技术服务站；实行了各级党政主要领导负责制，计划生育指标进入党政工作成绩的考核体系；超生的地区和单位，实行一票否决制。[①] 从而形成了非常严厉的计划生育行政干预机制。而印度和韩国以及中国台湾，有的职能由政府卫生部门负责，有的是主要依靠非政府组织负责，执行力很差。

第四，家庭生育权收归国家。在中国，男女结婚后如果要生育孩子，必须先去办理计划生育服务证明，即"准生证"，代表国家批准生育。凡是没有这个证件的，即使是已婚后生的第一胎，也是非法生育，有的地方政府会对此进行罚款。

第五，从时间上看，中国实行这种强制性的计划生育时间较长，达38年之久。到2016年，我国才全面放开二胎生育，且计划生育政策还没有彻底废止。而在印度，由于民众反对、宗教因素、政府执行力不强等，软弱无力的计划生育政策只实施了10年左右，最后形同虚设。韩国和中国台湾则实施了倡导性的计划生育，人口生育率和增长率迅速下降，因而，分别只实施了34年和21年。由于老龄化和低生育状况的加重，紧接着，韩国和中国台湾的计划生育政策改为鼓励生育政策。

3. 生育计划理论形成并付诸实施的时代背景

为什么我国在物质生产、分配和消费的体制，从集中管理到分散决策、从计划经济向市场调节转变的时候，人的生育却从家庭决策向国家管制转变，形成了国家计划生育的体制呢?

---

① "计划生育一票否决"，是指对没有完成计划生育任务，包括发生没有准生证而生育孩子的情况的地区和单位主要负责人，提出的一种行政警告，其影响领导的工作评价、职务升迁等，有非常强的对党政干部的监督作用。

从理论上讲，中国的人口学和人口经济学界，受马尔萨斯等古典学派的影响较大，加上一些新型工业化国家正处于环境污染时期。当时，“适度人口”论，以及梅多斯“增长的极限”等观点在全球传播并盛行，国内人口学和经济学界所受影响较大，主流观点偏向于由国家控制人口增长。

实际上，世界人口学和经济学界，早就对人口从“爆炸式”增长到低增长的转型，从宏观趋势和微观机制两个方面进行了研究。可惜当时中国刚刚改革开放，这些研究从发表到进入中国，有一个时滞。有的研究在20世纪80年代末被翻译到国内，但没有引起学术界的注意。[①] 在国内学术界，反对计划生育的学者可以说微乎其微，对计划生育必要性的研究呈现“一边倒”的态势。

从中国体制改革的走向来看，当时的环境也不明朗，最开始是向着有计划的商品经济进行改革，到1992年，才确立了市场经济体制的改革方向。但此时，计划生育的宪法和法律框架，以及行政实施体制已经形成。在主流人口学和人口经济学方面，这时也没有深入研究开放人口在城乡间的流动，以及农村经济迅速商品化和货币化后会给家庭生育决策带来哪些相应的变化，从而在市场经济条件下，随着人口受教育水平的提高和城市化进程，忽视了人口增长从高到低自动转型的客观趋势。

从实践来看，当时的学者和决策者都将人均国民收入低、失业严重、外汇短缺和粮食需要大量进口等问题，归咎于中国人口太多。在国外还处于争论中，但在国内学术界成为主流并盛行的“适度人口论”，给我国控制人口增长和削减人口规模决策提供了理论依据。

1978年改革开放后，中央政府碰到的第一个难题是就业压力巨大。知识青年回城后的就业安置成了相当严峻的经济社会问题。第二个难题是，在人民公社体制下，农业生产效率低下，粮食供给不足，人均拥有粮食水平很低，1978年停止“文化大革命”后想要集中精力发展经济，购买粮食的外汇储备又非常少，有限的外汇在当时用于解决城乡居民吃饭与用于引进先进装备搞建设二者之间形成尖锐的矛盾。

从国外来看，虽然已经有了英国、法国等欧洲国家的人口从高增长到低增长转型的实践，但发达国家看到的仍是发展中国家人口“爆炸式”的增长，甚至国际上有的学者担心中国人在改革开放后会因粮食缺乏大规模

---

① 奥威毕克. 人口理论史［M］. 北京：商务印书馆，1988.

向发达国家流动。20 世纪下半叶，联合国、世界银行，包括世界性的一些 NGO 组织（非政府组织），总体舆论是担忧世界人口与资源和环境的不平衡会造成严重的粮食短缺、气候变暖、环境污染、贫富差距拉大等全球性问题，因此要求发展中国家尽可能地控制人口增长。①

中国政府下决心控制人口增长，甚至削减人口，实行计划生育国策。与印度、韩国和中国台湾等国家和地区相比，中国政府对计划生育的执行力很强，这给生育管制提供了从决策到实施的体制保障。

（二）改革开放以来的人口生育模式和增长转型

1980—2017 年，从人口生育率、出生率、死亡率和自然增长率数据来看，中国人口增长大体经历了继续高速增长、增速下降转型和转入低速增长三个阶段。下面讨论各阶段人口的增长模式和形成机理。

1. 改革开放初期的生育决策与人口增长

1980—1990 年，是生育率继 1973—1979 年从 4.5 下降到 2.7 后稳定在 2.4 左右的一个人口中高速增长区间。这一时期，我国年平均总和生育率为 2.42，出生率为 21.21‰，死亡率从 6.34‰提高到 6.67‰，人口自然增长率从 11.87‰上升到 14.39‰，1987 年死亡率达到最高，为 16.61‰，由于人口基数较大，加之 1963 年高出生率阶段的出生人口陆续进入生育年龄，人口在 11 年间还是增加了 15628 万。

那么，这一时期人口增长的格局和机理是什么呢？

从农村家庭的生育决策体制和环境来看，1979 年后，我国改人民公社为乡政府，农村集体经济改革为家庭承包土地经营。这在初始的一个阶段，调动了农民的生产积极性，增加了粮食产量和农民收入。

一方面，在人口增长的动力方面，从农村集体经济转向家庭承包土地经营，实际上在一定程度上恢复了自给自足的小农经济，与 1950—1957 年农村的生育机制一样，自给自足的小农经济使抚养子女的供给来源增多；妇女选择生育时间的主动性增强，生育的机会成本降低；而家庭承包经营的形式，以及比 20 世纪 50 年代改善的生产条件，使农村人均收入增加，农民抚养子女的能力也提高了。

① 海尔弗·基里，周希璋. 国际人口政策、人口战略和人口规划［J］. 人口研究，1981（S1）.

另一方面，抑制农村居民生育的计划与自动双重调节机制也在发挥作用，具体表现为进入生育年龄的农村人口受教育水平提高。受教育水平越高生育率越低的机制，有力地抑制了这一时期人口的生育率。

农村人口比例从1980年的80.61%下降到1990年的73.59%，农村人口生育率也相应降低。农村学生考入城市，一些大工业和县城的“五小工业”企业在农村招工，以及城镇男职工退休后让其在农村的子女顶替工作等，使大量农村人口迁入城市。而从20世纪80年代后期开始，农村家庭承包经营释放的生产力已经下行，东部城市和乡镇的建设和工业发展需要大量劳动力。农村中符合生育年龄的青壮年劳动力中外出务工的人也日益增多，这也逐步起到了抑制人口生育率的作用。

从政府管制方面来看，20世纪80年代政府与农民展开了关于生育的“大会战”。为了宣传计划生育，工作队走村访户，对超生的家庭进行处罚。这些计划生育运动，以及后来形成常态的农村计划生育控制体系，有力地降低了农村人口的生育率和增长率。

因此，1980—1990年，农村居民家庭的生育决策和行为，受到自然经济、市场调节和政府管制混合型作用机制的影响，既有小农经济恢复，生育机会成本降低、农村人口闲暇时间增多、抚养孩子成本降低等刺激生育的因素，也有农村人口受教育水平提高、外出务工使其闲暇时间减少、生育机会成本提高等市场调节机制，还有政府在农村推动的有关生育子女数量政策的约束。

国家实行一胎政策，因此，微观方面的生育的直接成本、机会成本、子女数量与质量替代、收入预算约束线等市场调节生育的机制不能发挥作用。1980年，国家正式开始对城镇居民实行生育一胎管制，若违纪城镇居民将面临行政处分、罚款甚至失去工作岗位等风险；除此之外，城镇居民在给子女报户口、获得粮食供应、子女入学等方面也会陷入困境。较改革开放前，这一时期城镇家庭生育孩子的数量几乎下降了一半。

从城乡生育水平来看，这一时期城镇人口平均比例为23.39%，总和生育率约为1.1；而农村人口比例为76.61%，总和生育率在2.85左右。这一时期，农村家庭平均生育孩子的数量不超过3个。20世纪50年代和60年代，由高生育率推动的人口“爆炸式”增长时期实际上已经过去。这一时期人口规模呈现中速增长，人口增长主要是由20世纪60年代出生的人进入生育期推动的。而且，从人口增长的趋势来看，由于20世纪80年代后期农民大量外出务工，生育机会成本上升导致生育意愿下降，农村人口生育率和增长率均呈现下降趋势。特别重要的是，1991 年，我国人口生育率下降到了 2 左右。

2. 人口流动和增长率快速下降的 1991—2002 年

1991—2002 年，由于处在生育年龄的农村人口大量从农村流向城镇，市场机制开始逐步起到应有的调节作用，改变了农村家庭的生育意愿、决策和行为及模式。总体上看，20 世纪 70—80 年代，受教育水平更高的出生人口进入育龄阶段，生育水平显著下降；而且城镇化进程的推动，进一步降低了人口的生育意愿。从政府控制方式来看，计划生育的立法，使城乡居民生育的计划管理越来越严格。从数据来看，1991—2002 年生育率从 2.07 下降到 1.38，出生率从 19.68‰下降到 12.86‰，死亡率从 6.70‰下降到 6.41‰，基本稳定，而人口自然增长率则从 12.98‰急剧下滑到 6.45‰。这样，人口自然增长率大体与死亡率相等，人口增长急剧地从中速阶段转向了低速阶段。

从 1991—2002 年城镇人口的生育和增长情况来看，国家计划生育控制的强度越来越高，国家已经形成一种稳定的计划生育管控机制。因此，虽然城镇的少数民族人口在政策上可以生育两个孩子，但考虑到其在城镇总人口中所占比例并不高，加上妇女单身不婚和婚后不孕等因素，城镇居民妇女的总和生育率继续稳定在 1.1 左右。生育的直接成本、机会成本和子女数量与质量替代等调节人口的市场机制，几乎不起作用。

1991 年，乡村人口仍占我国总人口的 73%，虽然户籍管制没有放开，但国家逐步允许农民到城镇务工，农村劳动力人口加速向城镇的流动，由于到城镇居住和工作 6 个月及以上的人口将被统计为城镇人口，因此城镇人口中因务工流入的农民工及家属人口越来越多，而且到城镇务工的人员绝大多数是从农村流动出来的育龄人口，这对从农村进入城镇居民的生育意愿、生育决策和生育行为产生了极大的影响。

另外，农村人口向城镇的流动，也逐步改变了农村夫妇多生育的意愿、决策和行为：①农村人口抚养子女收入来源的货币化程度加强。到城镇务工的农民工工资水平，在 1991—2002 年是城镇职工工资水平的1/3 ~ 2/3。农民工收入由一定程度上的自给自足经济彻底改变为货币经济，抚养子女的最大数量，受到货币收入在生活消费等支出（在城镇中租房、衣着、饮食、交通等消费，农村家庭建房消费，赡养老人消费等）后剩余可能性的约束。②外出务工家庭抚养留守农村子女的困境。农村丈夫单独务工（可以由女方在家看管子女），或者夫妇同时外出务工（由老人在家看管子女），使子女在农村生活和上学，可以避开子女在城镇受教育的体制障碍、节省生活费用，以及避免孩子在城镇上学需要缴纳的比城镇孩子要缴纳的更高的准入费用。但是，随着大量的农村未婚女青年以及已婚女方外出务工，留在农村的子女，由老一辈人代管，子女的最大数量受到老人看管能力的限制，而一些只有单独老人或者没有老人的家庭，则无法将子女留在农村抚养。这也极大地限制了外出务工夫妇生育子女的数量。③即使没有计划生育，农村人口闲暇时间的减少、生育机会成本的提高以及城镇居民一胎的示范效应，也大大降低了进城务工农村夫妇的生育数量。城镇务工的流动性、工作的紧张性、居住的临时性及简陋性等，使妇女的受孕机会减少，生育机会成本强制性提高（即如果生育子女，则会失去工作和收入），再加上一些进城青年女工和夫妇，羡慕和追求一孩城镇家庭比农村富足得多的生活，进城务工农村夫妇多生育子女的意愿下降。

当然，在生育成本及机会成本等市场机制对生育率产生影响的同时，农村也逐步加强了计划生育管制。但是，20 世纪 90 年代的农村，生儿子延续宗族、无后（儿）为大等传统思想根深蒂固，农民为生育儿子用各种方式与基层政府博弈，各地政策的宽严也不同，乡村的生育由市场因素约束与政府强制调节共同发挥作用，这一时期我国人口的生育率从 1991 年 2.075 的人口正常替代水平急剧下降到 2002 年已经无法正常进行人口代际规模替代的 1.383 超低水平。

上述对农民生育直接成本、机会成本，以及中国式人口流动对其生育影响的因素和机理的分析，表明进入 20 世纪 90 年代后即便政府不对农村人口实行计划生育，农村人口生育率也会越来越朝着较低的水平下降。只不过在进行强制管理、计划生育后，人口增长变成了一个陡坡式的下滑趋势。

3. 人口超低生育与低速增长的 2003—2017 年

2003—2017 年，中国加入 WTO（世界贸易组织）后，农村剩余劳动力大规模和快速地向城镇及东部沿海流动。随着育龄农村人口纷纷从农村外出，并且外出务工的农民工中高中学历者所占比例越来越大，市场和教育机制调节生育的力度越来越大。政府计划生育的执行，也有其两面性：一方面，允许超生后补缴罚款，这样使一部分农民有用钱换孩子的机会，使生育率下降的幅度不至于太大；另一方面，越来越高的计划生育罚款，也抑制了一部分农村人口的生育意愿，起着降低生育率的作用。

虽然人口城市化速度很快，但实际上城市户籍的家庭以及在城镇居住、务工 6 个月以上的农民工及家庭，还有在农村中没有外出的农民家庭，他们的生育意愿是不一样的。城市户籍的汉族人口的生育被严格地控制在一胎范围内。即使 2014 年单独家庭二胎政策放开后，出乎意料的是，愿意生二胎的城镇居民也并不多。

关于这一阶段的城乡生育机制，其成本和机会成本约束，以及政府对生育的管控，与 1991—2002 年相比，没有太大的差别。有变化的是，育龄妇女的受教育水平进一步提高，通过上学或参军进入城市的农村人口回乡的规模扩大。值得指出的是，2001 年中国加入 WTO，使中国能更好地利用比城镇劳动力更廉价的农村剩余劳动力，让农村剩余劳动力进入制造业，推动出口导向的工业化发展，使农村更多的育龄妇女进入城镇务工，减少了其在农村生育的时间，提高了其生育的成本和机会成本。这一时期，也是我国交通和城市大举建设的阶段，大量的农村劳动力进入城镇，这进一步降低了农村户籍人口的生育意愿。

与日本、韩国、中国台湾等国家和地区城市化流程不同，中国农民工人口，没能在城镇中有自己产权或者国家提供的固定住宅，无法进行单向迁移，而是以临时租赁房屋等方式居住，青年由农村进入城市务工，其中 85% 的人口在老年时再从城镇回流农村。那么，这种具有中国特色的人口流动性是怎样形成以及如何影响农村进城人口的生育方式呢?

（1）农民仅有务农和进城务工收入，没有土地交易等财产性收入。与日本、韩国、中国台湾等国家和地区相比，农民在农村的土地没有明晰的产权，农民不能将土地作为资产来流转和交易，因此农民的基本收入仍然来源于农业生产，农民无法在耕地、林地和宅地的流转上获得相应的城市化带来的增值和财产性收益，农民没有更多的收入剩余和积累来创办中小企业以增加投资性收入。因此，农民没有进入城市购买住宅、支付稳定生活以外的其他消费的财务能力。

（2）房价太高和收入微薄，使得大部分进城农民买不起城镇住宅。农村土地向非农业用地特别是向城市用地的转变，是由政府征用后再集中以一定年期（如 50 ~ 70 年）的方式出售，招标挂牌拍卖所得 90% ~ 95% 归政府，给农民补偿的比例大致为 5% ~ 10%。城镇房价相较于农民务农所得和城镇务工所得的奇高。大部分务农和进城的农民工人口，没有能力购买城镇住房。

（3）进城务工的农村人口的生育率，受收入和生育、抚养子女预算的约束比城镇居民还要强。城镇户籍并没有完全放开，进城农民工不能正常享受城镇教育服务、住房医疗和养老保障等福利，其在青壮年时的城镇务工收入，除用于生活之外，还要在子女教育、农村建房、未来养老等方面分配储备。国家对农村人口医疗养老等方面的保障也极其有限。

从城镇生育的居住和其他生活成本来看，房价和物价上涨较快，包括教育方面的各种支出，也在增加，许多家庭住房按揭还贷压力较大，成为“房奴”，即使城镇中只有一胎的居民，生育和抚养子女的压力也在增大。

可以看出，经过 1991—2002 年人口生育率和增长率的急剧下降，2003—2017 年我国人口已经进入了稳定低生育、低出生、死亡率略增、低增长率的阶段。

三、中国的计划生育“人口坑”和中国经济的“未强先衰”

我们需要反思的是，为什么在 1978 年以前中国实行物质生产、分配、交换和消费的计划经济时中国没有实行人的再生产的政府计划管理，反而在向市场经济转变时实行了人的生育计划管理和政府强制调节呢？

改革开放后，如果我们加大对农村青少年小学和初高中教育的投入和普及力度，特别是提高农村女孩的升学和毕业率，等她们到生育年龄时，让她们的受教育程度去影响她们的生育意愿；如果我们改革户籍和土地制度，让农民获得应有的财产性收益，控制城镇房价，为农民工提供与城镇居民平等的教育、医疗、养老和公共服务，推动人口从农村向城市的流动，特别是让农村人口进入城市，成为新市民，让城市化去抑制人口的过快增长；如果我们充分发挥市场经济中家庭生育的自动调节机制，让直接成本和机会成本、孩子数量与质量的替代等内在机制抑制生育的决策意愿和行为……那么，我们还需要世界历史上规模最大、时间最长（达 38 年之久）的政府强制性计划生育吗？

从各方面长期动态的统计数据来看，各国在工业化后人口增长都有一个“爆炸式”时期，但“爆炸式”人口增长并不会一直持续，而是根据各国具体情况在各不相同的时间进入低生育率、低死亡率和低增长率阶段。联合国经济和社会事务部人口司 2012 年修订过的 2010—2015 年世界人口中值预测数据显示，人口生育率降低到2.2替代水平的，已经有91个国家和地区；而2005—2010年人口以0‰~5‰的速度非常缓慢增长的有中国、英国、法国和韩国等44个国家和地区，人口零增长和负增长的有俄罗斯、日本和德国等25个国家和地区。这些国家和地区绝大多数都没有实行强制性的计划生育，比如韩国和中国台湾，它们只是实行了指导性的计划生育。从一些目前已经达到人口自然增长率低、零增长和负增长的国家看，人口增长趋势是一条从高到低平滑下行的曲线。

观察中华人民共和国成立后的人口规模变动情况可以发现，1950—1957年是一个由小农自给自足经济决定人口高速增长的时期；1958—1961年，快速工业化与粮食供应不平衡造成了马尔萨斯式的人口低增长；1962—1972年，农村自留地的恢复、人口流动的不畅、城镇化的缓慢发展、生育年龄人群受教育水平不高的现实，造成了人口的又一次高增长；而1973—1979年，虽然人口增加数额较大，但中国人口增长率实现了从20‰以上到接近于10‰的快速下降，人口转型开始；1980—1989年，由于农村从集体经济到家庭承包经营转型，开始的几年，小农自给自足经济有所恢复，妇女生育的机会成本降低，中国人口增长的第三个高平台区形成，但是，其增长幅度已经小于1950—1957年和1962—1972年两个人口高增长阶段；1991—2002年，由于妇女受教育水平和比例提高，人口外出务工的限制从松动到逐步放开，加上计划生育，我国人口生育率和增长率快速下降；如果从1979年算起，中国的计划生育已经实施了38年，到2003—2017年，我国的人口生育和增长率都进入了发达国家才有的超低水平阶段。

时至今日，我们可能没有预料到的是，这种从1979年开始的“硬切式”的计划生育，加上市场对家庭生育的约束，双重力量调节下形成的人口增长和结构，以及农村人口青年时进入城镇和老年后再回农村的人口流动方式，使我国形成了规模较大的“人口坑”。其后果是，人口生育、增长和流动由政府和市场双重调节，人口提前低增长和老化，中国经济的高速增长时间比韩国和中国台湾等国家和地区短了10~15年，经济呈现为“未富先老，未强先衰”态势；而人口城镇化则呈现出农村人口青年出村进城，老年出城回村的趋势，这既强烈地约束了农村人口的生育意愿，又对我国经济增长形成下行压力，尤其是对中国今天和未来的国民经济产生了深刻的影响。

第一章　农业时代（1949—1957）：中华人民共和国成立到“大跃进”运动

中华人民共和国成立初期，我国通过土地改革、推进工业化等措施使经济得以恢复，这对我国人口增长与迁移产生了一定的影响：在人口增长方面，突出表现为“高生育、高增长与低死亡”，人口迅速增长；在人口迁移方面，这一时期以农村人口的自由迁移为主流，形成了一个较为稳定的人口迁移活跃期，城市化平稳推进。然而，在这一阶段的后期，生育率开始发生转折，人口迁移异常活跃，粮食供需与人口增长和流动的失衡开始凸显。与此同时，人口的快速增长开始引起决策层、学界的关注，控制人口增长的观点逐渐占据主流。

第一节　中华人民共和国成立后人口的高生育率和恢复性增长

1949—1957 年，我国经过土地改革，解放了生产力，使经济得以恢复，由此形成的农户经济在进一步发展中遇到了一些困难，随后我国开展了互助合作运动，但客观上来讲，这一时期的生产力仍处于较低的水平。这一阶段的经济发展水平势必影响人口的增长，在传统生育观念的支配下，民众普遍选择多生多育的生育行为，同时，避孕技术的落后，使得这一时期我国人口情况呈现出“高生育、高增长、低死亡”的态势。

一、土地改革与农村农户经济

自古以来，土地就是人类生产、生活最基本的物质基础。如果说农业是我国国民经济的基础，那么作为农业生产中最基本的生产资料，土地则是农业的基础。土地不仅是农业最重要的生产要素和农民最基本的生活保障，也是工业高速发展所必需的重要积累来源。土地问题是维系国计民生的战略问题，进一步来说，其对人口增长与迁移同样起着重要的基础性作用。

中华人民共和国的土地改革使得广大农民成为土地的主人，并促进了农业生产的恢复与发展。在党中央进行土地改革前，中国农村土地分配仍处于严重失衡的状态。将近40%的耕地被占人口比例不到5%的地主阶级占有，而95%以上的农民，包括贫农、中农和富农，却只占有剩下的近60%的土地。中华人民共和国的土地改革是按照1950年6月30日颁布的《中华人民共和国土地改革法》来实施的。该法规定：“对地主阶级封建剥削的土地所有制进行废除，取而代之的是农民的土地所有制，对农村生产力进行解放，促进农业生产发展，开辟中华人民共和国的工业化道路。”① 土地改革，第一次使“耕者有其田”在中国大地上实现，农民翻了身，得到了土地，成为土地的主人，这极大地解放了生产力。按1952年不变价格计算，全国农业总产值比1949年增加了53.4%，每年平均增长15.3%。1952年同1949年相比，全国粮食总产量由1949年的11320万吨增加到1952年的16392万吨，是1949年的144.8%，年均增长率达13.1%，比中华人民共和国成立前的最高年生产水平增加了9.3%；棉花总产量由45.3万吨提高到131.4万吨，增加了190.07%，年均增幅高达43.2%，比中华人民共和国成立前最高年生产水平增加了51.4%；其他农副产品如油料、猪牛羊肉等生产，也有很大的发展，均先后超过中华人民共和国成立前的最高年产量。② 由此可以看出，通过土地改革，我国农业生产在这一时期得到了一定的恢复和发展。

随着土地改革的结束，以小块土地私有为特征的“一家一户”的小农经济逐渐在我国农村经济生活中占据主体地位。据估计，当时我国农村中自耕农（指不进行雇工经营的农户）占总农户的85%～90%③。

广大农民的生产积极性空前高涨。这种积极性一方面体现为个体经济的积极性，另一方面体现为互助合作的积极性。农民的生产积极性，是迅速恢复和发展国民经济、促进国家工业化发展的基本因素之一。

---

① 《中国的土地改革》编辑部．中国土地改革史料选编［M］．北京：国防大学出版社，1988.

② 国家统计局．中国统计年鉴1983［M］．北京：中国统计出版社，1983.

③ 陈吉元，陈家骥，杨勋．中国农村社会经济变迁（1949—1989）［M］．太原：山西经济出版社，1993.

应该认识到，农民个体经济是一种小商品经济，这种经济的自发发展使社会产生了分化。同时，农民分散经营，也会面临很多困难。为了避免过于严重的分化现象出现，使广大贫困农民能够克服困难，迅速地增加生产，就必须提倡“组织起来”，按照自愿互利的原则，引导农民走互助合作的道路。1951 年 12 月，中共中央通过了《关于农业生产互助合作的决议》（以下简称《决议》），以草案的形式发给各级党委试行，并于 1953 年 2 月通过为正式决议。《决议》肯定了土地改革后农民个体经济的生产积极性，并指出农民个体经济在一个相当长的时期内仍将大量存在，必须保护农民已得到的土地所有权。但《决议》也指出，要克服很多农民在分散经营中所遇到的困难，必须提倡“组织起来”，按照自愿互利原则，发展农民互助合作的积极性。在《决议》的指导下，农村中农民个体经济有了发展，而互助合作运动也有了一定的发展。在这一过程中，农业生产互助合作组织共有简单的劳动互助组、常年的互助组和初级农业生产合作社三种形式。

中华人民共和国成立初期，互助合作运动较好地遵循了“逐步过渡、循序渐进”的方针和坚持了“自愿互利”的原则，因而取得的成效还是比较突出的，这突出地表现为农业生产的发展，1954 年我国粮食总产量 1695 亿千克，棉花总产量 2130 万担，粮、棉生产分别比 1949 年增长了 49% 和 138%。[①] 虽然我国粮、棉增产的因素很多，但互助合作运动的发展是很重要的一个原因。

总的来说，中华人民共和国成立初期形成的这种农户经济在一定程度上促进了经济的恢复与发展，但客观上来讲，我国的生产力仍处在较低的水平。作为意识形态范畴的生育观念以及由其制约、支配的生育行为，是由生产力水平决定的。因此，中华人民共和国成立后人口的高生育率和恢复性增长是在此基础上实现的。

二、传统的生育观和生育行为

作为生育文化内核的生育观念，是建立在生育主体价值判断基础上的，是人们——包括个体和群体，在一定的经济、社会、文化环境中形成的对生育现象的看法与见解，是人们关于生育行为的价值取向、行为准

① 陈吉元，陈家骥，杨勋. 中国农村社会经济变迁（1949—1989）［M］. 太原：山西经济出版社，1993.

则、风俗习惯等思维模式的总和。生育观念一般包含生育意愿、生育动机和生育需求三个层面的内容，这三个组成部分既有区别又有联系①。生育意愿是指人们对生育子女数量，包含不生育即零生育情况以及性别、时间、间隔、质量等方面的主观期望。生育意愿是人们对其所喜好的生育行为的选择。生育动机是指人们产生特定生育意愿的原因或目的。生育需求是指人们产生特定的生育动机或生育目的的深层次原因——物质或精神需求。生育需求是人们参与社会活动的产物，是当事人受外部因素影响与作用的结果，其与经济、社会、文化、科技等环境因素紧密相关。总之，人们的生育意愿由生育动机决定，生育动机又源于生育需求，生育需求又为人们所在的经济、社会、文化环境所决定。在生育意愿、生育动机和生育需求之间，存在环环相扣的逻辑关系。这三个层面的有机组合，构成了作为整体概念的生育观念。生育观念的形成与维系，取决于其特定的社会、经济发展水平。另外，它对人们的生育行为起着制约、支配作用。

对受生育观念制约、支配的生育行为的分析，主要从微观与宏观两个层面进行。按照贝克尔的观点，微观分析所包括的范围有生育的家庭决策分析（包括成本效用分析）、孩子的数量与质量选择分析、孩子的供求分析、家庭生产分析等；宏观分析的范围有计划生育政策分析、环境对生育行为的影响分析，此处的环境包括经济环境、文化环境等。任何一个育龄妇女在正常情况下都面临着三种生育模式的选择，即多生多育的传统生育模式，少生优育、控制生育的反传统生育模式，以及完全放弃生育权利、不生不育的生育模式。中华人民共和国成立初期，绝大多数的个人和家庭都选择了传统的多生多育模式，致使我国出现了较高的生育率，而造成这种情况的深层次原因，是社会经济发展水平不高。

社会经济发展对整个人口再生产过程都起着一种决定性作用，社会经济因素影响着该过程的各个环节，它首先决定着人们的生育观念。而社会经济因素中，最为突出和重要的便是生产力发展水平和生产社会化程度。一般地说，生产力落后，生产社会化程度低，人们则倾向于早育、多育；而生产力水平和生产社会化程度越高，人们则越倾向于晚育、少育②。在我国传统社会，人们在生育问题上普遍倾向于早婚早育、多生多育、重男

---

① 周长洪. 生育观念转变及其度量［M］//全国生育文化理论与实践研讨会论文集. 北京：中国人口出版社，2003.

② 陈岱云，武卫华. 人口生育观念嬗变与社会发展［J］. 求索，2008（11）.

轻女，这是与生产力水平落后、小农经济占主导地位的社会环境，以及以家庭为基本生产单位的微观环境相适应的。我国传统社会实行的是家庭式婚姻制度，这就决定了婚姻的目的就在于生育，生育的目的主要体现为“传宗接代”“养儿防老”，人们把生育子女看作家庭生活的重要内容。中国传统家庭是男权制家庭，家庭以男性为中心，以父系为世系，家族的姓氏传递通过男性后裔进行，女子在婚后就由自己的父系家族转入夫系家族。这就决定了家族世系、家庭财产及家长身份和继承权等都是按照父系来确定的。无儿无女或有女无儿便意味着“无后”，或者说“断了香火”。因而，传宗接代也就成为传统社会生育的最主要目的。传宗接代观念具有丰富的内涵，包括祭祀祖先、承接香火的观念，以及传承祖业观。如果说“传宗接代”是我国传统社会最基本的生育目的，那么，“养儿防老”则是从实际生活出发而考虑的具体的生育目的。养老是人们的生存性需要，在封闭的小农经济社会，农民年老后失去劳动能力，既无退休金，又无社会保障，因此，赡养老人便成为私有制产生以后家庭必须具备的一项功能。“父母养子女小，子女养父母老”这种“反哺式”的养育模式为老年人提供了养老保障，这就是所谓的“积谷防饥，养儿防老”。

这种早婚早育、多生多育、重男轻女的传统生育观念以及由此制约、支配的生育行为，在中华人民共和国成立初期依然占据主流。尤其是农村，家庭生育的理性选择是多生多育，因为减少生育就等于减少家庭的福利总量。农村土地改革后，互助组和初级社的建立，使得在生产发展不足、温饱尚不能完全解决的情况下，分配方式对农民的影响越发重要。在按劳分配和按人口分配的混合式分配制度下，农村劳动力就业完全是自然参与，这提高了农民家庭对生育的经济收益期望值，强化了传统的生育观念，刺激了家庭的多生多育行为。

三、避孕技术的落后

中华人民共和国成立后，人民群众真正实现了“人丁兴旺”的传统愿望，但子女过多、过密的弊端初步呈现，突出表现为家庭生活的直接成本和机会成本过高，降低了生活质量，妨碍了父母工作，“很大一部分群众”“有着迫切的避孕要求”①。

---

① 进行避孕知识的宣传和指导［N］. 健康报，1956-06-15.

1953 年，全国农业社会主义改造运动肇始，以家庭为单位的个体经济很快被农业合作社集体经济取代，取消了土地分红，实行“按劳取酬”的单一分配制度。鉴于“挣工分”是农村家庭最基本的经济来源，单纯依靠男性劳动力养家糊口并非易事，故传统的“男主外、女主内”的家庭分工模式难以为继，越来越多的妇女有了参加社会生产的要求；然而，婴幼儿的拖累和繁重的家务负担，成为妇女走出家门的最大障碍，故一些妇女自发地要求避孕。“很多妇女因生育过多过密而影响到家庭的经济生活，影响到男女双方的工作和学习，对妇女的身体健康不利，孩子也往往由于受照顾不周而影响发育。子女过多过密已成为一部分人生活上和精神上的严重负担”。[①] 然而，多生多育的生育观念等因素，使得部分民众的避孕要求并未得到满足。

无论是从政策导向还是从民众的实际情况来看，多生多育的生育观念仍占主流。

一方面，从政策导向来看，在 1949—1953 年中华人民共和国成立初期，政府对人口问题的态度是不限制生育，甚至默许“放任生育”。出于意识形态因素，堕胎被认为是旧社会和资产阶级毒素而受到批判。1952 年，中央政府在批复卫生部（现为卫健委，下同）的报告《限制节育及人工流产暂行办法》中规定，非疾病原因不得进行绝育手术及人工流产，私自绝育和人工流产者以非法堕胎罪论处；对避孕药具的生产和进口进行了严格的限制，规定商铺和摊贩未经当地卫生部门允许一律禁止出售避孕药具，购买避孕药具者必须持有医师证明，将证明交由药房，并限量购买。[②] 1953 年 1 月 12 日，卫生部曾通知海关“避孕药和用具与国家政策不符，应禁止进口”[③]。此外，还有一系列客观上鼓励生育的政策。例如，农村土地既按照成分分配也按照人口分配，对人口多的困难户给予社会救济。在城市中的生活资料分配，也照顾多子女家庭。劳动部门规定，对多子女的职工困难户给予补助，按家庭人口数量分配住房，生育时单位给生孩子的夫妇发放一定数量的津贴，或发若干红布，对生育双胞胎者给予一定奖励[④]。从这些相关

---

① 进行避孕知识的宣传和指导［N］. 健康报，1956－06－15.

② 翟振武. 20 世纪 50 年代中国人口政策的回顾与再评价［J］. 中国人口科学，2000（1）.

③ 中共中央文献研究室. 建国以来重要文献选编（第六册）［M］. 北京：中央文献出版社，1993.

④ 孙沐寒. 中国计划生育史稿［M］. 长春：北方妇女儿童出版社，1987.

政策来看，国家在这一时期对民众的生育行为并未限制。

另一方面，城市的工人阶级和广大农村民众普遍缺乏节制生育的观念，而过多生育往往导致民众家庭经济情况和人口身体情况恶化。在城市，例如，北京市东文昌阁及安福胡同的3213户人家，有4个孩子以上的有643户，约占总户数的20%，其家庭平均收入为每月80元，这样算来4个孩子的每月生活费不到13元，5个孩子的家庭平均生活费只有10元，这样的家庭生活拮据，食物不充足，孩子大多营养不良。再如顺城街的一位邮递员，每月收入70元，这一份不算微薄的薪水，却因为需要养育子女6人而显得紧张和窘迫。在上海，一位顾姓妇女，生育了14个子女，身体非常虚弱，下雪天也出汗。① 由此来看，虽然在“多子多福”传统观念支配下的生育行为对民众自身及其日常生活造成了一定的影响，但这种情况仍在继续。

在传统生育观念的影响下，中华人民共和国成立初期我国避孕技术发展受到了一定的阻碍，并相对落后。这种落后突出地体现在普通民众避孕知识匮乏与避孕用具供应紧缺两个方面。

一方面，在有确切避孕和节制生育需求的农村，妇女对于如何避孕，基本上处于一无所知的状态。不仅农村民众缺乏获取避孕知识和工具的途径，而且在传统观念里，性的话题是个人最隐秘的私事，在医药文献上也极少看到避孕药方，只在民间流传有偏方，妇女也羞于向医生咨询避孕常识。两性的知识绝大多数通过母女、姐妹之间以“授之秘事”的方式传递，其中掺杂了大量非科学、非理性的性知识。因此，有些有避孕诉求的妇女，出于无奈与无助，采取了盲目的避孕手段，甚至发生惨剧。

另一方面，避孕药具短缺和获取途径闭塞。在民国时期，我国没有专业生产避孕药具的工厂，避孕工具很少见，当时只在上海售卖少量进口的避孕套：一种为法国生产的用兽肠制作的，价格高且容易破裂；另一种为日本生产的用橡胶制作的，质地粗糙且容易使妇女染上阴道炎。② 中华人民共和国成立初期，只有上海几家小型作坊生产少量的避孕套和宫颈帽，或者可以从中国香港进口极少量的避孕药具，避孕药具极为短缺。1954年5月，时任全国妇联副主任的邓颖超向刚刚担任中央秘书长的邓小平写信，

① 孙沐寒. 中国计划生育史稿［M］. 长春：北方妇女儿童出版社，1987.

② 同①。

反映一些青年妇女对自由避孕和节育的需求，这封信很有代表性。邓颖超在信中说：“我收到了铁道部国际运输局易惟敬和中央电影局魏韵森二同志的信，提到关于已婚女同志生孩子太多的困难及避孕的问题。这个问题有许多机关妇女干部也曾经反映过，确是带普遍性的。据我所知，有不少已婚男女干部为避孕，由于得不到指导及适宜的药物工具等，被迫自行盲目解决，采用了一些有损身体健康的办法，以致造成不良的后果。”[①] 由此可知，在当时国家干部和政府工作人员在有避孕诉求的情况下，也缺乏获取避孕知识和工具的途径。直到1955年，第十一橡胶厂在广州建成，中国历史上第一个生产避孕套的工厂才建立起来[②]，但是其产量少，产品价格高，使用人数依旧不多[③]。此外，节育药品和用具供应的另一个问题是，许多供销社觉得出售节育药品和用具不体面而不积极，出现了货物积压在生产单位，供销社缺货，民众买不到的情况。无论是民众避孕知识的匮乏，还是避孕药具的短缺和获取途径的闭塞，都体现出当时我国避孕技术还没普及且相对落后，未能满足民众避孕要求的情况。

四、生活改善与死亡率快速下降

死亡率是人口变动的重要指标之一。对于死亡率转变的宏观因素，经济学家和人口学家有着不同的见解。赛缪尔·H. 普雷斯顿（Samuel H. Preston）在其1975年发表的《死亡率与经济发展水平的变化关系》一文中提出，国民收入水平与死亡率下降有密切关系，即人均收入水平和死亡率水平具有反向关系，人均收入水平高则死亡率水平降低，反之，人均收入水平低则死亡率水平高。历史经验表明，这个结论大体上是正确的，但随着经济的发展和时间的推移，人均收入和死亡率之间的反向关系已有所削弱，应作适当修正[④]。索维在《人口通论》中指出，死亡率转变的原因主要是一般的经济水平，特别是低收入阶层的经济水平，广义的遗传因素以及社会的医疗服务等。托马斯·麦肯温（Thomas Mckeown）则认为，随着经济的发展，生活水平的上升和营养的改善对于死亡率的减退以及平均预期寿命的延长，贡献是巨大的。而河野稠果则在《世界人口的动因与国

① 彭珮云. 中国计划生育全书［M］. 北京：中国人口出版社，1997.
② 孙沐寒. 中国计划生育史稿［M］. 长春：北方妇女儿童出版社，1987.
③ 林文彪. 橡胶工业的发展与存在的问题［N］. 人民日报，1957.
④ 李仲生. 中国的人口与经济发展［M］. 北京：北京大学出版社，2004.

际人口移动》中提出，死亡率转变主要归功于生活水平的提高、医疗技术的发展以及公共卫生事业的扩展。事实上，生活水平的提高是一个广义的概念，它包括食物供给条件的改善、教育水平的提高和医疗技术的进步，它在本质上得益于经济发展水平的不断提高①。

1949—1957 年人民生活水平的改善可以从以下四个方面来分析，即经济发展水平提高、食物供给条件改善、教育水平提高和医疗环境改善。

（1）经济发展水平提高。中华人民共和国成立后，社会生活秩序逐步恢复正常。全国人民在中国共产党的领导下全身心地投入国家建设。1952 年年底，全国工农业生产已达到历史的最高水平②。1956 年，全国农业和手工业的社会主义改造基本完成。从 1953 年开始的第一个五年计划顺利提前完成，广大农民和工人的生活状况得到较大改善。在这期间，经济恢复时期（1949—1952 年）国民生产总值年增长率为 19.3%，人均国民生产总值年增长率为 17.3%③。1952 年，全国职工平均工资比 1949 年增加了 70%④。农民收入不断增加，生活不断改善（1949 年农业总产值为 325.9 亿元，1952 年增加到 483.9 亿元⑤）。第一个五年计划时期（1953—1957 年），国民生产总值增长率为 7.3%，人均国民生产总值年增长率为 4.9%⑥。全国职工的平均工资比经济恢复时期提高了 42.8%，1952 年职工年平均工资为 446 元，1957 年提高到 637 元⑦。由于第一个五年计划期间农产品采购价格提高，农民收入约多增加 110 亿元⑧。经济的恢复与发展，使得人民收入提高，生活水平改善。

（2）食物供给条件改善。由于受当时社会经济条件和生产力水平的制约，我国居民消费水平增长的起点非常低。1952 年，我国居民年人均消费水平仅为 76 元，大部分居民刚刚摆脱了饥饿的威胁，这时还很难谈得上食物结构得到改善。⑨ 在 1952—1957 年这一大规模经济建设时期，恢复、发

---

① 李仲生. 中国的人口与经济发展［M］. 北京：北京大学出版社，2004.

② 路遇. 新中国人口五十年（上）［M］. 北京：中国社会科学出版社，2016.

③ 根据国家统计局编《中国统计年鉴 2001》的有关数据计算。

④ 国家统计局. 伟大的十年：中华人民共和国经济和文化建设成就的统计［M］. 北京：人民出版社，1959.

⑤ 同④。

⑥ 同③。

⑦ 同④。

⑧ 同④。

⑨ 李哲敏. 中国城乡居民食物消费及营养发展研究［D］. 北京：中国农业科学院，2007.

展生产取得很大成效，居民消费水平和食物结构都有较明显的改善。在此期间，粮食生产的增长速度超过人口增长速度，因此人均粮食占有量逐年递增，由每年人均 240 千克增至每年人均 300 千克以上。平均每日每人热量、蛋白质和脂肪的估算摄入量增长了 20% ~30%，其中，热量由 7.29 兆焦（1742kcal）增长到 9.41 兆焦（2248kcal），蛋白质由 48.5 克增长到 58.0 克，脂肪由 21.8 克增长到 29.3 克。这是一个改变贫穷落后面貌的、蒸蒸日上的时期。① 这一时期，食物供给条件的改善，不仅使得人们摆脱了饥饿，营养水平也得以提高，体质也有所增强。

（3）教育水平提高。截至 1949 年，全国小学仅有 28.9 万所，在校学生数 2368 万人，而当时 6 ~11 岁的学龄儿童约有 6200 万人，毛入学率为 38%，实际入学率仅为 20%，中学相对小学来说数量更少，社会教育组织亦为数不多。由此，基础教育的薄弱、教育资金的匮乏以及旧思想观念的制约，致使中华人民共和国成立时全国 5.5 亿人中文盲总数高达 2.9 亿人（农村青壮年文盲约有 1.65 亿人），占全国总人口的 50% 以上，而广大农村的文盲率又达 95% 以上②。经过一系列的努力，据不完全统计（缺广东、云南、新疆等省、自治区数据），到 1956 年，全国农民扫盲入学人数达到 6200 多万，占全国 14 岁以上青壮年农民总数的 30%③。1957 年，扫除农民和城镇居民文盲 600 多万人④。在这里需要指出的是，截至 1958 年，全国已有 1600 万妇女脱离了文盲状态，初步改变了愚昧无知的情况⑤。扫盲的成功，不仅提高了这些妇女的知识文化水平，还极大地提高了她们的社会、家庭地位，为她们走出家门、进入社会奠定了良好的文化基础。

（4）医疗环境改善。中华人民共和国成立后，政府把“面向工农兵，预防为主，团结中西医，卫生工作与群众运动相结合”作为医疗卫生方针，始终把加强城乡卫生建设，特别是乡村卫生机构的建设，作为卫生工作的重点。国家在城市职工中施行劳动保险和公费医疗制度，使城市职工的医疗有了保障。为了有效地防治疾病，全国普遍建立了卫生防疫站，广

---

① 马凤楼，许超. 近五十年来中国居民食物消费与营养、健康状况回顾 [J]. 营养学报，1999 (3).

② 马云. 共和国农村扫盲教育研究 [D]. 上海：华东师范大学，2006.

③ 《中国教育年鉴》编辑部. 中国教育年鉴（1949—1981）[M]. 北京：中国大百科全书出版社，1984.

④ 刘英杰. 中国教育大事典（1949—1990）（下）[M]. 杭州：浙江教育出版社，1993.

⑤ 陈耀荣，周胜利. 妇女权益保障法学 [M]. 北京：中国政法大学出版社，1994.

泛开展了群众性的爱国卫生运动。对于严重危害人民健康的流行病和急性传染病，政府开展了专业队伍和群众结合的大规模防治工作，一些严重流行的烈性传染病如天花、古典型霍乱、鼠疫、斑疹、伤寒等被控制，到20世纪50年代末已基本被消灭①。其他疾病的发病率和病死率也都有所下降。另外，政府在禁毒、禁娼方面取得了巨大的成功。这一时期，在政府上述的一系列努力下，我国国民的身体素质有了很大的改善。

社会的繁荣和进步，使人民的健康水平有了很大的提高，人口死亡率也大幅度下降。全国人口死亡率从1949年的20‰下降到1952年的17‰，平均每年下降1个千分点，到1957年，又进一步迅速下降到10.8‰。1949—1957年，人口死亡率几乎下降了一半。② 从人口预期寿命来看，20世纪50年代初期，人口预期寿命大约为48岁③，有学者根据1957年的人口抽样调查结果，测算人口的预期寿命为59.7岁，其中，男性为59.6岁，女性为59.9岁④，若按平均寿命来算，1949年为35岁，至1957年提高到57岁⑤。这些都表明这一时期的死亡率下降显著。

从世界范围来看，中国这一时期人口死亡率的下降速度也是非常突出的。日本死亡率的下降速度在世界各国和各地区中是很快的。日本在1920年死亡率为20.3‰，1950年为10.9‰，从20‰下降到10‰日本花了30年的时间，而我国仅用了8年的时间。20世纪50年代上半期，世界人口的粗死亡率大约为20.3‰，其中发达国家约为10‰，发展中国家约为25‰。世界人口预期寿命为45.8岁，其中发达国家为65.1岁，发展中国家为41.0岁。直到20世纪80年代上半期，世界人口的粗死亡率才降到10.3‰，其中发达国家约为9.6‰，发展中国家约为11.0‰；世界人口预期寿命为58.9岁，其中发达国家为73.0岁，发展中国家为56.6岁。中国的人口死亡率，仅用8年时间就完成了世界人口死亡率30年的下降历程，下降速度是惊人的。

---

① 张怡民.中国卫生五十年历程［M］.北京：中医古籍出版社，1999.

② 路遇.新中国人口五十年（上）［M］.北京：中国社会科学出版社，2016.

③ 梁济民，陈胜利.全国生育节育抽样调查分析数据卷（四）死亡　迁移［M］.北京：中国人口出版社，1993.

④ 李成瑞.十亿人口的普查：中国1982年人口普查北京国际讨论会文集［C］.北京：中国人口出版社，1984.

⑤ 张弥，周天勇.自主到计划：人口生育和增长变迁——1950～2014年中国人口论纲要［J］.经济研究参考，2015（32）.

五、人口高生育率与高增长率

如本节之前所述，随着我国经济发展水平的提高，在多生多育传统生育观念的影响下，这一时期我国呈现出较高的生育率。从统计数据上看，1949 年我国的人口出生率高达 36‰，1957 年仍处于 34.03‰。上溯到 20 世纪 30 年代和 40 年代，我们就会发现，中华人民共和国成立初期的高生育水平，实质上是之前高生育水平的延续。这一阶段，除了城镇少数妇女的生育水平有所下降外，绝大多数的妇女处于无计划和无控制的自然生育状态。① 1952 年，中国育龄妇女从 18 岁起就逐渐进入了较高生育期，生育率达到 166‰，直至 43 岁，生育率才降至 107‰，生育旺盛期长达 26 年。22 ~ 26 岁为最旺盛生育年龄段，生育率均超过 300‰，其中，23 岁为生育峰值年龄，生育率达 313‰。19 ~ 21 岁和 27 ~ 37 岁为次旺盛生育年龄段，生育率均超过 200‰。18 岁及 38 ~ 43 岁为较高生育年龄段，生育率在 100‰以上。“早、密、多”是 20 世纪 50 年代我国生育状况的主要特点②。

从中华人民共和国成立至“大跃进”的这段时期，我国人口增长呈现出一种加速态势。1950—1958 年，人口出生率先是在 37‰的高水平上维持了 5 年，然后缓慢下降至 1958 年的 29.22‰。同一时期，人口死亡率出现了前所未有的大幅下降，从 1949 年的 20‰直线跌至 1957 年的 10.80‰，几乎下降了一半。在如此短的时间内，死亡率下降如此之快，在世界人口史上也是一个奇迹。正是出生率变化的“慢”和死亡率变化的“快”双向同时发力，使得 20 世纪 50 年代我国人口自然增长率不断攀升，从 1949 年的 16‰快速增加到 20 世纪 50 年代中期的 24‰，年平均增加人数也从 1949 年的 1000 万增加到 1957 年的 1479 万，人口总规模也从 1950 年的 55196 万人迅速增加到 1959 年的 67207 万人。③ 这一时期的中国的人口出生率、人口死亡率与人口自然增长率情况如图 1－1 所示。

从世界范围来看，从 20 世纪 50 年代初期到 20 世纪 60 年代中期，人口自然增长率一直在上升，如 1950—1955 年每年平均增长 1.77%，1955—1960 年每年平均增长 1.95%④，此后，年增长率虽略有下降，但仍

① 路遇. 新中国人口五十年（上）[M]. 北京：中国社会科学出版社，2016.

② 同①。

③ 同①。

④ 郭志仪. 战后世界人口发展的特点 [J]. 西北人口，1982 (4).

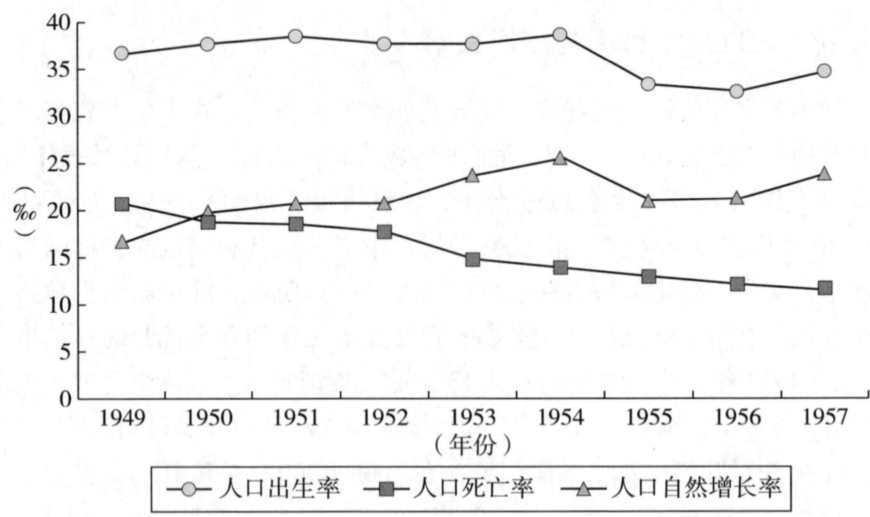

图 1－1　1949—1957 年中国的人口出生率、人口死亡率、人口自然增长率情况

资料来源：中华人民共和国统计局网站数据库。

然保持在 1.8% 以上。第二次世界大战后人口自然增长率不断上升的直接原因，是人口的高出生率和低死亡率。据联合国统计，1950—1955 年世界平均人口出生率为 35.6‰，1955—1960 年为 35.7‰，而第二次世界大战后世界人口死亡率却在不断下降，在这两个时期分别为 18.5‰、16.3‰，高出生率和低死亡率导致人口自然增长率变高①。经比较，我们可以清楚地看到，从中华人民共和国成立至“大跃进”这段时期我国人口总和生育率与年自然增长率在大部分时间是高于世界平均水平的，这也是中华人民共和国成立后高出生率与高增长率出现的两次高峰中的第一次。

总之，1949—1957 年，随着国民经济的恢复与发展，人民生活水平得以不断提高，人口死亡率快速下降。在此基础上，传统生育观念的延续以及避孕技术的落后，又使得出生率显著上升，由此形成了这一时期我国人口的高速增长。

第二节　自由迁徙和城市化

人口增长和人口在城乡之间的迁移，是一个国家工业化发展进程中的

① 郭志仪. 战后世界人口发展的特点［J］. 西北人口，1982（4）.

必然现象。1949—1957 年，我国户籍制度尚未确立，农村人口自由迁移成为主流，伴随着经济恢复、发展的有组织的计划迁移，形成了中华人民共和国成立以来第一个比较稳定的人口迁移活跃期。与此同时，国民经济的快速恢复和发展，推动了城市数量、城市人口的稳健增长，城市建设欣欣向荣，我国形成了一个较为平稳的城市化时期。

一、农村人口向城市迁移管理

中华人民共和国成立至“大跃进”的这一时期，是中国人口迁移极为活跃的一个阶段，也是中国城镇人口快速增长的一个阶段。截至 1957 年，全国城市人口由中华人民共和国成立时的 5765 万人增加到 9949 万人，增加了 72.58%，农村人口则由 48402 万人增加至 54704 万人，仅增加了 13.02%，城市人口增加的速度大大高于农村人口增加的速度，城市化水平由 1949 年的 10.6% 提高到 15.4%，平均每年提高 0.65 的百分点。大量农村人口涌向城镇，是这一阶段城镇人口迅速增长的主要原因。这一时期，人口迁移十分活跃，从农村到城市是人口迁移的主要方向，总和迁移率为 80% ~100%①，这一水平直到 20 世纪 90 年代才被超过。

这一时期，国家对于城乡人口迁移的控制尚未制度化，相对宽松的政策环境是农村人口得以迁入城市的必要条件。人口自由迁徙在法律和政策上仍是被允许的。1951 年 7 月，公安部颁布的《城市户口管理暂行条例》中指出，“维护社会治安，保障人民……居住、迁徙自由……”②；该文件规定，迁出公民必须事前向迁出地公安机关申报迁出，注销户口；迁入公民必须在到达三日内向迁入地公安机关申报入户。出台这一制度，只是为了方便对流动人口的迁移状况进行登记和管理。③ 1954 年的《中华人民共和国宪法》第九十条明确规定，“中华人民共和国公民有居住和迁徙的自由”。即便是户籍制度的基础性法规《户口登记条例》，时任公安部部长的

① 国家统计局人口统计司，公安部三局. 中华人民共和国人口统计资料汇编（1949—1985）［M］. 北京：中国财政经济出版社，1988.

② 中国社会科学院人口研究所《中国人口年鉴》编辑部. 中国人口年鉴（1985）［M］. 北京：中国社会科学出版社，1986.

③ 周天勇，王元地. 繁荣的轮回——人口变动与经济增长的一个逻辑解释［M］. 北京：中国财富出版社，2017.

罗瑞卿也曾强调它是为了保护公民的居住和迁徙自由，不会对正当的居住和迁徙自由加以限制。1955 年 6 月 9 日，国务院全体会议第十一次会议又通过了《国务院关于建立经常户口登记制度的指示》，指出“由于离婚、分居、合居、失踪、寻回、收养、认领、雇工、解雇等原因引起的户口变动，都应由户主或者本人报告当地乡、镇人民委员会，或者报告当地乡、镇以下行政组织的负责人转报乡、镇人民委员会按迁出迁入的规定，办理登记或者注销”。[①] 从 1951 年的《城市户口管理暂行条例》到 1955 年的《国务院关于建立经常户口登记制度的指示》，可以看出，当时政府对人口迁移几乎没有限制，实行自由迁移政策，允许城乡居民在城乡之间或城镇之间自由迁移。

不过在同一时期，政府也意识到大量人口涌入城市所带来的巨大压力，面对汹涌而来的移民，中央和国务院曾多次发出文件，要求各地对盲目流入城市的农民进行劝阻。1953 年 4 月，中央人民政府政务院（1954 年设立中华人民共和国国务院，撤销政务院，其全部职权由国务院行使。）发出劝阻农民盲目流入城市的指令，要求各地耐心向农民解释，劝阻农民私自进城[②]。1954 年 3 月，中央人民政府内务部、劳动部发出《关于继续贯彻〈劝止农民盲目流入城市的指示〉》，重申了前述政务院的通知精神。当时，农民盲目流入城市仍然属于小规模和短期的现象，并未造成全局性和长期性问题，因此政府的限制措施也是短期的，所采用的方法也仅仅是劝阻。1956 年 12 月、1957 年 9 月，国务院又分别发出《关于防止农村人口盲目外流的指示》和《关于防止农民盲目流入城市的通知》，要求各地方政府切实加强措施，阻止农民进城。1957 年年底，中共中央、国务院再次发出指示，要求农村地区加强对农民群众的思想教育，并在铁路和交通要道设法劝阻和拦截外出的农民，对于城市工矿企业和单位，则严格禁止它们私自招工，并要求其劝说已进城的农民回乡[③]。可以看出，政策上是在逐渐收紧对人口迁移的限制，但控制城市人口增长的政策目标与农民不断进城之间的矛盾不断升级，当劝阻和说服的手段无法有效抑制农民进城时，政府便开始转向采用法律和制度手段了。

---

① 路遇. 新中国人口五十年（上）[M]. 北京：中国社会科学出版社，2016.

② 中央人民政府政务院. 关于劝阻农民盲目流入城市的指示 [J]. 山西政报，1953（8）.

③ 中国共产党中央委员会，国务院. 关于制止农村人口盲目外流的指示 [J]. 中华人民共和国国务院公报，1957（54）.

二、中华人民共和国成立后的工业化与人口流动

从人口迁移模式来看，古典经济理论以农村存在劳动力剩余、城市不存在失业人口为前提；非古典经济理论则以农业剩余劳动力出现为前提，并且认为城市存在失业现象。但它们都认为，一个国家在从农业化向工业化发展的过程中，人口迁移是必然存在的。1953 年，中共中央提出了党在过渡时期的总路线，即在中华人民共和国成立到社会主义改造基本完成这个过渡时期，党的总路线和总任务是要在一个相当长的时期内，基本上实现国家工业化和对农业、手工业、资本主义工商业的社会主义改造（简称“三大改造”）。根据过渡时期总路线的要求，人民政府又制定了我国发展国民经济的第一个五年计划，所以从 1953 年起，我国进入了有计划的社会主义改造和经济建设时期。

工业化的推进、工厂企业的发展和扩张，不断扩大对劳动力的需求。为了满足大量新建、扩建工厂企业建设和发展的需求，除从农村招收大批农民进入城镇以外，还吸收了大量自发进入城镇的农民就业。这一时期的人口流动，不仅存在这种“乡到城”的人口迁移，而且存在“城到城”的人口迁移：在实施“一五”计划期间，政府为了加快工业步伐，改变不合理的工业布局，不仅有计划地组织东部沿海城市的一些工厂企业迁往东北、西北、华北（以下简称“三北”）等内地和边疆地区，同时也加快了对迁入地区工业企业的新建与扩建。随着东部沿海城市工厂企业向内地、边疆地区的转移，大批职工及其家属随同企业成“建制”迁移。与此同时，政府还抽调了东部沿海城市的一大批工厂企业管理干部、技术人员志愿到新兴工业城市和重点建设地区，支援当地的经济建设，由此形成了一股城市人口从沿海迁向内地的“城到城”迁移势头。例如，上海市作为当时全国最大的工业基地，承担了支援外地建设的任务，共迁出 43.52 万人，其中在“一五”计划时期迁出的有 33.65 万人。其支援外地建设人口的流向，主要是辽宁、吉林和黑龙江东北三省。[①] 另外，1956 年秋季以来，安徽、河南、河北、江苏等灾区和非灾区的农民、复员军人，以及乡、社干部盲目外流现象严重，而且也基本都是流向“三北”地区的几个大城市与一些新建城

---

① 胡焕庸. 中国人口（上海分册）[M]. 北京：中国财政经济出版社，1987.

市或工业建设重点地区。[①]

“三北”和边疆等新工业重点建设和发展地区，接纳了大量外来人口。据不完全统计，1953—1954 年，仅中国第一汽车制造厂（今中国第一汽车集团有限公司）从外省招聘或接受分配来厂的工人就有 1 万多人（尚不包括随迁家属），可见新工业区接受移民数量之大。又如，全国“一五”计划时期共有 156 项重点工程，其中在陕西省就集中部署了 20 余项，致使陕西省仅在 1955 年净迁入人口达 32.34 万；甘肃省兰州市的人口也从 1953 年的 39.73 万增加到 1959 年的 123.36 万，其中大部分迁入人口是为了满足兰州炼油厂（今兰州炼油化工总厂）、兰州化学工业公司等大型工矿企业的建设需要。[②] 内蒙古自治区也是当时人口迁入“大户”，随着一批大型工矿企业、国营农牧场和教育文化设施的兴建，人口迁入规模不断增大，1953—1957 年净迁入人口达 109.94 万，年平均 21.99 万，其中，1956 年这 1 年净迁入 34.81 万人。[③] 由此可以看出，工业化的推进是这一时期我国人口迁移的主要因素，并且使得迁移的人口数量不断增加。

在这一时期，由工业化产生的人口流动既有自发性迁移，又有政府组织的计划性迁移。由于此时政府允许自由迁移，人口迁移受区域经济发展水平、就业机会及耕地富裕程度等经济和自然因素的影响较大，所以总的来看，当时的人口迁移以自发性迁移为主。在政府组织的计划性人口迁移中，还有一种比较典型的、根据劳动力就业招收调配制度进行调配的劳动力迁移。[④] 在“一五”计划期间，为了满足大规模基本建设的需要，政府决定首先在建筑业尝试实行劳动力统一招收调配制度，从 1955 年开始，劳动力的统一招收调配又从建筑业扩大到工矿企业和交通运输部门。劳动力的统一招收和调配，不仅保证了重点建设地区和单位所需的劳动力，也解决了一些东部沿海城市和企业剩余劳动力的出路问题。综合来看，劳动力调配迁移的基本流向，主要表现为由东部沿海经济较发达的人口稠密地区迁向西北、华北等内陆及边疆地区。

---

① 路遇. 新中国人口五十年（上）[M]. 北京：中国社会科学出版社，2016.

② 同①。

③ 宋迺工. 中国人口（内蒙古分册）[M]. 北京：中国财政经济出版社，1987.

④ 路遇. 新中国人口五十年（上）[M]. 北京：中国社会科学出版社，2016.

三、人口城市化的方式

关于人口城市化的含义，目前理论界的认识并不一致。从对人口城市化关注的领域来说，主要有经济学（区域经济学和城市经济学）、社会学和人口学三个学科。经济学从资源配置的角度和经济发展的角度来理解人口城市化，一般把人口城市化理解为农村人口向城市集中，城市数量和城市人口逐渐增加，城市人口在总人口中所占的比例逐步提高的过程。人口城市化的过程和产业城市化与城市经济发展是基本同步的。人口城市化是在某一地区内，随着生产力的发展、资本的积累，形成现代化的生产方式，然后在工业化的推动下，以与国家经济发展相适应的手段，吸引人口相对集中在城市。社会学则从人们的行为方式和生产方式的角度来定义人口城市化，把人口城市化理解为人们的行为方式和生产方式由农村社区转向城市社区，并由此引起人们的各种社会关系变化的过程。人口学对人口城市化的表述也不完全一致，形成了不同的观点，但考察的重点都在于农村人口职业、身份的转变。

笔者认为，人口城市化作为城市化的重要组成部分，是指农村人口稳定地向城市流动、集中并转化为城市人口的过程。关于这个定义，需强调三点：一是人口城市化作为城市化的重要组成部分，应与土地的城市化、经济的城市化还有社会的城市化共同推进，不能过度滞后；二是农村人口必须能真正成为城市人口，定居在城市，并享受应得的福利待遇；三是这种流动和集中是单向性的良性流动，而非人口在农村与城市之间“钟摆式”徘徊。

从这个定义来看，从中华人民共和国成立到“大跃进”这段时期内，人口城市化的方式有农村人口进入城市、农村人口就地城市化、高校毕业生就业这三种，其中以农村人口进入城市为主。当然，从另一个角度来说，城市人口自然增长也属于人口城市化的一种方式，但本节重点考察前三种方式。

第一种，农村人口进入城市。1949—1957 年是我国城镇人口迅速增长的时期，8 年内城镇人口由 5765 万增至 9949 万，共增长了 4184 万，增幅达 0. 7 倍以上，年平均增长 523 万人，年均递增 7. 05%。城镇人口占总人口的比例由 1949 年的 10. 6% 增长到 1957 年的 15. 4%，增加 4. 8 个百分点，年均增加 0. 6 个百分点。同时，从城市人口占全国总人口的比例与城市非农业人口占总人口的比例这两个角度来看，1949—1957 年，全国市区人口从3949.05万人增加到7077.27万人，增加了3128.22万人，市区人口占总人口的比例也由7.3%上升到10.9%，增加了3.6个百分点。市区非农业人口也由2740.57万人增加到5412.69万人，占总人口的比例由5.1%上升到8.4%，增加了3.3个百分点。

第二种，农村人口就地城市化。随着经济的恢复和发展，同时出于满足政治发展的需要，国家有计划地增设了一些建制市，并撤销了一批建制市，到1952年年底，全国建制市达到159个①。“一五”计划时期，随着全国大规模建设的开展，经济社会迅速发展，国家又有计划地设置了一批建制市，并撤销了一些市，同时，国家还规范了市镇设置标准、城乡人口标准等。到1957年，全国建制市增至176个②。除去1955年因为市镇建制调整建制市数量减少了1个外，其余年份建制市数量都是增加的。1956年，建制市增长数甚至高达10个，1950年、1951年也分别增加了8个、9个，因此这一时期建制市的数量增加是比较快的，如图1-2所示。由此我们可以推测，就地城市化的农村人口在这一时期的增加是较为迅速的。

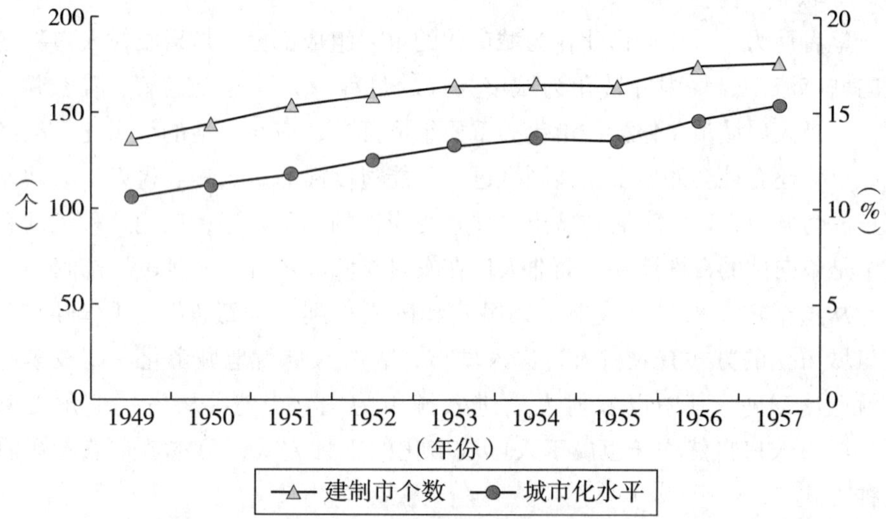

图1-2 1949—1957年建制市与城市化水平发展情况

资料来源：内务部民政司编：《中华人民共和国行政区划史料》，1959年，第74—75页；中国社会科学院人口研究中心编：《中国人口年鉴》（1985年），中国社会科学出版社，1986年，第284、811、812页。

① 内务部民政司. 中华人民共和国行政区划史料［M］. 北京：内务部民政司，1959.

② 同①。

第三种，高校毕业生就业。1951 年，周恩来同志指出人才缺乏已成为国家发展建设的一个难题。《关于一九五一年暑假全国高等学校毕业生统筹分配工作的指示》取消了招聘或自谋职业的就业方式。针对全国经济发展、教育发展与人才供求不平衡的状况，同年 10 月，政府发布了《关于改革学制的决定》，指出高等学校毕业生的工作由政府分配。就这样，20 世纪 50 年代初期，渐渐形成了“统包统配”的高校毕业生分配制度。1949 年，全国有高等学校 205 所，毕业生人数为 21353 人，至 1957 年，高等学校增至 229 所，毕业生人数达 56180 人，在这 8 年内，1956 年的毕业生人数达到这一时期的峰值，为 63214 人，从这些数据中我们可以了解到这一时期高校毕业生就业途径与人口城市化的情况。

由于工业化的不断推进，农村人口的自发性迁移与城镇人口有组织的迁移，共同构成了我国人口迁移的活跃期。由于这一时期农村人口的自发性迁移未被严格限制，使得我国的人口城市化进程平稳推进，城市快速发展。

第三节　城乡社会主义改造与人口增长和迁移

随着农业合作化运动的不断推进，农户经济最终过渡到高级农业生产合作社，从根本上实现了由农民个体所有制到集体所有制的转变，使亿万农民走上了社会主义农业合作化道路。然而，在推动农业合作化尤其是由初级社转向高级社的过程中，存在要求过急、工作过粗、改变过快、形式过于单一等缺点，“冒进”的气氛逐渐开始弥漫，这为下一时期的人口增长与迁移的情况埋下了伏笔：生育率开始转折，人口迁移开始异常活跃，粮食供需与人口增长和流动失衡开始凸显。与此同时，决策层、学者们开始围绕人口问题展开探讨，形成了一些相应的观点。

一、从农户经济到高级社的生育率转折

1953 年 10 月和 11 月，毛泽东在同中共中央农村工作部负责人的两次谈话中，都讲到办高级社的问题。他在 10 月 15 日的谈话中说，城市郊区土地肥沃平坦，又是公有的，可以先搞大社；并且提到，合作社有高有低，高的就是土地归公。11 月 4 日，他在谈话中又说，城市郊区搞互助

组，蔬菜的生产供应不好解决，可以不经过互助组，直接搞半社会主义的合作社，甚至直接搞完全社会主义的合作社。他明确表示，完全社会主义的合作社，也叫农业生产合作社，而不要同苏联一样，叫集体农庄。[①] 在这以后，这种取消土地入股分红、实行土地等主要生产资料集体所有的农村集体经济组织，一般不称为集体农庄，而称为高级农业生产合作社，即“高级社”。高级社与之前的初级社的区别在于高级社中生产资料的所有权在合作社，分配时生产资料不参与分红，而是完全按社员的劳动工分进行分配；初级社是由农民将土地等生产资料以入股的方式交予合作社统一经营，但生产资料的所有权为农民个人所有，分配时生产资料与社员劳动工分按比例分红。因为当时人民对社会主义的理解是，以生产资料公有、产品按劳分配为基本特征，所以就不难理解有半社会主义的初级社和完全社会主义的高级社之别。到 1954 年，全国已有 13 个省、市、自治区试办了 201 个高级社，其中北京最多，有 114 个。[②] 由此，高级社的建立开始了一个逐步加速的过程。

1956 年，农业生产合作社的发展速度加快，到 1956 年春，我国大部分的省、市、自治区已基本实现初级形式的合作化，超前完成了中共七届六中全会通过的《关于农业合作化问题的决议》中提出的要求。随后，在实现高级化的时间不断提前，兴办高级社的条件不断降低的情况下，1956 年 1 月以后，全国各地便掀起了大办高级社的热潮，高级社的发展几乎月月都有新进度。1956 年 1 月底，全国高级社发展到 138000 个，入社农户占总农户比例由上年年底的 4%，猛增到 30.7%；初级社的入社农户比例则由上年年底的 59.3% 降为 49.6%。1956 年 2 月底，高级社数又增加到 235000 个，入社农户达到 51%，初级社又降为 36%；6 月底，高级社增加到 312000 个，入社的农户已占总农户的 63.2%，初级社再降为 28.7%；9 月底，全国已有高级社 380000 个，参加高级社的农户占总农户的比例也已达到了 72.7%，这实际已经达到了原来要基本实现高级化的指标；12 月底，高级社再增加到 540000 个，入社农户的比例也达到了 87.8%。[③] 高级社数量的迅速增加与生产力的发展水平逐渐失衡，这种跨越式的发展，不

---

① 毛泽东. 毛泽东文集（第六、七卷）[M]. 北京：人民出版社，1999.

② 罗平汉. 对高级农业合作化的历史反思 [J]. 北京党史，2016（6）.

③ 陈吉元，陈家骥，杨勋. 中国农村社会经济变迁（1949—1989）[M]. 太原：山西经济出版社，1993.

仅阻碍了农业的平稳发展，而且对社会经济的其他方面也产生了一定的影响。

随着农户经济逐步向高级社大跨步迈进，我国生育率也即将迎来转折。从总和生育率来看，1955 年为 6.26，1956 年降至 5.85，但这仍旧是一个较高的水平。1957 年，总和生育率升至 6.41，达到了“一五”计划时期的最高值。从 1958 年开始到 1961 年，总和生育率呈不断下降趋势，1961 年下降至 3.29，如图 1－3 所示。因此，中华人民共和国成立以后，伴随着农业时代的结束，生育率开始出现转折。当然，不能说二者有着最直接的联系，但我们也要承认，在推动农业合作化尤其是初级社转向高级社的过程中，存在要求过急、工作过粗、改变过快、形式过于单一等缺点，以致公有化程度过高、合作社规模过大且与生产力发展水平不相适应等成了长期遗留问题；过分强调集中统一，助长了命令主义、官僚主义作风等问题，最重要的是“冒进”的气氛开始弥漫。这些未能得到及时解决。1958 年，又在高级社的基础上建立规模更大、公有化程度更高的人民公社，给我国农业和农村发展造成了更为严重的影响。诚然，这在一定程度上也对下一时期我国人口增长与迁移产生了重要的影响。

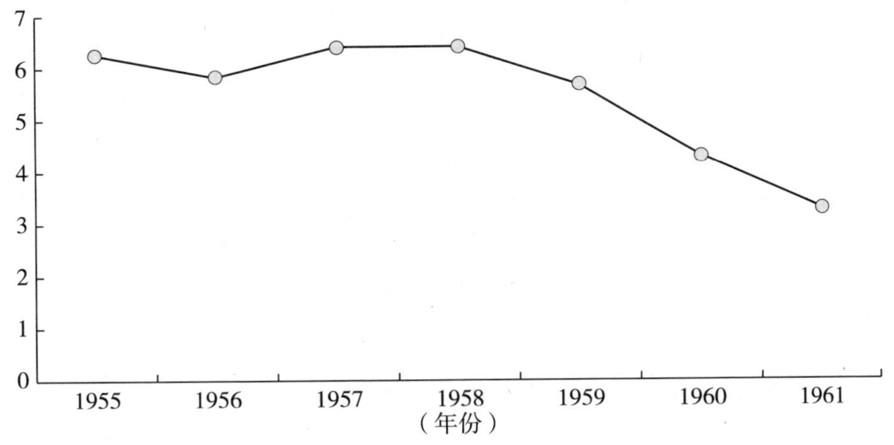

图 1－3　1955—1961 年中国总和生育率变化情况

资料来源：根据中华人民共和国国家统计局各年人口出生率、死亡率、增长率以及《人口统计公报》推算。

二、后期人口的过度转移

1953—1957 年，我国人口迁移是相当活跃的，除上一节所述的迁移类型之外，在这一时期，还包括由垦荒而引起的人口迁移。总的来看，这一阶段的人口迁移自发性与计划性并存，人口转移比较活跃。垦荒移民的目的地，主要是黑龙江、新疆、青海、内蒙古等地广人稀的边疆地区，而其迁出地则主要为东部沿海的人口稠密地区。例如，东部沿海地区人口规模大、密度高的山东省，历来就是向黑龙江等边疆地区迁出垦荒移民的重要省份之一，不仅有大量自发性农村垦荒移民源源不断地迁出，也有政府组织的较大规模的计划性垦荒移民迁出。据不完全统计，仅就政府统一组织的计划性垦荒移民来看，全省的大规模计划性垦荒移民从1955年开始，到1960年结束，前后持续了6年之久，涉及70多个县市，共迁出100多万人。例如，1955年山东省向省外组织移民13453户、58848人，其中，迁往黑龙江省10961户、47489人，迁往吉林省1982户、8945人，迁往内蒙古自治区510户、2414人。在山东当年涉及垦荒移民迁出的28个县市中，以菏泽地区的梁山县最多，全县迁出28329人，约占全省迁出移民总数的48%；1956年的移民垦荒是在农业合作化高潮中进行的，山东全省以临沂、菏泽、济宁、泰安、聊城5个地区为重点，共迁出189179人。其中，除迁往青海省回民2135户、10195人，迁往黑龙江省汉民16090户、62927人外，还组织了105944名青壮年垦荒队，到黑龙江省的34个县建立了425个移民新村。当年秋季，又动员青壮年移民的家属3116户、10113人迁往这些新建移民村。1957年，根据中央指示，主要是要做好1956年移民的巩固工作。该年山东省除向黑龙江省遣送了10715户、40187名移民家属以外，基本没有再动员新的移民。① 同时，还有大量自发性农业移民，也同样选择迁向黑龙江、新疆、内蒙古等地广人稀的边疆省区。这些垦荒移民与由工业化产生的移民一起，构成了后期人口的过度转移。

三、粮食供需与人口增长和流动失衡的凸显

1949年中华人民共和国成立后，由于几千年来封建统治对农业生产发展的束缚以及近百年来战祸和自然灾害对农业生产的摧残，我国的农业生产不仅水平低，而且急剧衰退。在这种情况下，解决粮食供求矛盾的问题便被提了出来。为此，中国共产党一接手政权，便着手从以下两个方面来

---

① 田方，林发棠. 中国人口迁移［M］. 北京：知识出版社，1986.

解决这一问题：一方面，稳定粮食市场。这主要是利用国家的力量同投机商人做斗争。在中华人民共和国成立初期，曾进行过几次较大的斗争，其中，最著名的是1949年10月到12月的“米粮之战”[①]。经过艰苦的努力，到1952年年底，我国城市中的粮食市场基本得到了控制和稳定。另一方面，发展农业生产，增加粮食产量。针对粮食供不应求的困难局面，中共中央一开始便下大力气狠抓农业生产的发展，使我国的粮食生产逐年增长。1950年，我国粮食总产量为2642.5亿斤，1951年增加到2873.7亿斤，1952年又增加到3278.3亿斤，比1949年增长44.8%，超过中华人民共和国成立前最高年产量的9.3%。按全国人口平均计算，1952年我国人均占有粮食570斤，比1949年增长36%。粮食产量的逐年增加，为粮食局势的稳定提供了物质基础，到1952年，我国的粮食形势开始逐渐好转。[②] 但由于当时的粮食生产并未从根本上满足社会对粮食的需要，因而这种稳定是极其脆弱的。当1952年年底，大规模的工业化建设展开后，粮食需求量一增加，粮食紧张的局面便再度出现。

1952年年底，随着国民经济大规模建设的展开，原本十分脆弱的粮食供求稳定局面便被打破。从1952年下半年开始，我国的粮食购销形势开始再度紧张，到1953年春情况更为严重，主要体现在如下几点：一是购进的少，销出的多。据粮食部的报告显示，在1952年7月1日到1953年6月30日的粮食年度，国家共收入粮食547亿斤，比上年度增长8.9%，支出587亿斤，比上年度增加31.6%。收支相抵，赤字40亿斤。1953年6月30日的粮食库存由上年同期的145亿斤减为105亿斤。[③] 进入7、8、9这3个月后，情况更为严重。在粮食收购旺季的这3个月中，国家共收购粮食98亿斤，超过原定计划7亿斤，但实际销售了124亿斤，超过原定计划19亿斤，库存又减少12亿斤。10月，全国粮食销售量又比1952年同期增加31.3%。[④]

---

① 1949年10月，由于国家货币发行过多，市场物资开始供不应求，一些投机商人趁机囤积粮食，使粮价大幅度上升，当时，上海市的米价在1个多月的时间内便上升35倍多。在这种情况下，为了打击投机商人，稳定粮价，从1949年11月25日开始，国家在集中了大量粮食的情况下，有组织地在一些大中城市集中抛售粮食，使粮价一下子回落30%~40%，严重打击了投机商人，这次粮食争夺战后来被称为“米粮之战”。

② 陈吉元，陈家骥，杨勋.中国农村社会经济变迁（1949—1989）［M］.太原：山西经济出版社，1993.

③ 薄一波.若干重大决策与事件的回顾［M］.北京：中共中央党校出版社，2008.

④ 陈云.陈云文稿选编（一九四九——九五六年）［M］.北京：人民出版社，1982.

收的多，但销的更多，结果赤字越来越大。二是不少地方开始发生混乱。当时，全国的大、中型城市，因为有国家采取保护措施，所以大体上还比较平静。但是，在一些受灾地区和粮食脱销地区，小城市和集镇已开始发生混乱现象，粮贩子大肆活动，特别是粮食少的地方，粮贩子有时竟达几十万人。[①] 三是北京、天津的面粉已出现不够供应的情况。四是全国的收购计划将无法完成。到1953年9月，国家粮食收购计划只完成了80.1%，而10月的粮食销售比上年同期增加了31.3%，供需缺口在40亿千克以上。[②] 由此，粮食供求矛盾开始凸显。

除了粮食生产能力低下这个根本原因之外，还有一个重要的因素是人口增长和迁移引起的粮食需求迅速增加，使得粮食供需与人口增长和流动的失衡凸显。1953年，随着国民经济大规模建设的开展和农民生活水平的明显提高，我国的粮食需求量开始迅速增加。一方面，农民消费水平的迅速提高增加了农民自身对粮食的消费。国家的粮食收购在粮食增产的同时并没有增加。土地改革后，由于农村经济的全面恢复和发展，我国农民的生活水平开始逐步提高，主要表现为粮食消费量的增加。1952年，我国农村居民的总收入达到了484亿元（按1955年币制改革后的新人民币折算，下同），比1949年的326亿元增加了158亿元；而同时，农民的人均粮食消费量也由1949年的370斤增加到了1952年的444斤，增长74斤。按1952年我国农村总人口为50319万人计，则1952年我国农村居民比1949年实际多消费粮食370多亿斤，这在当时来说是一个相当巨大的数字。[③] 另一方面，城乡粮食供应面的迅速扩大，对商品用粮的需求增加。随着国民经济的恢复和大规模经济建设的开始，加上这一时期人口增长与迁移的影响，我国城市人口开始迅速增加。1953年，我国的城镇人口达到了7826万人，比1952年增加663万人，比1949年增加2016万人。同时，城镇人口的构成比例也逐步提高，1949年、1952年和1953年我国城镇人口占全国总人口的比例分别为10.6%、12.5%和13.3%。[④] 城镇人口的增加，除自然增长以外，绝大部分来自农村。对于从农村进入城市的人口来说，过

---

① 陈吉元，陈家骥，杨勋.中国农村社会经济变迁（1949—1989）［M］.太原：山西经济出版社，1993.

② 温铁军.我国粮食供求的5次波动［J］.科技导报，1999（1）.

③ 同①。

④ 同①。

去粮食消费是生产自给，进城后则需要国家供应，这使得国家的粮食销售量大增。有数据显示，由于1952年争取到苏联的54亿美元投资，国家新启动了156个大工业项目，大规模投资带动了大量就业，2000万属于粮食“高消费”人口的农村青壮年劳动力进城支援国家建设，他们的粮食消费约等于当时5000万的城市人口，使城市粮食消费突然增加近1倍。[①] 同时，随着经济建设事业的发展，经济作物区也不断扩大，种植经济作物的农民和其他因灾减产或其他原因造成的缺粮人口，也需要由国家供应粮食，这在当时大约有1亿人。[②] 所有的这一切都造成了国家供应商品粮的巨大压力，而由于农民自用粮的增加，国家从农村中收购到的粮食并没有增加多少，结果从1952年下半年开始，我国的粮食供求关系再度趋于紧张。

在这之后，随着统购统销的推行、农业合作化运动的突飞猛进，毛泽东开始将注意力转向发展农业生产，开始着手主持制定《十二年农业发展纲要》（以下简称《纲要》）。《纲要》公布后，在合作化高潮的推动下，各地纷纷根据《纲要》的要求修订原来的计划，这使得《纲要》提出的过高要求被一再拔高。因此，“冒进”现象不断涌现，最终给农业生产和农村经济的发展带来严重影响。1956年，我国粮食的实际产量虽比1955年增产5.4%，但却只完成计划的97.3%。此外，其他作物（除大豆、烤烟、茶叶外）实际产量都没有完成计划。粮食作物产量虽比1956年有所增加，却是通过扩大耕地面积取得的，单产并未提高，反而还有所下降。[③] 这使得粮食供需与人口增长和流动的失衡再一次凸显。

四、马寅初《新人口论》和建议控制人口

在旧中国，有许多老知识分子都是主张节制生育的。但是，因为普遍的认识是把马尔萨斯归结到主张节制生育的学说一边，而马克思又是对马尔萨斯持严厉的批评态度，所以有正统思想的马克思主义者是否定节制生育的。中华人民共和国成立前后，共产党曾经发动了一次对美国政府所持

---

① 温铁军. 我国粮食供求的5次波动［J］. 科技导报，1999（1）.

② 陈吉元，陈家骥，杨勋. 中国农村社会经济变迁（1949—1989）［M］. 太原：山西经济出版社，1993.

③ 同②。

有的马尔萨斯主义和唯心历史观的批判[①]，再加上政府沿袭限制人工流产的法规[②]，在1949—1952年，各个报刊都是把节制生育当作帝国主义“和平的杀人”[③]，甚至有的医学教材中关于节制生育的内容也会被当作马尔萨斯主义而受到批判[④]。在这样的背景下，中华人民共和国成立前那些曾经主张节制生育的专家、学者，甚至连医务人员也都不再宣传节制生育了。[⑤]

但是，把避孕节育行为当作马尔萨斯主义的意识形态和有关国家制度，与随着这一时期大规模工业化进程中年轻人的生活产生了巨大冲突，特别是青年妇女频繁生育与新的社会化生活方式发生矛盾。因此，不久之后，党和国家领导人对于群众避孕和节育的态度就发生了转变。[⑥] 马寅初作为中央人民政府委员，在正式和非正式场合会有许多机会了解到党的领导人对节制生育发表的意见。中华人民共和国成立前，马寅初就主张节制生育[⑦]。1949年以后，他也一度不再提这方面的主张了。然而，1953年我国进行了历史上第一次人口普查，结果表明，截至1953年6月30日中国人口总计601938035人，估计每年要增加1200万人到1300万人，增长率为20‰[⑧]。这次人口普查引起了马寅初的注意，他对人口普查的结果表示怀疑。因为这次人口普查是采取抽样调查的方法，即将出生率减去死亡率得出实际增长率。马寅初认为这种调查方法不能概括全貌。据他了解，仅

① 1949年9月16日，新华社播发的毛泽东撰写的《六评“白皮书”》即后来收入《毛泽东选集》第四卷的《唯心历史观的破产》，正好是第一次中国人民政治协商会议开幕的前夕，被党和毛泽东邀请而来参加政治协商的各个民主党派领导人和社会各界著名人士此时云集北平，不仅集中学习了这一组文章，而且纷纷发表声明，响应和拥护共产党对美国政府的批判。

② 1950年4月20日，中央人民政府卫生部、人民革命军事委员会卫生部和中央人民政府政务院文化教育委员会联合颁布《机关部队妇女干部打胎限制的办法》，“为保障母体安全和下一代之生命，禁止非法打胎”“凡未经批准施行打胎者，对其本人及执行打胎者，应分别予以处分”。1953年1月12日，卫生部同海关，“查避孕药和用具与国家政策不符，应禁止进口”。15日，卫生部批复华东军政委员会卫生部并抄送全国卫生机关及中国医药公司，重申对节育用具的制造销售应予登记，严加管理。彭珮云主编《中国计划生育全书》，中国人口出版社，1997年，第889、1405页。

③ 孙敬之. 人民地理教师怎样贯彻思想政治教育［N］. 人民日报，1949-11-29.

④ 《实用儿科学》不应提倡节制生育［N］. 人民日报，1951-06-25.

⑤ 梁中堂. 中国计划生育政策史论［M］. 北京：中国发展出版社，2014.

⑥ 同⑤。

⑦ 马寅初在民国时期的许多著述中都谈到人口问题，而且总体上是赞同马尔萨斯的观点的。可参见其《中国经济改造》（商务印书馆，1935年，第98、647-648页）、《经济学概论》（商务印书馆，1947年，第121-122、156-157、276-277、281页）等。

⑧ 王勇. 马寅初“人口论”遭批判始末［N］. 文史月刊，2007（12）.

上海一地的人口净增长率就是39‰，能否用一个简单的算术公式说明中国的人口增长率为20‰呢？[①] 于是，他开始围绕人口增长进行相关研究。

马寅初经过三年的调查研究发现，中国人口的增长率每年增长22‰以上，有些地方甚至达到30‰，这实在是太高了。如此发展下去，50年后，中国将有26亿人口。由于人多地少，恐怕连吃饭都成问题。于是，他将自己的研究成果写成《控制人口与科学研究》一文。[②] 1955年7月，一届全国人大二次会议召开，马寅初将写好的文章作为发言稿，交人大代表浙江小组讨论征求意见，却遇到不少代表的反对[③]。1957年2月，在最高国务会议第十一次（扩大）会议上，马寅初再一次就“控制人口”问题发表了自己的主张：“我们的社会主义是计划经济，如果不把人口列入计划之内，不能控制人口，不能实行计划生育，那就不称其为计划经济。”马寅初的发言当即受到毛泽东的赞赏[④]。3月1日下午会议安排了包括马寅初在内的16位民主人士发言，马寅初说道：“如果按百分之三的增长率来算，中国六亿人口，十年后有八亿一千万，十五年后有九亿三千万，五十年后有多少？吓死人！二十六亿一千九百万，那是不得了！那有好几个问题要发生了……”[⑤] 继3月1日最高国务会议上的发言后，3月31日，在中华医学会节育技术指导委员会成立会上，马寅初发言谈控制人口问题。4月27日，《文汇报》发表马寅初接受记者杨重野的采访，谈中华人民共和国的人口问题。同一天，马寅初在北京大学向学校师生发表人口问题的演讲[⑥]。5月9日，马寅初在《大公报》发表《我国人口问题与发展生产力的关系》。7月5日，马寅初以全国人大会议上书面发言的形式在《人民日报》发表《新人口论》。

在《新人口论》中，马寅初提出了一个核心命题，即“非控制人口不可”。围绕这个命题，他首先提出“我国人口增殖太快”，他认为1953年的人口普查“是一个静态的记录”。进过分析，他认定近四年来我国人口增殖率很可能在20‰[⑦]。同时，针对有人认为他的人口理论就是马尔萨斯那

① 王勇. 马寅初“人口论”遭批判始末［N］. 文史月刊，2007（12）.
② 同①。
③ 马寅初. 马寅初全集（第14卷）［M］. 杭州：浙江人民出版社，1999.
④ 同①。
⑤ 同③。
⑥ 马寅初在北京大学谈我国人口问题［N］. 北京日报，1957-04-29.
⑦ 马寅初. 新人口论［M］. 北京：北京出版社，1979.

一套或者思想体系是马尔萨斯的观点，马寅初作出了声明，“我的人口理论在立场上和马尔萨斯是不同的”“马尔萨斯从掩盖资产阶级政府的错误出发，我则从提高农民的劳动生产率，从而提高农民的文化和物质生活水平出发”①，并用中国的实情做了说明。马寅初从“我国人口增殖太快”这个基本前提出发，围绕“非控制人口不可”这个核心命题，分别从人口与积累、人口与劳动生产率、人口与工业原料、人口与促进科学研究、人口与粮食五个方面阐述了其理由。最后，为了能够把增长过快的人口控制起来，使得国民经济能有计划按比例地发展，他提出解决当时人口问题的三大建议：一是“必须认真举办关于人口动态的统计，……在这个基础上来确定人口政策，一面把人口增长的数字订入第二个或第三个五年计划之内，使以后的计划的准确性可以逐步提高”。② 二是由于中国宗嗣观念太深，封建残余思想太重，因此，“要节制生育，控制人口，第一步要依靠普遍宣传，使广大农民群众都得知节育的重要性”“俟宣传工作收到一定的效果以后，再行修改婚姻法亦未为晚。如婚姻法修改之后，控制人口的力量还不够大，自应辅之以更严厉更有效的行政力量”。③ 三是“实行计划生育是控制人口最好最有效的办法，最重要的是普遍宣传避孕，切忌人工流产”④。

《新人口论》是马寅初的经典著作之一，其“非控制人口不可”的核心思想是对当时我国人口增长问题的回应，同时也引起了学术和政策界对人口问题的争论。

五、学术和政策界的争论和人口政策

中华人民共和国成立后，围绕人口问题的争论，是在1955年7月的全国人大会议上开始的。按照竺可桢7月4日的记述，在第一天小组会议上，浙江省的几位代表发言谈到人口问题，引起马寅初和竺可桢的注意⑤。争议是从7月12日开始的，宋云彬的日记记录道：“下午，浙江小组讨论五年计划，邵力子、马寅初强调中国人口过剩，余起而驳之。”⑥ 从宋云彬和

① 马寅初. 新人口论［M］. 北京：北京出版社，1979.

② 同①。

③ 同①。

④ 同①。

⑤ 竺可桢. 竺可桢全集（第14卷）［M］. 上海：上海科技教育出版社，2008.

⑥ 宋云彬. 红尘冷眼［M］. 太原：山西人民出版社，2002.

竺可桢的日记来看，争议是由邵力子的限制生育以减少人口的发言引起宋云彬等人的反对开始的，而马寅初和竺可桢则站在邵力子一边。

围绕人口问题的争论已经开始，人口问题也逐渐成为当时学术界与政策界关注的主要问题之一。

在中华人民共和国成立后至大跃进前的这段时期，学术界和决策界的主流观点是提倡节育的。

一方面，从决策界来看，周恩来在1953年第一次人口普查3个月后的一次报告中，忧虑地指出：“我国人口大概每年要增加1千万，那么10年就是1万万。中国农民对生儿育女的事情是高兴的，喜欢多生几个孩子。但是，这样一个增长率的供应问题，却是我们的一个大负担。”① 1954年5月，邓小平在邓颖超就部分妇女的避孕要求的信件上批示“我认为避孕是完全必要的和有益的”，并要求采取一些有效的措施来解决这个问题。同年12月，鉴于关于节育问题的议论较多，为了表明党中央的态度，刘少奇在主持召开的节制生育问题座谈会上明确表态“党是赞成节育的”“如果不节育，人口增长还要快”“人口增长后困难很多。父母、家庭、小孩子本身都困难，社会和国家也困难”，并对堕胎、绝育、避孕药品与器具的供应等问题，作了具体的指示。② 次年3月，党中央在批转卫生部党组关于生育问题的报告上批示：“节制生育是关系到广大人民生活的一项重大政策性问题。在当前的历史条件下，为了国家、家庭和新生一代的利益，我们党是赞成适当地节制生育的。”③ 由此，党中央第一次将和广大人民群众密切相关的节育政策上升到党的政策的高度，表明党中央对这个问题已有了足够的认识。1956年9月，周恩来在党的八大上作的《关于发展国民经济的第二个五年计划的建议的报告》中指出：“为了保护妇女和儿童，很好地教育后代，以利民族的健康和繁荣，我们赞成在生育方面加以适当的节制。卫生部应该协同有关方面对于节育问题进行适当的宣传，并且采取有效的措施。”④ 节育问题被列入国民经济和社会发展的“二五”计划之中，这标志着人口政策问题已被提上党和政府具体的议事日程。1957年6

---

① 中共中央文献研究室. 周恩来经济文选［M］. 北京：中央文献出版社，1993.

② 中共中央文献研究室. 文献与研究：一九八四年汇编本［M］. 北京：人民出版社，1984.

③ 中共中央文件：《中共中央对卫生部党组关于节制生育问题的批示》，总号〔55〕045号（1955年3月1日）.

④ 周恩来. 关于发展国民经济的第二个五年计划的建议的报告［N］. 人民日报，1956－09－19.

月，周恩来在《应该有计划地生育》中指出："人口多了会带来很多困难，特别是对国家建设。"同时，他明确提出："既然汉族人口多，可耕地面积不能增加，而人口又增长很快，这就产生矛盾。如何解决？只有一条，那就是适当地节制生育，也就不得不在人口问题上注意起来。"① 1957 年 2 月，毛泽东甚至明确提出了"计划生育"的概念和"逐步达到普遍计划生育"的设想。他说"要提倡节育，要有计划地生育""人类要控制自己，有时候使他能够增长一点，有时候使他能够减少一点，波浪式前进，实现有计划的生育"。② 党和国家领导人对节育工作的重视，有力地推动了人口政策的制定和落实。

另一方面，从学术界来看，1956 年 7 月，《人民日报》发表《应当适当节制生育》的社论。同年 8 月，《光明日报》《健康报》《中国青年报》分别发表社论，倡导实行有计划的生育。同时，其他报刊如《浙江日报》《新湖南报》《解放日报》《文汇报》，以及人民卫生等出版社报道、出版了大量有关节育、避孕的新闻和书籍，营造了提倡节制生育的浓厚氛围③。1957 年上半年，全国政协二届三次会议及全国人大一届四次会议（以下简称"两会"）相继召开，一批著名的社会学家、经济学家、医学家和民主党派人士在"两会"期间发表了一系列关于要重视人口问题，控制人口增长、实行计划生育的发言，随后这些发言又陆续被刊登在《人民日报》《光明日报》《文汇报》等重要报刊上。"两会"后，他们继续发表这方面的文章和言论，还有不少报纸组织专门性的座谈会。④ 这一时期，钟惠澜、邓季惺、全慰天、孙本文、陈达、吴景超等人也就人口问题发表了意见，他们认为实行计划生育，控制人口增长是必要的。⑤ 1957 年 2 月 15 日，罗青、费孝通、吴景超、戴世光、赵承信、李景汉、潘光旦、雷洁琼等十多位社会学家与人口学家展开座谈会，讨论人口问题。会上，陈达提出了一

---

① 中共中央文献研究室. 周恩来经济文选［M］. 北京：中央文献出版社，1993.

② 毛泽东. 在最高国务会议第十一次会议（扩大）会议上的讲话［M］//杨魁孚. 学习新中国领导者人口思想. 北京：中国人口出版社，2004.

③ 汤兆云. 新中国人口政策研究［M］. 北京：光明日报出版社，2016.

④ 同③。

⑤ 钟惠澜：《必须有计划地节制生育》，《人民日报》1957 年 3 月 17 日；邓季惺：《计划生育符合社会主义利益》，《人民日报》1957 年 3 月 19 日；全慰天：《社会主义经济规律与中国人口问题》，《大公报》1957 年 3 月 22 日；孙本文：《八亿人口是我国最适宜的人口数量》，《文汇报》1957 年 5 月 11 日；陈达：《节育、晚婚和新中国人口问题》，《新建设》1957 年第 5 期；吴景超：《中国人口问题新论》，《新建设》1957 年第 3 期。

份人口问题研究提纲，就降低人口出生率提出了两个关键性的问题——节制生育和提倡晚婚，并进行了较为详尽的分析，他引用大量我国和外国的有关人口的调查及历史资料。大家认为，这种分析可供学术研究及政府决定人口政策时参考。[①] 会后，《人民日报》发了新闻报道，影响很大。同年3月30日，《文汇报》编辑部邀请华东师范大学教授胡焕庸、复旦大学教授吴斐丹、上海财经学院教授叶元龙、上海第一医学院教授许世瑾、上海文史馆馆员陈长蘅、上海市卫生局副局长李穆生、复旦大学讲师宋承先、华东政法学院讲师杨恩平等专家、学者，就“我国今天人口是过剩了、宣传节制生育是否和社会主义制度的优越性相抵触、是否违反我们的传统习惯、对马尔萨斯‘人口论’究竟应该怎样评估、解决我国人口问题的途径是什么”等问题进行了座谈。在座谈发言中，胡焕庸认为，我国人口增加率超过世界各国，只有减少出生人口才能有计划地提高人民生活水平；陈长蘅认为，要有计划地控制我国人口增加；许世瑾认为，人口增加过速会拖迟经济发展；李穆生认为，人口增长与生产发展不相适应，要从实际出发节制生育；宋承先认为，提倡节育是为了加速建设，提高生活水平；杨恩平认为，解决人口问题的办法是增长生产。[②] 学术界关于中国人口问题的大讨论，奠定了当代中国计划生育人口政策的基调，并使政府高层关于人口政策的意向和群众性的计划生育活动联系起来，从而使计划生育人口政策的酝酿和实施有了坚实的群众性基础。另外，学术界对涉及人口问题的诸多方面进行了深入的探讨，积淀了关于人口问题丰厚的理论底蕴，为计划生育人口政策的酝酿和实施，以及新世纪以后人口理论的复苏，奠定了基础。

纵观从中华人民共和国成立到国民经济“大跃进”前的这一时期，我国通过土地改革、推进工业化等措施使得经济得以恢复。在此基础上，我国人口迅速增长，人口迁移活跃，城市化平稳推进：一方面，经过土地改革，农村经济有了一定的发展，但生产力水平仍较低，这使得中华人民共

---

① 杨魁孚，梁济民，张凡. 中国人口与计划生育大事要览 [M]. 北京：中国人口出版社，2001.

② 胡焕庸：《我国人口增加率超过各国》；陈长蘅：《有计划地控制我国人口增加》；许世瑾：《人口增加过速会拖迟经济发展》；李穆生：《人口增长与生产发展不相适应》；宋承先：《提倡节育是为加速建设提高生活》；杨恩平：《解决人口问题的办法是增长生产》，《文汇报》1957 年 4 月 8 日，1957 年 4 月 9 日。

和国成立前传统的“早婚早育，多生多育，重男轻女”生育观念，以及受其制约并支配的“多生多育”的生育行为得以延续，加之避孕技术的落后，促使我国人口生育率在这一时期处于一个较高的水平。与此同时，随着经济的恢复与发展，生活水平的改善又使得死亡率快速下降。因此，这一时期我国的人口增长呈现出“高生育、高增长、低死亡”的态势。另一方面，工业化的推进带动了人口的自由迁移，而此时城乡户籍管理制度尚未建立，国家对人口迁移的限制也较为宽松，由此形成了以农村人口向城市自由迁移为主流的人口迁移活跃期，人口城市化进程也得以平稳推进，城市快速发展。然而，在农业合作化运动与工业化不断推进的过程中，“冒进”的气氛逐渐开始弥漫。受此影响，在这一阶段的后期，生育率逐步接近转折的“前夜”，人口开始过度迁移，更重要的是，粮食供需与人口增长和流动的失衡逐渐凸显，这些都为下一时期的人口增长与迁移埋下了伏笔。而且，这一时期人口的快速增长引起了决策层、学者们的关注。

由此来看，这一时期促使我国人口增长迅速与迁移活跃的主要原因在于国民经济的恢复与发展，其中人口迁移活跃得益于工业化的不断推进。国家力量在这一时期对人口增长与迁移并未进行强制干预，这或许在一定程度上保证了人口增长与迁移的“自主性”能够充分发挥，使得人口快速增长，人口迁移活跃，城市化平稳推进。也就是说，以经济发展为基础，人口增长与迁移的发展变化有着一定的“自主性”，在未被强制干预的情况下，这种“自主性”的发挥有利于人口增长与迁移的良性发展，这在中华人民共和国成立至国民经济“大跃进”前的这段时间里得到了很好的证明。

第二章　特殊时期（1958—1961）：马尔萨斯式平衡与逆城市化

人口的增加必然受生活资料的限制。当生活资料增加的时候，人口总是增加。较强的人口增殖力，为贫困和罪恶所抑制，因而实际人口同生活资料保持平衡。① 国民经济“大跃进”与随之而来的三年困难时期，在中华人民共和国人口增长与迁移历史上有着极为深刻的影响。这不仅体现为这一时期人口的非正常低增长，而且体现为2000多万人在城市和农村之间一来一回，城市化也由此经历了一次波动。此后，由于户籍制度的限制，我国人口迁移率陡然下降，并开始处于“凝滞”状态。

第一节　从农村高级社到人民公社

从人口增长的体制环境来看，1958年全国农村和城郊成立人民公社，农户经历了从小农私有到以土地等入股的合作社，再到集体所有、工作、生产和分配的体制变化过程。在这一时期，虽然生育权仍然归家庭，但占总人口80%以上的农民家庭的生育行为受到极大影响。在国民经济“大跃进”和自然灾害的双重影响下，农业生产下滑，粮食供应紧张，加之集体劳动的强度较高，农村出现了“低生育、高死亡”现象，从而使我国人口自然增长率从20世纪50年代的高水平突然急剧下降，并在1960年出现了负增长。

一、灾荒和粮食征购与农村低生育率

1958年开始的国民经济“大跃进”运动，使我国农业发展遭受了

---

① 马尔萨斯. 人口原理［M］. 朱泱，胡企林，朱和中，译. 北京：商务印书馆，1992.

严重的损失。而1959—1961年，我国自然灾害频发，与此同时，国家统购粮食过多，粮食的高减产与高征购，使得农民生活水平急剧下降，限制了农民家庭的生育行为，导致了这一时期农村的低生育率。农村生育率下降的原因，主要体现在农村生产方式转变与粮食严重不足两个方面。

一方面，农村生产方式转变。1958年8月29日，中共中央在北戴河召开中央政治局扩大会议，作出《中共中央关于在农村建立人民公社问题的决议》（以下简称《决议》）。同年9月10日，《人民日报》根据《决议》精神发表了“先把人民公社的架子搭起来”的社论。《决议》和社论发表后，全国人民公社化运动迅速展开并形成高潮。到9月底，全国农村共建成人民公社近23.4万个，参加的农户占总农户的90.4%，平均每社4797户。这样，差不多在一个多月的时间里，全国农村就基本上实现了人民公社化。到11月，全国74万多个农业生产合作社改组成26.5万多个人民公社，参加的农户有12690万多户，占全国农户总数的99.1%。这样，在不到3个月的时间，就在全国范围内建立了人民公社。① 农村实行人民公社化，整个农村的所有制结构、劳动组织、劳动成果的分配等，都发生了极大的变化：农户土地归集体，许多地方将原来给农户的自留地也收归集体，这使得农民自给自足的生产方式变成了参与集体劳动和从集体分配的方式。农户自给自足的小农经济解体，而从农村集体经济得到的收入有限，集体劳动的紧张性对农户的生育行为产生了一定的约束作用。

另一方面，粮食严重不足。首先，自然灾害频发，粮食大幅减产。1959—1961年，我国自然灾害频发，受灾面积和成灾面积都高于历年平均水平。这在中国历史上是少有的，其损害力及致使人类承受灾难能力的衰减，绝非算数级数，而是成几何级数。② 如图2－1和图2－2所示，自然灾害导致了灾区粮食的大量减产，3年粮食累计减产达到4036.5万吨。灾区人均粮食拥有量减幅最大，是全国平均减幅的11.90%③。有资料显示，

① 孙健.中华人民共和国经济史（1949—90年代初）［M］.北京：中国人民大学出版社，1992.

② 陈东林.从灾害经济学角度对“三年自然灾害”时期的考察［J］.当代中国史研究，2004（1）.

③ 谢永刚，李岳芹.三年自然灾害（1959—1961）粮食短缺状况及教训［M］.//多学科视野下的华北灾荒与社会变迁研究.太原：北岳文艺出版社，2010.

1957 年中国粮食产量为 3900. 9 亿斤，到 1960 年则下降为 2870 亿斤，减少了约 26. 4%；1960 年棉花产量为 2126 万担，比 1959 年下降了近 37. 8%。粮食产量和棉花产量均跌到 1951 年的水平。农业产量的大幅下降，直接导致粮食供应严重不足：同 1957 年相比，1960 年城乡人民平均粮食消费量减少了 19. 4%，其中农村人均消费量减少约 23. 4%[①]。伴随着严重自然灾害的持续，农民生活水平从 1959 年冬到 1960 年都相当困难。

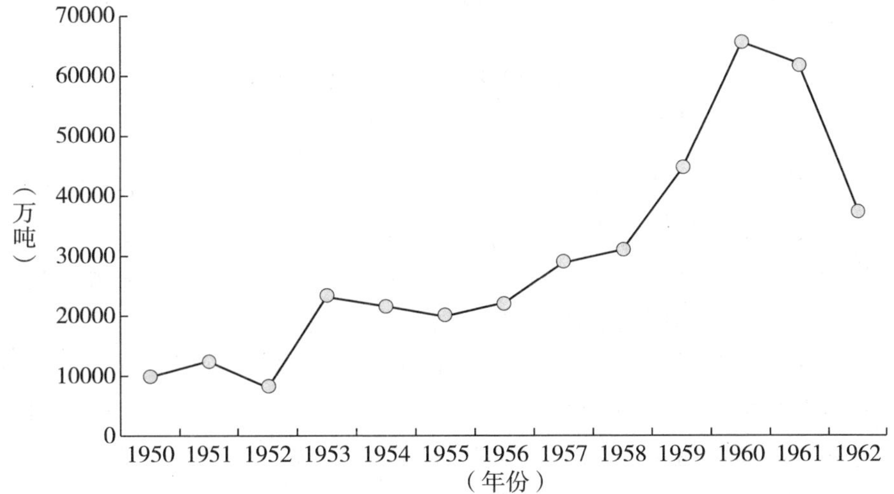

图 2 – 1　1950—1962 年粮食减产情况

其次，在 1958 年的国民经济“大跃进”中，各地虚报粮食产量，国家统购农民的粮食太多。“大跃进”运动开始于农业，农业产量高指标和“浮夸风”是农业“大跃进”运动的显著表现。1958 年元旦，随着人民日报社论“乘风破浪”的发表，“大跃进”的显著特征“浮夸风”开始刮起。同年 6 月，河南遂平县放出亩产 2105 斤“第一颗卫星”之后，“卫星”越放越高，越放越多，各地粮食产量浮夸情况如表 2 – 1 所示。然而，高征购源自高估计，在农业“大跃进”的同时，国家统购的粮食过多，使得农民的粮食短缺。按照 1958—1960 年的净征购额（扣除征购后返销给农民粮食后的征购额）推算，当时的粮食

① 刘际钢，林桂平. “大跃进”运动的历史成因与经验教训［J］. 安徽师范大学学报：人文社会科学版，2000（2）.

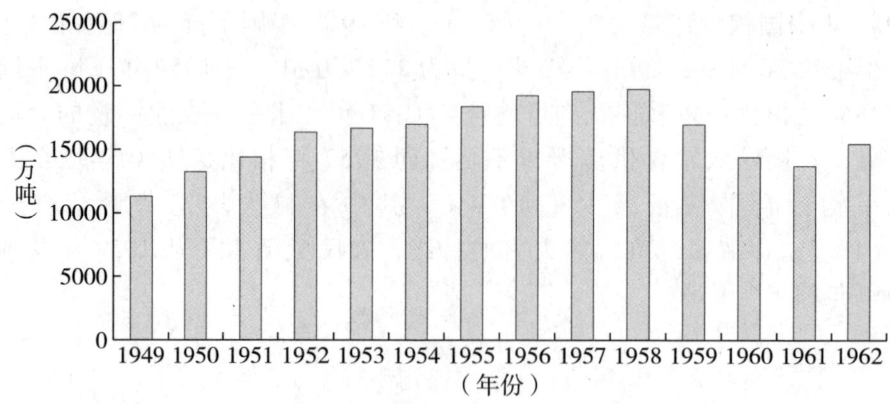

图 2－2　1949—1962 年粮食产量

资料来源：中华人民共和国国家统计局网站数据。

净征购率超过了20%。这是由于当时城镇人口大幅增长，粮食需求加大，当然也存在较大程度的浪费。例如，1958 年的中国城镇人口比 1957 年增加了7.8%，但粮食征购量却增加了近23.2%。诚然，我国农村各地情况是不同的，有些地方的粮食充足，可以出售，但有些地方连吃饭的基本需求都难以满足，而当时采取的拉平各地征购水平等做法，使得部分地区的农民所剩的粮食根本无法维持基本生存，国家又不得不向农村回销粮食，进而造成了粮食的大量浪费。由此来看，在农业大幅减产的背景下，统购统销政策的高征购，最终导致全国农村人口平均粮食消费量逐年降低，由 1959 年的 309 斤降至 1961 年的 148 斤，远低于农民维持生命所需的最低标准 250 斤①，这使得他们不得不饱受饥饿的痛苦。

表 2－1　　1958 年各地粮食产量浮夸情况

地区	浮夸产量（万吨）	实际产量（万吨）	多报幅度（%）
甘肃	1000	339	195.0
河南	3510	1265	177.5
河北	2250	837.6	168.6
安徽	2250	885	154.2
湖北	2250	987	128.0

① 陶艳梅. 新中国初期三十年农业发展研究［D］. 杨凌：西北农林科技大学，2011.

续　表

地区	浮夸产量（万吨）	实际产量（万吨）	多报幅度（%）
江苏	2000～2500	1110	80.1～125.2
浙江	1600	789	102.8
四川	4500	2246	100.4
福建	885	445.5	98.7
广西	2290	1170	95.7
青海	110	58.6	87.7
湖南	4500	2455	83.3
贵州	900	525	71.4
山西	750	462	62.3
内蒙古	590	423	39.5

注：资料来源于各地方志、当代中国丛书（当代中国出版社出版）等，由于参考书目较多，不逐一列出。

值得注意的是，粮食的高减产、高征购行为主要集中于1959年和1960年，与大量进口返销粮食的1961年有一个时间差。1959年，全国粮食因灾减产数量高达378亿千克，占三年自然灾害时期因灾减产总数的42.5%，而当年10月，中央批准了农业部（现为农业农村部，下同）1959年全国粮食产量争取达到6500亿千克的报告，这使得因灾害遭受严重损失的1959年反而成为中华人民共和国成立以来粮食净征购率最高的一年，高达28%，占1959—1961年征购总量的44.7%。1960年，粮食净征购率仍高达21.5%①。在这种粮食产量剧减、征购激增的环境下，1959年年底至1960年年底就到了农村缺粮危机的高峰。

最后，许多农村公共食堂取消了食品消费，粮食浪费严重。随着"大跃进"运动和人民公社化的不断推进，作为人民公社生活集体化和家务劳动社会化重要构成内容的公共食堂应运而生。公共食堂在一定程度上解决了"大跃进"初期所存在的劳动力不足和劳动出勤率不高等问题，但其严重脱离了农村实际和农民生产生活的情况，给农村和农民带来了严重的损失和巨大的灾难。公共食堂"敞开肚皮吃"的免费供应制，引发了农民的

① 国家统计局. 中国统计年鉴1983［M］. 北京：中国统计出版社，1983.

不理性消费，导致了粮食的过度损耗[①]。同时，公共食堂的平均主义分配政策，严重打击了农民生产的积极性，在一定程度上影响了粮食的产量。再者，农村基层干部贪污腐败，对社员的粮食有所克扣，而且公共食堂的强制性就餐导致了对自留地和家庭副业的剥夺。

"一国所生产的人类食物量的多少，可以决定该国的人口多寡。"[②] 这是马尔萨斯在其著作《人口论》中的观点，虽然这个观点有待商榷，但在这一阶段，此观点在一定程度上解释了这一时期我国农村生育率低的原因。1958—1961 年，农户自给自足的私有经济转变为完全由集体分配粮食等资源的公有制经济，很大程度上转变了农户家庭养育子女的生活资料的来源，使农户生育模式发生较大的变化。与此同时，自然灾害频发、粮食高征购以及公共食堂的兴办，又使得农民获得的粮食严重不足。在这 4 年中，全国农民平均占有粮食量从 1958—1959 年的 311 千克依次降低到 1959—1960 年的 223 千克和 1960—1961 年的 191 千克。[③] 最终，集体劳动的紧张性以及粮食的严重不足都约束了农户的生育行为，降低了农村妇女的受孕率。这一时期，全国人口总和生育率从 1958 年的 6. 41 依次下降到 5. 68、4. 30 和 3. 29，如表 2 - 2 所示。

表 2 - 2　　中国 1958—1961 年人口增长和乡村人口比例

年份	总和生育率	出生率（‰）	死亡率（‰）	自然增长率（‰）	总人口（万人）	乡村人口比例（%）
1958	6. 41	29. 22	11. 98	17. 24	65994	83. 75
1959	5. 68	24. 78	14. 59	10. 19	67207	81. 59
1960	4. 30	20. 86	25. 43	-4. 57	66207	80. 25
1961	3. 29	18. 13	14. 33	3. 80	65859	80. 71

注：资料来源于中华人民共和国国家统计局网站。

总和生育率根据国家统计局各年人口出生率、死亡率、增长率以及《人口统计公报》推算。

① CHANG G，G WEN. Communal dining and the Chinese famine of 1958—1960［J］. Economic Development and Cultural Change，1997，46（1）：1 - 34.

② 马尔萨斯. 人口论［M］. 北京：商务印书馆，1959.

③ 辛逸，葛玲. 三年困难时期城乡饥荒差异的粮食政策分析［J］. 中共党史研究，2008（3）.

二、农田水利建设与大炼钢铁

1958—1961 年，农村集体劳动的紧张性，突出地表现在农田水利建设与大炼钢铁上。这两者作为农村经济建设“大跃进”的重要组成部分，不仅导致了工农比例的严重失衡，使生态环境遭到破坏，更重要的是，致使农业的投入与产出减少，农民生活水平下降，在一定程度上限制了农户的生育行为。

一方面，全国性农田水利建设运动的“大跃进”。1957 年，中国共产党第八届中央委员会第三次全体会议（扩大）讨论通过了《1956 年到 1967 年全国农业发展纲要（修正草案）》，具体规定了全国农田水利事业建设的方针、措施和任务。9 月 24 日，国务院提出大力开展大规模农田水利建设运动和积肥运动的倡议。1959 年 10 月 28 日，根据农业部召开的全国水利建设电话会议上的汇总，全国已有 3000 万人奋战在水利建设的前线。另据统计，截至 1959 年 12 月 27 日，全国投入水利建设的人数达 7000 万人左右，开工的大、中、小工程在 150 万处以上，已完成土石方工程 116 亿立方米。[①] 诚然，农田水利建设取得了一定的成绩，如 1999 年出版的《水利辉煌五十年》中所指出的，“大跃进”期间的水利工作在以小型为主、以蓄水为主、以社队自办为主方针的指导下，兴起了大规模的兴修水利的群众运动，在许多地方取得了相当的成绩；据 1961 年的统计，共修建 900 多座大中型水库，使全国农田的灌溉面积由 4 亿亩增加到 5 亿亩，对当时的防洪、抗旱、排涝起到了很大的作用。[②] 然而，这次全国性的规模空前的群众性治山治水运动，也带来了一些消极的影响，如采用大兵团作战，劳动强度过高，简单拼体力，出勤率高，生产效率低；在跨社跨乡的水利工程中，平调劳动力；安全意识淡薄，一度出现人员伤亡现象；运动期间忽略或者压抑副业生产，使群众生活水平下降等。一些工程占用耕地过多，造成移民压力过大，遗留问题较多；由于后续建设不配套，一些工程长期未能发挥效益；有些地区照搬他地经验，忽视本地生态环境，打乱了原排水体系，加重了土地内涝和盐碱化。[③] 这些做法在一定程度上阻碍了农村经济的发展，而且使得广大农民在粮食供应不足的情况下从事着

---

① 组织一次水利工程大检查［N］. 人民日报，1959-12-30.

② 《水利辉煌 50 年》编纂委员会. 水利辉煌 50 年［M］. 北京：中国水利水电出版社，1999.

③ 吴志军. 试论 1957 年冬、1958 年春农田水利建设运动［J］. 北京党史，2006（1）.

高强度的体力劳动，身体健康状况堪忧。

另一方面，在进行农田水利建设的同时，全民大炼钢铁运动也波及广大农村。1958 年 8 月，中共中央政治局扩大会议《全党全民为生产 1070 万吨钢而奋斗》的决议，并决定建立人民公社，“夺钢保钢”和人民公社两大运动同时兴起。同年 10 月 4 日，《人民日报》发表题为“开展炼钢的群众运动”的社论，介绍了河南、山西两省采用“小（小转炉、小平炉)”“土（土法炼钢)”“群（群众运动)”的办法，使钢产量迅速增长的经验，并强调指出：钢产量能不能飞跃，关键就在于是不是采取“小土群”的办法。于是，以地方和农民为主力的群众性的、“小土群”模式的大炼钢铁运动在农村兴起。当时，全国总共动员劳动力 9000 万人，各行各业为“钢铁元帅升帐”让路。农村各地均修建土法炼钢炉，许多群众在田间炼钢铁。1958 年年底，《人民日报》用套红标题印出“1070 万吨钢——党的伟大号召胜利实现”的消息，指出据冶金部（2001 年被撤销）到 12 月 19 日为止的统计，全国已经生产钢 1073 万吨，比 1957 年的钢产量 535 万吨增加了一倍多。12 月 31 日，冶金部宣布钢产量达到了 1108 万吨，生铁产量为 1369 万吨，超额完成了 1958 年钢产量翻一番的任务。轰轰烈烈的全民大炼钢铁运动，正是在这些数字的不断增长中热火朝天地进行着。

但是，全民大炼钢铁运动中土法炼钢的做法是得不偿失的，并带来了一定的严重后果：第一，对国家的资金和资源造成了极大的浪费。地方小土高炉生产出来的生铁，大都是含硫含磷高、含矽含锰低的不合格土铁、杂铁，用这样的生铁来炼钢，质量无法保证，基本不能投入使用。第二，破坏了农村正常的生产秩序。不仅有许多农民将自家的锅、盆、锄等铁制品用于化铁，还有许多农民不进行日常的耕作，而是上山采矿、大炼钢铁，使得农业生产正常秩序遭到严重破坏。第三，农村生态环境遭到污染、破坏。大量的废铁对农村生态环境造成污染，为了弥补燃料的短缺，许多树木被滥砍滥伐，农村生态环境遭到严重破坏。最终，这种为“钢铁元帅升帐”让路的做法，导致了工农比例严重失调：1957—1960 年，我国工业总产值由 704 亿元增加到 1650 亿元，增长约 1. 3 倍；农业总产值却由 1957 年的 537 亿元下降为 1960 年的 415 亿元，下降了 22. 7%；工农业 4 产值比例也由 5. 7∶4. 3 变为 8∶2。① 全民大炼钢铁运动不仅对农业生产造

① 国家统计局. 中国统计年鉴 1983 [M]. 北京：中国统计出版社，1983.

成了影响，更重要的是，其导致的工农比例严重失调，极大地破坏了整个国民经济的发展。

综合来看，农田水利建设和大炼钢铁运动对这一时期人口增长的影响主要体现在两个方面：一方面，在农田水利建设和大炼钢铁运动中抽调大量的农村劳动力从事非农生产，减少了农业投入及产出，“水利建设、社办工业以及其他方面占用劳动力过多，以致用在农业方面的劳动力不足”①。有研究指出，“大跃进”运动时期大量资源从农业部门转移到非农业部门，这解释了中国 1958—1961 年农业产出下降 33% 的原因，即“大跃进”时期中国农业产出下降的 1/3 是由资源转移造成的。② 农业的减产对农民来说，意味着生活资料的减少，这在一定程度上影响到了农村人口的增长。另一方面，大量农村劳动力从事高消耗的农田水利建设和大炼钢铁运动，在“大跃进”初期过度消耗农民的口粮，农民在粮食日益紧缺和口粮消费严重不足的情况下从事高强度的体力劳动，甚至有大量农民是在高度饥饿的状态下从事高强度运动的，这加剧了饥荒，并对农民的生育行为起到了抑制作用。

三、农村营养不良与高死亡率

农村生产方式的转变、集体劳动的紧张性与粮食不足，限制了农民的生育行为。与此同时，国家的粮食分配需要配合快速的工业化和城市化，因此国家从农村低价和强制收购农产品，导致全国农村农民粮食极度短缺的现象，发生了饥饿导致的死亡情况。③ 我国人口死亡率从 1958 年起开始上升，到 1960 年达到顶峰。按国家统计局的统计，1958 年人口死亡率为 11.98‰，1959 年为 14.59‰，1960 年达到中华人民共和国成立以来的最高值——25.43‰，然而国内外研究都认为，这还可能是个保守的数据。1961 年，由于我国政府所采取的应对措施得当，死亡率降至 14.24‰。相对于城镇人口来说，农村人口的死亡率较高，而且非正常死亡的人数较

---

① 刘愿. “大跃进”运动与中国 1958—1961 年饥荒——集权体制下的国家、集体与农民[J]. 经济学，2010（3）.

② LI，W，D YANG. The Causes of China's Leap Forward：Anatomy of a Central Planning Disaster[J]. Journal of Political Economy，2005，113（4）：840－877.

③ 张弥，周天勇. 自主到计划：人口生育和增长变迁——1950～2014 年中国人口论纲要[J]. 经济研究参考，2015（32）.

多：若以1955—1957年的人口死亡率作为正常死亡率，则仅三年困难时期农村地区的非正常死亡率就高达7.42‰，而城镇人口的非正常死亡率仅为3.63‰，还不到农村地区的一半。根据表2-3的数据来计算农村与城市非正常死亡率，即7.42‰=19.26‰-11.84‰，3.63‰=12.03‰-8.40‰。[①] 造成这种状况的原因主要是，随着农业大幅减产，农村粮食供应严重不足，农村人口营养水平低下。

表2-3 1955—1957年与1959—1961年全国、城乡人口死亡率对比

年份	全国（‰）	市（‰）	县（‰）
1955	12.28	9.30	12.60
1956	11.40	7.43	11.84
1957	10.80	8.47	11.07
平均	11.49	8.40	11.84
1959	14.59	10.92	14.61
1960	25.43	13.77	28.58
1961	14.24	11.39	14.58
平均	18.09	12.03	19.26

资料来源：国家统计局：《中国统计年鉴1983》，中国统计出版社，1983年。

“大跃进”时期，农村生产力遭到严重破坏，加上自然灾害等因素，我国农业大幅减产。1957年，我国农业增长指数为3.6%，1958年仅仅为2.4%，1959年和1960年则连续出现负增长。1958年，我国农业总产值550亿元，1959年下降为475亿元，1960年进一步下降为415亿元。[②] 另有资料表明：1958—1962年的第二个五年计划时期，我国农业总产值平均每年递减4.3%。[③] 这一时期的农业大幅减产，首先体现在粮食生产上，如前文所述，1960年我国粮食实产2870亿斤，比1959年下降了530亿斤；

① 程恩富，詹志华. 三年困难时期非正常死亡人口及其相关问题研究［J］. 人口研究，2017，41（2）.

② 柳随年，吴群敢. “大跃进”和调整时期的国民经济（1958—1965）［M］. 哈尔滨：黑龙江人民出版社，1984.

③ 李德彬，林顺宝，等. 新中国农村经济纪事（1949.10—1984.9）［M］. 北京：北京大学出版社，1989.

1959 年的粮食总产量又比 1958 年减少 600 亿斤；1960 年的粮食总产量与 1957 年相比减少了 1031 亿斤，下降约 26%，并低于 1951 年的水平。不仅如此，国家粮食库存也不断减少。1960 年粮食销售超出购进的 124 亿斤，四川、吉林和黑龙江等粮食重点产区也因连年减产而无力调出。① 粮食供应紧张，最终导致整个农牧业生产全面急剧下降。1958 年全国棉花产量为 3937 万担；1959 年下降为 3417 万担；1960 年再降至 2126 万担，相当于 1958 年的 54%。1958 年全国油料作物总产量为 9539 万担；1959 年为 8028 万担；1960 年跌至 3881 万担，相当于 1958 年的 41%。1958 年全国生猪存栏数为 13829 万头；1959 年为 12042 万头；1960 年为 8227 万头，相当于 1958 年的 59%。这些农牧产品的产量，大都退回到 1951 年的水平，油料作物的产量仅为 1951 年的一半。1961 年，我国主要农产品，除粮食产量略有回升外，其他均大幅度下降。与 1960 年相比，棉花产量下降 24.7%，甘蔗产量下降 48.3%，甜菜产量下降 50.1%，桑蚕茧产量下降 40.5%，烤烟产量下降 48.6%。② 由于农产品的大幅度减产和粮食库存的减少，全国性的粮食危机开始形成，而食用油、肉类、禽、蛋等副食品的供应，比粮食更为紧张。

农业的大幅减产，粮食与副食产品的供应紧张，导致这一时期人民的营养水平急剧下降，这一点在农村体现得尤为突出，农民的生活极为艰难。高征购加上公共食堂制度的实行等因素，加剧了农村粮食不足的灾难。如前文所述，1960 年农村留粮比 1957 年减少 37.1%，人均粮食消费量比 1957 年减少 35.3%。③ 1957—1960 年，全国人均消费粮食下降了 19.4%，其中农村下降 23.7%；全国猪肉的消费量下降 69.9%，其中农村下降 72%；棉布的人均消费量，1957—1961 年全国下降 58.6%，其中农村下降 61.5%，都是中华人民共和国成立以来前所未有的低水平。④ 从民众的营养水平来看，“大跃进”前的 1957 年，中国每人每天摄入的热量是

---

① 方海兴. 1949 年至 1966 年中国社会主义新农村建设研究［D］. 西安：陕西师范大学，2010.

② 李德彬，林顺宝，等. 新中国农村经济纪事（1949.10—1984.9）［M］. 北京：北京大学出版社，1989.

③ 《当代中国的计划工作》办公室．中华人民共和国国民经济和社会发展计划大事辑要（1949—1985）［M］. 北京：红旗出版社，1987.

④ 李宗植，张润君. 中华人民共和国经济史（1949—1999）［M］. 兰州：兰州大学出版社，1999.

2167 千卡，1960 年下降到 1535 千卡；蛋白质从 58.5 毫克下降到 41.7 毫克；脂肪从 25.4 毫克下降到 16.6 毫克。[①] 与 1957 年相比，1960 年平均每人每日摄入热量下降了 29.2%，蛋白质摄入量下降 28.7%，脂肪摄入量下降 34.6%。当时，我国农村人口众多，加之农村的粮食、副食产品的供应与城镇相比更少，这意味着农民的上述各种指标应是低于全国平均水平的。例如，在正常情况下，平均每人每天需要 2385 千卡的热量，但是在 1959 年的河南省农村，平均每人每天只摄入 1923 千卡的热量[②]，只有正常标准的 80.6%。更为严重的是，1960 年河南粮食产量比 1959 年减少 9%，1961 年又比 1960 年减少 22.8%。如果以粮食产量来推算，在 1961 年，河南省农村平均每人每天摄入不足 1500 千卡的热量，大约只有正常标准的 60%。[③] 这些都表明，这一时期全国人民尤其是广大农民的营养水平一直呈下降状态，且处于一个较低的水平，这严重影响到了民众的身体健康。

由于粮食的极度匮乏，农村人口营养不足，加之劳累过度，从 1959 年下半年起，全国农村出现了严重的人口外逃以及相当普遍的浮肿病和人口非正常死亡的现象。[④] 例如，在三年困难时期人口减少最多的安徽省，1959 年全省人口出生率为 19.89‰，人口自然增长率为 3.17‰，为中华人民共和国成立以来最低年份；1960 年全省人口出生率为 11.35‰，死亡率突然上升到 68.58‰，人口自然增长率为 -57.23‰，比 1959 年净减少人口 384 万人。[⑤] 再如，湖南省 1960 年的人口比 1959 年减少了 122.58 万人，1961 年又减少了 61.39 万人。[⑥] 据统计，1960 年全国人口死亡率由 1957 年的 10.80‰猛升至 25.43‰，全国总人口比 1959 年减少 1000 万人。人口死亡率超过 40‰的有安徽、贵州、四川、甘肃、青海 5 个省份，严重的地区人口死亡率甚至超过 100‰，如河南省信阳地区，1960 年有个县人口死亡率超过 100‰，为正常年份的好几倍。[⑦] 大量人口的非正常死亡，导致了这

---

① BASIL ASHTON, et al. Famine in China [J]. Population and Development Review, 1984 (4).

② 貊琦. 中国人口·河南分册 [M]. 北京：中国财政经济出版社，1989.

③ 李若建. 大跃进与困难时期中国粮食产量、消费与流通 [J]. 中山大学学报：社会科学版，2001 (6).

④ 方海兴. 1949 年至 1966 年中国社会主义新农村建设研究 [D]. 西安：陕西师范大学，2010.

⑤ 朱来常. 安徽三年困难时期的严峻形势与为克服困难而作出的努力 [J]. 安徽史学，1996 (1).

⑥ 戴安林. 湖南大跃进运动始末 [J]. 中南大学学报：社会科学版，2009，5 (6).

⑦ 胡绳. 中国共产党的七十年 [M]. 北京：中共党史出版社，1991.

一时期人口的高死亡率。

关于这一时期，尤其是三年困难时期非正常死亡人数，党和政府部门及出版物、官员个人、国内外专家对此的估计、推算各有差异。本书认为，以国家统计局的资料为据，1957 年，全国人口死亡率为 10.08‰。如果以此为当时医疗卫生等条件下的正常死亡水平来推算，则 1958—1961 年，因饥饿等原因而非正常死亡的人口规模累积达 1733 万人，其中 1960 年为最多，高达 1032 万人①。或许这个数据仍存在一定的争议，但在这一时期大量人口非正常死亡的现象是一个不争的事实。

四、四年人口负增长率和低成长

著名学者罗德里克·麦克法夸尔先生曾指出："出现大跃进的一个重要特点，是一种对中国巨大人口的赞颂。这种赞颂基于这样一种议论：人口越多，生产越多。"② 然而在这四年里，在大跃进运动与自然灾害的双重影响下，国民经济衰退，农业生产下滑，致使全国尤其是在农村的人民粮食供应不足，营养水平下降，最终导致了这一时期的人口低增长，甚至是负增长的现象。

这种现象突出表现为死亡率大于出生率，而正常的死亡率一般是不会超过出生率的，这一次的人口增长低潮，显然不是人口转变出现的正常现象。从出生率来看，这一时期妇女生育水平进入了一个低谷阶段：许多妇女营养不良并且健康水平大幅度下降，总和生育率锐减，出生人口数由 1957 年的 2167 万人降至 1959 年的 1647 万人，1961 年又降到中华人民共和国成立以来最低的 1188 万人，粗出生率和粗再生产率也呈迅速下降趋势。这个时期生育率的急剧下降是不正常的，许多妇女因营养不良而患有月经失调等各种妇女病，从而使妇女怀孕力明显减弱。③ 人口出生率从 1958 年的 29.22‰猛降到 1959 年的 24.78‰，1960 年又降到 20.86‰，1961 年更是降到了 18.13‰。然而，与此同时，人口死亡率则从 1958 年的 11‰飙升到 1960 年的 25.43‰，创中华人民共和国成立以来死亡率的最高

---

① 张弥，周天勇. 自主到计划：人口生育和增长变迁——1950～2014 年中国人口论纲要［J］. 经济研究参考，2015（32）.

② 罗德里克·麦克法夸尔. 文化大革命的起源（第 2 卷）［M］. 石家庄：河北人民出版社，1989.

③ 李仲生. 中国的人口与经济发展［M］. 北京：北京大学出版社，2004.

值，如图2-3所示。农村地区人口死亡率更是高达28.6‰，比正常年份高出一倍多。由于出生率和死亡率的这种戏剧性变化，人口自然增长率从20世纪50年代的高水平上突然急剧下降，从1957年的23.23‰下降到1959年的10.19‰，并在1960年形成首次也是迄今为止唯一一次出现负增长，全年总人口净减少304万人，1960年的人口出生率和自然增长率都创出了计划生育以前的历史最低点①，这显然是不符合正常的人口发展规律的。从世界范围来看，我国在这一时期的人口增长与世界总体情况相比，呈现出了一个相反的态势：世界人口在这4年中的总和生育率仍处于一个较高的水平，分别为5.43、5.47、4.98和5.04，1955—1960年平均死亡率为16.3‰，这使得年平均增长率为1.95%，高于20世纪50年代上半期的增长率，然而在1961年又降至1.36%，为1950—1990年的最低点。所以，这一时期我国的人口增长情况，无论是与其他历史时期相比，还是与同期世界总体情况相比，都是不正常的。

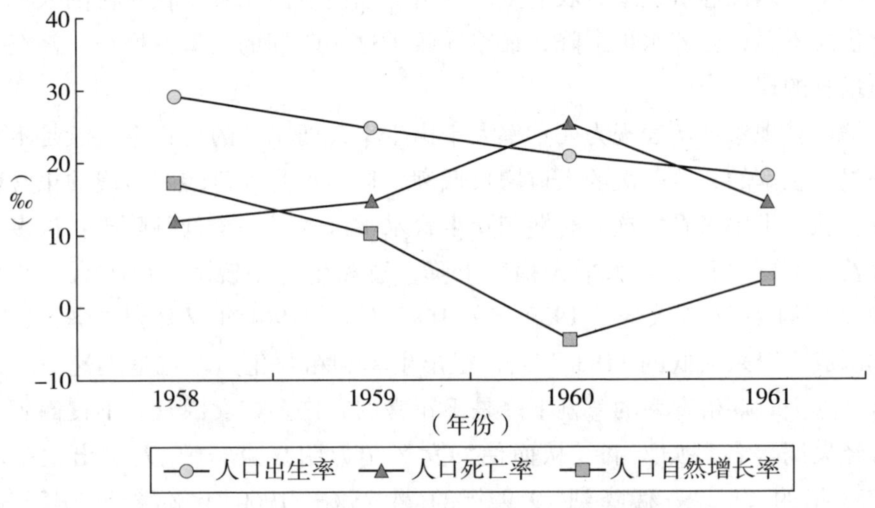

图2-3　1958—1961年中国人口增长情况

资料来源：中华人民共和国国家统计局网站数据。

同一时期，有关节育的宣传活动还在有些地方继续开展。国家在1958年出版了《节制生育宣传手册》《避孕常识》《有计划地生儿育女》等多本书籍，卫生部发出《关于颁发1958年卫生部宣传要点通知》，通知要求

① 路遇.新中国人口五十年（上）[M].北京：中国社会科学出版社，2016.

“除了少数民族地区之外，在一切人口稠密的地区，应加强节制生育的宣传”，强调宣传节育活动在5个方面的好处“对母亲身体好，对子女教养好，对家庭生活好，对社会主义建设好，对民族的健康繁荣好”。[①] 这表明，国家仍然强调节制生育。1960年4月12日，第二届全国人民代表大会第二次会议通过了中共中央制定的《1956—1967年全国农业发展纲要》，其中第29条重申了节制生育的基本精神：“除了少数民族地区之外，在一切人口稠密的地方，宣传和推广节制生育，提倡有计划地生育子女，使家庭避免过重的负担，使子女受到较好的教育，并且得到充分就业的机会。”[②] 但在当时的情况下，实行节制生育的宣传活动一般都停了下来，虽然延续了之前的政策，但迟迟没有贯彻执行。

1958—1961年的人口出生率不正常下跌，死亡率陡然增高，打断了中华人民共和国成立后人口稳步发展的正常进程，到1961年，人口增长率才开始出现回升的趋势。这一时期人口的负增长是自然灾害频发加上国民经济大跃进所导致的。大跃进式发展使得国民经济衰退，农业生产受到影响。对于农民自身而言，他们的生育受到限制，甚至由于饥饿等原因而发生大面积的非正常死亡。

第二节 短缺经济下的工业收缩

1958—1961年，由于国民经济大跃进的不断推进，自然灾害的频发，我国农业进入一个非持续发展阶段。这一时期，粮食大幅减产，粮食增长率出现较大的负增长，供应短缺。在这种情况下，一方面，片面追求重工业发展的初衷在国民经济比例严重失调、经济衰退的现实下幻灭，工业发展速度放缓，工业规模收缩；另一方面，多年来隐而未发的人口与粮食生产之间的矛盾强烈地显现出来。由于粮食供应短缺，政府不得不精减城镇人口，劝退城市人口返回农村，与此同时，人口增长也跌入低谷。

一、粮食供应短缺与工业规模收缩

正如前文所述，1958—1961年，在国民经济“大跃进”和自然灾害的双

---

① 孙沐寒. 中国计划生育史稿［M］. 长春：北方妇女儿童出版社，1987.

② 杨魁孚，梁济民，张凡. 中国人口与计划生育大事要览［M］. 北京：中国人口出版社，2001.

重影响下，农业减产，并且从1959年以后粮食供给连续三年大幅度下降。在这里需要指出的是，造成这种状况的原因还在于，第一个五年计划时期建立的苏联式资本密集的大工业初见成效后，国家工业产品必须完成“工农两大部类交换”才能形成扩大再生产的积累。然而，实际情况却事与愿违：在粮食供应短缺的情况下，工业的畸形生产超过了农业对工业的负荷能力，不仅造成工农业、工业内部与工交（工业与交通运输业）等国民经济重大比例关系的严重失调，也造成了经济效益严重下降，导致我国出现了和平时期罕见的经济大幅度下滑，这一切最终反过来迫使工业建设发展速度放缓，工业规模收缩，从而阻碍了工业建设的持续发展。

关于这一时期的粮食供应短缺，前文已从农业减产的角度进行了相关论述，这里则从粮食库存的角度进行分析。有文献指出，到1957年6月底，库存粮食从原来的427亿斤下降到364亿斤，减少63亿斤。1957—1958年、1958—1959年国家征购粮分别为4171.5万吨和5686万吨，而这几年平均每年供应给农村粮食约2300多万吨，供应给城市和部队粮食约1950万吨。这样算来，上述两个年度国家征购粮食之和减去供应农村、城市和部队的数量也不过1500多万吨，而1959年的粮食进出口差为410多万吨，1957年6月底的存粮底数为364亿斤（1820万吨），所以在饥荒开始的1959年下半年，全国粮食最多存量也不过3000万吨。[①] 美国学者彭尼·凯恩在他的著作《中国的大饥荒（1959—1961）》中指出：“1959年，未度过这艰难的一年，农民大多吃光了他们1958年来留下的储备粮。”若这一说法成立，那么表明到1959年年末，农民手中的余粮已快耗尽。对于实际情况，有资料表明，1960年9月7日，中央关于《压低农村和城市的口粮标准的批示》指出“粮食库存比去年同期减少100亿斤”[②]（为1960年6月末统计数据）。到1961年6月，情况更糟，“到今年（1961年）6月底库存粮可能下降到148亿斤”[③] 可见

---

① 谢永刚，李岳芹.三年自然灾害（1959年—1961年）粮食短缺状况及教训［A］.//山西大学中国社会史研究中心、中国灾害防御协会灾害史专业委员会、中国人民大学清史研究所、山西省历史学会．多学科视野下的华北灾荒与社会变迁研究［C］.山西大学中国社会史研究中心、中国灾害防御协会灾害史专业委员会、中国人民大学清史研究所、山西省历史学会：山西省历史学会，2009：8.

② 中共中央文献研究室.建国以来重要文献选编（第十二册）［M］.北京：中央文献出版社，1996.

③ 中共中央文献研究室.建国以来重要文献选编（第十四册）［M］.北京：中央文献出版社，1997.

实际情况更为悲惨。若 1960 年、1961 年两年粮食消费水平按 1959 年年初的水准，1959—1961 年 3 年有着约 5000 万吨的粮食缺口。由此，我们可以看到，在农业大幅减产、粮食库存急转直下的情况下，这一时期的粮食供应可以说是非常短缺的，这势必会对社会经济的发展造成一定的影响。

在第一个五年计划胜利完成后，从 1958 年开始，中央指导思想上出现了忽视客观经济规律、指导思想上急于求成的“左”倾错误。工业生产片面强调“以钢为纲”，造成了高指标、高积累、低效益，国民经济比例失调，人民生活困难。国民经济重大比例关系失调，使我国遭受了经济规律的惩罚：1958—1960 年，一方面，重工业以年平均 49.4% 的超高速度孤立地急剧扩张；另一方面，农业以年平均 9.7% 的幅度连续 3 年减产，接着轻工业以年平均 13.1% 的幅度连续 3 年下降。由于农业和轻工业支持不了过高的重工业发展速度和过大的建设规模，重工业也在之后的 2 年以 59.6% 的巨大幅度跌落[①]：1961 年比 1960 年下降 38.2%，1962 年又比 1961 年下降 16.6%。1958—1962 年，平均每年递增仅 3.8%[②]，工业发展受到严重限制。

在粮食供应短缺的情况下，经济效益的严重下降，迫使工业建设放慢了发展速度，工业规模收缩。这首先体现为工业总产值增长速度的显著下降。由于优先发展重工业，轻工业、农业和其他方面的发展受阻。1960 年年底，全国钢产量勉强达到 1866 万吨，比 1959 年增加了 479 万吨，增长 34.5%。为了保证钢产量，有关重工业的产量都较 1959 年增加，1960 年重工业产值达到 1090 亿元，增长 25.9%。相反，棉纱、棉布、食糖、卷烟等不少轻工业产品的产量都比 1959 年大幅度减少。轻工业产值从 1959 年的 616 亿元下降到 547 亿元，下降 11.2%，并且此后连续两年下降，直到 1964 年才勉强超过 1958 年的水平。农业产值则在 1959 年大幅度下降的情况下又下降了 12.6%。[③] 工业总产值也于 1961 年、1962 年两年连续负增长，下降幅度分别为 38.2% 和 17.6%。[④] 在农业大幅度下降，严重影响市

---

① 董志凯.“大跃进”运动对中国工业建设作用辨析［J］.中共党史研究，1996（2）.

② 国家统计局工业交通物资统计司.中国工业经济统计资料［M］.北京：中国统计出版社，1985.

③ 国家统计局.中国统计年鉴 1984［M］.北京：中国统计出版社，1984.

④ 同③。

场供应和人民生活的情况下，我国被迫调整经济政策，重工业产值也于1961年起连续两年大幅度下降。钢的产量在1962年为667万吨，远远低于第二个五年计划原定的1050万～1200万吨的指标，直到1965年，才达到1223万吨。原以为可以加快工业发展速度的“以钢为纲”的“大跃进”运动，却使我国钢产量的发展整整延误了3年。① 由于这些因素的影响，我国工业总产值年均增长速度由“一五”时期的18%下降到“二五”时期的年均3.8%；其中，轻工业增长速度由12.9%下降到1.1%，重工业增长速度由25.4%下降到6.7%，“二五”时期成为我国各个时期中工业增长速度最慢的时期②，同时这也反映了这一时期我国工业规模的收缩。

这一时期我国工业规模的收缩还体现在，工业固定资产原值大幅度增长的同时，工业基建投资额和全员劳动生产率年均水平下降，迫使此后一段时期工业固定资产原值的增长速度显著放慢③。我国在“一五”时期固定资产的平均增长速度为17.6%，“二五”时期为20.7%，是各个历史时期中最高的。④ 究其原因，主要有以下两方面：一方面，“一五”时期开展的项目有2/3是在这个时期竣工投产，实现了固定资产的增值。因此，这一时期固定资产的大幅度增加，包括前一个时期的积累。另一方面，在“大跃进”时期施工和投入生产的建设项目，绝大部分是限额以下的项目⑤。这里需要指出的是，限额以下的小型项目基本上是在“大跃进”的形势下仓促开建的，资金、技术、物资等条件不成熟，这些“遍地开花”的小型项目由于挤占了限额以上的大中型项目的资金、物资等，在调整时被迫停下。即使这些小型项目建成投产，效益也很差，最终会造成极大的浪费。例如，1958年钢铁建设的“小土群”运动，到1958年11月，大多地区已转入调整阶段，据25个省、市、区的统计，1958年11月炼钢炉比1958年10月减少100万个，而投入生产的炉数只占建成炉数的37%；10月炼钢能力为3269万吨，其中土钢炉能力为1383万吨，约占2/5。⑥ 然

① 董志凯. “大跃进”运动对中国工业建设作用辨析［J］. 中共党史研究，1996（2）.

② 同①。

③ 国家统计局工业交通物资统计司. 中国经济统计资料［M］. 北京：中国统计出版社，1985.

④ 同③。

⑤ 同③。

⑥ 董志凯. “大跃进”运动对中国工业建设作用辨析［J］. 中共党史研究，1996（2）：67.

而，这些土钢炉所炼的钢质量多数达不到要求。同时，限额以上的项目也因过高的计划指标和过多的计划外项目不得不收缩、停建、缓建或者缩小规模。在“大跃进”运动中仓促开始的小型项目，挤占了大中型项目的资金和物资，使得大中型项目不得不收缩，而小型项目由于效益差等因素又被中止。这样一来，从整体上来看，这一时期我国的工业规模是在不断收缩的。

从国际比较的视角来看，我国工业净产值的年平均增长速度在国民经济恢复时期为34.7%，在第一个五年计划时期为19.6%①，均远远高于同期世界上的大多数国家。但是，1958—1962年我国工业生产的发展速度远远低于同期世界大国的工业生产发展速度，这拉大了我国与其他国家经济发展的差距。例如，与日本相比，1957年以前我国的国民收入总值高于日本，当年我国为369亿美元，日本为279亿美元。然而1958—1962年，我国工业发展低速增长，日本却以14.2%的速度高速增长。1961年起，日本的国民收入总值超过了我国，此后我国与日本的差距逐渐拉大。经过比较，我们可以看到，“大跃进”运动中片面强调重工业的做法，严重阻碍了我国工业的发展，更不利于我国整个国民经济的运行和发展。

二、劝退城镇人口返回农村

粮食供应的短缺、工业规模的收缩，以及更为严重的国民经济衰退，使得中央政府不得不大规模精简城镇人口，劝退城镇人口返回农村，这与“大跃进”初期城市工矿企业因劳动力紧张而向农村大量招工，共同形成了几千万人在城市和农村之间一来一回大流转的场景。

在“大跃进”前，全国各大城市始终面临着严峻的失业问题，各级政府被如何解决失业问题所困扰。然而，这种情况到1958年却发生了变化，各行各业转而出现劳动力不足的状况，纷纷要求上级劳动部门增调劳动力。1958年11月11日，时任劳动部副部长的毛齐华在全国工业书记会议上称，社会主义生产建设的全面跃进，已经使得劳动力从“过剩”转变为全面不足。② 随着“大跃进”的兴起，迫于各地对劳动力的需求，中央

---

① 国家统计局. 中国统计年鉴1986［M］. 北京：中国统计出版社，1986.

② 罗平汉. “大跃进”的发动［M］. 北京：人民出版社，2009.

将劳动力管理的权力下放到地方，为各地招工带来了便利。1958 年 6 月下旬，劳动部党组就“二五”计划时期增加劳动力的问题报请中共中央批示。劳动部的报告很快获得批准，招工的审批管理被大大简化，招工计划由各省、市、自治区党委自行确定后即可执行，不必再经中央批准。① 此后，各地将招工审批权层层下放，招工工作逐步失控，工厂企业纷纷从城镇和农村中大量招工，全国范围内涌起一股招工的大浪潮。

“大跃进”初期，在招工浪潮的推动下，大批农民涌入城市，城镇职工队伍迅速膨胀。1958 年，全国城镇职工人数从 1957 年年底的 3101 万人增长到 1958 年年底的 5194 万人②，在这新增的 2000 多万名职工中，来自农村的有 1104 万人，占总数的 53%。③ 而 1960 年，全国职工人数达到 5969 万人，比 1957 年增加了近 1 倍。④ 1957—1960 年，城镇个体劳动者从 106 万人增加到 150 万人，增长 41.5%，而乡村劳动者从 20566 万人减少到 19761 万人，减少了 3.9%。⑤ 这样的一增一减，说明有大批农民进城当了工人。全国城镇总人口则从 1957 年的 9949 万增长到 1960 年的 13073 万，增加超过 3000 万，这使得我国城市化率从 1957 年的 15% 快速上升到 1960 年的 20%。⑥ 据李若建估计，1956—1960 年，我国城镇人口自然增长 1034 万，排除因市镇建制变化而增加的城镇人口约 250 万，迁移增长的人口高达 2604 万，占增加的城镇人口总数的 67.0%。⑦ 可以说，在“大跃进”初期，进入城市当工人的农民数量是相当庞大的。

然而，1958 年的大批量招工所带来的问题逐渐暴露了出来，这不仅体现为工业领域增人过多，从事农业生产的劳动力减少，造成工农业生产比例失调；还体现为劳动组织混乱，劳动力浪费；再者，庞大的职工队伍加大了工资基金的开支，增加了国家的财政负担和市场消费物资的压力。

---

① 《当代中国》丛书编辑部. 当代中国的劳动力管理［M］. 北京：中国社会科学出版社，1990.

② 罗平汉. 大迁徙：1961～1963 年的城镇人口精简［M］. 南宁：广西人民出版社，2003.

③ 中共中央文献研究室. 建国以来重要文献选编（第十二册）［M］. 北京：中央文献出版社，1996.

④ 同②。

⑤ 国家统计局. 中国统计年鉴 1991［M］. 北京：中国统计出版社，1991.

⑥ 国家统计局国民经济综合统计司. 新中国五十五年统计资料汇编［M］. 北京：中国统计出版社，2005.

⑦ 李若建. 大跃进时期的城镇化高潮与衰退［J］. 人口与经济，1999（5）.

1959 年上半年，在纠“左”、降低国民经济高指标的过程中，城镇劳动力过剩问题随着工业产品指标的下调显现出来。之后，根据新调整的经济发展指标，国家计委（中华人民共和国国家计划委员会，现为国家发展和改革委员会）和劳动部（以下简称“两部委”）于 1959 年 3 月向中央建议精简职工 509 万人。1959 年 5 月初，两部委建议在原有基础上再减 300 万人，即要求全年精简职工约 800 万人。精简的对象主要是来自农村的临时工、合同工及学徒等，将“大跃进”以来进城的农村人口迁回农村。减员 800 万的计划很快得到中央的认同，中央甚至要求尽量多减一些。[①] 全国性的精简城镇人口运动随即展开，在不到两个月的时间内，全部工业和基本建设部门就精简了职工 605.4 万人，扣除 1959 年上半年新增加的 106.8 万人和 1958 年统计漏报的 42.5 万人，实际精简了 456.1 万人，达到全年计划精简人数的半数。[②] 但是，1959 年的庐山会议中断了纠“左”进程。与此同时，随着新一轮的“跃进”潮的到来，已经停办的企业重新开办，“全民办工业”的浪潮比 1958 年有过之而无不及，全国职工人数再度急剧膨胀。

随着新一轮“跃进”潮的到来，工业生产大招工，全民大炼钢铁，城镇人口迅速膨胀，国家经济出现困难局面。加上三年自然灾害，粮食产量下降，因此这一时期国民经济困难突出地表现为商品粮供求矛盾的严重恶化。中共中央在报告中称，1958 年“大跃进”以来，城镇人口从 1957 年的 9949 万人增加到 1960 年年底的 1.3 亿人。这样一来，全国吃商品粮的人口比例从 1957 年的 15% 上升到 1960 年的 20%，国家财政和粮食供应方面的压力陡然增加。[③] 为此，中共中央于 1960 年 5 月 28 日发出《关于调运粮食的紧急指示》，之后，在城市粮食供应告急的情况下，中央不断发出指令，要求地方配合调粮工作，要求各地方坚决贯彻“吃饭第一”的精神，确保粮食调运，并叮嘱调粮任务“万万火急”。[④] 除了加强对各省粮食

---

① 中共中央文献研究室．中共中央批转国家计划委员会党组·劳动部党关于 1958 年劳动工资的基本情况和 1959 年劳动工资的安排意见的报告［R］//建国以来重要文献选编（第十二册）［M］．北京：中央文献出版社，1996.

② 罗平汉．国民经济调整时期的职工精简［J］．史学月刊，2007（7）.

③ 李学昌．中共中央转批国家计委和劳动部关于劳动力安排和职工工资问题的报告［R］//中华人民共和国事典（1949—2009）［M］．北京：世界图书出版公司，2009.

④ 中共中央文献研究室．中共中央关于压低农村和城市的口粮标准的指示［R］//建国以来重要文献选编（第十三册）［M］．北京：中央文献出版社，1996.

调运外，中央还不得不压缩城镇人口的粮食供应标准。从1960年9月开始，除了少数特殊工种职工、高级干部和高级知识分子外，每人每月压低口粮两斤左右。[①] 此外，为了应对粮食危机，中共中央还提出在全国实行“低标准，瓜菜代”的方针。[②] 但是，这些应急措施并没有缓解当时城镇的粮食供应压力，到1960年11月，北京、天津、上海三地，粮食随到随销的局面没有丝毫改变，粮食形势依然非常严峻，单靠省与省之间的粮食调拨并不能完全解决问题。[③] 农村地区的粮食危机更加严重，尤其是在华北和西南地区的农村，缺粮已经造成了大面积人口的非正常死亡。为了解决这次粮食危机，陈云提出，除了调整农村粮食政策和进口粮食外，很重要的一条策略就是动员城镇人口下乡，以降低城市粮食销量。他指出：“摆在面前只有两条路，一是继续挖农民的口粮，二是动员城镇人口下乡。农民口粮已经挖得很深了，不能再挖，只能动员城市人口下乡，减少城市粮食供应。”[④] 为此，他建议3年内至少压缩2000万城镇人口。

最终，1961年5月、6月间召开的中共中央工作会议正式作出了大幅度减少城镇人口的决策，并通过了《关于减少城镇人口和压缩城镇粮食销量的九条办法》，明确提出要在1960年年底1.29亿城镇人口的基础上，3年内减少城镇人口2000万以上，其中，1961年争取至少减少1000万，1962年减少800万，1963年进行扫尾。[⑤] 这次精简的对象主要是1958年1月以来的农村进城新职工。到1961年年底，与年初相比，全国职工人数减少了872万，城镇人口减少了1000万左右。[⑥] 但是，这一年的精简工作并不彻底，同时也不可避免地产生了一些问题。一方面，精简职工较多的主要是地方企业，中央企业精简的力度并不大。而且，1958年以来参加工作的2500多万职工中，来自农村的有1900多万人。1961年精简了800多万人，但仍有1000多万人。[⑦] 在1961年被精简的职工中，多数是浮在面上

① 中共中央文献研究室.中共中央关于压低农村和城市的口粮标准的指示［R］//建国以来重要文献选编（第十三册）［M］.北京：中央文献出版社，1996.

② 同①。

③ 林蕴晖.乌托邦运动——从大跃进到大饥荒（1958—1961）［M］.香港：香港中文大学出版社，2008.

④ 陈云.陈云文选（第三卷）［M］.北京：人民出版社，1995.

⑤ 《当代中国》丛书编辑委员会.当代中国的粮食工作［M］.北京：中国社会科学出版社，1988.

⑥ 罗平汉.大迁徙：1961～1963年的城镇人口精简［M］.南宁：广西人民出版社，2003.

⑦ 同⑥。

的多余人员、临时工、合同工以及学徒工，而且自动要求回乡的人员占了相当大的比例。另一方面，精简职工和减少城市人口的目的是增加农村劳动力，减少城市粮食的供应总量，缓解粮食供求紧张的压力，但有些单位只管完成减人指标，把不该减的人也减掉了，在一定程度上造成了失业，给城市就业工作带来了许多不必要的麻烦。也有些单位进行精简工作方法欠妥，同时部分回乡人员的安置工作没有做好，带来了一些消极的影响。更严重的是，在各地开展大精简的同时，一些单位还在继续招工，阻碍了这次精简工作。

总的来说，1961 年开始的这次大规模的城镇人口精简，是一次由政治因素导致的逆向强制性迁移。按照列文斯坦法则，经济因素是引发人口迁移的主导因素，而我国在 1961 年开始的这次城镇人口精简，显然不是因经济因素而产生的人口自发迁移，而是一次由政治因素导致的强制性迁移。称这次迁移为“逆向迁移”是因为在人口迁移的方向上，通常是从农村流向城市，而这次城镇人口精简则是劝已经进入城市的农村人口返回农村，这是一次明显的逆向人口迁移。但是，这次城镇人口精简也带来了一定程度上的积极影响，一方面，这次精简减少了粮食销量，缓解了粮食紧缺造成的困难局面和日趋紧张的城乡关系。与此同时，城镇人口的压缩减少了国家工资开支，缓解了通胀压力，促进了企业的劳动生产，有助于国家财政经济状况的好转。另一方面，对于农业生产的影响，主要体现为农村第一线劳动力的增加。1961 年，农业劳动力比 1960 年增加 2730 万人，总数量达到 19749 万人，恢复到 1957 年的水平。[①] 然而，这一年农村劳动力的增加不仅是城镇人口精简的结果，也与政府停办公社企业及其他地方企业、停止大规模兴修农田水利等有关。

这次城镇人口精简造成的消极影响是更为深远的。农村一线劳动力的增加，在一定程度上促进了农业恢复好转，从而带动了整个国民经济形势趋于好转。但这种促进作用是有限的，当时的农村是否需要这些被精简的城镇人口来推动农业生产，还值得商榷，同时，这种逆向迁移对于农村经济体制改革的发展也存在一定的制约作用。不仅如此，1961 年开始的城镇人口精简，是我国城镇化的一次大倒退。这次精简开始了中华人民共和国

---

① 辜胜阻，刘传江. 人口流动与农村城镇化战略管理［M］. 武汉：华中理工大学出版社，2000.

成立后的反城镇化运动，直接导致了我国城镇化的迟滞。因为“大跃进”期间城镇的高速畸形发展，超出了国民经济能够承受的范围，再加上自然灾害的影响，政府从消极方面吸取了教训，从此严格控制城镇人口增长，城乡分隔更加严重，所以我国的城镇化进入了一个长期的低潮。[①] 1960 年，我国城镇人口比例为 19.75%，精简之后长达 20 年的时间，这一比例始终徘徊在 17% ~19%，到 1980 年仍只有 19.39%。[②] 除此之外，这次精简工作没有能够成为我国产业结构调整的契机，而且被精简职工的生活保障成为一个长期的社会问题。

三、食品短缺影响人口增长

从人口增长与迁移的角度来看，这一时期的粮食供应短缺，不仅导致了城镇人口精简这一源于政治因素的逆城市化的强制性迁移，而且限制了人口增长。这种限制作用突出体现为生育率下降、死亡率上升，最终结果是这一时期人口的低增长。

关于粮食供应短缺导致的人口低增长，前文着重考察的是农村地区的情况，本节再从城镇的角度进行论述。随着“大跃进”运动的开始，工厂大招工使得城镇人口大幅度增长，与此同时，粮食产量却大幅度减少。为了保证城镇居民的最低商品粮供应量，国家不得不加大对农民粮食的征购量，实行高征购。1958—1960 年，每年粮食征购量都在 1000 亿斤以上，1961 年下降至 809 亿斤。1958—1961 年每年粮食征购量以及粮食征购量占粮食总产量的比例分别是：1958 年征购 1175 亿斤，占 29.4%；1959 年征购 1348 亿斤，占 39.6%；1960 年征购 1021 亿斤，占 35.6%；1961 年征购 809 亿斤，占 27.4%。[③] 过高的粮食征购量，是以减少农民口粮为代价的。为了保证城镇居民的最低粮食需要，国家不得不从农民口中挤出粮食。

尽管农民作出了如此大的牺牲，却依然没有换来城市居民生活的改善。相反，1958 年以来，城市居民的生活水平也连年下降，粮食供应日趋

---

① 李若建. 大跃进与困难时期人口迁移初步探讨［J］. 中山大学学报：社会科学版，1999（1）.

② 辜胜阻，刘传江. 人口流动与农村城镇化战略管理［M］. 武汉：华中理工大学出版社，2000.

③ 范子英. 关于大饥荒研究中的几个问题［J］. 经济学（季刊），2010，9（3）.

紧张。1960年，全国粮食产量为2870亿斤，比上年减少530万斤，减少了15.6%，虽然征购量高达35.6%，但当年销量大于库存620万吨，国家库存粮食比1957年减少了1180万吨，按人均每年需要250千克粮食计算，这一年国家大约差2400万人的粮食。1960年以后，交通沿线的国家粮食库存越挖越空。不仅如此，维持城市居民日常生活的蔬菜、副食品等的供应，更为紧张。蔬菜供应方面，以河北省为例，1961年9月城市居民人均日蔬菜消费量为：石家庄、邯郸1斤左右，其他各城市半斤左右，唐山只有1~3两。[①] 许多城市的干、鲜水果基本上没有供应，其他副食品也是数量很少，甚至根本没有。至于食油、肉类、禽、蛋等副食品供应，1960年城市居民的消费水平比1959年下降了13.6%，人均主要食品消费量与1959年相比，粮食下降了12.3%。即使在供应情况较好的北京，1960年的猪、牛、羊肉库存还不到人均1斤。1961年的情况更为严重，当年4月末的库存已无法保证市民每人每月4两肉的供应，最终导致1961年6月至1962年2月停发居民肉票。1961年，全国八大城市的猪、羊、牛肉供应水平情况：重庆最高，每人每年5斤；上海每人每年3.6斤；北京、武汉每人每年2斤；天津、广州每人每年1.7斤；西安每人每年1.3斤；沈阳每人每年0.6斤。鸡蛋的供应水平：天津、广州、沈阳基本无货供应；武汉最高每人每年半斤；其他城市每人每年不足半斤。[②] 这一时期，不仅是广大农民，城市居民的粮食供应也十分短缺，身体健康状况同样堪忧。

粮食以及蔬菜、各类副食品的供应短缺，使得城镇居民物质生活贫乏，也使浮肿病由农村蔓延到了城市。河北全省11个大中城市在1961年6月有浮肿病患者46919人，7月有55374人，8月上半月上升到63014人。据调查，各城市漏报率很高，实际数目比这还要多。据天津市的调查，有70%~90%的职工体重下降。天津钢铁一厂的搬运工，劳动能力较1957年降低1/3左右。[③] 由于营养不良，城镇居民的体质普遍下降，疾病增多，就连供应情况相对较好的北京也不例外。北京自1960年11月初以来，陆续发现少数学生、工人和干部身体浮肿；11月下旬以来，病人逐渐增多，截至11月28日，全市共发现197个单位约有6000人有浮肿现象。[④] 更严

---

① 罗平汉.大迁徙：1961—1963年的城镇人口精简［M］.南宁：广西人民出版社，2003.

② 同①。

③ 同①。

④ 同①。

重的是，个别城镇还发生了职工非正常死亡的案例。由此看来，同一时期，在粮食短缺的情况下，城镇居民与广大农民都在饱受饥饿、疾病的痛苦。

无论是在农村还是在城镇，粮食供应短缺对人口增长都产生了重要的影响，这主要体现在人口生育率下降、死亡率上升两个方面。从生育率来看，粮食供应短缺导致的严重营养不良，使得城镇大批育龄期妇女怀孕受到了影响，有的甚至失去了生育能力，最终导致人口生育率的普遍下降。例如，1959 年，广东惠州市妇女每人每天粮食供应量只有 0.4 斤左右；1960 年 3 月，惠州市对该市 26 家工厂的 1071 名妇女进行检查，查出患子宫下垂的有 52 人，闭经的有 96 人，患病率为 13.8%。[①] 与此同时，妇女怀孕的成功率在下降，怀孕死亡率在上升。1957 年，全国妇女活产率为 96.31%，1960 年下降为 92.58%，1961 年则下降为 92.04%；同年，全国妇女怀孕死产率为 1.52%，1960 年和 1961 年则分别上升为 1.86% 和 1.56%。不仅如此，城镇妇女的自然流产率也不断上升，1961 年，全国出生婴儿的死亡率、妇女的自然流产率都达到了历史的最高值。因此，这一时期城镇总和生育率由 1957 年的 6.17 逐步下降至 1958 年的 5.45、1959 年的 4.36 以及 1960 年的 4.20，在 1961 年降至这 4 年的最低点——3.13，并达到中华人民共和国成立以来的最低点。同时，这 4 年的总和生育率均低于“大跃进”前各年的水平。粮食供应短缺对人口生育率下降的影响，远胜于对人口死亡率提高的影响。例如，上海市 1960 年的人口死亡率为 6.8‰，较 1957 年的 6.0‰上升不多；但 1960 年的人口出生率为 27.6‰，1961 年的人口出生率只有 22.4‰，比 1957 年的 45.6‰大幅度下降。从这一时期城镇人口的死亡率来看，由 1957 年的 8.47‰依次升至 1958 年的 9.22‰、1959 年的 10.92‰，并在 1960 年达到 13.77‰——不仅是这 4 年中的最高值，而且是中华人民共和国成立至今的最高值，1961 年下降至 11.39‰，但仍处于一个较高的水平。

总之，在这一时期，国民经济“大跃进”的不断推进，导致粮食供应短缺、工业规模收缩，工农业发展显著后退，国民经济衰退。这对人口增长与迁移都产生了严重的影响。如表 2－4、图 2－4 所示，一方面，人口生育率下降，人口死亡率上升，人口增长跌至低谷，人口处于一种不稳定的低增长状态；另一方面，原本稳定的城镇化进程被打断，甚至出现了倒

---

① 尹兰河，蓝兆浪. 惠州市劳动志［M］. 广州：中山大学出版社，1992.

退。城乡户籍制度的建立，不仅使得这种状况雪上加霜，还导致了城乡二元社会结构的固化，本书将在下一节着重探讨。

表 2-4　1949—2000 年各个时期经济发展速度与人口增长的比较　单位:%

时期	人口年增长率	国民生产总值年增长率	人均国民生产总值年增长率	工业总产值年增长率	农业总产值年增长率
经济恢复时期（1949—1952 年）	2. 0	19. 3	17. 3	34. 8	—
第一个五年计划时期（1953—1957 年）	2. 4	7. 3	4. 9	20. 3	3. 9
第二个五年计划时期（1958—1962 年）	0. 8	-0. 6	-1. 7	5. 3	-5. 2
经济调整时期（1963—1965 年）	0. 8	15. 1	12. 4	21. 6	11. 3
第三个五年计划时期（1966—1970 年）	2. 5	7. 4	4. 4	13. 7	3. 2
第四个五年计划时期（1971—1975 年）	2. 7	5. 9	3. 5	9. 1	3. 2
第五个五年计划时期（1976—1980 年）	2. 2	6. 6	5. 2	9. 9	0. 9
第六个五年计划时期（1981—1985 年）	1. 3	10. 8	9. 3	10. 1	8. 3
第七个五年计划时期（1986—1990 年）	1. 4	7. 9	6. 3	9. 3	4. 2
第八个五年计划时期（1991—1995 年）	1. 6	11. 6	10. 7	17. 7	4. 2
第九个五年计划时期（1996—2000 年）	1. 2	8. 3	7. 2	10. 3	3. 7

注：根据国家统计局编《中国统计年鉴》2001 年的有关资料计算。

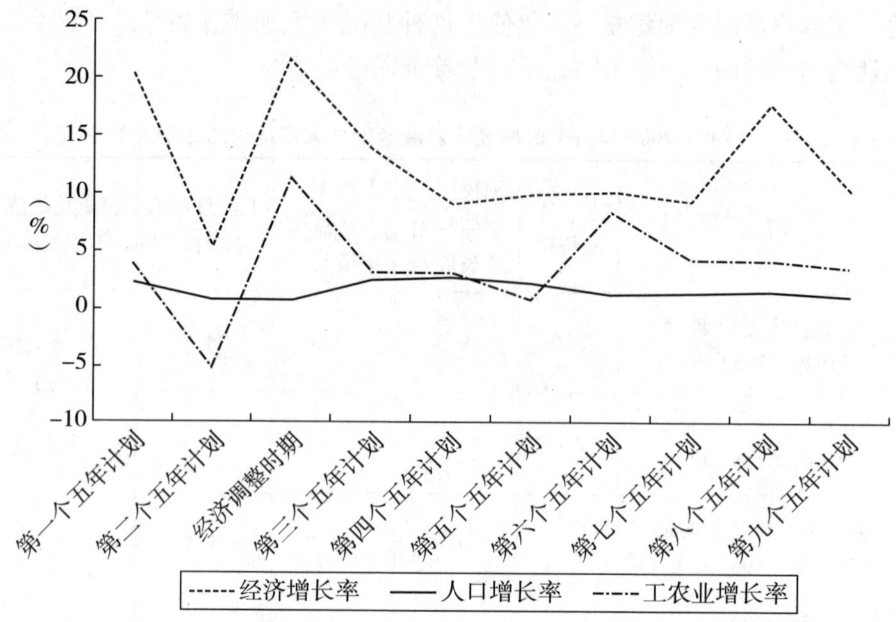

图 2－4　1949—2000 年中国的经济、人口及工农业增长率

资料来源：国家统计局编《中国统计年鉴》2001 年版及国家统计局人口和社会科技统计司编《中国人口统计年鉴》有关资料。

第三节　城乡户籍制度的建立

我国户籍管理制度在 1958—1961 年被确立，由于“农业户口”和“非农业户口”两种户籍的设置，户口开始在人们日常生活中扮演着重要角色。在粮食供应短缺的情况下，基于户籍管理制度的粮油配给制度在全国开始实施。随着户籍制度的不断完善，其对经济、社会的影响也越发深远。这一时期，我国城市化的进程在经历了“大跃进”初期的高潮之后迅速衰退，而导致这次波动的原因是相关政策的实施，在这其中，城乡户籍制度发挥了重要的作用。

一、确立户籍管理制度

国民经济“大跃进”是以发展钢铁工业为中心制定的高指标来推动的，在我国城乡二元经济社会结构的背景下，为了更好地实施重工业优先发展战略、计划经济体制和保证农业持续为工业提供资金积累，需要将城镇人口与农村人口的登记和管理分开，进行相应的人口管理，并保障人口在城乡间的有计划流动，因此，确立城乡户籍管理制度是一个必然的选择。

我国户籍管理制度的确立，是以《中华人民共和国户口登记条例》（以下简称《条例》）的颁布为标志的。1958 年 1 月 9 日，第一届全国人民代表大会常务委员会第九十一次会议通过，并于同日以中华人民共和国主席令的形式公布了《条例》。一方面，《条例》的颁布“正式确立了户口迁移审批制度和凭证落户制度，首次以法规形式限制农村人口迁往城镇”，由此，“政府限制农民进城的二元户籍制度开始以立法形式正式确定下来”①。另一方面，《条例》第一次明确将城乡居民区分为“农业户口”和“非农业户口”两种不同户籍，城乡之间被人为地设置了界限，标志着我国以严格限制农村人口向城市流动为核心的户口管理制度形成。② 同年 4 月，公安部三局又下发了《公安部三局关于执行户口登记条例的初步意见》。以上文件全面规定了户口登记的立户标准和范围、主管机关、登记簿册、常住人口登记等多方面的内容。

然而，在这一时期公布的《条例》存在一种逻辑上的悖论：一方面，国家极力希望更快地在城市发展工业；另一方面，户口政策又试图限制工业劳动力的增长，控制农民进城。国家只关注农业增长，而限制了农民在农村以外的发展机会。③《条例》中第十条规定“公民由农村迁往城市，必须持有城市劳动部门的录用证明，学校的录取证明，或者城市户口登记机关的准予迁入证明，向常住地户口登记机关申请办理迁出手续”，这实际改变了“乡—城”户口迁移和变动的程序④，因为它相比于 1955 年的《国务院关于建立经常户口登记制度的指示》增加了迁入地的限制条件。以前能否迁移，关键看迁出地的“人民委员会”的审批意见，1958 年后，迁移决定权在迁入地的国家企事业单位或户口主管部门。转变户口迁移登记手续，是因为限制计划内农村到城市的人口迁移量，能使国家资源得到有计

---

① 姚秀兰. 论中国户籍制度的演变与改革［J］. 法学，2004（5）.

② 周天勇，王元地. 繁荣的轮回：人口变动与经济增长的一个逻辑解释［M］. 北京：中国财富出版社，2017.

③ 陆益龙. 1949 年后的中国户籍制度：结构与变迁［J］. 北京大学学报：哲学社会科学版，2002（2）.

④ CHENG TIEJUN，MSELDEN. The Origins and Social Consequences of China's Hukou System［J］. China Quarterly，1994.

划的配置。在《条例》颁布以后，进入高潮的“大跃进”运动又使大批农村人口进入城市，城市人口迅速增长，从农村到城市的人口迁移事实上仍很频繁。控制计划内农村到城市的人口迁移政策，不仅体现在《条例》中，而且表现在其他一些补充规定和行政措施中。例如，1958 年 2 月国务院发出《关于制止农村人口盲目外流的指示的补充通知》；1959 年 2 月中共中央发出《关于制止农村劳动力流动的指示》；1959 年 3 月中共中央、国务院联合发出《关于制止农村劳动力盲目外流的紧急通知》，农村人口向外流动再次被严格制止。最终，户籍制度自身存在的悖论，导致了社会经济结构的失调，城乡发展、工农业发展出现严重不协调现象，为此政府不得不实施前文所述的城镇人口大精简。

应当承认，户籍制度的确立对我国社会主义建设有着一定的积极作用，主要体现为它统一了全国城乡户口登记制度的适用对象、管理主体和登记簿册等，形成了严密、完整的户口登记制度体系，为预防、发现、控制违法犯罪提供了制度武器。但我们也应该看到，户籍制度也形成了很大的负面效应。首先，户籍制度的确立使得城乡隔离的局面逐步形成。户籍制度的二元性，体现为它将全体公民的身份定格为城市居民和农村居民两个群体，构成户籍结构中相互独立的两个单元。一方面，通过户口登记制度、就业制度、粮食统购统销制度等，阻止农村居民向城市流动；另一方面，优越的福利待遇致使城市居民不愿意向农村流动。正是户籍制度这两个方面的作用，导致了城乡隔离局面的逐步形成。其次，户籍制度的确立使得城乡差距不断扩大。“农业户口”和“非农业户口”两种户籍的设置，加之就业、福利和社会保障等一系列制度是与这种设置相结合的，导致城乡居民收入、生活必需品供应、社会福利以及社会保障方面的差异，最终逐步扩大了城乡差距。最后，户籍制度的确立在一定程度上阻碍了城市化的进程。以户籍制度为基础形成的城乡壁垒，严格限制了农村人口向城市的自由流动。人口不能在区域自由流动，尤其是从农村到城市的道路被封死，而城市建设和发展缺少人力资本的推动，劳动力资源没有得到合理配置，城市化进程因此停滞不前。[①] 此外，户籍制度的确立，还使得城乡二元社会结构固化。随着时间的推移，城市居民与农村居民的二元性不断固

① 周天勇，王元地. 繁荣的轮回：人口变动与经济增长的一个逻辑解释［M］. 北京：中国财富出版社，2017.

化，由城乡差别导致的城乡等级性不断加强。

在二元经济结构的基础上，通过户籍制度的作用，我国逐渐形成以居住地为标志的城乡分割的二元社会结构。

二、城镇家庭人口与粮油配给制度

随着我国户籍制度的确立，不同户口居民的粮油供应待遇也变得有所不同。拥有城市户口的人享受粮油等农副产品的低价供应和国家补贴，户籍在社会生活中的作用开始凸显。因为在这一时期，以重工业为重点的工业化过程中逐步形成了以城乡分割、工农分化、内部平均为特征的资源利用和利益分配格局。我国工业化建设集中的城市，是国家计划经济管理和发展的重点，在全国性户籍制度确立的前提下，非农业户口逐渐附着大量资源、权益以及机会，而农业户口则少得多。户籍成为资源分配和权益享有的基础，这造成了户籍的利益化。①

20 世纪 50 年代，粮食、油料、棉花、生猪等农产品相继实行统购统销。1955 年出台的《农村粮食统购统销暂行办法》对定产、定购、定销作出了详细的规定，并且明确农民要吃自产粮。同年的《市镇粮食定量供应暂行办法》对企事业单位集体供粮、社会居民供粮，以及粮食转移证、粮票等管理使用办法作出了规定，明确粮食凭城镇户口实行按人定量供应。自此，居民在进行户口迁移时，还要办理粮食关系供应的迁移手续，这两个政策文件将粮食和户口紧密联系在一起。国家在对油料、棉布等的供应实行统购统销后，在供应上将其也和居民的户口挂钩，并发放票证，实行定期定量供应，即使在这些农产品产量不足的情况下，国家也先从农村购买，再以平价或低价供应给城市居民，这就成为城市户口居民享受的一项重要福利。从 20 世纪 50 年代政策实施开始，直到 20 世纪 90 年代国家放开粮油价格、粮油票证作废为止，国家每年为城镇非农业户口居民提供 100 亿～200 亿元（1992 年价格）的粮油补贴，使得城镇居民可以一直以每斤 0. 15 元左右的价格购买粮食，以每斤 1 元多的价格购买食用油。据统计，这一时期城镇非农户口居民每人每年平均可以得到 200 元左右（1992 年价格）粮油方面的福利补贴②。然而，没有城市户口的农村人口却无法享受城市的粮油供应福利。

① 马福云. 当代中国户籍制度变迁研究［D］. 北京：中国社会科学院研究生院，2001.

② 俞德鹏. 城乡社会：从隔离走向开放——中国户籍制度与户籍法研究［M］. 济南：山东人民出版社，2002.

根据粮食统购统销政策，国家对农民的粮食进行计划收购，其收购价格远低于市场价格。根据城镇粮食定量供应政策，只有城镇非农业户口居民才能享受商品粮供应，农民只能吃自己生产的粮食。若遇到荒灾年，农民则只有自己节衣缩食，偶尔吃一点国家的救济粮。总之，从农村粮食的统购统销与城镇粮油的定量供应来看，户籍导致城乡人民生活水平的巨大差异。

粮油配给制度在北京试点成功后，1958 年就在全国范围内进行了广泛实施。随着户籍管理制度的确立，这种与户口紧密相关的配给制度，使得各地根据市镇居民的行业差别、所属地区性质（城、乡）及居民年龄大小的不同，确定市镇居民的具体供应等级和每月粮油定量标准。随着国民经济大跃进的不断推进，加之自然灾害频发，粮、棉、油产量大幅度下降，使得城市居民物资定量供应遭受到极大困难。为了应对粮油供应困难，粮食方面，各地采取了压低城乡口粮标准的方针，要求农村少吃，城市也要少吃；丰收区少吃，灾区更要少吃。中共中央于 1960 年 9 月 14 日发出的《关于压低农村和城市的口粮标准的指示》规定，农村的口粮标准必须降低，淮河以南直到珠江流域的地区维持每人全年原粮 360 斤，遭灾的地方应更低。淮河以北的农村口粮标准，应当压低到每人全年原粮 300 斤左右。城市人口除了高温、高空、井下和重体力劳动的职工以外，其余人口每人每月必须压低口粮标准至 2 斤左右（商品粮）。通过压缩口粮供应标准，仅北京市就一共压缩口粮定量 823 万斤，平均每人压缩口粮 3. 3 斤，加上核实人口、核实工种、取消不合理补助粮，每月减少粮食供应量 530 万斤，两者合计每月减少粮食供应量 1353 万斤。[①] 食油方面，1959 年，由于食油供应紧张，部分地区降低了城镇人口食油供应标准。例如，山东省职工由每人每月 10 两降为 5 两，居民由每人每月 4 两至 6 两降为 2～3 两；河南省大城市职工由每人每月 16 两降为 8 两，居民由每人每月 10 两降为 5 两，其他中、小城市一律降为每人每月 3 两。1960 年，中共中央发出《关于压缩食油销量和加强油脂收购的指示》，要求坚决压缩城乡食油销量。同时，规定中央直辖市和各省人民委员会所在城市，从每人每月平均 10 两的标准压缩到 7 两；省辖市和专区辖市从每人每月平均 7 两的标准压缩到 5 两；县城和集镇从每人每月平均 4 两的标准压缩到 3 两。[②] 1962 年，中央要求继续压缩城镇食

---

① 赵德馨，苏少之. 中国经济通史（十）［M］. 长沙：湖南人民出版社，2002.

② 罗平汉. 票证年代：统购统销史［M］. 福州：福建人民出版社，2008.

油供应标准，直到1963年农业生产形势好转，一再被压缩的食油定量供应标准才有所提高。由此来看，无论是粮食还是食油，在供应全面压缩的情况下，城乡居民之间的待遇仍是存在差距的，在这其中，户口的重要性不言而喻。

粮油配给制度是在物资缺乏的社会背景下，为了确保短缺商品的公平分配而制定和实施的。正如吉尔伯特·罗兹曼所言："严格的消费品配给是共产党在中国现代化过程中的一项主要政策。"[①] 这种定量配给的模式是计划经济体制下的一个显著特性。一方面，粮油配给制度对我国的经济恢复与发展起到了一定的积极作用：该制度的全面实施保证了中华人民共和国成立初期的工业化建设，为城镇居民及农村非农业户口居民的生活提供了基本保障，对于市场物价和整个社会生活起到了一定的稳定作用。然而，另一方面，这种制度的实施割断了居民和市场的联系，将农村和城市截然分开，造成了我国农村和城市僵化的二元格局，严重阻碍了社会的全面进步。随后，不断强化的粮油关系，构成了中国当代史上一项重要的制度形态，也成为民众日常生活中的基本规范和秩序之一。市镇居民无法逃遁于严格的粮油关系，农民则被粮油关系严厉地阻隔在市镇门槛之外，此间上演了一幕幕社会悲喜剧。[②] 直到改革开放前，这种情况都不曾改变。

三、城市化水平下降

在这一时期，我国城市化在经历了一次高潮后迅速衰退，并出现了中华人民共和国成立以来的第一次逆城市化现象。

在国民经济大跃进初期，大批农村劳动力涌入城市，导致城镇人口激增，城市的发展处于失控状态，形成了短暂的城市化高潮。正如前文所述，1957—1960年，全国城镇职工人数由3101万人猛增到5044万人，增幅达62.7%；同期城镇人口也由9949万人增加到13073万人，平均每年增加1000多万人；城市化水平也由15.4%上升到19.8%，平均每年提高1.4个百分点，是中华人民共和国成立后增长最快的时期之一。[③] 这一时期增加的3124万城镇人口中，自然增长的人口只占26.6%，而机械增长的人口占73.4%，主要是源于人口从农村向城市迁移和城镇建制的增加。1957年以后，中国城市数目也迅速增加，1961年全国城市数量突破200个，达到

① 吉尔伯特·罗兹曼. 中国的现代化［M］. 上海：上海人民出版社，1989.

② 张学兵. 当代中国史上"粮油关系"的兴替［J］. 长白学刊，2010（5）.

③ 苏少之. 1949—1978年中国城市化研究［J］. 中国经济史研究，1999（1）.

208个，这也是20世纪60年代达到的最高数量。建制镇的数量也有较快增长，由1957年的3596个增加到1961年的4429个，平均每年增加200余个。估计这一期间因建制变化增加的城镇人口250万人，占城镇人口增量的8.0%；由农村向城市的迁移量达2046万人，占65.4%。① 然而，这一时期我国城市化的高潮只是昙花一现，因为这种快速的城市化是由群众运动式的工业化和以农村饥荒为代价来推动的，既缺乏坚实的现代工业部门支撑，又缺乏牢固的农业基础，所以注定了它的不可持续性。

这种不可持续性的城市化高潮，最终在1961年启动的城镇人口大精简中迅速退去。随着城镇人口大精简工作的逐步推进，城镇人口数量开始下降。与1960年相比，1963年中国城镇人口减少了1427万人，全国共减少职工1887万人，向农村迁移城镇人口2600万人。城镇人口占全国人口的比例也由1960年的19.8%缩水回落到1963年的16.8%，3年下降2.9个百分点，每年平均下降近1个百分点。1963年，城市数目降到170个，估计由于建制变化而减少的城镇人口有220万人。如果考虑到人口自然增长的因素，这一时期由于把城镇人口下放农村而减少的人数更高，超过1957—1963年从农村迁移到城镇的人数②，这种情况直到1964年才有所改变。这一时期城镇人口数量的变化情况如表2-5所示。

表2-5　1957—1963年中国城镇人口变化情况

年份	城镇人口（万人）	城镇人口占全国人口（%）	增加的城镇人口来源（万人）			
			建制变化	迁移增长	自然增长率	合计
1957	9949	15.4	20	386	358	764
1958	10721	16.3	90	421	261	772
1959	12371	18.4	-60	1481	229	1650
1960	13073	19.8	200	316	186	702
1961	12707	19.3	90	-614	158	-366
1962	11659	17.3	-140	-1225	317	-1048
1963	11646	16.8	-170	-278	435	-13

资料来源：李若建.大跃进时期的城镇化高潮与衰退［J］.人口与经济，1999（5）.

① 路遇.新中国人口五十年（上）［M］.北京：中国社会科学出版社，2016.
② 同①。

这一时期城市化的进退，不仅体现为城镇人口数量的增减，也体现在不同等级城市的先进后退的变化过程上。除个别地区外，绝大多数地区都经历了一个城镇人口从大幅度增加到大幅度减少的过程。1958—1960 年，城镇人口增加了 31.4%，1961—1963 年，城镇人口下降了 10.9%。其中，我国的大城市（包括特大城市）由 1958 年的 30 个增加到 1961 年的 37 个，在 1965 年降为 29 个；中等城市先由 1958 年的 36 个增加到 1963 年的 52 个，又在两年内迅速回落到 43 个；人口 20 万以下的小城市由 1958 年的 110 个增加到 1961 年的 138 个，在 1965 年降到 99 个。[①] 由此来看，中小城市的人口增减最为突出，无论是人口增长幅度还是减少幅度，均领先其他类型城市，中小城市在这一时期的城市化进退中所受的损失也是最大的。

这一时期城市化的高潮与衰退不是一种正常现象，几千万人口在农村与城市迅速地一来一回并非自发性的迁移，而是相关政策导向所致。

首先，“大跃进”运动与城镇人口精简是导致这一时期城市化进退的主要原因。为了用 15 年左右的时间使我国钢铁和其他主要工业产品在产量上超英赶美，以追求钢铁工业高指标的“大跃进”不断推进。随着资本积累率的不断提高，建设规模急剧扩大，1958—1960 年我国平均每年兴建大中型企业 1500 多家，超过“一五”期间 5 年的建设总量[②]。为了配合经济上的狂热势头，在“大跃进”期间，原有的人口制度被随意改变，国家劳动管理权限被下放，致使各建设单位纷纷争夺劳动力，为此大量农村劳动力涌入城市投身到建设中去。然而，在“大跃进”和自然灾害的双重影响下，粮食供应出现短缺，国家开始了城镇人口精简工作，形成了一次由政治因素导致的逆向强制性迁移，城市化水平下降。

其次，城乡隔离发展政策的助推。在计划经济体制下的城乡二元发展格局，导致了我国城乡差距的扩大，户籍制度把农民限制在农村，并借助工农产品的剪刀差剥夺农民，以保证城市居民的基本生活水平。1952 年，中国农民的人均消费水平是 62 元，到 1957 年增加到 79 元，同期非农村居民人均消费水平从 148 元增加到 205 元。1952 年，非农村居民人均消费水

① 路遇. 新中国人口五十年（上）［M］. 北京：中国社会科学出版社，2016.

② 麦克法夸尔，费正清. 剑桥中华人民共和国史（1949—1965 年）［M］. 谢亮生，等译. 北京：中国社会科学出版社，1998：386.

平是农民人均消费水平的2.4倍，1957年又扩大到2.6倍。[①] 巨大的城乡差距使得农民涌入城市，而随后在粮食供应短缺的情况下，基于城镇发展的考虑，这些在“大跃进”初期进入城市的农民又不得不被赶回农村，造成了这一时期城市化的进退。在这里需要指出的是，户籍制度在这一时期的城乡隔离发展政策之中扮演着重要的角色。在户籍制度确立之初，《中华人民共和国户口登记条例》的施行并不严格，从农村大量招工的行为存在，结果使城镇人口比例在1958—1960年迅速提高4个百分点。随着“大跃进”的失败，《中华人民共和国户口登记条例》成为遣返此前人量招用的民工的主要法律依据，此后，这一制度又被管理部门的有关规定逐渐细化，使得人口在城乡之间的迁移变得日益困难。

最后，区域发展政策和城镇发展方针的失误。从区域发展政策的角度来看，1956年毛泽东在《论十大关系》中提出，为了发展内陆地区的工业，“就必须更多地利用和发展沿海工业，特别是轻工业”。[②] 但是，这一设想后来被放弃了，取而代之的是偏向内陆的发展政策。1957—1960年增加的城镇人口中，60.8%是在内陆地区，可见在这一时期区域发展政策是偏向内陆的。可是，由于内陆地区存在种种结构缺陷，特别是粮食生产的波动性大，根本无法承受突如其来的大量城镇人口，在“大跃进”后的困难时期中出现人口负增长（死亡率高于出生率）的有12个省、自治区，其中，10个在内陆地区（广西当时行政范围不属于沿海地区属于内陆）。[③] 这一时期城市化进退的幅度在沿海和内陆之间有很大的区别，基本的趋势是内陆省区的进退幅度显著高于沿海省区，在这种情形下，内陆不可避免地出现城市化的衰退。从城镇发展方针的角度来看，长期以来中国的城市化道路是排斥只发展大城市的，而是采用“控制大城市、合理发展中等城市、大力发展小城市”的政策[④]，但在这一时期，中小城市受城市化进退的影响最大，因为中小城市特别是经济结构单一的资源型中小城市，其自身经济基础、城市功能较弱，抵御经济波动的能力低，在资源需求变化和产业结构调整时容易衰败，并引起城市化的波动。

总之，1958—1961年，我国的人口增长与迁移均经历了曲折发展的过

---

① 李若建. 大跃进时期的城镇化高潮与衰退［J］. 人口与经济，1999（5）.

② 毛泽东. 毛泽东文集（第七卷）［M］. 北京：人民出版社，1999.

③ 李若建. 当代中国人口转变的时空分析［J］. 人口学刊，1991（3）.

④ 同①。

程，这是“大跃进”导致的。国民经济跃进式发展，在农业方面，体现为由农民自给自足的生产方式跨越到集体劳动和集体分配的方式；在工业方面，体现为一味追求速度，优先发展重工业。这造成了工农比例的严重失调，工农业发展事与愿违，工业规模收缩，农业进入非持续发展阶段，粮食大幅减产，最终导致了国民经济的衰退。受此影响，一方面，这一时期我国的人口增长呈现出了马尔萨斯式平衡，即人口与生活资料的平衡：在自然灾害频发的情况下，随着粮食供应的短缺，人口增长也跌至低谷，达到了“平衡”；另一方面，中华人民共和国成立初期城市化的平稳推进在这一时期被打破，并出现了逆城市化现象，而城乡户籍制度的建立又使得放缓的城市化进程变得更加糟糕。发起“大跃进”运动的初衷是美好的，但在推进的过程中忽视经济发展的客观规律导致这一美好愿景破灭。从人口的角度来看，忽视客观规律的过度干预，在一定程度上剥夺了人口增长与迁移中的“自主性”，在这一时期人口迁移方面表现得尤为突出：相关政策的实施不仅造成了人口的逆向迁移，更为严重的是，城乡户籍制度的建立使得从这一时期起我国的城市化进程受阻，对经济社会发展造成了深远的影响。因此，遵守社会经济发展规律，承认并适当顺应人口增长与迁移的“自主性”，是十分必要的。

第三章　恢复与“文化大革命”前期（1962—1972）：人口增长与迁移停滞

1958—1961 年，“大跃进”、人民公社化运动、三年自然灾害，不断影响我国人口的正常发展，造成了大量人口非正常死亡的情况，1960 年和 1961 年甚至出现了人口负增长。1962 年后，我国人口发展趋于正常，并呈现高速增长态势。1962—1972 年，我国建立了户籍制度，人口迁移几乎处于停滞状态，加上这一时期精简城镇职工，鼓励知识青年“上山下乡”，支持“三线”建设，导致大量人口从城市迁至农村，从较发达的东部地区迁至中西部地区，出现了“逆城市化”的人口流动，严重阻碍了我国的城市化进程。

第一节　农村高生育率

我国自古以来就是农业大国，农村人口在总人口中占比长期高达 80%，农村人口的发展直接影响到整个国家的人口发展。1962—1972 年是我国人口的快速增长时期之一，这一时期农村人口大大增加，在 5 个亿的基础上，逐步突破 6 个亿、7 个亿，这与农村高生育率有直接的关系。

一、征购减少与解散食堂

粮食问题和吃饭问题，是影响人口生育的基本问题，也是造成我国 1958—1961 年大量人口非正常死亡和人口负增长的主要原因。1962—1972 年，国家从粮食政策和吃饭问题上吸取了前一时期的教训，进行了不断的调整和改善，解决了粮食危机和吃饭问题，这对这一时期的人口高增长起到了很大的作用。

征购是我国粮食统购统销政策的重要组成部分，也是影响我国粮食工作 30 多年的重要制度。征购包括两部分：一是“征”，即征收，相当于古代社会的田赋或农业税，一般是无偿的、固定的。1950 年 5 月，政务院规定将农业税税率由 17% 降为 13%[①]，不同等级实行累进税率，同时缩小征税范围，只对夏收正产部分计征。二是“购”，一般是有偿的，数量不固定，丰收年月购得多，歉收年月购得少。“购”主要是针对农民交完公粮，留足口粮、种子和饲料等其他用粮后剩下的余粮，一般收购数量达余粮的 80% ~90% 。

中华人民共和国成立以来，我国一直对经济进行有计划的管控。1955 年 8 月，国务院颁布了《农村粮食统购统销暂行办法》和《市镇粮食定量供应暂行办法》，对农村粮食实行定产、定购、定销，并规定“三定”到户，由此粮食统购统销制度基本定型。到 1955 年年底工作结束，中国大陆除西藏、青海、新疆外，各省、市、自治区粮食“三定”核定数量：共定购粮食 1083. 3 亿斤，其中公粮征收 429. 7 亿斤，余粮统购 653. 6 亿斤[②]。随着农村政治体制改革和人民公社基本核算单位的演变，“三定”到户也经历了到社、到生产队并长时间到队的变化。1958 年，国家发动“大跃进”运动，加上三年自然灾害，粮食产量严重下降，建立在高估产基础上的高征购，严重不符合农业生产实际，直接影响了粮食产量和农户的生产积极性。1958 年，全国粮食实际产量只有 4000 亿斤，但年底公布的数字却达 7500 亿斤；1959 年，全国粮食实际产量 3400 亿斤，而估产比实际产量高 1700 亿斤；1960 年，全国粮食实际产量是 2870 亿斤，而估产达 3700 亿斤[③]。高估产带来高征购，1958—1960 年，我国农村粮食征购占总产量的比例都在 27% 以上，1959 年为最高，达到 39. 6% ，将近 40% 的粮食交给国家，导致农村留粮减少。1960 年农村人均留粮低至 264 斤[④]，其中还包括种子等其他用粮。留粮减少挤压了农民的口粮，影响农民生计，造成了大量农村人口的非正常死亡，也引起了党中央的高度关注。国家出台一系列方针、政策，调整国家经济方针，逐渐减少征购数量，实施“藏粮于民，备战备荒”的粮食政策，并逐步放开关闭已久的农村集市贸易，同时

---

① 唐正芒，等. 新中国粮食工作六十年［M］. 湘潭：湘潭大学出版社，2009.

② 同①。

③ 同①。

④ 同①。

提高粮食统购价格，减轻农民负担。1961年，中共八届九中全会正式批准实行“调整、巩固、充实、提高”的“八字方针”，恢复发展国民经济。全会要求，集中力量发展农业，以农业为基础，全党全民贯彻大办农业、大办粮食的方针，在农村深入贯彻《关于农村人民公社当前政策问题的紧急指示信》的要求，整风整社。据统计，1961年，全国农民因农副产品的收购价格调整而大约增加收入30亿元①。

1962年是我国进行国民经济调整最为紧要的一年，中共中央指出，当前的主要任务就是贯彻“八字方针”。政策的调整调动了农民生产的积极性，促进了粮食产量的增加。但是粮食产量的提升只是部分地解决了粮食问题，农民真正关心的征购数量还是摇摆不定。产量增加，征购增加，农民实际增产不增收，因此颇为不满。为稳定民心，促进生产，中共中央于1965年确定征购基数为“一定三年”，三年不动，这稳定了粮食生产局面，减轻了农民负担。为了增加农民的储备粮，藏粮于民，备战备荒，1968年国务院发出《关于稳定农民负担一定三年政策在一九六八年继续延用一年的通知》，将“一定三年”政策顺延，共实行了6年。到1971年，国务院出台了《关于继续实行粮食征购任务一定五年的通知》，决定将粮食征购基数由“一定三年”改为“一定五年”，适时调整征购任务。将1971—1975年的粮食征购基数由1970年的726亿斤调整为765.5亿斤，但1972年，国家粮食普遍歉收，因此征购基数又调整为755亿斤②。在充分考虑农业发展情况的基础上，制定合理的征购基数，同时对在丰收地区超购的粮食，国家实行加价奖励，以此鼓励农民的生产积极性。

粮食征购基数的调整，使其在粮食总产量中的比例上也出现规律性变化，这11年的征购比例呈线性下降的趋势，如图3－1所示。1965年之前，因为基本核算单位还在户、公社、生产队之间变化，粮食征购基数没有完全确定，所以征购数量在总产量中的比例出现了小范围波动。1965—1970年，征购比例总体下降，在1968年和1969年出现反弹，主要是“文化大革命”导致社会混乱，粮食丰产不丰收，总产量下降，征购比例上升。1971年和1972年的征购比例出现小范围抬头，是由于国家根据当年的粮食产量，在保证农村基本生活的前提下，提高了征购的数量。总体来

---

① 中共中央党史研究室．中国共产党历史第二卷（1949—1978）［M］．北京：中共党史出版社，2011.

② 张孝海，江君才．粮食政策［M］．北京：中国商业出版社，1991.

看，这一时期的粮食征购比例已经远远低于“大跃进”时期，并呈现出下降的趋势。

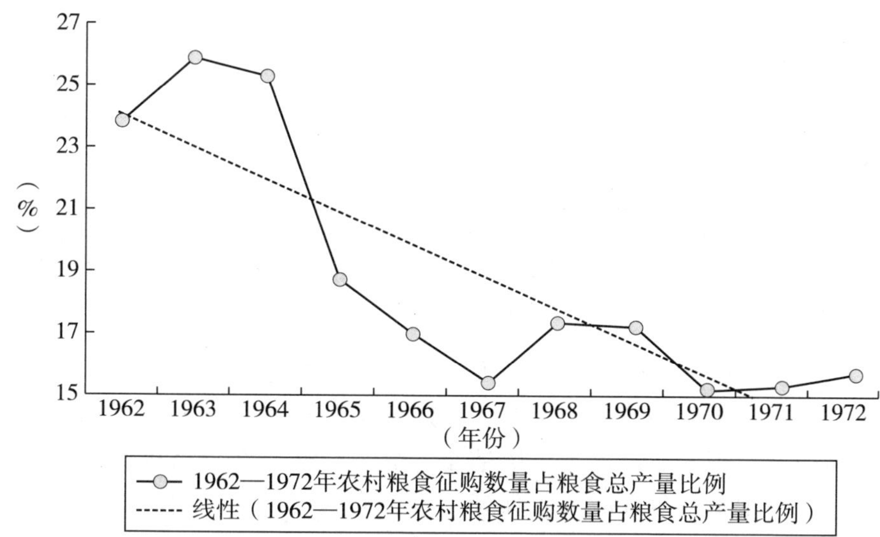

图 3－1　1962—1972 年农村粮食征购数量占总产量的比例

注：①1962—1964 年的数据来源：唐正芒，等．新中国粮食工作六十年［M］．湘潭：湘潭大学出版社，2009。

②1965—1970 年的数据根据确定的“一定三年”的征购基数以及表 3－1 的总产量推算得来。征购基数来源同上，第 251 页。

③1971—1972 年的数据根据征购数量以及表 3－1 的总产量推算得来。征购数量来源：张孝海，江君才．粮食政策［M］．北京：中国商业出版社，1991。

随着国家不断调整粮食政策，减少征购，粮食产量稳步上升。1962—1972 年，农村粮食产量共增加 1609 亿斤，平均每年增加 146.3 亿斤，产量最高的年份突破 5000 亿斤，如表 3－1 所示。各地区粮食喜获丰收，比如产粮大省之一的河南省，1965 年粮食总产粮基本稳定，到 1972 年粮食总产量呈上升趋势，即使有下降的年份，减产的数量也非常小。在此期间，国家不但确定了征购基数三年不变的原则，还不断提高粮食的收购价格，全省 18 种粮食价格平均提高 23.08%。其中，小麦 100 千克的统购价由 19.7 元提高到 24 元，玉米 100 千克的统购价由 12.84 元提高到 17 元。同时，国家还鼓励放开农村集贸市场，开发荒地，不断提高农民收入。农民开发生荒地和熟荒地，国家也从减少或免征农业税等方面给予不同程度的支持。1972 年，国家又规定了征购基数“一定五年”的原则，在征购基数不变而粮食产量增加的情况下，征购比例减小，农民手中的余粮增加。随着农民手中余粮的增加，农民收入增多，温饱问题得到解决，农村经济得以恢复和发展，农民安居乐业，小农经济得以恢复，这为农村的高生育率奠定了基础。

表 3－1　　1962—1972 年农村粮食产量统计　　单位：亿斤

年份	1962	1963	1964	1965	1966	1967	1968	1969	1970	1971	1972
产量	3200	3400	3700	3890	4280	4356	4181	4219	4799	5002	4809

数据来源：国家统计局．1949—1984 光辉的三十五年统计资料［M］．北京：中国统计出版社，1984.

粮食征购就国家整体而言，确保了国家掌握粮食总量的增加，稳定了粮食价格和国家经济，为工业化奠定了基础；就农村和城市地区的居民生活而言，国家通过确定征购数量、提高粮食收购价格等措施，提高了农民手中粮食存量和收入，保证了农民的基本生活，同时，统一调配城市市场产品的供应，虽然当时物品贫乏，但也保证了城市居民的基本生活；就粮食市场化而言，粮食统购统销剔除了价值规律在农业生产中的作用，粮食市场完全由国家把控，不利于发挥农民积极性，虽然不符合现代市场经济的要求，但针对当时具体情况来说却是正确且符合实际的政策选择。

1961 年，党中央召开工作会议，会议制定了《农村人民公社工作条例（修正草案）》，不再支持农村兴办公共食堂，而把决定权交由社员讨论。盛极一时的农村公共食堂，终于在人民群众的欢呼中落下了帷幕，只有部分地区还设有农忙食堂或劳力食堂，全国食堂的数量急剧下降。

粮食征购减少和农村公共食堂取消，增加了农民手中存粮量，农民有更多的自主权和支配权，由国家超额加价收购或在集贸市场自由买卖，农民既解决了温饱问题，又增加了收入，这为农村高生育率准备了条件。

二、自留地与农户经济间歇复苏

自留地的有无，直接关系到农户家庭收入与传统农村经济模式的恢复，传统的农村农户经济是农村传统生育观念和生育模式的经济基础，因此，这一时期农民自留地与农户经济的间歇复苏，可以说与我国农村这一时期的高生育率密切相关。

（一）自留地制度的确立与恢复

我国自留地的发展经历了从无到有、“两收两放”的过程，最终在1961年以制度形式确定下来。自留地制度的保留和恢复，成为我国经济从“大跃进”、人民公社化运动以及三年自然灾害造成的重大创伤中迅速恢复的重要原因。

我国的自留地最早出现在农村合作化运动期间。合作化运动初期出现了自留地的形式，但是其合法地位的确立是在1956年6月30日，第一届全国人民代表大会第三次会议通过《高级农业生产合作社示范章程》。该章程规定，社员入社须将主要生产资料转为合作社集体所有，包括土地、耕畜和大型农具等；还要保留一部分土地用于社员种植蔬菜，数量不得超过当地每人平均的5%，按每户人口多少分配。① 这就使社员的自留地合法化了。

1958—1960年，我国接连发动了“大跃进”和人民公社化运动，自留地的发展经历了“两收两放”。

“两收”，一是指人民公社化运动时期的要求，“在已经基本实现了生产资料公有化的基础上，社员转入公社，应该交出全部自留地，并且将私有的房基、牲畜、林木等生产资料转为全社公有，但可以留下少量的家畜和家禽，仍归个人私有”，该要求指出，取消了农民的自留地就是“取消了生产资料私有制的某些最后残余”②；二是指庐山会议以后，错误的导向一度将自留地当作“右”倾错误加以批判。两次收回自留地，严重影响了农村社员家庭收入，不利于农村经济的发展，也导致了社员在自然灾害面前束手无策。

“两放”，一是指八届六中全会之后，国家要求整顿公社，逐渐放宽对自留地的限制，鼓励发展副业；二是指1960年11月，中共中央发表《关于农村人民公社当前政策问题的紧急指示信》，指出“应该允许社员经营少量的自留地。凡是已经把自留地全部收回的，应该拨出适当的土地分给

---

① 国家农业委员会办公厅. 农业集体化重要文件汇编（1958—1981）[M]. 北京：中共中央党校出版社，1981.

② 中共河南省委党史研究室. 河南人民公社化运动 [M]. 郑州：河南人民出版社，2005.

社员，作为自留地。今后不得将社员的自留地收归公有，也不得任意调换社员的自留地。社员现有的自留地，连同食堂的菜地加在一起计算，一般不要超过当地每人平均占有土地的百分之五，超过的数量很少，或者数量虽然不及当地每人平均占有土地百分之五、而群众没有意见的，也不再抽补。在不影响集体劳动的前提下，鼓励社员种好自留地，饲养少量的猪、羊和家禽，培育好屋前屋后的零星树木，经营规模的家庭副业。……社员自留地上收获的农产品，不计入分配产量，不顶口粮，不计征购，归社员个人支配”。①

1961 年 1 月，中央工作会议通过《关于农村整风整社和若干政策问题的讨论纪要》，明文规定：“社员的自留地，按照中央十二条紧急指示规定，包括食堂的地在内，占当地每人平均占有土地的百分之五，现在改为百分之七。……社员自留地经过这次调整以后，至少二十年不变。”② 自留地的数量由 5% 到 7%，并且 20 年不变，保证了自留地的长期性，杜绝了之前出现的反复，对于稳定民心、提高社员生产积极性有重要作用，也成为我国自留地制度化发展的重要支撑。

1961 年，国内大兴相关的调查研究，最终确定了《农村人民公社工作条例（修正草案）》；1962 年，为解决生产和分配权“两张皮”的问题，国家将基本核算单位下放到生产队。《农业六十条》肯定了社员对自留地的长期经营权，扩大了社员经营家庭副业的范围，社员不仅可以耕种公社分配的自留地，有条件的地方还可以经营自留山，……长期归社员使用。这充分肯定了人民公社社员家庭副业的性质，指出它“是社会主义经济的必要的补充部分。它附属于集体所有制经济和全民所有制经济，是它们的助手”“社员家庭副业的产品和收入，都归社员所有，都归社员支配。除了由国家统购统销的农产品以外，其他的农副产品，在完成同国家订立的订购合同以后，都可以拿到集市上进行交易”。为保证《农业六十条》的彻底实行，党中央指示“各级党组织必须保证把这个工作条例的每条、每款，一字不漏地、原原本本地告诉群众。要防止一部分干部不把那些不合乎自己口味的规定告诉群众，或者任意加以篡改”。③

---

① 国家农业委员会办公厅．农业集体化重要文件汇编（1958—1981）［M］．北京：中共中央党校出版社，1981．

② 同①。

③ 同①。

《农业六十条》彻底放开了对农村自留地的限制，取消了对家庭副业的限制，允许和鼓励社员利用闲暇时间和假日增加社会产品，补助社员收入，活跃农村市场；确定了我国农村公社的制度化发展，为我国农业今后十几年的发展“搭好了架子”，为我国全面建设社会主义的十年奠定了基础。1970 年，中共中央在召开北方地区农业会议时，又确定了自留地制度的合法性，宣布《农业六十条》关于自留地制度的规定仍适用。

（二）农村农户经济的恢复

国民经济在 1962—1972 年可分为两个阶段，前 5 年的重点是恢复，后 6 年的重点则是发展。1960 年冬，我国开始对国民经济进行调整。1961—1962 年是国民经济调整的决定性阶段。1962 年上半年，党中央连续召开“七千人大会”“西楼会议”和中央工作会议，进一步调整国民经济，尤其是调整农业和工业之间的比例，坚持发展农业是基础的原则，以工业支持农业，逐渐减少对工业的投资比例，加大对农业的投资。实际上不到 5 年，国民经济许多部门都恢复到 1957 年的水平。就农村来说，1961 年粮食产量滑坡已经止住，1962 年开始反弹，直到“文化大革命”开始的前两年，粮食产量一直是处于增长状态。从外部原因分析，这一时期的政策产生了积极影响，支持了农业发展，调整了工农业关系；从农业来说，国家大兴水利建设，扩大了灌溉面积，国家抽调的劳动力减少，从事农业生产的劳动力增加，促进了农业的发展。

“文化大革命”对农业的影响在 1968 年显现出来，全国各地大搞串联，工厂停产，土地无人顾及，粮食产量也随之下降到 4181 亿斤。同年，国家号召知识青年上山下乡，支援农村建设。经历了 1969 年的恢复期，1970 年粮食产量开始正常发展。1972 年出现了短暂下降，主要是由于当年自然灾害造成了歉收。总体来看，1962—1972 年农村粮食产量的总体趋势是向上、向好的，如图 3 - 2 所示。

为了支持农业生产，除了保障水利建设，增加对化肥产业的投入等，国家还从外部对农业进行支持，缩减工业投资，缩小投资规模。“西楼会议”上，中央财经小组（现为中央财经领导小组）确定：1962 年的绝大多数重工业生产指标比原计划降低了 5% ~20%。其中，煤产量从 2. 5 亿多吨降到 2. 39 亿吨，钢产量从 750 亿吨降为 600 亿吨；基本建设投资规模

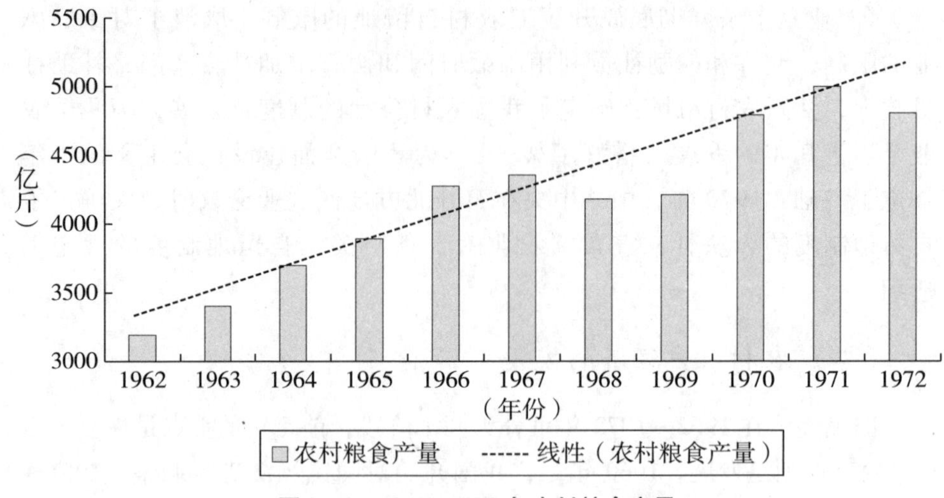

图 3-2 1962—1972 年农村粮食产量

数据来源：国家统计局. 1949—1984 光辉的三十五年（统计资料）[M]. 北京：中国统计出版社，1984.

从 59.5 亿元降至 46 亿元，缩短工业生产和维修战线，集中力量保障农业生产①，关停了大批工业企业。据统计，到 1962 年 10 月，全国县以上工业企业共减少 4.4 万个，工业企业的减少也符合我国精简城市人口、支援农业发展的需要。② 但是工业企业的关停并不是盲目的，而是有计划的调整，这加强了经济核算制度，调动了职工的生产积极性。1961—1962 年，仅新增加的钢材和机械设备品种，就比 1960 年分别增长 8% 和 18.7%。石油已能生产 178 个品种，占工农业、交通运输常用品种的 96.7%。重点钢铁企业生铁合格率也由 1960 年的 86.6% 提高到 1962 年的 98%。③

1963—1965 年是我国继续调整国民经济的三年，尽管“五反”“四清”等政治运动仍然不断，但调整经济发展的方针还在实行，因此，工农业各方面仍然取得了很大的进步。周恩来在 1964 年的政府工作报告中指出，“调整国民经济的任务已基本完成，工农业生产已经全面高涨，整个国民经济已经全面好转，并且将要进入一个新的发展时期”。1965 年，全国农业产值达 590 亿元，比 1957 年增长 10%，工农业产值比例由 1960 年

① 薄一波. 若干重大决策与事件的回顾 [M]. 北京：中共党史出版社，2008.

② 柳随年，吴群敢. 中国社会主义经济简史（一九四九——九八三）[M]. 哈尔滨：黑龙江人民出版社，1985.

③ 同②。

的 4∶1 调整为 2∶1[①]，大大加大了农业的比例，此时的农村经济也有很大恢复。农村集贸市场的开放，使农产品收购价格提高，粮食征购减少，一系列措施都促进了农村经济的恢复发展。据统计，农民年平均消费水平从 1962 年的 88 元连年递增到 1967 年的 111 元。[②] 但是，“文化大革命”期间国家以“阶级斗争”为纲，罔顾农业生产发展，农村年平均消费水平也迅速下降，到 1969 年又降至 108 元。[③] 1970 年，北方地区农业会议宣布恢复农村自留地制度，农业发展才又经历从恢复到发展的周期循环，农民年平均消费水平也逐渐恢复。如图 3－2 和图 3－3 所示，1962—1972 年，农民的年平均消费水平与农村的粮食总产量成正相关性，粮食产量增加，农民的平均消费水平随之增加。农村粮食产量的增加以及农民平均消费水平的提高，都映衬出农村经济的复苏和农业的恢复发展。

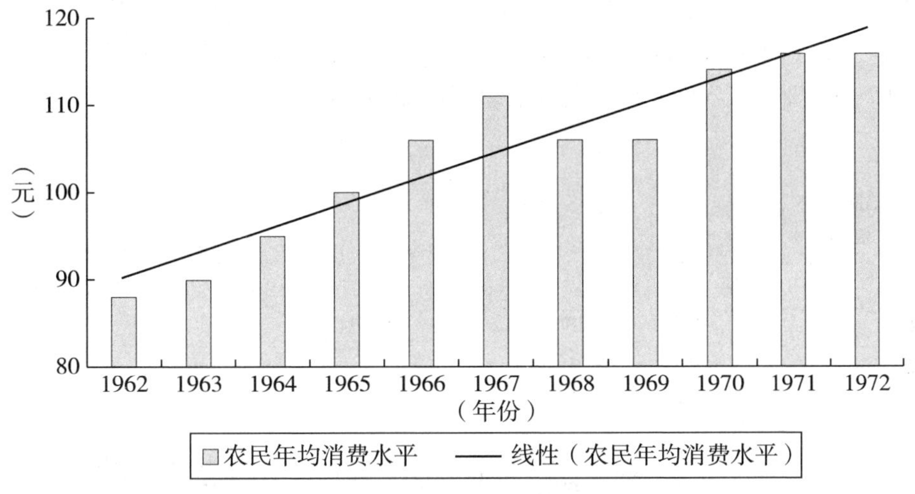

图 3－3　1962—1972 年农民年平均消费水平

数据来源：国家统计局．1949—1984 光辉的三十五年（统计资料）［M］．北京：中国统计出版社，1984.

1966—1968 年是我国“文化大革命”开始的前三年，也是我国经济从谷底崛起的开始。1966 年，工农业生产践行“调整、巩固、充实、提高”八字

---

① 柳随年，吴群敢．中国社会主义经济简史（一九四九——九八三）［M］．哈尔滨：黑龙江人民出版社，1985.

② 国家统计局．1949—1984 光辉的三十五年（统计资料）［M］．北京：中国统计出版社，1984.

③ 同②。

方针，依然呈现增长的趋势。1967—1968 年，“文化大革命”从思想文化领域扩展到经济生产领域，从机关、学校和文化界扩展到工矿企业和农村，广大工人、农民都卷入这场运动，工农业生产大幅度下降。1967 年，工农业总产值比 1966 年下降近 10%；1968 年又降了 4.2%。1969 年，国内局势相对稳定，带来了经济的复苏，但从发展的质量上来看，1969 年的发展是恢复性质的，止住了前两年的经济滑坡现象。从数量上来看，1969 年的各项生产指标仅达到了 1966 年的实际情况。从 1970 年起，工农业总产值逐年增长，国家经济发展逐渐步入正常发展轨道。单从农业来说，农业总产值一直处于上升状态，上升的趋势十分明显，尤其是“文化大革命”前，年均增加 81.5 亿元。“文化大革命”的冲击，降低了农业的发展速度，1966—1969 年是受到“文化大革命”影响最严重的几年，农业总产值上升幅度非常小，农业总产值增加最低的一年是 1968 年，仅比 1967 年增加了 4 亿元，而最高的是 1969 年，比 1968 年增加了 20 亿元。1969 年后，我国农业生产又转入正轨。1962—1972 年工农业总产值与农业总产值如图 3－4 所示。

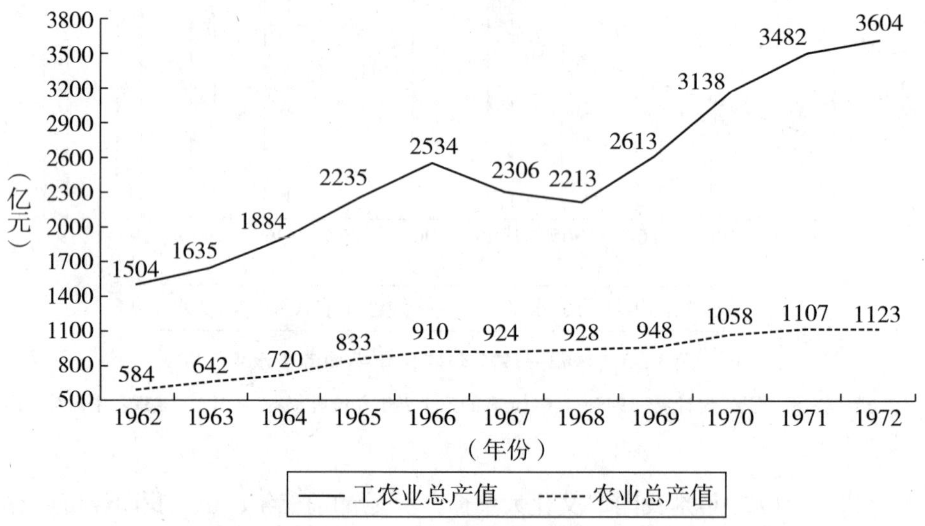

图 3－4　1962—1972 年工农业总产值与农业总产值

注：数据按当年价格计算。

数据来源：国家统计局. 1949—1984 光辉的三十五年（统计资料）［M］. 北京：中国统计出版社，1984.

农村农户经济复苏是国家坚持保留自留地制度，以家庭为单位经营土地的直接结果，也是调整工农业比例、恢复发展农业的作用显现。自留地制度的保存，使自给自足的家庭小农经济得到一定程度的恢复，农民对生活资料拥有一定的自主权，可以养殖少量禽畜、种植蔬菜瓜果。这一时期的生育权分散在家庭中，国家计划生育没有深入农村地区，而且口粮和自留地按人口的多寡分配，孩子的数量决定了家庭分到的口粮和自留地的数量，孩子多的家庭比孩子少的家庭能够得到更多的口粮和自留地。如果将孩子和成年人的口粮数量拉平，反而使得孩子多的家庭也能解决基本生活，人们多生孩子的意愿就更强烈了。再加上传统的“多子多福，养儿防老”观念的影响，农村家庭多生孩子的意愿，直接导致农村生育率的提升。

三、农村生育率反弹

1962—1972 年，我国仍处于人口生育的无计划时期，也是中华人民共和国成立后第二个人口生育高峰期，全国人口处于高增长状态，农村人口急速增加，农村总和生育率与“大跃进”时期形成鲜明对比，而且形成两个生育高峰：一是 1962—1965 年补偿性的生育高峰；二是 1966—1972 年“文化大革命”前期的无秩序生育高峰。1962—1972 年农村人口总数及出生率、死亡率、自然增长率与总和生育率如表 3－2 所示。

1959—1961 年的三年自然灾害，使粮食补给不足，造成了我国人口大面积非正常死亡。1960 年，农村人口死亡率达到 25. 58‰[①]，人口自然增长率出现中华人民共和国成立以来的首次负增长，农村人口减少 1702 万[②]。这一时期我国的人口总和生育率一直处于下降趋势，1961 年农村人口总和生育率减少到 3. 349[③]，和 1962—1972 年的两个生育高峰形成鲜明对比。

1962 年，党中央坚决扭转国家困难局面，调整国民经济，农村经济得到恢复，农民人均消费水平提高。农村人口发展在经历了经济困难之后强烈反弹，一些在困难时期推迟结婚或推迟生育的夫妇，补偿性地进行了生育行为。1962—1965 年，农村人口增加 3857 万人。其中 1963 年农村人口出生率超过 40‰，达到 43. 19‰，人口自然增长率为 32. 7‰，达到了中华人民共和国成立后的最高水平；这 4 年中人口出生率最低的 1962 年，也比“大跃进”时期最高的 1958 年的 28. 41‰[④]高出 9. 26‰。单从出生率来看，

---

① 姚新武，尹华．中国常用人口数据集［M］．北京：中国人口出版社，1994.

② 同①。

③ 同①。

④ 同①。

农村人口出生率已经实现了反弹，而这一时期的人口死亡率较1959—1961年大大降低。按当年总和生育率来算，农村每个妇女终生生育孩子数也突破了中华人民共和国成立后的最高点，达到了7.784，这为后期人口数量增加奠定了基础。1965年，农村总人口达到59493万，1966年突破了6个亿。这种高生育率持续了将近10年，直到计划生育深入农村，才从根本上改变了高生育率的局面。

1966年，我国发动了以“阶级斗争”为纲的“文化大革命”，国家陷入一片混乱，计划生育工作也只停留在政府的号召和部分城市中，根本无法深入农村地区。1968年11月，国务院计划生育委员会被取消，工作人员被下放，下级各计划生育机构也都停止工作，无秩序的生育高峰就这样悄然形成。整个社会陷入无秩序状态，工人停工，学生罢课，农民也不顾庄稼和农活，而是响应国家号召开展各种运动，各地串联。这一时期国家对人口的政策还是以保证人民身体健康为主，没有上升到国民经济发展的高度。农村地区的生育政策没有得到严格的落实，给不从事农业生产的农民以养育后代的空闲，1966—1972年农村总人口增加11013万。其中，1969—1970年农村人口增加2014万，1971年突破7亿，达到70518万。这一时期，人口总和生育率都高居在5以上，个别年份还达到了7，形成了这一时期的第二个生育高峰，这也直接增加了农村育龄妇女和农村家庭的负担。

表3-2　1962—1972年农村人口总数及出生率、死亡率、自然增长率与总和生育率

年份	出生率（‰）	死亡率（‰）	自然增长率（‰）	总和生育率	农村人口总数（万人）
1962	37.72	10.32	27.4	6.303	55636
1963	43.19	10.49	32.7	7.784	57526
1964	40.27	12.17	28.10	6.576	57549
1965	39.53	10.06	29.47	6.597	59493
1966	36.71	9.47	27.24	6.958	61229
1967	—	—	—	5.847	62820
1968	—	—	—	7.025	64696
1969	—	—	—	6.263	66554

续 表

年份	出生率（‰）	死亡率（‰）	自然增长率（‰）	总和生育率	农村人口总数（万人）
1970	—	—	—	6.379	68568
1971	31.86	7.57	24.29	6.011	70518
1972	31.19	7.93	23.26	5.503	72242

数据来源：国家统计局.1949—1984 光辉的三十五年（统计资料）［M］.北京：中国统计出版社，1984.

姚新武，尹华.中国常用人口数据集［M］.北京：中国人口出版社，1994.

20 世纪 60 年代末到 70 年代初，党和国家主要领导人逐渐转变对控制人口的看法，强调人口过多与国民经济发展的不适应，明确提出将计划生育与卫生工作划清界限，指出人口增长是可以计划的，强调控制人口的增长。1971 年 2 月，周恩来指出，“计划生育是件大事，卫生工作开展好是件好事，但人口增长太快对国家计划不利，把计划生育搞好是大事”①，后经国务院批示发文的《关于做好计划生育工作的报告》，提出了“四五”期间力争要在 1975 年把农村人口自然增长率降到 15‰以下的目标，以及使计划生育从城市走向农村的主张。1972 年，虽然我国总人口仍在增加，但是人口发展的各个指标都下降了，包括人口出生率、死亡率、自然增长率以及总和生育率，其中，农村总和生育率已降至 5.5②，这为计划生育的深入开展创造了条件。

1962—1972 年是我国农村人口高速增长的阶段之一，也是形成我国庞大人口基数的发力点，人口规模迅速膨胀，生育率居高不下。但是，这一时期出生的人口，在 20 年后正好进入就业的高峰期，迎合了我国社会主义现代化建设和改革开放对劳动力的巨大需要，为我国经济发展创造了较长时期的人口红利。

第二节 城市人口生育率及变化

人口生育率是描述人口状况的重要指标，它比人口出生率更能直

① 张光照，杨致恒.中国人口经济思想史［M］.成都：西南财经大学出版社，1988.

② 姚新武，尹华.中国常用人口数据集［M］.北京：中国人口出版社，1994.

接地反映某地区某时段人口的总体状况。1962—1972 年，我国城市人口生育率的变化趋势属于“前高后低”，“前高”主要是指以补偿性生育为主形成的高生育阶段，“后低”是指在城市计划生育政策下形成的相对较低的生育阶段。虽然两者没有明确的分界线，但文中为表述方便，以 1966 年为界，将其分为两个阶段进行论述，原因有三：第一，人口的生产不同于物的生产，时间上会有一定的滞后期。人口的生产需要一段时间的反应期，因此，即使“大跃进”后的补偿性生育高峰期，也需要几年的过渡才能完成；第二，我国在 1962 年正式出台政策实施计划生育，但是政策从发布到落地也需要一定的时间；第三，从数据指标上看，1966 年后我国城市人口生育率的下降幅度也较符合当时的人口发展状况。

一、生育率前高后低

三年自然灾害以及人为原因造成了农村粮食减产，城市粮食供给也急剧下降，城市人口出现了非正常死亡。1959—1961 年，城市人口死亡率超过 10‰，其中，1960 年达到 13.71‰；出生率则一路下降，1961 年降至 21.96‰。这一时期城市人口总和生育率也处于下降的状态，由 1959 年的 4.172 降至 1961 年的 2.982，城市育龄妇女生孩子总数下降，城市人口出生率也跟着下降，这为城市总和生育率反弹奠定了基础。1959—1961 年我国城市人口发展情况见表 3-3。

表 3-3　　1959—1961 年我国城市人口发展情况

年份	出生率（‰）	死亡率（‰）	自然增长率（‰）	总和生育率
1959	29.43	10.92	18.51	4.172
1960	28.05	13.71	14.34	4.057
1961	21.96	11.61	10.35	2.982

资料来源：姚新武，尹华. 中国常用人口数据集［M］. 北京：中国人口出版社，1994.

为了克服“大跃进”、三年自然灾害带来的困难，党和国家召开多次会议，纠正“左”倾错误，最终确定了调整国民经济的“八字方针”。随着国家政策的调整，国民经济逐渐好转，工农业生产恢复，人民的家庭生活也恢复正常，这为人口生产提供了条件。

1962—1972年，城市人口生育率经历了先高后低的发展过程，如图3－5所示。20世纪60年代初期，城市人口的发展出现补偿性生育高峰。1961年，我国初婚妇女为467.6万人①。从1962年起，我国结婚生育人数大幅度上升，1962年和1963年，初婚妇女分别有577.4万人和507.9万人，增幅分别达70.2%和49.7%。② 与此同时，大量已婚妇女开始进行补偿性生育。如表3－4所示，1963年，城市人口发展达到了峰值，其中，出生率达到44.5‰，自然增长率达到37.37‰，城市总和生育率也高达6.207。此时，我国城市人口再生产类型是典型的“高出生率—低死亡率—高增长率”模式，如果让人口的自然发展按照这样的增长速度进行，城市人口必然急剧增加。但是从1962年开始，党中央号召减少城市人口，精简职工，减轻城市负担，动员“大跃进”时期进城的农民返回农村，城市总人口连续两年下降，1961年和1962年两年内共减少城市人口2000多万。③ 同时，计划生育政策也进入城市地区，要求在有条件的地区对人口增加实行计划管理，控制人口增长，尤其是控制城市人口的过快增加。

1962年12月18日，中共中央、国务院颁发《关于认真提倡计划生育的指示》，指出“在城市和人口稠密的农村提倡节制生育，适当控制人口自然增长率，使生育问题由毫无计划的状态逐渐走向有计划的状态，这是我国社会主义建设中既定的政策”。④ 但计划生育政策需要一定的时间周期才能起作用，因此城市人口继续沿着高指标发展，并在1963年达到峰值，之后开始走下坡路，各项指标不断下滑。1965年，城市人口出生率跌破30‰，不断减少，死亡率基本稳定在6‰以下。总和生育率在1963—1966年一直下降，但还基本保持在3以上。这主要得益于城市计划生育宣传工作的进行，使育龄妇女逐渐认识到多生孩子对家庭生活及儿童成长教育的不利，逐渐提高了对计划生育的认识，减少了生孩子的数量。

1962年，《第二次城市工作会议纪要》指出，出生率过高是城市人口

---

① 国家人口和计划生育委员会．中国人口和计划生育史［M］．北京：中国人口出版社，2007.

② 同①。

③ 薄一波．若干重大决策与事件的回顾［M］．北京：中共党史出版社，2008.

④ 彭珮云．中国计划生育全书［M］．北京：中国人口出版社，1997.

增长过快的原因；规定“所有城市都应当努力降低人口出生率，争取在三年调整时期，把城市人口的自然增长率降到千分之二十以下；在第三个五年计划期间，降到千分之十五以下；在第四个五年计划期间，降到千分之十以下”。① 1963 年，部分省、市和较大的县建立了计划生育机构，配备专门工作人员。计划生育在城市地区展开，更多育龄妇女接触到节育理念，认识到节制生育的重要性，城市生育率逐渐降低。当时计划生育工作效果较好的上海市区、天津市区以及河北省束鹿县（今辛集市）、山东文登县（今文登市）和四川南充县（今南充市），人口出生率都下降 10‰～20‰。② 其中，上海市和河北省的计划生育效果得到中央肯定，并被作为经验在全国推广。

1966 年“文化大革命”开始，全国陷入了只“抓革命”不“促生产”的困境，整个社会处于无政府状态，国家机关瘫痪，不仅社会生产，人的生产也重新回到无计划的状态，许多机构人员下放，组织撤销。1968 年，我国城市总和生育率在整体下降的大形势下出现回升，1968—1970 年，城市总和生育率都保持在 3 以上，部分城市育龄妇女在没有工作的情况下又开始生孩子。同时，1968 年下半年，国家重启计划生育工作，由周恩来亲自监督。1970 年 2 月，周恩来在全国计划工作会议中指出，“‘文化大革命’期间放松了计划生育，青年结婚得早了，孩子生得多了，特别是城市人口增加很多”③，仅 1966—1970 年，城市人口就增加了 1111 万人。

表 3－4　　1962—1972 年城市人口基本情况

年份	出生率（‰）	死亡率（‰）	自然增长率（‰）	总和生育率
1962	35.46	8.28	27.18	4.789
1963	44.50	7.13	37.37	6.207
1964	32.17	7.27	24.90	4.395
1965	26.59	5.69	20.90	3.749
1966	20.85	5.59	15.26	3.104

① 国家人口和计划生育委员会．中国人口和计划生育史［M］．北京：中国人口出版社，2007.

② 彭珮云．中国计划生育全书［M］．北京：中国人口出版社，1997.

③ 张光照，杨致恒．中国人口经济思想史［M］．成都：西南财经大学出版社，1988.

续　表

年份	出生率（‰）	死亡率（‰）	自然增长率（‰）	总和生育率
1967	—	—	—	2.905
1968	—	—	—	3.872
1969	—	—	—	3.299
1970	—	—	—	3.267
1971	21.30	5.35	15.95	2.882
1972	19.30	5.29	14.01	2.637

资料来源：姚新武，尹华．中国常用人口数据集［M］．北京：中国人口出版社，1994.

“文化大革命”导致计划生育政策中断，促使人口发展与国民经济之间的矛盾更加突出，经济发展不能满足人口增长的需求，党和国家领导人认识到计划生育政策的急迫性和重要性。1971 年，周恩来指示计划生育搞好是大事，要扭转思想，转变认识。同年的《关于做好计划生育工作的报告》提出，“四五”期间要将一般城市人口自然增长率降至10‰左右。①

城市人口随着计划生育政策的实施逐渐步入正轨，这一时期总和生育率的发展趋向是不断降低的。1962 年，城市总和生育率为 4.789，1972 年降为阶段内的最低值 2.637。总和生育率在这 11 年中呈现高低起伏的态势，出现两个小高峰，一个是 1963 年的 6.207，另一个是 1968 年的 3.872，以这两个小高峰为中心，形成了前高后低的现象，如图 3－5 所示。

二、人口恢复性增长

1962—1972 年城市人口由 11659 万增加到 14935 万，增加 3276 万，平均每年增加 327.6 万，年平均增长 1.246%，增长速度缓慢。1962 年和 1963 年的数据和之前相比仍有下降，1965 年城市人口基本恢复到 1960 年水平，并在此基础上缓慢增加。这一时期的人口缓慢增长，可以从人口自然增长和机械增长两个方面来分析。

就全国城市人口发展来说，20 世纪 60 年代初，城市人口缓慢增长主

① 国家人口和计划生育委员会．中国人口和计划生育史［M］．北京：中国人口出版社，2007.

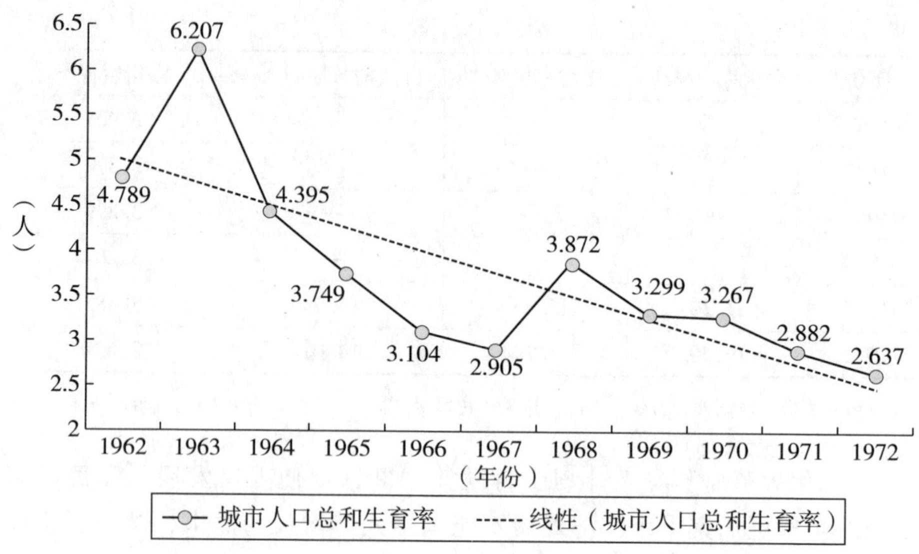

图 3－5 1962—1972 年我国城市总和生育率变化情况

要有两个方面的原因。一方面是国家政策要求减少城镇人口，精简职工。据统计，仅 1961 年 1 月至 1963 年 6 月，全国城镇人口就减少 2600 万。① 另一方面是计划生育政策在城市的展开。1962 年，中共中央、国务院颁发《关于认真提倡计划生育的指示》（以下简称《指示》），要求各级党委和政府把计划生育工作列为议事日程之一，并定期讨论、检查。《指示》还提倡推迟未婚青年婚龄。1963 年，《第二次城市工作会议纪要》指出，要积极开展计划生育，将其作为一项极其重要的任务。城市人口出生率过高，对国家、集体、个人都是不利的，所有城市都应该降低人口出生率，并争取在三年调整时期将人口出生率降到 20‰以下，在第三个五年计划降至 15‰，第四个五年计划降至 10‰；加强计划生育的宣传工作，在全国形成群众性的计划生育运动。② 全国除大、中、小全部 168 个城市外，还约有 400 个县不同程度地开展了计划生育工作。③ 1962—1972 年我国城市总和生育率变化情况如图 3－5 所示。1964 年，计划生育政策初见成效，城市人口出生率较 1963 年下降 12.33‰，总和生育率也降低 1.812。城市人

① 顾洪章．中国知识青年上山下乡大事记［M］．北京：人民日报出版社，2009.

② 彭珮云．中国计划生育全书［M］．北京：中国人口出版社，1997.

③ 国家人口和计划生育委员会．中国人口和计划生育史［M］．北京：中国人口出版社，2007.

口占总人口的比例增加了 1.6%（根据表 3 – 5 数据计算）。直到“文化大革命”前，城市人口出生率和妇女总和生育率一直呈下降的趋势。减少城市人口和计划生育两个政策的配合，极力控制了城市人口的发展，减轻了城市负担，使城市人口没有线性增加，而是有计划、有步骤地恢复性增加。

表 3 – 5　　　1962—1972 年城市人口总数变化情况

年份	数量（万人）	占总人口比重（%）
1961	12707	19.3
1962	11659	17.3
1963	11646	16.8
1964	12950	18.4
1965	13045	18.0
1966	13313	17.9
1967	13548	17.7
1968	13838	17.6
1969	14117	17.5
1970	14424	17.4
1971	14711	17.3
1972	14935	17.1

资料来源：国家统计局. 1949—1984 光辉的三十五年（统计资料）[M]. 北京：中国统计出版社，1984.

1962—1972 年城市人口总数变化情况如表 3 – 5 所示。从数据来看，“文化大革命”对城市人口的发展影响并不大。虽然从妇女总和生育率来说，“文化大革命”初期城市妇女生育率经历了起起落落的过程，但始终保持在 4 以内，最高时为 1968 年，达到 3.872，也仅保持了一年。同年，全国陷入混乱状态，国家和地方的计划生育委员会形同虚设，大量机关干部被下放，计划生育工作也被搁置。1968 年之后，生育率就进入了下降趋势，并一直保持到 1972 年。这一时期城市人口在总人口中的比例缓慢下降，从 1966 年的 17.9% 降至 1972 年的 17.1%，逐年递减，降幅每年 0.1 ~ 0.2 个百分点。全国城市总人口的增加也基本处于正常增长状态，每年增加人数集中在200万~300万，属于平稳增长。

从1962—1972年的城市人口总数来看，这一时期城市人口的发展属于恢复性增加，主要体现在以下三个方面：一是弥补“大跃进”、三年自然灾害造成的人口大量非正常死亡。全国城市人口总数在1965年达到13045万，基本恢复到1960年的水平。1966—1972年，全国城市总人口基本按照每年300万左右的速度增加。从城市人口在总人口中的比例来看，1964年达到最高，为18.4%，但也没有达到1960年的19.7%，城市化水平始终较低。二是计划生育政策的实施，控制城市人口增长，限制城市人口规模。三是这一时期精简城镇职工、知识青年上山下乡活动、支援“三线”建设等政策不间断，政策导向始终坚持减少城市人口，控制城市人口规模，坚持城市人口平稳增加。总之，从控制人口自然增长和机械增长两个方面，双管齐下，压缩城市人口规模，直接导致了这一时期的城市人口带有恢复性质的缓慢增长。

第三节　城市化进程停滞

1962—1972年，我国城市化进程不进反退，不但严禁农村人口流入城市，而且将大量城市人口输送到农村，支援农业建设，减轻城市负担。这一“逆城市化”潮流的出现，主要是因为“一五”计划期间工业化建设对劳动力的需求大增，大量农村人口进入工矿企业，促进了工业企业的发展，但同时也加重了城市的负担。不但城市口粮出现危机，城市的就业岗位也满足不了城市人口的大量增加。因此，国家开始采取措施，一方面劝退在城务工的农民返乡，另一方面缩减城镇人口规模，减少城镇人口数量，动员城镇知识青年上山下乡。城镇人口的减少，确实减轻了城镇的压力，但也直接阻断了我国的城市化进程。

一、严禁人口向城市流动

城市化进程集中体现在农村人口向城市流动，城市人口占总人口的比例增加等方面。但是，在中华人民共和国成立之后的很长时间内，我国都严禁农村人口向城市流动，还大幅度缩减了城市人口数量。20世纪50年代初，我国相继在城市和农村地区建立了户口登记制度，记录该地区的人口出生、死亡、迁入和迁出等变动情况。中华人民共和国成立初期的户口登记制度，主要是为了统计人口，掌握人口变动信息，并不存在控制人口迁移的目的。随着城市经济的发展，越来越多的农村人口纷纷进入城市务工，增加了城市的负担，我国便开始出台政策禁止农村人口流入城市。1955 年 6 月，国务院发布《关于建立经常户口登记制度的指示》，规定全国城市、集镇、乡村都要建立户口登记制度，统一全国城乡的户口登记工作。1956 年、1957 年不到两年的时间，国家连续颁发 4 个限制和控制农民盲目流入城市的文件。1958 年 1 月 9 日，全国人民代表大会常务委员会第九十一次会议通过了《中华人民共和国户口登记条例》，标志着我国的户籍制度正式建立，政府开始对人口自由流动实行严格限制和政府管制，在事实上废弃了 1954 年宪法中关于人口迁徙自由的规定。

1962—1972 年，是我国严格落实户口政策的 11 年。国家不断出台政策，为限制人口在城乡地区之间迁移加码，特别是阻碍人口向城市迁移。1962 年，公安部三局通过《关于加强户口管理工作的意见》，规定在户口迁移上，必须严格执行中央和国务院有关户口迁移问题的规定，对从农村迁往城市的，必须严加控制；从城市迁往农村的，应一律准予落户，不要限制。对于城市之间的正常迁移，应当准许，但对于从中、小城市迁往大城市的，特别是迁到北京、上海、天津、武汉、广州五大城市的，要适当控制。这基本断绝了户口从低一级行政区域迁往高一级行政区域的途径，而积极鼓励从高一级的行政区域落户到低一级的行政区域，这样就切断了农村户口转入城市户口的路径，开始了“逆城市化”的进程。1963 年后，国家以是否吃“商品粮”为标准，分立“农业户口”和“非农业户口”，实行二元户籍管理，为农业人口转为非农业人口设置了身份阻碍，也设置了跨地域限制。1964 年，国务院批准了公安部的《关于户口迁移政策规定（草案）》，基本沿袭并肯定了国家一直以来的人口迁移政策，“从农村迁往城市、集镇，从镇迁往城市的，要严加限制，从小城市迁往大城市，从其他城市迁往北京、上海两市，要适当限制”。不仅从法规上进一步重申、明确了户口迁移政策的控制界限，而且在农村迁往城镇问题上的严加限制，在城乡间构筑起了一条人们难以逾越的鸿沟，巩固了二元户籍制度，成为之后几十年我国人口迁移政策的基础。

1962—1972 年，严禁农村人口向城市流动的原因，可以从农村和城市两方面来解释。对城市来说，主要是为了减轻城市的负担，正确处理城市化和工业化的关系。我国仿效苏联，大力发展重工业，大量吸纳农村劳动人口，无计划地增加项目，但是，中华人民共和国成立初期的资本积累远远小于工业化的需求，导致了城市负担过重，粮食、健康、卫生、教育、交通运输等都远远落后。处于刚刚起步的工业还不能满足城市化的需求，城市化也追赶不上工业化的脚步，两者不是相互促进，而是相互矛盾，因此不得不进行“双减”，既降低城市化进程，又放慢工业化脚步，严禁农村人口流入城市。从农村方面，大量劳动力进入城市务工，农村劳动力减少，农业发展不景气，加上三年自然灾害，农村发展基本处于停滞状态，为了支持农业发展，增加粮食和其他农产品供给，国家颁布政策用身份将农民固定在土地上，禁止户口迁移。在这种背景下出台并不断强化的户籍制度，就产生了严禁农村人口进入城市的效果。

二、极少量人口向城市迁移

1962—1972 年，虽然我国实行严格的政策，禁止农村人口流入城市，但是这一时期仍有少量农村人口迁往城市。这一时期人口迁移的主流，是国家组织、有计划地从城市迁往农村，但鉴于经济、教育和其他原因，也有少量农村人口通过升学、劳动、参军、随迁、婚姻等方式迁入城市。以北京市和上海市为例，这两个城市在这一时期都是严格限制城市人口的典范，但是也都有少量迁入人口，且迁入原因、类型和侧重点不同。

1962 年，北京市人口省际迁入率为 14.3‰[①]，其中劳动迁入 38%，学习迁入 22%，投靠迁入 28%，其他 12%[②]，迁入的各种类型分布比例平衡。“文化大革命”的影响，迁入北京市的人口在不同类型的分布上发生明显变化。1966 年，其他类型的迁入比例达到 56%，主要是复员、转业或退伍迁入的人口，而劳动迁入和学习迁入所占比例明显下降，尤其是学习迁入人口，只占 2%[③]，主要是受“文化大革命”影响，学校暂停招生，工厂停产，导致了主要迁移类型的劳动和学习迁移比例急剧下降，而其他类型的人口迁移比例上升。这种情况的彻底改善到“文化大革命”结束后才完成。

1962—1972 年，上海市只有 1967 年“文化大革命”迁入人口大于迁

---

① 李慕真，仇为之．中国人口（北京分册）［M］．北京：中国财政经济出版社，1987.

② 同①。

③ 同①。

出人口，迁移率为 1.5‰，其余 10 年的人口迁移率都为负数，如图 3 - 6 所示。这一时期上海市迁入人口的类型主要有复员转业、随迁、婚姻和投靠亲属。迁入的人口年龄普遍较小，1964 年迁入上海市区人口的中位年龄为 21.24 岁，平均年龄为 27.84 岁[①]，这主要是由于大批知识青年上山下乡，社会青年支援边疆建设迁出上海，而同时期迁入上海的人口主要是部队转业军人，以及通过婚姻形式迁入上海的郊县农村人口，所以这一时期迁入人口年龄较小。“文化大革命”期间，国家放松了对复员退伍军人及其家属进入城市的限制，随迁家属则在 1969 年开始迁入上海。每年有大量退伍转业军人及随迁家属迁入上海，复转军人迁入成为这一时期的主要迁入类型，而“子女顶岗”在 70 年代末 80 年代初才成为主流，所以这一时期，职工下岗迁回原籍，并没有带来农村迁入人口的增加。

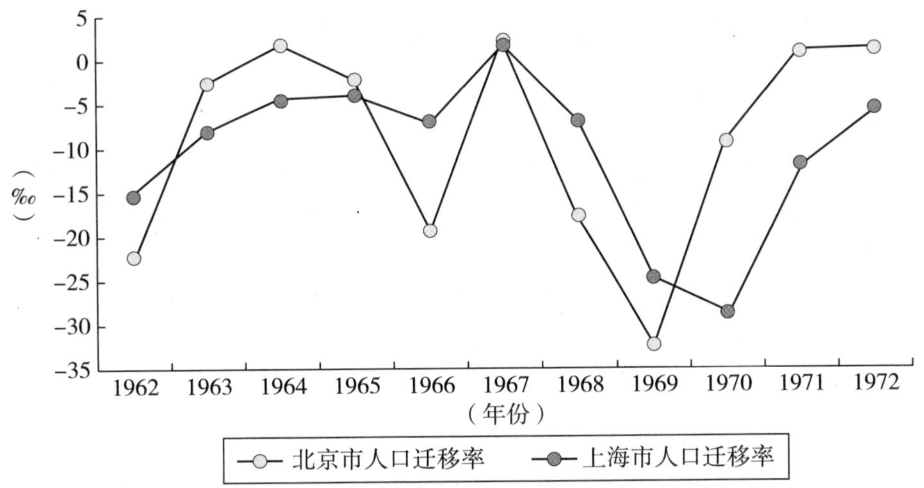

图 3 - 6　1962—1972 年北京、上海两市人口迁移率

资料来源：姚新武，尹华．中国常用人口数据集［M］．北京：中国人口出版社，1994.

极少量人口迁移到城市，是国家人口政策约束和战略调整的结果。限制农村人口向城市流动，在促进农业发展方面，将劳动力固定在土地上，为确保粮食增产增加了砝码，有效地避免了 1957—1958 年“丰产不丰收”的错误经验。但从城市长远规划上来看，不仅不支持农村人口进入城市，支援城市建设，反而限制城市人口增加，不利于人口流动，造成城市和农

① 胡焕庸．中国人口（上海分册）［M］．北京：中国财政经济出版社，1987.

村地区的差距拉大，社会矛盾增加。1962 年，城市和农村居民平均消费水平相差 138 元，到 1972 年两者相差 178 元。[①] 限制农村人口进入城市，城市人口增加缓慢，城市人口占总人口的比重总体下降，造成城市劳动力不足，生产发展动力不足，阻碍城市化进程，不利于提高居民生活水平和城市发展质量。

三、后期知识青年上山下乡

1962—1972 年，从城市流向农村的人口中，知识青年的上山下乡是一个主要的人口流动形式。20 世纪 50 年代中后期，是知识青年上山下乡运动的摸索阶段，北京、天津、上海等地先后号召少量城市未就业青年参加垦荒、支边等运动，这是知识青年上山下乡运动的雏形。中共八届三中全会原则通过的《一九五六年到一九五七年全国农业发展纲要（修正草案）》规定，“城市中、小学毕业的青年，除了能够在城市升学、就业的以外，应当积极响应国家的号召，下乡上山去参加农业生产，参加社会主义农业建设的伟大事业”，确定了下乡上山的主体。

1962—1966 年，我国知识青年上山下乡运动在全国有计划地展开。据统计，1962—1965 年，全国共有 158 万城镇知识青年和闲散人员下乡、回乡参加农业生产。[②] 1966 年前 8 个月，共动员城市知识青年和闲散人员 36 万人上山下乡。[③] 1962 年下半年开始，知识青年的去向由国营农、林、牧、渔场转为到农村插队。1966 年 8 月以后，随着“文化大革命”运动开始，串联和“造反”浪潮兴起，上山下乡运动陷入停顿。这一阶段，知识青年上山下乡运动主要是为了配合国家精简职工、减少城镇人口。

1962 年 10 月 16 日，国务院农林办召开“安置家居大中城市精简职工和青年学生汇报会”，首次把城镇知识青年下乡上山纳入国家计划，并开始有组织地实施。随后各省市积极安排组织工作，国家也从经费上大力支持。1963 年年初，国家拟拨安置经费 30714 万元，年底统计基本完成。上山下乡工作迈出了第一步，当年全国共动员城市知识青年和社会闲散人员 30 万人。[④]

---

① 国家统计局. 1949—1984 光辉的三十五年（统计资料）［M］. 北京：中国统计出版社，1984.

② 顾洪章. 中国知识青年上山下乡大事记［M］. 北京：人民日报出版社，2009.

③ 同①。

④ 同①。

1964 年 1 月 16 日，中共中央总结了近年上山下乡工作的经验，印发《中共中央、国务院关于动员和组织城市知识青年参加农村社会主义建设的决定（草案）》，对于加强宣传动员工作、安置方向和形式、国家投入和扶持、巩固加强领导等问题都作了具体规定，成为指导知识青年上山下乡工作的纲领性文件。1965 年 8 月 26 日至 9 月 14 日，北京召开安置会议座谈会，强调普遍办耕读学校，办农业中学、劳动大学，把脑力劳动和体力劳动结合起来，组织青年学习，打开眼界，解放思想，做好工作，充分发挥下乡知识青年的作用。江西、湖南、广西、陕西、吉林、云南等省区纷纷办起了劳动大学，其中“长白山劳动大学”较有影响力。当年，参加预科和本科学习的共有 435 人。① 但是，由于“文化大革命”的影响，部分教师、学生被批斗，学校被说成“黑样板”，学校于 1968 年年末解散，学生也再次回到农村插队。半工半读的劳动大学在知识青年上山下乡运动中消失殆尽。

“文化大革命”期间，知识青年上山下乡运动演变成为接受贫下中农再教育的政治运动。1967 年，400 万“老三届”中学毕业生升学、就业受阻，逐渐成为社会问题。1968 年年底，毛泽东发出“知识青年到农村去，接受贫下中农再教育”的号召，全国各地迅即掀起了上山下乡的政治浪潮。

1968 年 4 月 4 日，中央提出毕业生分配实行“四个面向”方针，各地陆续动员知识青年上山下乡。江西省革命委员会决定从 7 月份开始，安排家居南昌的 10130 名毕业生到工矿企业当普通工人；安排 7738 名毕业生到军管农场当普通农民；另外安排 300 人前去井冈山落户，建设革命圣地井冈山。7 月 10 日，云南省军管会向国务院报送《关于组织下乡知青插场计划的请示报告》，要求增加 1.1 万人的劳动计划发展橡胶事业②。1968 年全年上山下乡的城镇知识青年 199.68 万人（不含大专毕业生），比上山下乡初期五年内的总人数还多 70 多万，其中，到人民公社插队的有 165.96 万人，到国营、林场的有 33.72 万人。此外，还有 60 万城镇居民下乡。③

1969 年 2 月 16 日至 3 月 24 日，全国计划会议通过 1969 年计划纲要（草案），要求继续动员 400 万知识青年上山下乡。1969 年的前 4 个月，上山下乡运动就形成了高潮。全国有 405 万城镇初高中毕业生和脱离劳动的

---

① 顾洪章．中国知识青年上山下乡大事记［M］．北京：人民日报出版社，2009.

② 同①。

③ 同①。

居民到农村落户。据统计，自1968年下半年以来，全国累计下乡697万人，其中知识青年458万人，“老三届”初高中毕业生基本分配完毕。[①]1969年全年共动员了267.38万城市知识青年上山下乡，比1967年和1968年总数还增加67.7万人，其中到人民公社插队的有220.44万人，到国营农、林、牧场的有46.94万人[②]。1970年，全国共动员371.4万人上山下乡，其中知识青年106.4万人，城镇居民160万人，其他人员105万人[③]。这也是我国知识青年上山下乡运动的高峰期，成千上万的知识青年，响应国家的号召，走到农村，走到边疆，走到工矿，走到基层，走到劳动人民需要的地区，挥洒汗水。

1971年，随着国家经济的好转，根据经济建设的需要，国家从应届毕业生中大量招工，虽然政策也倾向于从上山下乡两年以上的知识青年中招工，但数量并不大，这就造成一些问题。一方面，当年上山下乡的人数减少，都想留在城里等待招工，全年共动员114.6万人下乡，其中知识青年有74.83万人，1972年下乡的知识青年更少，仅有67.39万人，如图3－7所示；另一方面，前几年响应政策下乡而招工又未返城的青年以及家长难免不满，部分青年倒流城镇集体上访，据统计，到1972年年底，返回城镇长期不归的青年不少于10万人,[④] 上山下乡运动经历了三年高潮期之后迅速冷却。

城镇知识青年上山下乡运动如火如荼地进行着，也有一部分城镇户口居民参与进来。仅1968—1970年这3年高潮时期，就有1225万城镇人口到农村安家落户，城镇非农业劳动人口大量减少。[⑤]

知识青年上山下乡运动是为了缓解城市就业压力，对知识青年进行再教育。此次运动虽说初衷是解决国家实际困难，但对青年学生和国家损失重大，加上“文化大革命”延续了10年，带来的后续影响十分恶劣。本该在学校接受正规教育、长知识、学本领的青年学生，放弃学业，到农村从事农业活动，直接后果就是教育出现断层，多个领域无后继人才，这对于个人成长和国家建设都是一种损失。虽然，“文化大革命”后有一部分人通过高考回到了城市，但留在农村结婚生子的人也不在少数，因此造成

---

① 顾洪章. 中国知识青年上山下乡大事记［M］. 北京：人民日报出版社，2009.

② 同①。

③ 同①。

④ 同①。

⑤ 同①。

了人才的相对流失；对国家来说，知识青年长期留在农村得不到很好的教育，人才的培养出现了大面积中断，在国家最需要大力建设、需要人才的阶段，青年劳动力都到农田里收拾庄稼，知识、技术、高新设备和前沿领域少有问津，直接导致技术的落后和国家发展缓慢，给我国经济带来的影响是深远的。从人口流动来说，知识青年上山下乡是一种“逆城市化”，人口流向完全与城市化的方向相反，城市人口减少，发展内生动力不足，阻碍了现代化进程。

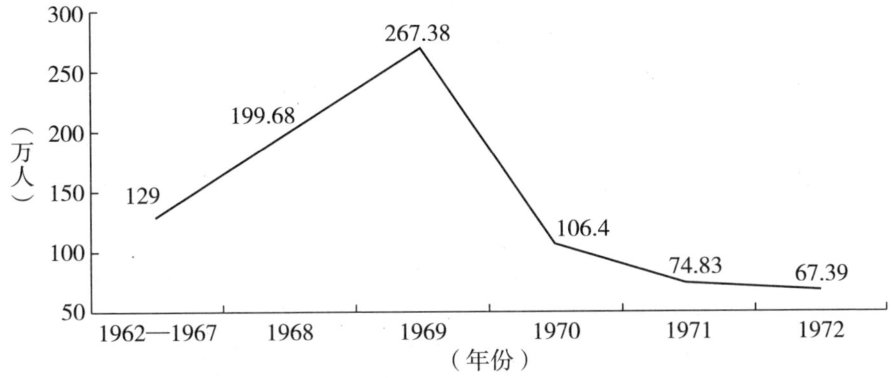

图 3－7　1962—1972 年知识青年上山下乡情况

资料来源：国家统计局社会统计司．中国劳动工资统计资料 1949—1985［M］．北京：中国统计出版社，1987.

四、城市化进程基本停滞

1962—1972 年，国家限制农村人口向城市流动，并大力减少城市人口，城市总人口增加缓慢，城市人口占总人口比例不断下降，城市化进程停滞不前。

从城市人口总数来看，我国 1962—1972 年城市总人口的发展以 1965 年为界分为两个阶段，第一个阶段的人口增长主要是填补“大跃进”和三年自然灾害造成的人口大量减少，到 1965 年城市人口总数基本达到 1960 年水平。从图 3－8 可见，这一阶段城市人口总数的变化还形成了低谷。1962 年，城市总人口锐减，较 1961 年减少了 1048 万，这种低水平发展保持到 1963 年。1963—1964 年，城市人口急剧增加，增长数量超过 1962 年人口减少的数量。由此，城市人口一次锐减、一次剧增就形成了脱离正常水平的低谷。第二个阶段是 1965—1972 年，城市平稳发展，总人口逐年递增，但增加人数较少，8 年共增加 1890 万，平均每年增加 236.2 万。从 1962—1972 年城市人口总数首尾数据来看，这 11 年总人口增加 3276 万人，平均每年增长不到 300 万。但是城市人口增长的速度远远落后于农村人口增长的速度，11 年间农村人口增加 16606 万人，年均增长超过 1500 万，这直接导致城市人口增加，城市人口占总人口比例反而一路下降。

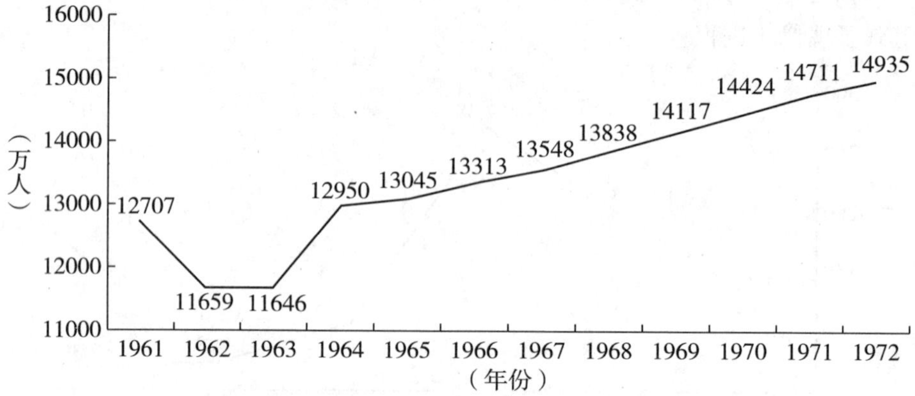

图 3－8　1961—1972 年全国城市人口变化情况

资料来源：国家统计局. 1949—1984 光辉的三十五年（统计资料）［M］. 北京：中国统计出版社，1984.

城市人口占总人口的比例整体下降。比较图 3－8 和图 3－9，全国城市人口总数和城市人口占总人口比例的两个低谷期时间基本一致，都出现在 1962 年和 1963 年，经过了 1964 年的转折后，城市总人口缓慢上升，而城市化水平则一路下降。城市人口占总人口比例的最高水平出现在 1964 年，达到 18.4%，但也远远低于 1961 年的水平（中华人民共和国成立至 1972 年的最高水平）。1964 年过后，城市人口占总人口的比例一直降低。根据 1972 年的数据，城市人口占总人口比例仅高于这一时期最低水平 1963 年的 16.8% 0.3 个百分点，始终保持低位运行，城市人口占总人口比例不增反减，农村人口占总人口的比例连年上升，城市化进程基本停止，出现“逆城市化”。

城市计划生育政策和大规模地组织人口从城市迁到农村，导致 1962—1972 年城市人口增速缓慢，城市人口占总人口比例下降。20 世纪 60 年代初，计划生育政策开始在城市地区实施。“文化大革命”期间，计划生育工作虽然受到了一定的影响，许多地区机构解散、工作人员下放、工作暂停，但还有少数地区坚持计划生育工作，如上海市、河北省乐亭县和广东

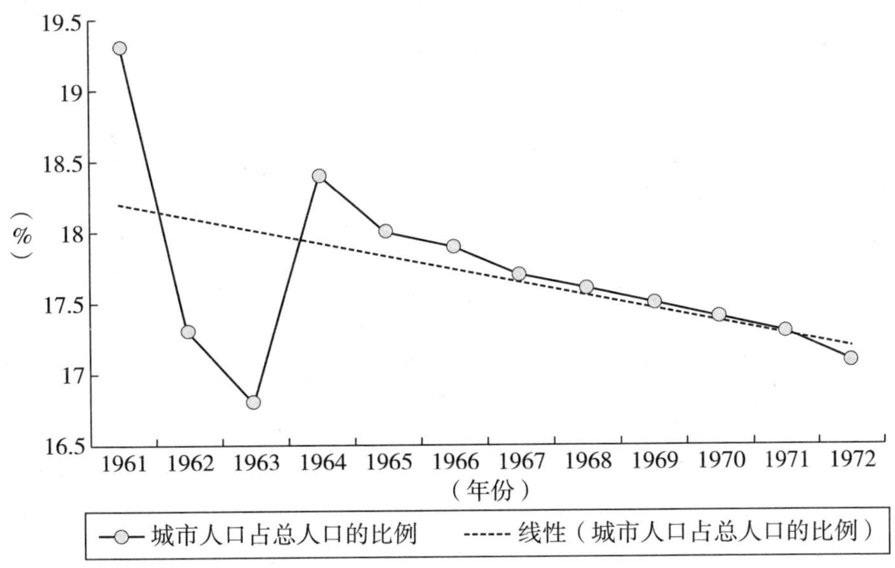

图 3－9　1961—1972 年城市人口占总人口比例变化

资料来源：国家统计局．1949—1984 光辉的三十五年（统计资料）［M］．北京：中国统计出版社，1984.

省石人峰锡矿等。[①] 到 1970 年，国家恢复正常，受计划生育政策的影响，城市人口出生率从 1962 年的 35.46‰下降到 1972 年的 19.30‰，城市人口总和生育率从 1962 年的 4.789 降到 1972 年的 2.637，城市总人口缓慢增加。

1962—1972 年，国家组织的大规模的人口迁移方向都是从城市到农村，主要事件有 1962 年的精简职工、知识青年上山下乡和“三线”建设人口迁移，这三个事件交叉进行，贯穿在 11 年中，对城市发展的影响深远。首先，从迁移人口的数量来看，城市人口的迁移，直接导致城市人口总数下降，其中最明显的是 1962 年和 1963 年，从 1961 年 1 月到 1963 年 6 月，全国共减少城镇人口 1061 万，如图 3－8 所示，这两年城市总人口的减少形成了低谷。其次，从迁移人口的质量来看，这三次人口迁移中，有两次都涉及城市建设的重要力量。1964 年开始的三线建设，将大量城市人口，包括国家机关干部、单位工作人员、科研院校工作人员以及大量劳动工人派遣到西南和西北地区，支援国家战略后方建设，减少了城市建设的中坚力量，不利于城市的工业化。知识青年上山下乡，涉及的人群是初、

① 蒋正华，张羚广．中国人口报告［M］．沈阳：辽宁人民出版社，1997.

高中毕业生，他们是未来城市发展建设的新生力量，而这一时期为了解决他们的就业问题，号召大量知识青年上山下乡，支援农村，这一运动影响广泛，时间长远，到“文化大革命”后才基本结束。大量知识青年常年从事农业活动，有的甚至在当地娶妻生子，难以回城，造成人才流失，这对城市发展造成了不良影响。

农村和城市的人口基数以及生育率的不同，也是导致城市人口占总人口比例下降的重要原因。1962 年，全国城市人口 11659 万人，农村人口 55636 万人；1972 年，城市人口 14935 万人，增加 3276 万人，农村人口 72242 万人，增加 16606 万人，农村人口增加数是城市增加人口的 5 倍多，人口基数差距大，以此为基础的人口增加值相差也较大。比较表 3－2 和表 3－4，1962 年，城市总和生育率 4. 789，农村总和生育率 6. 303；1967 年，城市总和生育率 2. 905，农村总和生育率 5. 847；1971 年，城市总和生育率 2. 882，农村总和生育率 6. 011；这一时期农村总和生育率远远高于城市总和生育率，平均每个妇女生孩子的数量也是农村高于城市，这就造成了城市人口递增但占总人口的比例却下降的结果。

1962—1972 年的城市化进程基本停滞，国家通过城乡二元户籍制度、粮票制度等，限制农村人口向城市流动；同时，通过政策引导，精简城镇职工，号召知识青年上山下乡等将城市人口输送到农村，减轻城市压力，缩减城镇人口规模，城市人口占总人口比例不断下降，形成我国现代化进程中的一个特殊的“逆城市化”阶段。

第四章　“文化大革命”后期的人口增长与逆城市化（1973—1979）

对于我国的人口增长与城市化进程来说，1973—1979 年这一时期有着重要的意义。一方面，人口“爆炸”式增长呈现快速降温趋势，人口增长从这一时期开始转型。这一时期我国开始“有计划地生育”，在“晚、稀、少”人口政策的指导下，计划生育工作初见成效。另一方面，受知识青年上山下乡运动以及户籍管理制度进一步强化等一系列因素的影响，城市化在这一时期仍然基本停滞。以这一时期为节点，我国的城市化在此后才得以进入快速发展时期。

第一节　人口生育和增长下降

这一时期，中国总人口从 1972 年年底的 87177 万增加到 1979 年的 97542 万，7 年间增加了 1 亿多。1973—1979 年，总和生育率从 4.54 大幅度降低到 2.75，出生率从 28.07‰降低到 17.82‰，下降超过 10 个千分点；死亡率水平接近稳定，从 7.08‰微降到 6.21‰；人口自然增长率从 20.99‰下降到 11.61‰，降低超过 9 个千分点。[①] 这一时期的大部分时间里，农村自留地都处于被抑制状态，同时集体劳动和集体分配被强化，使得广大农民生活水平较低。与此同时，我国的生育政策由“节制生育”过渡到“有计划地生育”，“晚、稀、少”的人口政策在这一时期形成并开始实施，避孕技术也开始普及，计划生育工作在这一时期取得了显著的成效。这些因素对人口增长均产生了一定的影响。

---

① 张弥，周天勇. 自主到计划：人口生育和增长变迁——1950 ~ 2014 年中国人口论纲要［J］. 经济研究参考，2015（32）.

一、抑制农村自留地

农村自留地指的是在农业集体化时期，农户在国家政策允许的范围内利用集体经营的空隙时间和空余的劳动力进行耕种活动所用的小面积土地。农户在自留地耕种的农产品归农户自己所有。这种自留地经营活动受集体经济的约束，并由国家政策规范和引导，在我国农业集体化时期是集体经济的有益附属和补充。自留地制度是伴随着初级农业合作社的出现而产生的，在一定程度上是农民个体经营方式对合作经营和集体经营的一种补充，同时是我国农业政策的一个重要组成部分。我国农业集体化时期的自留地规模较小，与广大农民的生活以及农户的家庭副业联系密切，其对维护农村社会稳定、提高农民生活水平甚至保障生存等，有着十分重要的作用。

1978 年 12 月，中共中央十一届三中全会召开，关于自留地制度，全会认为“社员自留地、家庭副业和集市贸易是社会主义经济的必要补充部分，任何人不得乱加干涉”。[①] 会议通过的《农村人民公社工作条例（试行草案)》规定，社员有权“耕种由集体分配的自留地。牧区和山区可以有少量自留畜。自留地一般占生产队耕地面积的 5% ~7%，不许扩大和转让”。[②] 这是经过多年的压制后，中共中央对自留地制度的再次明确肯定。随后在 1979 年 9 月，中共中央十一届四中全会通过《中共中央关于加快农业发展若干问题的决定》，就自留地、家庭副业等做了进一步的规定，同时也明确肯定了自留地经营作为社会主义经济附属和补充的地位。此后，我国的自留地经营得到了恢复和发展。

农村的自给自足经济是人口高生育率和高增长率的基础条件，其中，农村自留地的作用举足轻重。一方面，在农业合作化时期，集体经济不够发达，社员从集体经济中得到的收入不多，生活水平较低。然而自留地的存在，使得社员可以进行自主经营，用以补充家庭经济收入。正如有的社员所说：“有了自留地，穿衣添布、油盐酱醋、针头线脑、小孩上学都有了小的补贴。”[③] 另一方面，在农业合作化的背景下，农民的口粮相对较

---

① 国家农业委员会办公厅. 农业集体化重要文件汇编（1958—1981）[M]. 北京：中共中央党校出版社，1981.

② 《当代中国农业合作化》编辑室. 建国以来农业合作化史料汇编 [M]. 北京：中共党史出版社，1992.

③ 宿焕民. 集体经济和家庭副业 [M]. 济南：山东人民出版社，1962.

少，农村的自留地也是补充当时口粮的主要办法。例如，山东省1975年各地（市）自留地的产量平均占全省集体分配给社员粮食总量的12.6%，其中最高的聊城地区比例高达25.8%。[①] 从健康的角度来看，在自留地上种植的农产品也是健康的。然而，从这一时期农村自留地发展的轨迹来看，它在大部分时间是受抑制的，这势必对农村的自给自足经济产生一定影响，从而进一步影响这一时期农村人口的增长。但这种影响毕竟有限，因为农村生活的直接成本和农村妇女生育的成本等机制还发挥不了很强的抑制人口增长的作用。

二、集体劳动被分配强化

在这一时期的大部分时间里，我国农业发展受“左”的思维支配。这不仅体现为农村自留地受抑制，农村自给自足经济受影响，而且体现为集体劳动被分配强化，尤其是在不断被推向高潮的“农业学大寨”运动中，“大寨劳动分配方法”在全国范围内推广，这对农村人口增长产生了一定影响。

1970年8月，国务院召开北方地区农业会议，宣告“农业学大寨”运动进入新阶段——建设“大寨县”成为新目标。最终，随着“农业学大寨”运动的结束，“大寨劳动分配方法”也被中止。

三、提倡计划生育与避孕技术开始普及

“文化大革命”打断了我国人口生育政策的贯彻执行，“节制生育”的人口生育政策被迫中止，计划生育工作常常处于无人抓、无人管的境地，我国也迎来了第二次人口增长高峰。至1970年，我国人口已增至8.3亿，前所未有的人口压力引起了党和国家领导人的高度关注，“有计划地增长人口”逐渐成为全党的共识。在这其中，两种人口增长方式发生了转变，即以生育率变动为主导的人口增长方式对以死亡率下降为主导的人口增长方式的替代，开始于20世纪60年代初期，完成于20世纪70年代初期。其主要标志是，死亡率稳定在一个较低水平，出生率取代死亡率成为我国人口增长的主导因素。传统增长方式中，人口要素之间的调整和换位也为政府人口控制的顺利实施和生育率的下降奠定了基础。[②] 与此同时，在国

---

① 辛逸. 农村人民公社家庭副业研究［J］. 中共党史研究，2000（5）.

② 李新建. 中国人口控制中的政府行为［M］. 北京：中国人口出版社，2000.

际上，人口增长与生态环境关系的理论、增长极限理论以及适度人口理论等新的人口理论的产生和迅速传播，也对我国20世纪70年代人口生育政策产生极大的影响。

1970年，全国计划工作会议上，周恩来在作报告时强调，70年代人口要注意计划生育[①]。1971年7月，中央政府正式提出，除人口稀少的少数民族地区和其他地区外，都要加强对计划生育工作的领导，深入开展宣传教育，使晚婚和计划生育变成城乡群众的自觉行为[②]。中华人民共和国国家计划委员会（现为国家发展和改革委员会）把人口发展正式纳入“四五”计划，城乡人口自然增长率被规定为人口控制的目标。同时，国务院第一次明确提出了计划生育工作的具体指标，即在第四个五年计划期内，使人口自然增长率逐年降低，力争到1975年使一般城市人口自然增长率降到10‰左右，农村人口自然增长率降到15‰以下。[③] 计划生育具体指标的提出，标志着我国人口生育政策实现了由20世纪60年代的“节制生育”到70年代的“有计划生育”的过渡。

1972年，卫生部提出了“晚、稀、少”人口政策内容的最初设想。1973年，第一次全国计划生育工作汇报会对“晚、稀、少”的工作方针予以确定，会议提出了“晚、稀、少”的计划生育政策：“晚”是指男性25周岁以后、女性23周岁以后结婚，女性24周岁以后生育；“稀”是指生育间隔为三年以上；“少”是指一对夫妇生育不超过两个孩子。[④] 这样，以“晚、稀、少”为内容的人口生育政策基本形成。1974年，中央在转发上海、河北等地关于开展计划生育工作会议的报告中肯定了这一政策。1975年7月，全国卫生工作会议又提出了新的目标：要在群众自觉的基础上，按“晚、稀、少”的要求，把生育计划落实到人，力争在“五五”计划期间将农村人口自然增长率降到10‰左右，城市人口自然增长率降到6‰左右。[⑤] 与此同时，为保证人口政策能够落实到计划生育实际工作中，相关

① 杨魁孚，梁济民，张凡. 中国人口与计划生育大事要览［M］. 北京：中国人口出版社，2001.

② 彭珮云. 中国计划生育全书［M］. 北京：中国人口出版社，1977.

③ 国务院转发卫生部军管会、商业部、燃料化学工业部. 关于做好计划生育工作的报告［Z］. 国发〔1971〕51号，1971-07-08.

④ 同①。

⑤ 国务院批转卫生部. 关于全国卫生工作会议的报告［R］. 国发〔1975〕121号，1975-08-05.

组织机构也开始组建。1973 年 7 月，国务院发出《关于成立国务院计划生育领导小组的通知》，批准恢复成立计划生育领导小组及其办公室，各省、自治区、直辖市及地市级及以下城镇和农村行政区，也先后恢复或成立了计划生育工作机构。至 1975 年年底，全国各省、市、自治区都成立了计划生育领导小组及其办公室，领导和组织全国城乡开展计划生育工作。不仅如此，中央和地方都加大了对计划生育的投入力度，我国计划生育事业费用支出不断增加：1971 年全国支出为 5952 万元，到 1978 年增至 19764 万元，不断增加的支出为计划生育事业的开展提供了强大的物质保障，如表 4－1 所示。从此，涉及城乡亿万家庭的计划生育活动在全国范围内开展起来。

表 4－1　1971—1978 年全国计划生育事业费用支出情况　单位：万元

年份	全国	中央	地方
1971	5952	—	5952
1972	7547	—	7547
1973	12348	1500	10848
1974	14031	2000	12031
1975	16920	2600	14320
1976	16781	2900	13881
1977	17527	2500	15027
1978	19764	2512	17252

资料来源：孙沐寒. 中国计划生育史稿［M］. 长春：北方妇女儿童出版社，1987.

“晚、稀、少”的人口政策的确定与实施，在一定程度上颠覆了我国传统的“多子多福”的生育观念，为后来计划生育政策的制定和执行扫清了障碍，在中华人民共和国人口政策史上具有里程碑式的意义。将“晚、稀、少”人口政策与计划生育政策相比，我们可以发现，前者是后者的蓝本，后者正是在前者的基础上发展起来的。不仅如此，在“晚、稀、少”人口政策指导下建立的计划生育领导机构，也为后来独生子女等计划生育政策的制定与实施提供了强有力的组织保障。

在“晚、稀、少”人口政策的指导下，避孕技术开始在全国普及，普及手段相对温和。1972 年 7 月，毛泽东建议政府工作人员主动上门提供避孕药具，由此引发了我国避孕药具发放方法的改革，“送药上门，服务上门”开始成为我国避孕药具的发放原则。与此同时，基层卫生人员和计划生育工作人员接受培训后，深入各村各户，宣传如何使用节育工具和服用避孕药物，指导已婚育龄夫妇延长生育间隔。节育技术服务方面，在做好城市避孕节育技术服务的同时，政府把大力加强农村的避孕节育技术工作作为重点。城市派出大批医疗队和节育技术服务小分队到农村开展节育技术服务，培训公社卫生院的医生开展节育手术。然而，由于各地计划生育工作进展不平衡，有些地方在开展工作时以一般性号召为主，辅之以适当的行政力量，这一点在农村表现得尤为突出。在人民公社体制下，户籍管理制度有效地控制了人口的迁移和流动；“工分—口粮”的管理办法，则保证了农民响应政府号召。这种严格的管理措施，使农民很难有力量和勇气去违反计划生育政策。① 总的来说，在这一时期，我国的避孕节育政策以普及避孕节育知识、宣传计划生育政策为主，群众可以自由选择避孕，避孕节育率虽逐年有所提高，但相比 20 世纪 80 年代初期增幅相对较小。②而且，避孕节育技术也有了一定的进步，尤其是我国口服避孕药的自主研发工作，取得了长足进展。

提倡有计划地生育以及避孕技术的普及，使得我国计划生育工作在 20 世纪 70 年代取得了非常显著的成效。1980 年，全国总和生育率由 1970 年的 5. 81 下降到 2. 24，出生率由 1970 年的 33. 43‰降至 18. 21‰，净增人口数由 2321 万降至 1163 万，人口自然增长率由 1970 年的 25. 95‰大幅度下降到 11. 87‰③，在这其中，城市总和生育率为 1. 15④，这表明在提倡生育一胎、允许二胎的生育政策下，城市地区基本上做到了只生一胎。据相关统计，少生孩子数从 1971 年的 186. 9 万激增至 1978 年的 1943. 74 万，这 8 年共计少生 8940. 88 万人（见表 4 -2），这同样证明了这一时期计划生育工作的成效。

综合来看，1973—1979 年这一时期的大部分时间里，受“左”倾思潮的影响，农民用以增加家庭收入、补充口粮的自留地被抑制。同时，在各地“农业学大寨”运动的浪潮中，农业生产力遭到了严重破坏，农村经济

① 王冰，朱农. 市场经济与人口发展［M］. 武汉：湖北教育出版社，1995.

② 王存同. 中国计划生育下的避孕节育：1970—2010［J］. 学海，2011（2）.

③ 姚新武，尹华. 中国常用人口数据集［M］. 北京：中国人口出版社，1994.

④ 汤兆云. 20 世纪 70 年代中国人口政策研究［J］. 江西社会科学，2003（3）.

呈曲折增长态势。而在这场运动中所推广的“大寨劳动分配方法”，又无法调动农村个体劳动力的生产积极性，最终使得广大农民原本就相对较低的生活水平变得更加糟糕，加上集体劳动的紧张性，对这一时期占总人口绝大多数的农村人口增长产生了一定的影响。但这种影响毕竟有限，主要发挥作用的是在这一时期我国开始提倡的“有计划的生育”以及随之而来的避孕技术的普及。自此，人口政策开始在我国的人口增长中扮演越来越重要的角色。

表 4－2　　1971—1978 年少生孩子数（以 1970 年为基础）

年度	少生孩子数（万人）
总计	8940. 88
1971	186. 90
1972	453. 10
1973	707. 59
1974	931. 23
1975	1320. 10
1976	1557. 04
1977	1841. 18
1978	1943. 74

注：根据陈胜利 1970 年年龄别生育率及总和生育率为基础推算。转引自孙沐寒《中国计划生育史稿》，北方妇女儿童出版社，1987.

第二节　人口生育模式转换

“晚、稀、少”人口政策的确定与实施，促进了我国传统生育观念的改变，并直接影响和支配了人们的生育行为。这一时期，受“文化大革命”的影响，国民经济遭到严重破坏，工资改革的进程被打断，城镇人口个人收入的形式和结构高度单一化，且增长速度明显滞后于国民经济增长速度。长期停止增长的低工资水平、实际收入的下降，影响了城市家庭养育子女的预算水平和生育行为，城市人口抚养能力下降。从全国的情况来看，这一时期我国人口增长率快速下降，人口增长开始转型。

一、生育观念改变

由于受生产力的制约，我国社会的传统模式是以个体家庭为主体的自给自足的自然经济。在生产工具落后的情况下，单个家庭单位获得收入的多少主要是依靠该家庭人数的多少和人力的大小，社会力量在此时显得相形见绌。这样来看，生育单位和生产单位两者合二为一，生育子女不再是个人意愿，而成了整个家族的意志和利益。于是，“多子多福”等生育观念应运而生，并进一步固化。如本书第一章所述，经历过中华人民共和国成立初期的土地改革以后，在城市，尤其是在农村，家庭生育的理性选择是多生多育，因为减少生育就等于减少家庭的福利总量。在按劳分配和按人口分配相结合的混合式分配制度下，农村劳动力就业完全是自然参与，提高了农村家庭对生育的经济收益期望值，强化了传统的生育观念，刺激了家庭的多生多育行为。“早婚早育，多生多育，重男轻女”的传统生育观念以及由此制约、支配的生育行为，在中华人民共和国成立后一直延续着，这是生育观念转变中的必然现象。随着经济、社会的变迁，经过一个过渡期，现代生育观念逐步取代传统生育观念也是历史的必然。

首先，“晚、稀、少”人口政策的形成与实施，促进了我国传统生育观念的改变。这一时期所推行的“晚、稀、少”人口政策，对家庭生育行为进行了适应社会发展的数量调控，这符合现代生育文化的特征。其次，在我国育龄夫妇中进行避孕技术的普及，宣传优生优育知识，开展产前、产中、产后服务，也强化了人们优生、优育、生殖健康的意识。再次，各级计划生育工作者从国家利益、家庭利益以及子女利益等角度对人们进行的宣传教育，对改变人们的传统生育观念起到了很大的作用。最后，较为严格的生育政策，使得家庭规模小型化、亲属体系简单化，而二者都是改变传统生育观念的有利条件，加上城乡出现大量独女户、双女户，对女儿的养老、继替功能，人们在观念上从初始的被动接受逐渐发展为普遍认可，“传种”意识也逐渐淡化、消失①，这对于突破传统生育观念中的难点——“重男轻女”，有着非常积极的意义。

在这一时期，传统生育观念的改变主要是由人口政策的实施导致的。诚然，社会经济发展是人口生育观念转变的基础，社会经济发展因素诱导

---

① 赵文琛. 论生育文化［J］. 人口研究，2001（6）.

生育观念的改变，而生育观念的改变是生育行为改变的前提。家庭生育率转变属于生育主体自发自愿的生育控制。① 依据莱宾斯坦的边际孩子合理选择理论，父母对新生儿的取舍，是多生还是少生的决定，通过对生产孩子的成本—效用分析的计算自然就会形成。② 这是我国传统生育观念——“早婚早育，多生多育，重男轻女”所产生的理论基础，也正是这种生育观念，促使我国在经济社会不太发达、属于农业国家的短短二十几年的时间内，人口增加了3亿多。这主要是由于我国社会经济发展水平低，产生旧生育观念的经济基础和文化土壤还存在。然而，在这一时期，我国依旧是计划经济体制，加之“文化大革命”的影响，经济波动较大，处于缓慢发展局面。尤其在1976—1980年，我国经济处于激烈动荡的局面。③ 因此，笔者认为，这一时期生育观念的改变是超社会经济发展的，生育率转变发生在生育观念转变之前。家庭生育率的转变和生育观念的转变，是生育主体在社会间接干预下不得不接受这一时期的人口政策造成的，政策性因素成为生育率转变的主要因素，从而使得生育观念先于经济社会发展而转变。这与发达国家的情况不同，后者生育观念的转变是随着经济社会发展自然而然地进行的。我国这一时期生育观念的转变主要是外在因素——人口政策的干预造成的，这一转变是一个较为急剧的变革过程。

我国“晚、稀、少”人口政策的实施，使对人口的间接计划管理转变为直接计划管理，导致了传统生育观念在这一时期的改变。从系统论的视角观察，我国的人口转变是依靠我国人口控制的两个控制系统的结合完成的，即人口控制的“直接控制系统”和“间接控制系统”。④ 分别来看，“直接控制系统”是指通过人口政策、相关法律和宣传教育等形式，对人口进行控制的系统。此系统主要是运用在计划生育工作中所总结的“宣传教育为主、避孕为主、经常工作为主”的经验，提高人们的教育文化和伦理道德水平，通过意识形态方面的诸多因素来影响、改变人们的生育观念，促进传统生育观念的改变。“直接控制系统”的运转机制，就是让人们被动接受现代的生育观念，并通过人口政策和相关法律规范，来影响人口的再生产过程。“间接控制系统”是指通过发展经济、社会和改造自然

---

① 陈岱云，武卫华. 人口生育观念嬗变与社会发展［J］. 求索，2008（11）.

② 李竞能. 现代西方人口理论［M］. 上海：复旦大学出版社，2004.

③ 李仲生. 中国的人口与经济发展［M］. 北京：北京大学出版社，2004.

④ 同①。

环境的形式，对人口进行控制的系统。在此系统中，运用计划生育工作中“生产、生活、生育”相结合的经验，通过发展生产提高人们生活水平来促使传统生育观念的改变，从而降低人口的生育率。当然，这“两个系统”和“两个经验”是同一个系统的两个子系统，是同一个问题的两个方面，它们都是相互联系、互为作用的，多渠道、全方位地发挥着改变人口生育观念、全面控制人口的作用。① 正是人口控制两个系统的共同作用，导致传统生育观念和生育行为在这一时期发生了大的改变，其中，“直接控制系统”的作用更加快捷而显著。“晚、稀、少”的人口政策以及后来的计划生育政策，以直接作用的方式影响人们的生育行为，使得我国人口再生产类型的转变在短短30余年内迅速完成。

二、城市人口抚养能力下降

“文化大革命”期间，由于“左”倾错误指导思想，国民经济遭到了严重的破坏，我国经济发展“三起三落”，总的趋势是在徘徊中缓慢发展，有些年份还出现了负增长。例如，社会总产值增长，“三五”时期为9.3%，“四五”期间为7.3%，到1976年下降为1.4%；工农总产值增长，“三五”时期为9.6%，“四五”时期为7.8%，1976年为1.7%②。由此可以看出，国民经济年平均增长速度在明显下降，1976年更是大幅度下降，而且国民收入不仅没有增加，反而减少了2.7%。

在国民经济遭到严重破坏的情况下，工资改革的进程也被打断。在“左”倾思想的影响下，社会主义按劳分配原则被歪曲而遭到批判，甚至被全盘否定，从而导致在国民经济调整时期刚刚恢复的计件工资制和奖励制度再次被取消。另外，由于经济发展遭遇严重挫折，国民经济发展缓慢，国家也没有经济实力来提高职工工资，改善职工生活。形式上按劳分配，而实际上却是平均主义和“吃大锅饭”，使得职工工资总体水平偏低，工资长期得不到调整，导致职工工资等级与技术水平、实际劳动收入不成比例。从中华人民共和国成立以来的情况看，1956—1977年，职工工资只进行了四次调级，其中1959年产业工人平均调升工资不到一级，1961年矿山和林区30%的工人调升一级，1963年40%的职工调升一级。在“文

① 张伟. 人口控制学［M］. 北京：中国人口出版社，2000.

② 国家统计局. 中国统计年鉴1983［M］. 北京：中国统计出版社，1983.

化大革命”期间，我国职工工资调整基本处于停滞状态，只有在1971年给一部分工资偏低的职工调整了工资。由此来看，在中华人民共和国成立以来的20多年时间里，城镇职工仅有过4次调资机会，调升工资累计升级面不足90%，每个职工调升不到一级工资，部分职工工作20多年工资根本未动。在企业中，由于长期工资冻结，熟练技术工人和非熟练工人、老职工和青年工人的平均工资水平相差往往不到一级，造成了职业技术等级和工资等级严重脱节的现象。[①] 而且，在物价上涨的同时，工资水平不但没有提高，反而一直下降。与1966年相比，1976年全民所有制职工的年均货币工资从636元下降到605元[②]。10年间，职工平均工资每年递减0.7%，职工生活水平普遍下降。这种局面一直到20世纪80年代中期城市经济体制改革才得以逐步扭转。

不仅如此，这一时期个人收入增长速度明显滞后于国民经济增长速度，长期处于停滞不前的状态。在我国计划经济体制下，国家实行“低工资、多就业、加补贴”的工资政策，积累基金侵蚀消费基金，职工所得的劳动报酬即工资明显低于其为社会创造的价值，甚至还低于劳动力价值，且呈下降趋势。职工年均工资1957年为637元，1965年为625元，1976年为605元。1957—1976年，全国职工年均工资下降5%，扣除物价上涨因素，实际工资下降14%。[③] 就城镇职工所创造的名义国民收入来看，1952年为1553元，1978年为2131元，增长率为37.2%，扣除物价上涨因素，实际国民收入增长率为43.9%。同期，职工年名义平均工资，1952年为445元，1978年为615元，增长率为38.2%，扣除物价上涨因素，实际年名义平均工资的增长率为10.3%。[④] 也就是说，职工实际工资的增长速度是远远低于国民经济增长速度的。

从职工收入本身的角度来看，这一时期个人收入形式和收入结构高度单一化。由于实行全国统一的工资标准和按劳分配形式，职工在个人收入形式和收入结构上表现出了高度的一致性和稳定性：工资水平长期不变，收入形式长期不变，等级标准工资在长达20多年的时间里一直是职工个人收入的基本形式和主要来源。一方面，职工基本工资（即标准工资）成为

---

① 么树本.三十五年职工工资发展概述［M］.北京：劳动人事出版社，1986.

② 国家统计局.中国统计年鉴1984［M］.北京：中国统计出版社，1984.

③ 谢百三.中国当代经济政策及其理论［M］.北京：北京大学出版社，2008.

④ 冯文荣，赖得胜，李由.中国个人收入分配论纲［M］.北京：北京师范大学出版社，1996.

职工工资的最主要部分。1978年，标准工资占职工工资总额的比例高达85.5%，奖金仅占2.3%。而在“文化大革命”期间，奖金被取消，职工除了领取标准工资外，无其他收入来源。另一方面，职工工资成为职工生活收入的最主要部分。1957年，城镇居民年均工资收入190元，年均生活费收入为235元，货币工资占生活费用收入的81%。1978年，城镇居民年均工资收入为299元，年均生活费收入为316元，货币工资占生活费收入的比例高达94.6%。[①] 所以说，这一时期大部分城镇居民的收入来源较为单一，主要为工资收入。

更为重要的是，从这一时期职工工资收入与抚养人口的关系上来看，劳动力价格呈下降趋势。1957年，每一城镇就业职工负担人数为3.29人，1978年下降为2.06人，而同期职工年均货币工资从624元下降到615元，职工生活费用价格指数从126.6上升到144.7，城镇居民人均消费水平从205元上升到383元。1978年，职工实际平均工资为615÷1.447≈425元，只相当于1957年实际平均工资569元的74.7%。如果职工负担能力不下降，即1978年每一职工的工资仍可负担3.29人，那么1978年职工平均工资应达到624×383÷205=1166元。实际上，1978年职工工资仅相当于1957年工资水平的615÷1166=52.7%。[②] 也就是说，职工劳动负担能力下降了近一半，劳动力价格整体呈大幅度下降趋势。即使加上职工保险福利费用收入，这一下降趋势仍然存在。为此，为了维持城镇居民生活，政府只好实行与低工资相配合的高就业政策，通过提高居民就业率来阻止居民家庭收入的下降。

长期停止增长的低工资水平、实际收入的下降，以及处于生育年龄的知识青年去农村和回城双向迁移，均降低了城镇家庭养育子女的预算水平并减少了生育机遇。1978年，中国城镇居民消费支出的恩格尔系数为57.5%，支出虽然绝大多数货币化，但城镇职工工资水平比1962—1972年还要低。1972—1979年我国消费物价水平和城镇职工月平均工资如表4-3所示。与此同时，2000万知识青年“上山下乡”的时候被注销了城市户口，但他们又无法真正融入农村生活，一些人在运动中开始违反规定，跑回城市里成为无户籍的无业人员，在城市生活资料供应严格控制的情况

---

① 冯文荣，赖得胜，李由. 中国个人收入分配论纲［M］. 北京：北京师范大学出版社，1996.

② 同①。

下，他们往往没有直接的生活来源，成为城市里的“灰色人群”。知识青年在农村结婚的较少，回城后许多就业没有着落，就业工资大多为学徒水平，推迟了婚姻年龄；即使结婚，生育率也明显下降。因此，总体来看，这一时期城市人口抚养能力呈下降态势，这对于城市人口的增长起到了一定的制约作用。

表 4-3 1972—1979 年中国消费物价水平和城镇职工月平均工资

年份	月工资（元）	消费物价涨幅（%）
1972	51. 24	0. 2
1973	50. 33	0. 1
1974	50. 33	0. 7
1975	48. 50	0. 4
1976	48. 50	0. 3
1977	47. 58	2. 7
1978	51. 24	0. 7
1979	59. 48	1. 9

注：由于找不到这一阶段全国职工月工资水平的资料，仅知 1978 年全国城镇职工工资相当于上海职工工资水平的 91. 5%，结合王兵七《1949—2010 年上海职工平均工资详细表》推算得出以上数据。来自和讯网论坛，2011 年 8 月 6 日。消费物价涨幅来源于中华人民共和国统计局网站数据。

三、人口增长率快速下降

1973—1979 年，由于“晚、稀、少”人口政策的实施，成千上万的干部和医生都投身到这场社会行动，从城镇到农村，几亿育龄妇女的生育行为都受到了深刻且广泛的影响。人口增长在这一时期快速下降，并开始转型。

在这一时期，最能体现出“晚、稀、少”人口政策实施效果的，是广大妇女的生育胎次构成和结婚年龄变化。妇女生育胎次构成方面，在当年出生的全部婴儿中，属于第一胎、第二胎的比例上升，属于第三胎及以上多胎的比例下降。1977 年同 1970 年比较，第一胎比例由 20. 73% 升至 30. 80%；第二胎比例由 17. 06% 升至 24. 59%；多胎比例由 62. 12% 降至 44. 55%。[①] 与此同时，妇女结婚年龄明显提高。妇女平均初婚年龄由 1971

① 路遇. 新中国人口五十年（下）[M]. 北京：中国社会科学出版社，2016.

年的 20. 19 岁提高到 1978 年的 22. 83 岁，增加 2. 64 岁；早于 18 岁结婚的妇女比例由 1970 年的 18. 6% 下降到 1978 年的 3. 7%；晚于 23 岁结婚的妇女比例由 1970 年的 13. 8% 提高到 1978 年的 48. 0%；同期城市妇女晚婚率由 40. 1% 提高到 84. 0%，农村妇女晚婚率也由 10. 1% 提高到 41. 4%。[①] 妇女生育胎次的减少以及结婚年龄的提高，是“晚、稀、少”人口政策直接作用的结果，也是最能体现这一政策实施效果之处。

“晚、稀、少”人口政策的成功实施，使得这一时期人口增长率快速下降。正如上一节所述，全国人口出生率从 1973 年的 28. 07‰下降到 1978 年的 18. 25‰，再下降到 1979 年的 17. 82‰；人口自然增长率从 1973 年的 20. 99‰下降到 1978 年的 12‰，再下降到 1979 年的 11. 61‰；1974 年全国年净增人口 1574 万，1978 年为 1147 万，1979 年为 1125 万。妇女总和生育率从 1970 年的 5. 28 下降到 1978 年的 2. 72，其下降速度之快，在世界上都是罕见的。人口规模也从 1973 年的 8. 9 亿缓慢增加到 1979 年的 9. 8 亿。在这其中，从 1976 年开始，年人口净增量和自然增长率数值已经较低，其后的 1977 年、1978 年、1979 年下降的幅度比较小。1973—1979 年中国的人口增长和农村人口比例如表 4 –4、图 4 –1 所示。

表 4 –4　　1973—1979 年中国的人口增长和农村人口比例

年份	总和生育率	出生率（‰）	死亡率（‰）	自然增长率（‰）	总人口（万人）	农村人口比（%）
1973	4. 54	28. 07	7. 08	20. 99	89211	82. 80
1974	4. 17	24. 95	7. 38	17. 57	90859	82. 84
1975	3. 57	23. 13	7. 36	15. 77	92420	82. 66
1976	3. 24	20. 01	7. 29	12. 72	93717	82. 56
1977	2. 84	19. 03	6. 91	12. 12	94974	82. 45
1978	2. 72	18. 25	6. 25	12. 00	96259	82. 08
1979	2. 75	17. 82	6. 21	11. 61	97542	81. 04

注：生育率根据中华人民共和国统计局《中国统计年鉴 1999》数据推算；人口出生率、死亡率、自然增长率、总人口和农村人口比例参见中华人民共和国统计局网站数据，依该数据计算整理。

① 路遇. 新中国人口五十年（下）［M］. 北京：中国社会科学出版社，2016.

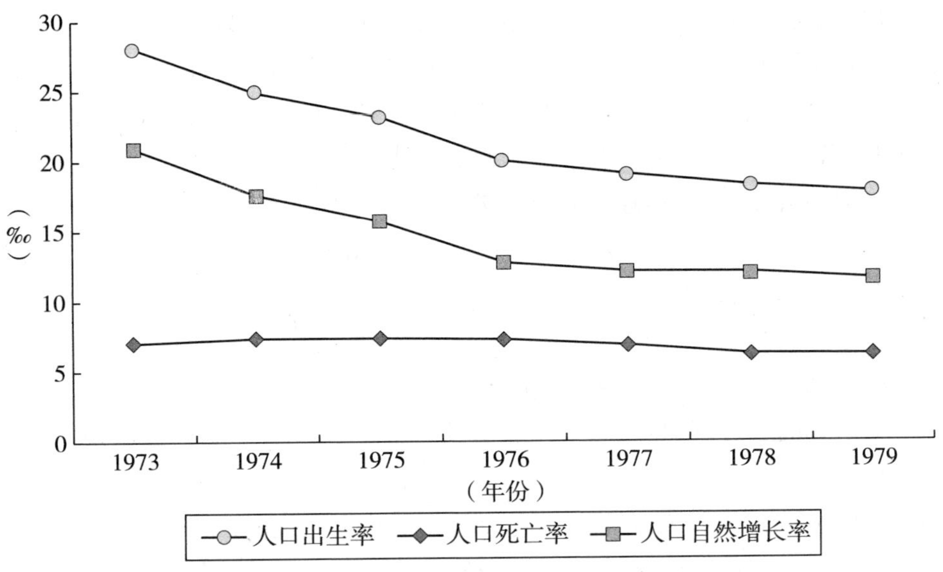

图 4－1 1973—1979 年中国人口增长情况

资料来源：中华人民共和国人口统计局网站数据库。

以上内容表明，这一时期，我国在控制人口出生和增长方面取得了惊人的效果，扭转了在此之前持续了 20 余年的高生育和高增长的局面。这也是中国人口发展史上，特别是中华人民共和国成立以来人口发展的一个历史性转折。

我国人口增长转型在这一时期开始，人口“爆炸式”增长呈现快速降温趋势。自 1963 年我国生育水平达到最高后，人口出生率和总和生育率都开始下降，这在城市体现得较为明显，呈急剧下降态势；在农村下降比较缓慢，但也很快就达到了相当低的水平。人口生育状况的变化，除了反映在出生率和总和生育率水平上，还反映在生育模式上：1961 年的总和生育率为 3.287，几乎降为 1952 年的 6.472 的一半，但各年龄生育率下降比例十分近似，生育率曲线形状与 1952 年基本一样；而 1978 年的生育率曲线则完全是另一种情况，妇女生育年龄推迟，集中在 20～30 岁，然后便急剧下降。[①] 这表明我国生育率已开始向现代化、工业化社会的类型转变，而 20 世纪 70 年代我国推行的“晚、稀、少”的人口政策，正是促进这一转变的主要力量。与发达国家相比，当时我国的生育率仍处于较高水平，但

① 路遇. 新中国人口五十年（上）[M]. 北京：中国社会科学出版社，2016.

性质上已与发达国家属于同一类型，此后逐渐接近发达国家水平。除此之外，我国人口的死亡率在经历中华人民共和国成立初二十几年的急剧下降后，到20世纪六七十年代已经降到较低水平，而且下降得比较缓慢，在20世纪70年代后期下降趋势更为平稳。其中，青壮年的死亡率已经接近一些最发达的国家，但还存在婴幼儿和少年儿童死亡率偏高的现象。① 总之，经过30年的发展，我国人口增长已经开始转型，人口“爆炸式”增长呈现快速降温趋势。

从这一时期开始，“晚、稀、少”人口政策的实施，使得我国人口发展出现了方向性的变化。在认识层面上，党中央在这一时期明确地认识到并承认了我国人口数量太多、增长太快的事实，指出必须努力加以控制。另外，也认识到对人们的生育行为必须以政府介入的方式加以干预。因此，从政策层面上，政府制定生育政策，明确生育规范，并加以实施。这与其他国家的政府介入方式不同，我国并不局限于宣传、倡导、提供知识和技术指导、提供避孕节育的器材和手术等方式，而是由政府直接介入和进行行政管理，对人口增长加以控制。理论认识上的转变，政策上的改弦更张，使得人口增长速度在这一时期快速下降。更为重要的是，人口的增长由此结束了有史以来的自发、自流的状态，变成了从全社会和整个国家着眼的有目标、有计划的发展状态。② 同时，在人口结构层面，人口政策造成了结婚和生育行为的推迟，限制了本来可能生育的第二孩以上的高孩次生育，进而出现了政策骤紧导致的生育“急刹车”，从而使得生育率开始逐年快速下降。随着连续多年出生人数的减少，儿童与少年在人口中所占比例不可避免地逐渐下降，青壮年和老年人的比例则相应上升，我国的人口结构开始向老龄化方向变动，这也是控制人口增长的必然结果。最后，在人口质量层面，20世纪70年代末期，党和政府把提高人口素质作为中国人口发展方向的一个重要组成部分，体现了其对人口现象认识的深化和扩展。

这一时期，生育观念的改变超越了社会经济发展水平，生育率转变发生在生育观念转变之前，而导致这一现象发生的主要原因，是“晚、稀、少”人口政策的实施，国家开始直接控制、管理民众的生育行为。与此同

---

① 路遇．新中国人口五十年（上）［M］．北京：中国社会科学出版社，2016.

② 同①。

时，在城市，长期停止增长的低工资水平、实际收入的下降，使得城市居民的抚养能力下降，这与农村自留地受到抑制、集体劳动被分配强化的情况，共同对这一时期我国的人口增长起到了制约作用。但不得不承认，与此相比，“晚、稀、少”人口政策对人口增长的作用效果要更加显著。最终，在这一时期，我国人口“爆炸”式增长快速降温，人口增长开始转型，人口发展也出现了方向性的变化。

第三节　“文化大革命”后期的人口迁移

1973—1979 年，人口迁移主要体现在两个方面：一方面，知识青年“上山下乡”运动迎来了第二个高潮，同时，由于战备的需要，城市家庭向农村疏散；另一方面，农民进城也出现了第二次高峰，但由于户籍管理制度越发严格，只有少部分农民转成城市居民。在这一时段的后期，由于政策放宽，有大批“上山下乡”的知识青年开始返城，这“一来一回”阻碍了我国城市化进程的推进。由于知识青年“上山下乡”运动等一系列因素的影响，我国城市化进程在这一时期仍然基本停滞。

一、知识青年下乡与城市家庭向农村疏散

1973—1979 年的前期，国内外政治经济因素的影响，不仅使得 20 世纪 60 年代开始的知识青年“上山下乡”运动迎来了第二次高潮，也使得国内大中城市的人口被疏散到农村，形成了又一次的人口逆城市化迁移。

1973 年是知识青年“上山下乡”运动发生大转折的一年。1970—1972 年，是继 20 世纪 50 年代后期国民经济大跃进之后，我国又一个经济发展过热时期，基本建设投资规模再次超出了当时国家的承受能力，引起了整个经济关系的紧张，并出现了“三个突破”，即年工资总额突破 300 亿元；年商品粮突破 900 亿斤；全民所有制职工总数突破 5000 万人，1969—1972 年，平均每年增加 624 万人。[①] 1973 年 1 月，全国计划工作会议召开，提出了一系列的紧缩措施，其中一条就是严格控制职工总数的增长，3 年不招工。于是，动员知识青年“上山下乡”的任务又变得重要起来，以毛泽东回复李

---

① 王一晶. 知识青年上山下乡和劳动就业［J］. 青年研究，1991（11）.

庆霖来信和第一次全国知识青年工作会议的召开为标志，国家在安置知识青年的政策上显示出种种变化。随后，形成了1974—1977年的第二个知识青年“上山下乡”运动的高潮，全国有近769万城镇知识青年“上山下乡”，其中，仅1975年就有236.86万人。回顾整个知识青年“上山下乡”运动，1962—1979年，全国参与“上山下乡”的知识青年累计达1776.48万人[①]；其中，在“文化大革命”期间，即1967—1976年，全国参与“上山下乡”的知识青年估计可达1500万人[②]。由此可见，绝大部分知识青年是在“文化大革命”期间“上山下乡”的。

综合来看，知识青年“上山下乡”运动是一次在复杂社会背景下由经济政治因素导致的特殊的人口逆向强制性迁移。首先，这次人口迁移是由经济政治因素导致的强制性迁移。从经济因素来看，为了应付日益增长的就业压力，中央先是采取行政手段压低城市职工的平均工资，后转为设法将由国家包下来的城市里的大量剩余劳动力向农村转移，而总体经济形势的每况愈下引发了这场运动；从政治因素来看，知识青年“上山下乡”运动具有较为复杂的社会背景，其发生有着深刻的社会思想意识形态烙印。其次，知识青年“上山下乡”运动具有一定的特殊性。特殊性是指知识青年作为人口迁移的主体，最初是无条件、无期限地从城市迁移到乡村、边疆，离开了原居住地，在乡村或边疆落户。然而，后期他们大都返回了原居住地，人口迁移转变为人口流动。最后，这次运动与1961年城镇人口精简同属于人口的逆向迁移。从迁移主体的居住地来看，知识青年“上山下乡”是人口从城市到农村的一次迁移。在当时城市化水平很低的情况下，出现这种逆向迁移，不利于城市化的推进。这个时期正是世界城市化的大发展时期，而我国却逆城市化大潮而动，把知识青年送到农村去，并利用户籍制度把他们固定在农村，这样虽然缓解了城市就业压力，但使得城市人口大量减少，我国城市发展长期停滞，城市化水平持续下降。

1969年珍宝岛事件之后，上海立即进入临战状态，当时疏散人口20万。[③] 据统计，1969—1974年，上海共计疏散人口857526人，[④] 加上“上山下乡”的知识青年，“文化大革命”期间上海市外迁人口总数高达200

① 李德滨.当代中国移民基本经验［J］.人口研究，1995（2）.

② 杨云彦.中国人口迁移与发展的长期战略［M］.武汉：武汉出版社，1994.

③ 俞克明.现代上海研究论丛（第5辑）［M］.上海：上海书店出版社，2008.

④ 宋元鹏.上海民防志［M］.上海：上海社会科学出版社，2001.

万人，这使得上海市人口进一步减少。据统计，1968—1976 年，上海市区人口逐年下降，户籍人口从 1968 年的 633. 7 万人减少至 1976 年的 551. 9 万人①，共计减少 81. 8 万人。另外，边境地区的军政机关，如黑龙江黑河地区的革委会、军分区也向内地迁移。吉林市也计划将全市人口的 1/3 疏散至农村。疏散大中城市的人口、物资，是当时全国各地普遍开展的重要战备活动之一，这与同时期的知识青年“上山下乡”运动一样，都属于在复杂社会背景下由政治因素导致的特殊逆向强制性迁移，而两者不同的是，知识青年的“上山下乡”运动中还具有一定的经济因素。

二、少部分农村人口转成城市居民

“农民进城”是工业化和城市化进程中必然发生的现象，强制性的制度安排虽然可以人为地阻止一时的人口流动，但不可能从根本上消除农民进城的动机。在这一时期的刚性的社会阶层结构中，人们在身份、阶层、职业上的社会流动率非常低，但在严格规定的阶层之间仍保留着一定的流动空间及可能性。对于农民来说，社会流动的途径有当兵、上学、招工、提干以及结婚。

首先，对于农村青年而言，当兵参军既是一种理想，也是一种改变身份的重要途径，其中有一些士兵在退伍后会被安排到工厂、政府部门工作，这种机会对于农村士兵而言尽管比较少，但确实给他们改变人生道路提供了一条可能途径。② 其次，在“文化大革命”中，国家实行“群众推荐、领导批准、学校复审相结合的办法”招收工农兵学员。这种招生制度仍为部分社会成员保留了流动的可能。一些在运动中的积极分子、劳动模范或优秀士兵，经过上级的精心挑选之后，有可能幸运地被推荐到高等院校学习，成为工农兵学员，从而实现身份上的巨大转变。最后，还有一部分人通过婚姻的途径实现其身份的转换与社会流动。在国有企业内部婚龄职工性别比失调的情况下，农村女青年实现向城镇流动和向工人身份转化的主要渠道是婚姻。“在改革前，极其缺少其他向上流动渠道的前提下，姻亲关系，是一种不可多得的积累社会资源的获致关系。”③ 由此来看，虽

---

① 毛宗维. 上海市公安局户政处. 上海市人口统计资料汇编（1949—1984）［M］. 上海：中国统计出版社，1989.

② 李友梅. 中国社会生活的变迁［M］. 北京：中国大百科全书出版社，2008.

③ 陈光金. 身份化制度区隔——改革前中国社会分化和流动机制的形成及公正性问题［J］. 江苏社会科学，2004（1）.

然社会总体上呈固化状态，但一系列的非常规的制度实践和各种社会运动，在一定程度上为农民提供了零星的流动机会。于是，仍有极少数的农民在改变身份的强烈梦想的激励下，成功地抓住了难得的机会，奋力在固化的社会夹缝中找到改变身份的途径。

在“文化大革命”的中后期，农民进城的主要方式是通过国家招工将身份转化为工人。“文化大革命”时期是农民进城的第二次高峰。虽然农村人口迁入城市的途径多种多样，但最主要的是通过城镇工矿区企事业单位招工进城，其总数达1000多万人[①]。农村人口之所以能够大量地迁入城镇，最主要的原因就是当时的用工制度和劳动力需求形成了矛盾。“本来，城镇每年都有200万~300余万青年进入劳动年龄，以城镇新生劳动力来补充城镇企事业单位的用人需要，是绰绰有余的。但是，当时的政策是城镇知识青年必须上山下乡，城镇企事业单位一般不能直接从城镇知识青年中招收新职工，招工的对象只可能来源于农村。”[②] 1970—1971年，城镇企业招收新职工1073万人，其中有600多万人来自农村。1967—1976年，全国从农村招工2000余万人，扣除其中800万返城知识青年，估计有1000多万人是招收的农村人口[③]。由此看来，用工制度和劳动力需求的矛盾，导致了“文化大革命”期间大量农村人口通过国家招工进入城市。

然而，这一时期农村人口因招工进入城市的过程曾出现反复。1971年，国家原计划增加职工204万，结果实际招工526万，超额322万，导致了前文所提到的“三个突破”。为此，中央于1972年再次强调要集中管理劳动就业，各地区、各部门超计划增人要报中央审批。接着，国家计划委员会发出了关于严格控制增加新职工的通知。1973年3月12日，李先念副总理在“全国计划会议劳动力问题座谈会”上指出：“1973年职工净减140万人，我看少了。基建常年民工可以不要，今年上半年先减210万。”[④] 在这种情况下，大量进城、进矿区的农民被迫离城还乡。但随后这种情况又出现了反转：1975—1976年，由于“四人帮”的干扰破

① 赵德馨. 中华人民共和国经济史（1949—1966）［M］. 郑州：河南人民出版社，1988.

② 同①。

③ 田方，林发棠. 中国人口迁移［M］. 北京：知识出版社，1986.

④ 《当代中国》丛书编辑部. 当代中国的劳动力管理［M］. 北京：中国社会科学出版社，1990.

坏，非农业人口再次出现快速增长。在新迁入的870万市城镇人口中，从农村招工进城的有400余万，占46%以上；职工家属（含军属）进城“农转非”的有100余万人，占12%左右。①

大量农村人口进入城市，引起了中央的重视，控制人口迁移的政策开始越发严格。“文化大革命”结束以后，为了缓解城市就业压力，缓和城市生活必需品供应紧张，1977年11月1日，国务院在《国务院批转〈公安部关于处理户口迁移的规定〉的通知》（以下简称《通知》）中再次强调严格控制城镇人口增长的重要性。为贯彻《通知》精神，1977年11月12日，公安部在《关于认真贯彻执行〈国务院批转“公安部关于处理户口迁移的规定”的通知〉的意见》中，给各省、市、区下达了“农转非”的内部控制指标，即“每年批准从农村迁入市镇和转为非农业人口的职工及其家属人数，不得超过非农业人口数的1.5‰，对‘农转非’实行政策与指标双重管理体制”②。1979年6月，国务院批转公安部、粮食部《关于严格控制农业人口转为非农业人口的意见》，再次强调严格控制农业人口转为非农业人口，并要求各级公安机关和粮食部门严格控制集体所有制单位的农业人口就地转为非农业人口。由此，以指标控制割断城市间、城乡间人口自由迁徙的户籍管理制度完全形成。③

这一系列控制“农转非”的政策，对于广大想进入城市改变身份的农民来说，无疑是雪上加霜。国家把限制农村人口迁往市镇的范围，延伸到农业人口向非农业人口的转移方面，从而控制市镇人口扩大化。也就是说，过去农民进城落户是一个“高门槛”，这次又加上“农转非”的严格限制，实际上把控制城镇人口的范围扩散到广大农村地区，结果导致“农转非”入户矛盾的连锁反应扩大，致使市镇迁移落户的压力不仅来自大量的无户口人员和城镇职工的农村直系亲属，也来自农村地区，进一步加剧了城乡入户的矛盾。1973—1979年，我国的城镇人口只增加了3150万人，城镇人口比例绝大部分时间在17%～18%徘徊。由此可以看到，户籍管理制度的越发严格，使得这些进入城市的大量农村人口中只有少部分转成城市居民。

---

① 路遇.新中国人口五十年（下）[M].北京：中国社会科学出版社，2016.

② 张英红，雷晨晖.户籍制度的历史回溯与改革前瞻[J].湖南公安高等专科学校学报，2002（1）.

③ 班茂盛，祝成生.户籍改革的研究状况及实际进展[J].人口与经济，2000（1）.

三、“文化大革命”后期放宽知识青年返回城市

在“文化大革命”接近尾声的时候，有关知识青年“上山下乡”的相关政策开始有所松动，少数知识青年开始通过推荐上大学、“顶替”招工或病退等渠道陆续回城。实际上，个体知识青年返城现象伴随着整个“上山下乡”运动的始终，“上山下乡”与返城同时存在，双向的人口流动共同构成了知识青年“上山下乡”运动中人口迁移的全景。

1977 年 12 月，国家计委在全国计划会议上提出知识青年就业要按照面向学校、农村、边疆和城镇招工的原则进行。这是从根本上调整知识青年“上山下乡”政策迈出的第一步。随着“文化大革命”宣告结束，知识青年“上山下乡”的人数逐步减少，自动返城和要求返城工作的人数日益增多。1978 年，全国知识青年“上山下乡”工作会议在北京召开，会议通过了《全国知识青年上山下乡工作会议纪要》和《国务院关于知识青年上山下乡若干问题的试行规定》，这次会议宣告了知识青年“上山下乡”运动的结束。1978 年 10 月召开的第二次全国知识青年上山下乡工作会议，为知识青年返城提供了政策依据，之后“两征一招”的名额大幅度增加，病退、困退的限制也被放宽，知识青年开始大规模返城。1978 年，全年返城的知识青年多达 255.32 万人，招工规模从 1977 年的 69.44 万人激增至 130.78 万人，病退的人数从之前的 19.78 万迅速增加到 66.64 万，通过其他途径返城的人数增长也较为迅速，如表 4－5 所示。

表 4－5　1962—1979 年知识青年返城的规模与途径　单位：万人

年度	合计	去向				
		招生	招工	征兵	提干	病退、困退
1962—1973	401.35	43.35	249.60	24.10	1.60	82.70
1974	60.35	16.98	28.63	4.24	0.30	10.20
1975	139.79	14.93	105.81	2.00	0.81	16.24
1976	135.25	7.30	99.24	11.27	0.41	17.03
1977	103.01	7.90	69.44	5.57	0.32	19.78
1978	255.32	27.09	130.78	29.81	1.00	66.64
1979	395.39	8.91	228.81	9.04	1.52	147.11
总计	1490.46	126.46	912.31	86.03	5.96	359.7

资料来源：国务院知青办《全国城镇知识青年上山下乡统计资料》。

知识青年的大规模返城，造成了一些主要迁出地和迁入地人口迁移规模及人口增长的超常变动。一方面，对迁入地来说，知识青年返城形成了一次人口迁入高峰。例如，上海在1968—1976年因“上山下乡”迁出的60.16万人，到1982年年底已有将近一半按政策返迁。知识青年返沪几乎都集中在改革开放初期的1978—1980年，特别是1979年，知识青年返沪达到顶峰，导致该年上海净迁入人口达到26.49万，形成中华人民共和国成立以来的第三次人口净迁入高峰。① 另一方面，对迁出地来说，知识青年返城形成了一次人口的大迁出。例如，黑龙江从20世纪70年代初就已有知识青年开始返城。据统计，1979年北京知识青年返迁9.8万人、天津返迁6.2万人、上海返迁15.9万人、四川返迁0.1万人，可见原来被农村接纳的40多万知识青年，在当时已有32万人返城。② 再如内蒙古自治区，到1979年年底，其迁向北京、天津、上海及其他省（市、区）的知青共71829人，约占当年迁入知识青年总数的72.83%。其中，迁向北京的有17966人，迁向天津的有35877人，迁向上海的有1743人，迁向其他省（市、区）的有16243人，分别约占自上述各省（市、区）原迁入人数的71.75%、71.63%、76.68%和76.51%。③ 由此来看，大量知识青年返城，造成了迁入地人口的增长，也造成了迁出地人口的下降。

知识青年从大规模“上山下乡”到“文化大革命”后期的返城，对城市人口结构产生了一定的影响。一方面，大量处于生育年龄的知识青年的离开，也带走了旺盛的生育能力，“上山下乡”运动对于推迟知识青年的结婚年龄有着重要的影响。与此同时，大批知识青年的离开以及晚婚的现象，对于20世纪70年代城市生育率的下降有着一定的贡献，这不仅直接减缓了城市人口的机械增长，而且降低了城市人口的自然增长。另一方面，这一批“上山下乡”的知识青年是在中华人民共和国成立后第一次人口增长高峰中出生的，但这场运动使得他们未能在20世纪70年代初陆续进入婚姻状态。随着20世纪70年代末知识青年的大规模返城，这些未婚大龄青年便形成了强大的结婚势能。在知识青年返城后的20世纪80年代初，全国范围内即出现了一次结婚潮，其中仅在1981年，全国登记结婚对数就多达1000万。伴随着知识青年结婚潮的形成，他们的生育张力也被释

① 胡焕庸. 中国人口（上海分册）[M]. 北京：中国财政经济出版社，1987.
② 熊映梧. 中国人口（黑龙江分册）[M]. 北京：中国财政经济出版社，1989.
③ 宋迺工. 中国人口（内蒙古分册）[M]. 北京：中国财政经济出版社，1987.

放出来，即使计划生育工作仍在进行，也阻止不了这种结婚率和生育率反弹所导致的小型的“婴儿潮”，这对于城市人口结构产生了重要影响。

知识青年从大规模“上山下乡”到“文化大革命”后期的集中返城，也形成了一次较大规模的双向人口迁移，这整体上阻碍了我国的城市化进程。这场运动与“大跃进”时期的农村人口在城乡之间的往返构成了一次鲜明对比。首先，两者迁移主体不同。前者迁移的主体是城市人口，而后者是农村人口。其次，两者迁移方向不同。前者的迁移方向是知识青年先由城市下放至农村，再由农村返城，而后者的迁移方向是农村人口由农村涌向城市，再由城市精简返回农村。最后，两者的持续时间不同，前者迁移周期长达数年甚至十余年，而后者仅历时三五年。由此来看，从中华人民共和国成立至改革开放的这段时期，我国间歇性地出现了两次大规模的人口在城乡之间的往返双向迁移，发生这种人口迁移是由经济因素和政策导向所致。在20世纪60年代中期之前，城市人口的逆向流动主要是为了缓解城市的就业和商品粮供应压力。但我们应当认识到，城市集中的现代产业比起农村以稀缺的土地资源为基本生产资料的传统农业，在创造就业机会、吸纳劳动力方面具有更大的潜力。

四、城市化进程仍然基本停滞

1950—1980年，世界城市化率由29%左右上升到41.3%，其中发展中国家由16.7%上升到30.5%，而先进工业化国家则由52.5%上升至70%以上[①]，但我国城市化率仅由11.18%缓慢升至19.39%。城市化水平是一个国家经济发展水平的重要标志。根据1977年世界158个国家和地区的统计资料，人均国民生产总值在3858美元以上的国家，城市化率都在60%以上；人均国民生产总值在2155～3858美元的国家，城市化率在40%～59%；而人均国民生产总值在310美元以下的国家，城市化率则在19%以下。我国在20世纪70年代末期人均国民生产总值约200美元，城市化率在20%以下[②]。这样看来，我国的城市化水平远低于世界平均水平，甚至在发展中国家中也处于较低的水平，由此也反映出我国经济增长速度的缓慢的问题。

---

① 吴良镛. 城乡建设若干问题的思考［C］//中国自然辩证法研究会. 城市发展战略研究［M］. 北京：新华出版社，1985.

② 王保畬，罗正齐. 中国城市化的道路及其发展趋势［M］. 北京：学苑出版社，1993.

1973—1979 年，我国的城市人口由 1973 年的 15345 万人升至 1979 年的 18495 万人，只增加了 3150 万人，城市化水平长期停留在 17% ~18%，也就是说，城市与农村人口以基本相同的速度增长。然而这种增长基本上都是自然增长，城乡之间的迁移流动被限制在最低限度，城市化进程仍然基本停滞。

这一时期城市化的停滞不仅体现在城市化率上，在城市规模结构方面也有所体现：原有的城市规模不断扩大，大中城市数量不断增多，而由于城乡分离、商品经济萎缩以及劳动密集的小型工业发展不足等，小城镇趋于衰落，中小城市的发展无以为继，数量减少，我国形成了“头重脚轻”的不合理城市结构。1977 年，我国城市的数量为 188 个，只比 1965 年多 17 个，而 20 万人口以上的城市只增加了 23 个，20 万人口以下的城市却减少了 6 个。由此可以看出，大中城市主要是在小城市的基础上发展起来的，而在大中城市发展的同时，新形成的小城市数量却不多。当大中城市因规模不断扩大，人口增加已受到各方面条件限制时，小城市、镇的发展不足就成了城市化的严重障碍。

这一时期城市化停滞的原因，知识青年“上山下乡”运动只是其中之一，还包括经济发展缓慢、非公经济受限制、户籍管理制度更加严格以及“三线”城市建设等因素。

城市化停滞的原因首先是经济上的。一方面，我国农业基础薄弱。1976 年我国农业总产值按可比价格比 1965 年增长 35.3%，年均递增 2.8%，其中，粮食总产量年均递增 3.6%，而同期全国人口却增加了 30.8%，以年均 25.7‰的速度增长。农业发展长期处在一个低水平上，农业劳动生产率长期徘徊不前，从政府到农民本身都存在着对农业特别是对粮食的担忧，这种担忧把农民牢牢地束缚在土地上。[①] 然而，1972 年和 1977 年，国家实行抽调大量农村劳动力进城的举措，农业劳动力人数的减少，导致粮食总产量和人均产量下降，农业劳动生产率并没有提高，反而下降。另一方面，工业发展缓慢。1976 年我国的工业总产值为 3185 亿元，按可比价格比 1965 年增加了 172.6%，年均增长率 9.5%。但工业的发展是建立在降低消费支出和生产资料高积累基础上的，人民生活水平长期得不到提高。1976 年，人均粮食消费量为 191.5 千克，比 1956 年还要少 4 千

① 路遇. 新中国人口五十年（上）[M]. 北京：中国社会科学出版社，2016.

克。1966—1976 年，全国全民所有制职工工资不但没有提高，反而平均降低了 4.9%。城市化是衡量一个国家经济发展水平的重要标志，同时也受国家经济发展水平的制约，这一时期工农业发展缓慢对城市化的推进起到了一定的阻碍作用。

在工农业发展缓慢的同时，非公经济也受到了限制，削弱了城镇的就业吸纳能力。1964 年，城镇个体劳动者曾达到 227 万人，占城镇从业人员的比例高达 4.9%。在“文化大革命”期间，城镇个体经济被视作“资本主义的温床”而受到严格的限制，个体劳动者受到歧视，许多人被强制性地动员到农村安家。到 1978 年，全国城镇只剩下个体劳动者 15 万人，占城镇从业人口的比例不到 0.2%。[①] 单一的所有制结构和就业渠道，严重地限制了城镇就业岗位的增加。随着知识青年大规模返城，到 1978 年年底，城镇积累的待业人员达到 1500 万人，这无疑使得就业问题“雪上加霜”。城镇非公经济发展受限，其就业吸纳能力也随之降低，从而带来了一定的就业问题，不利于城市化的推进。

其次，户籍管理制度更加严格，使得城乡之间的人口迁移受到严格限制。城市化的停滞不前，缩小了“农转非”的渠道，政府主要通过严格执行户籍管理制度控制人口迁移，农村劳动力向城市转移主要局限于城市大中专院校招生、复员军人专业、婚迁、城市郊区征用农民土地安排农民转向城市就业，以及落实政策返城等，多为非经济因素转移。1977 年，《公安部关于处理户口迁移的规定》发布并实施，规定了处理户口迁移的基本原则，限制行政级别低的城镇人口向行政级别高的城镇转移。这充分显示了以户籍制度为核心的城乡隔离体制的作用，其本质是阻止农民进城，使我国形成了典型的“二元经济”与“二元社会”。在这一时期，以指标控制割断城市间、城乡间人口自由迁徙的户籍管理制度完全形成，这一过程是在城市化本身停滞不前的情况下进行的，然而，这种严格的户籍管理制度又反过来使得城市化停滞不前的问题更加严重。

最后，“三线”建设对城市化的推进有所阻碍。从 20 世纪 60 年代中期开始的“三线”建设，又在原来工业化和城市化发展落后的大西南地区建设了一批新兴的工业基地和城市。虽然“三线”城市建设带来了内地工业的崛起，在内地形成了较为完善的重工业体系，然而仅就城市发展方面

---

① 路遇. 新中国人口五十年（上）[M]. 北京：中国社会科学出版社，2016.

而言，“三线”城市建设似乎并没有带来内地城市化水平的明显提高，这是因为“三线”城市建设的出发点在于国防的需要，而经济效益、城市化与工业聚集效益等不是其考虑的要素。工业布局上的分散难以形成集聚效应，工业化水平的提高并没有相应地带来城市化水平的提升。与全国的情况相类似，这一时期“三线”地区的城市化水平也呈现类似的停滞状态。另外，对于东部城市来说，“三线”城市建设无疑削弱了其工业生产能力，而且国家投资的减少使得其发展后劲不足，对劳动力的吸纳和基础配套设施建设受到制约，因此，东部地区的城市化水平不仅没有提升，反而有所下降。由此来说，无论是中西部还是东部，“三线”城市建设都未促进我国城市化的发展。

此外，“文化大革命”期间，政治动乱对我国城市建设也造成了严重的冲击和破坏。城市建设机构受到冲击，城市规划被废弃，城市建筑乱搭乱盖，影响了交通，破坏了城市布局和城市环境，给城市的长期发展带来了严重的障碍。虽然在20世纪70年代初期以后我国社会秩序和经济秩序有所恢复，城市建设工作也重新开展起来，但成效依然有限。总之，造成这一时期城市化停滞的原因是多方面的，随着我国实行改革开放，我国政治、经济形势发生了深刻的变化，这种停滞的情况才得以终结，我国开始走向城市化快速发展时期。

总体来说，1973—1979年在中华人民共和国成立后我国人口增长与迁移史上有着重要影响。在这一时期的大部分时间里，我国工农业发展缓慢，整个国民经济波动较大，增速较低。在此背景下，在人口增长方面，广大农民的自留地受到抑制，集体劳动被分配强化，城镇居民的低工资水平长时间未得到改善，城镇居民实际收入呈下降态势，这使得我国人口增长受到了一定的约束。然而，更为重要的是，在这一时期，我国的人口政策从“节制生育”过渡到“有计划地生育”，“晚、稀、少”的人口政策确立并实施，避孕技术也随之开始广泛普及，这使得我国人口再生产体制发生了变化：民众的生育权从家庭逐步收归政府，生育由家庭分散决策转向了国家集中管制。最终，传统生育观念转变，人口“爆炸”式增长快速降温，人口增长开始转型，而人口发展也出现了方向性的变化。在人口迁移方面，知识青年“上山下乡”运动与农民被招工进城双双迎来了高潮，但由于相关政策的出台，知识青年大举返城，进入城市的农民只有少部分转成居民。与此同时，以指标控制割断城市间、城乡间人口自由迁徙的户籍管理制度，在这一时期完全形成。大规模人口的往返迁移、户籍管理制度的完全形成与其他因素，共同导致了这一时期城市化进程的停滞，也使得我国的城市化水平落后于同期世界平均水平，而且在发展中国家中也处于较低的水平。这一时期是我国人口增长与迁移的转折期，人口再生产和流动从这一时期开始，逐渐形成了计划和市场并存的双重调节格局。

这一时期我国人口增长与迁移的种种变化，主要是由国家力量的介入并发挥重要作用所致。这种国家力量的介入及其所扮演的重要角色，是在当时历史条件下做出的选择，从某种角度来看，或许有着一定的合理性，然而这却使得我国人口增长与迁移的"自主性"让位于"计划性"。值得注意的是，这种"让位"是在物质生产、分配、交换和消费向市场经济转变的过程中发生的。其实，这种"让位"所带来的某些消极影响已经在这一时期有所体现，使得国家力量的介入及其作用发生"错位"。从更加长远的角度来看，若这种情况不加以改变，我国在未来很有可能面临更大的风险与挑战。

第五章 改革开放初期（1980—1990）：增长小幅反弹与人口流动开启

改革开放初期，自1980年到1990年这10年，是我国人口增长速度小幅度反弹的阶段，这一阶段总和生育率、出生率和自然增长率分别从1980年的2.24、18.21‰和11.87‰，略微上升到2.37、21.06‰和14.39‰。1982年，我国把“国家提倡和推行计划生育”写入宪法，计划生育成为一项基本国策，其执行力度不断加强，在这一制度的严格执行下，这一时期仍出现了人口小幅反弹，主要原因有以下几点：其一，随着家庭联产承包责任制的实施，农村的经济得到了一定的发展，其接近于自然经济的生产方式为农村的生育提供了自主性和较低的机会成本；其二，20世纪60年代初第二次人口高峰中出生的人口陆续进入生育年龄并结婚生子，出现了生育的小高峰；其三，20世纪80年代初，自20世纪50年代开始的知识青年“上山下乡”运动彻底终止，1000多万婚龄知识青年回城，集中结婚生子，促使这一时期城市生育率得到了一定幅度的反弹；其四，粮食供应改观，居民的生活水平上升，营养水平得到了提升，生育的欲望和能力都得到了增强。

然而，在生育率小幅反弹的同时，伴随而来的是更加严厉的计划生育政策和人口流动的开启。在这一时期，我国人口从1980年的98705万人，增长到1990年的114333万人，10年间增长了15628万人，这引起了政府和学术界的不安。在学术界，控制生育的观点成为主流，学者们忽视了人口学和人口经济学方面的人口增长从高到低自动转型的客观趋势，而政府对计划生育的实施也更加严格，从前期的宣传和立法，到后期的工作队走访到户、强制结扎、生育缴费、罚款等手段，公民的生育权逐渐从自主性让渡到了指令性和计划性。

另外，20世纪80年代后期，我国出现了民工潮，由于农村经济改革而产生的大量农村剩余劳动力溢出，从农村进入城市，这部分农村的溢出劳动力中大多数由于户籍制度而难以实现真正的市民化，“青出老回”是普遍现象。虽然农民工进城务工，提高了收入，改善了其生活水平，但其闲暇时间减少，导致了生育能力和欲望降低，而部分因教育水平提高而进入城市的农村高校毕业生，由于生育政策和城市生育子女机会成本的提高，对于生育的欲望也不强。

因此，综合分析这一时期的人口情况，尽管有小幅度反弹，但是人口的增长已经从高增长水平到了替代增长水平，人口“爆炸式”增长成为历史，低增长趋势可见一斑。

第一节 人口的第三波高增长

1980—1990 年，是继 1937—1979 年生育率从 4. 5‰下降到 2. 7‰后，稳定在 2. 4‰左右的一个人口中高速增长区间。这一时期，我国年平均总和生育率为 2. 42，出生率为 21. 21‰，死亡率从 6. 34‰提高到了 6. 67‰，人口自然增长率从 11. 87‰上升到 14. 39‰，最高的为 1987 年，死亡率达到 16. 61‰。由于人口基数较大，加之 1963 年高出生率阶段出生的人口陆续进入生育年龄，因此人口在这 10 年间还是增加了 15628 万人。对于这一时期的人口增长格局和生育机理，主要可以从家庭联产承包责任制与传统生育的反复、知识青年回城与集中成婚生育、生育率从高水平降低到替代水平、寿命延长与人口中高速增长这 4 个方面进行分析。

一、家庭联产承包责任制与传统生育的反复

20 世纪 80 年代初期，我国农村的经营方式从农村集体经济转向了土地家庭承包经营，一方面，这在一定程度上恢复了自给自足的小农经济；另一方面，家庭联产承包责任制提倡统分结合，是在生产资料公有制基础上实行的自给自足的生产方式，在根本上区别于传统经济，这大大增强了农村经济的积极性和生命力。全国粮食产量从 1980 年的 32055. 50 万吨，增加到 1990 年的 44624. 30 万吨；粮食的单位面积产量也得到了大幅提升，从 1980 年的 2734. 31 千克/公顷；增加到 1990 年的 3932. 84 千克/公顷；农村居民人均出售粮食，从 1981 年的 20. 62 千克增加到 1990 年的 180. 24 千克；蔬菜也从 19. 38 千克增加到 65. 07 千克；农民收入从 1980 年的 191. 3 元大幅度增长到 1990 年的 686. 3 元。这充分说明家庭联产承包责任

制为农村家庭生育和抚养子女提供了更多的经济来源，同时，由于生产效率大幅度提高，家庭生产支配更为自主，妇女从土地劳动力中得到解放，生育时间的自主性增强。

另外，由于我国20世纪80年代初期农村生产仍以传统的人力、畜力和水利为动力，生产方式简单、技术单一落后，农业生产劳动力生产预期成本较低且相对稳定①，这种生产状态符合马尔萨斯所描述的生产资料增多则人口增加的条件。由于农村生产力在此次农村经营制度改革中得到了大幅度的增长，因此生产资料进一步积累，农村人口生育水平有了较快提高的空间。

同时，在这一时期，家庭联产承包责任制的改革，在一定程度上与自给自足的小农经济有着很多相似之处，这导致了在20世纪80年代初期传统的“养儿防老”“多子多福”的观念回归，进一步推动了农村生育率的高增长。另外，土地产权制度的改革，使得当时我国农村中也不乏“多一口人，多占一分地”的观念，然而，由于我国耕地面积稀缺，人多地少的国情②，这种观念并非推动农村生育率提高的主流，因此在这里不做深入讨论。

尽管家庭联产承包责任制给农村生育提供了较低的机会成本和较高的生育空间，但生育率所受的影响是多方面的，在20世纪80年代初期，家庭联产承包责任制的影响无疑占据了主要地位，但是，随着耕地面积的进一步减少、农村剩余劳动力的溢出以及生育政策的管制，农村的生育率得到了一定的控制，这将在本章节的后续部分进行论证。

二、知识青年回城与集中成婚生育

除了家庭联产承包责任制带来了生产水平的提高，促使农村生育率大幅度增长以外，城市的生育率也得到了一定水平的提升，其主要动力来源于20世纪70年代因终止上山下乡和迁移到农村的家庭而推迟婚姻和生育的1000多万婚育年龄的知识青年回城结婚生子③。

1955年，农业合作社化运动热火朝天地进行，毛泽东号召中学生和高

---

① 刘义．家庭联产承包责任制、市场化改革与农村人口增长［J］．南京人口管理干部学院学报，2010，26（4）：59－63.

② 周国伟．家庭联产承包责任制与农民生育需求变动［J］．南方人口，1999（4）：34－38.

③ 周天勇，王元地．繁荣的轮回：人口变动与经济增长的一个逻辑解释［M］．北京：中国财富出版社，2017.

小毕业生到农村去。据有关资料统计，1955—1980 年，城镇中学生到农村去的人数为 1700 多万，其中大多数人在乡下待了五六年，甚至有人滞留了 10 年之久。这种史无前例的“逆城市化”，大大推迟了这批知识青年的生育年龄。其中，大批的知识青年坚持不在农村结婚，愿意扎根农村的多是女知识青年，有的是响应号召，有的是不堪忍受劳动的困苦，她们最终与回城无缘。当时，多数知识青年还没有结婚，一是因为政府也提倡晚婚，二是因为结婚对于知识青年回城是一种阻碍，在乡下结婚就意味着不能回城。同时，当时结婚的手续十分复杂，户口关系、粮食关系以及给结婚知识青年准备住房、发放薪资等手续十分复杂，且给当地财政带来很大负担。①

到 1982 年，这些下乡的知识青年基本上全部回城，虽然回城的方式不同，主要包括招工、顶替、升学、病退、参军以及社会关系等，但是，这些回城的知识青年中绝大多数都没有结婚，而在众多回城方式中，婚姻也是一种重要的方式，有的女知识青年为了能够回城甚至降低了择偶标准。因此，在 20 世纪 80 年代初期，知识青年集中回城后纷纷结婚生子，掀起了一波城市生育的高潮。

三、生育率从高水平降低到替代水平

尽管在 1980—1990 年，我国人口生育率出现了小幅度的反弹，但是，其增长的波长和峰值都远远不如 20 世纪 60 年代中后期的生育高峰。

在这一时期，农村居民家庭的生育决策和行为，受到自然经济、市场调节和政府管制混合型作用机制的影响。改革开放之后，小农经济在一定程度上得到了恢复，农村居民闲暇时间增多、孩子抚养成本和机会成本降低等提高了生育的动力；另外，受教育水平提高、农民外出务工使其闲暇时间减少、机会成本提高等市场调节机制，以及政府在农村推行的计划生育等，约束了生育子女数量。

城市方面，城镇家庭生育决策权被收归国家，并实行一胎政策。若发现违纪的行为，政府将对当事人进行处分、罚款。

总体来看，在这一时期，城镇的人口平均比例为 23.39%，总和生育率为 1.1 左右；而农村人口平均比例为 76.61%，总和生育率在 2.85 左右。经常看到农村家庭生育五六个甚至七八个孩子的新闻，但那只是个别地区和少

---

① 唐明香．社会历史事件与知青生命历程［D］．沈阳：沈阳师范大学，2014.

数家庭的现象，这一时期，农村家庭平均生育孩子不超过3个。20世纪50年代和60年代由高生育率推动的人口“爆炸式”增长，实际上已经过去。这一时期，人口规模呈现中快速增长，主要是由两个因素叠加导致：其一，20世纪60年代出生的人口进入生育期；其二，有些地方对计划生育工作做出了调整。这两个因素共同作用，致使在20世纪80年代中后期总和生育率小幅回升，但是，其间的最高峰为1987年的2.59，仍然没有超过1981年的2.63和1982年的2.87①。而且，从人口增长趋势来看，由于20世纪80年代后期农民外出务工，生育的机会成本上升，导致农民生育意愿下降，农村人口生育率和增长率均呈现下降趋势。特别重要的是，紧接着在1991年，人口生育率就下降到了2左右。1980—1990年总和生育率如图5-1所示。

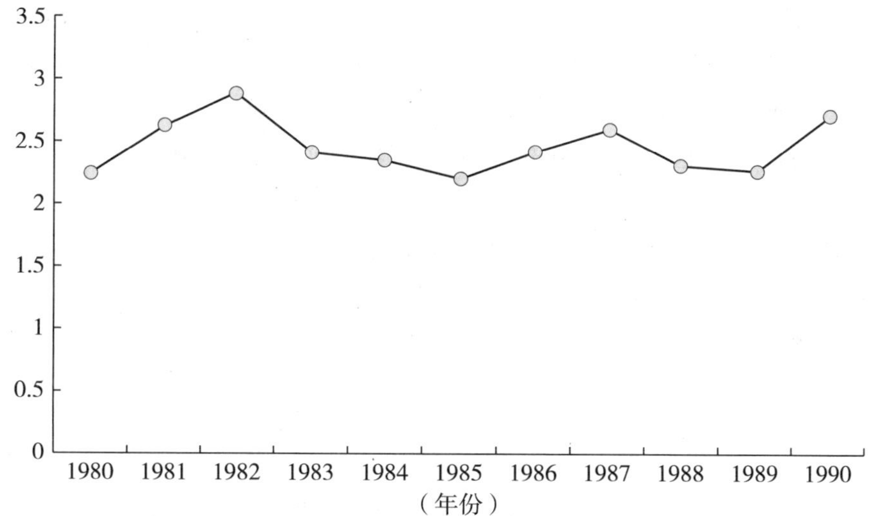

图5-1　1980—1990年总和生育率

资料来源：根据国家统计局数据测算。

替代生育率即生育更替水平，要求总和生育率大于2.1，然而，通过以上分析可以看出，尽管在这一时期城乡生育水平小幅反弹，但是，由于计划生育、农村人口大量进入城市务工以及机会成本等市场因素的调节，其总和生育率一直在2.5左右徘徊，自1987年达到峰值2.59后开始下降，在1991年已经接近于2.0，这说明这一时期结束后我国的生育水平已经降低到替代水平，甚至低于替代水平。

① 解振明．曲折、艰难、辉煌的中国生育转变［J］．人口研究，2012，36（1）：34-44.

四、寿命延长与人口中高速增长

中华人民共和国成立以来，社会稳定，战乱减少。改革开放后，医疗水平不断提高，社会生产力得到了解放，人民的生活水平得到了改善。到了1980年，我国人口的寿命得到了普遍延长，中华人民共和国刚成立时的人口平均预期寿命只有44.39岁，而到了1982年，在第三次人口普查时，我国人口的平均预期寿命已经达到了67.77岁，男性平均预期寿命为66.28岁，女性的平均预期寿命为69.27岁，经历了1980—1990年的变化，到1990年第四次人口普查时，我国人口的平均预期寿命为68.55岁，男性平均预期寿命为66.84岁，女性的平均预期寿命为70.47岁。

1980—1990年，人口寿命的不断延长、农村生产力提高，以及知青回城集中结婚生子等因素，导致了生育率的小幅反弹，这一时期我国的人口呈现中高速增长趋势，由1980年年末的总人口98705万，增长到1990年年末的总人口114333万，10年共增长了15628万人。其中，农村剩余劳动力进城等原因导致城市人口增长速度相对加快，乡村人口增长相对较慢，男女增长比例较为合理。1980—1990年人口的变化如图5-2所示。

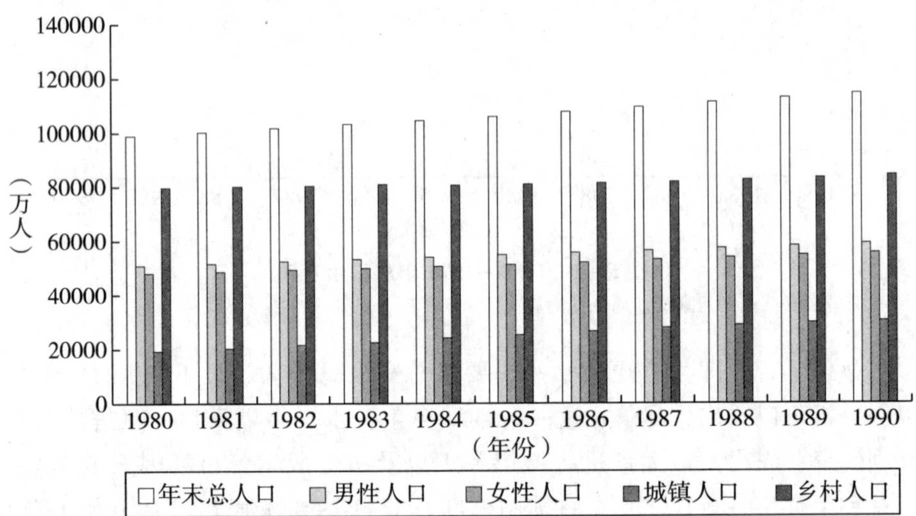

图5-2 1980—1990年人口的变化

注：1981年及以前的人口数据为户籍统计数；1982年、1990年、2000年、2010年数据为当年人口普查数据的推算数；其余年份数据为年度人口抽样调查推算数据。总人口若按性别分，则人口中包括现役军人；若按城乡分，则将现役军人计入城镇人口。

资料来源：根据国家统计局数据测算。

同时，各年份的人口自然增长率均达到了10%以上，其中最高的为1987年，达到了16.61%，这说明我国这一时期的人口增长已经到了中高速增长阶段。我国在这一时期，社会稳定，人口平均寿命延长，人口死亡率稳中下滑。1983年，由于知识青年返乡后集中生育；1987年，由于20世纪60年代出生的人口达到生育年龄，因此我国人口达到了生育的高峰期，使1980—1990年的人口维持在一个中高速增长的水平。正是这一个阶段的中高速增长，引起了政府相关部门和部分学者的注意，政府相关部门加大了计划生育政策的执行力度。同时，学者们的悲观论比比皆是，以及随着城市化水平的加快和经济水平的发展，生育成本和抚养成本大幅度提高，因此，在这一时期我国人口虽有一定的增长和反弹，但这一时期过后我国再也没有出现过人口的反弹和中高速增长。1980—1990年我国人口变化情况如图5－3所示。

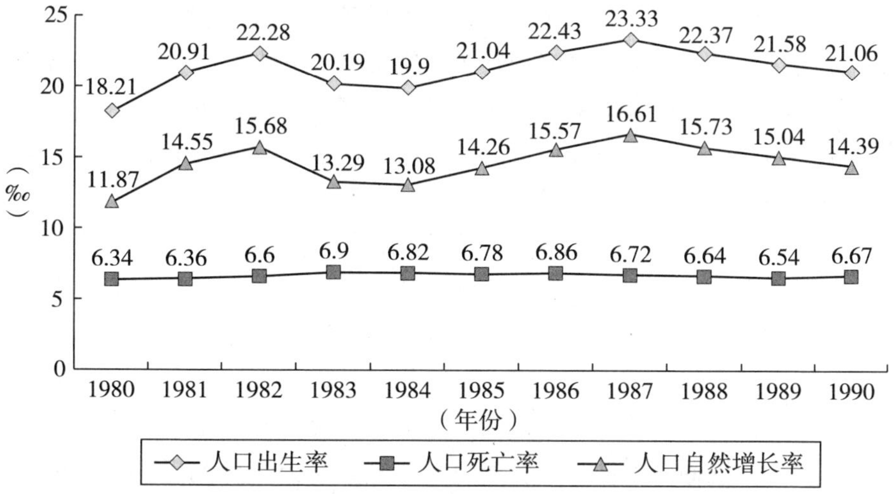

图5－3　1980—1990年我国人口变化情况

注：1981年及以前的人口数据为户籍统计数；1982年、1990年、2000年、2010年数据为当年人口普查数据推算数；其余年份数据为年度人口抽样调查推算数据。总人口和按性别分人口中包括现役军人，按城乡分人口中现役军人计入城镇人口。

资料来源：根据国家统计局数据测算。

第二节　改革开放启动人口流动

在这一时期，我国的人口生育率出现了一定程度的反弹，而我国的人口流动速度也由于改革开放而大幅度提升，改革开放政策推动了我国经济的增长，同时也启动了人口流动的浪潮。

一、经济恢复扩大人口进城

1978年后我国的经济发展效率大大提高。农业劳动生产率的提高，一方面使农村剩余劳动力大量涌入城市，加快了我国的城市化进程，另一方面对我国城市经济的发展起到了推动作用。这一时期，经济的腾飞伴随着人口的大面积流动。

（一）改革开放助推经济高速增长

改革开放以来，党和国家的工作重心从以“阶级斗争”为纲转移到以经济建设为中心，自1982年开始，我国的国民经济进入了高速增长的阶段，我国的经济在“文化大革命”十年的大破坏后得到了恢复，由图5－4可以看出，我国国民生产总值得到了大幅提高，其中第一、第二和第三产业都得到了一定的增长，第二产业对国民经济提高的贡献最大，第一产业在1984年被第三产业所赶超，这一点将在后文进行深入分析，而经济高速增长的主要原因，可以分为以下4个方面。

第一，我国的整个国家体制从以政治运动为重心转移到经济建设上来。中国共产党是我国经济建设的领导核心，能够调动各种积极的力量进行经济建设，自十一届三中全会后，党和国家的工作重心就是经济建设，为了尽快实现现代化，国有经济在资产规模、引进先进设备和人员数量方面加大了财政、土地和信贷等投入，这是经济增长重要的因素之一。

第二，传统的极大地限制生产力的“一大二公”体制得到了颠覆性改革。在农村方面，废除了生产大队、小队以及人民公社等僵化的“吃大锅饭”的体制，实行家庭联产承包责任制，极大地解放了农村的生产力；国有企业实行自负盈亏和厂长责任制；鼓励个体户发展；鼓励和扶持乡镇企业的发展等。这一系列政策，极大地推动了各行业的积极性和主动性，使我国的经济得到了高速发展。

第三，对外开放政策的贯彻落实，开放了青岛、烟台等14个沿海开放城市，建立了深圳、厦门、珠海、汕头4个经济特区，后来又开放了海南经济特区，外资的引进和剩余生产力的输出，都对我国的经济增长做出了巨大的贡献。

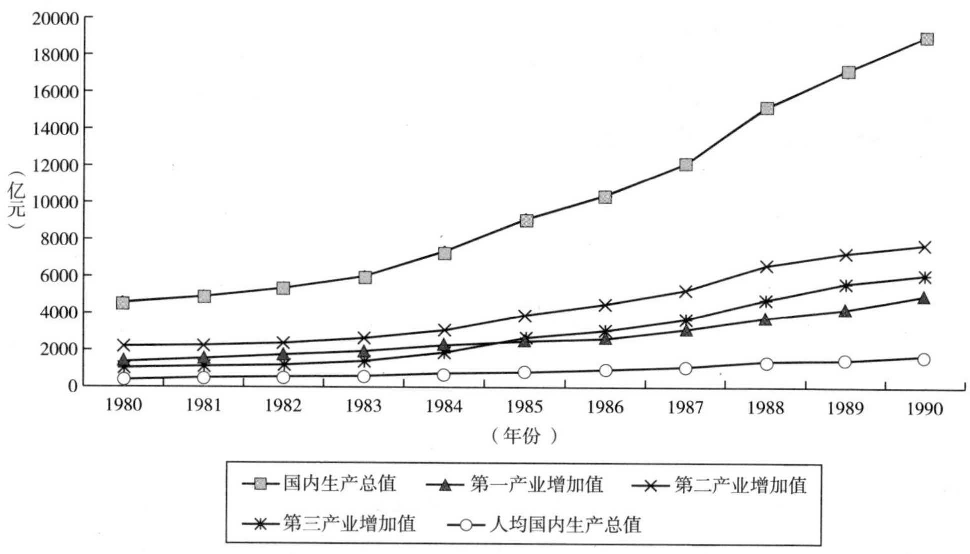

图 5－4 1980—1990 年国民收入与三次产业增加值情况

注：①1980 年以后国民总收入与国内生产总值的差额为国外净要素收入。

②三次产业分类依据国家统计局 2012 年制定的《三次产业划分规定》。第一产业是指农、林、牧、渔业（不含农、林、牧、渔服务业）；第二产业是指采矿业（不含开采辅助活动），制造业（不含金属制品、机械和设备修理业），电力、热力、燃气及水生产和供应业，建筑业；第三产业即服务业，是指除第一产业、第二产业以外的其他行业。

③按照我国国内生产总值（GDP）数据修订制度和国际通行做法，在实施研发支出核算方法改革后，对以前年度的 GDP 历史数据进行了系统修订。

资料来源：根据国家统计局数据测算。

第四，由于这一时期我国的人口增长出现了小幅反弹，同时，前 20 年左右人口增长上行助推国民经济的高速增长。1956—1965 年，除了 1959—1961 年人口自然增长率接近和低于 10‰以及 1962 年为 17.24‰外，其他年份都在 20‰～38‰的高位。这些高速增长的人口在 20 年后成为新的劳动力供给，包括在“文化大革命”末期陆续回城的知识青年。他们进入个体工商户、街道办的集体经济、乡镇企业、国有企业、农村联产承包责任经济，既产生了有效的效用，又获得了收入，增加了储蓄，结婚成家扩大了消费，强劲地推动了改革开放以来第一轮国民经济的“J”形高速增长①。

---

① 周天勇．跨越发展的陷阱——推进经济中高速增长的突破性改革方案［M］．北京：中国财富出版社，2017.

（二）经济增长推动人口进城

1980—1990 年，由于经济的高速发展，城乡人民的人均收入水平得到了大幅度的提高，如图 5－5 所示。

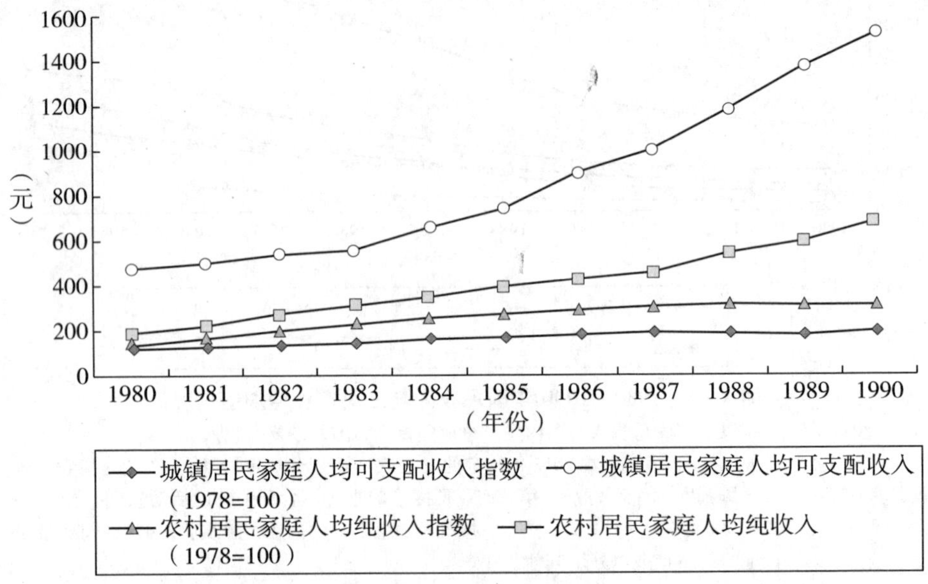

图 5－5　1980—1990 年城乡居民人均收入水平

注：2013 年前城乡居民收支数据来源于分别开展的城镇住户抽样调查和农村住户抽样调查。
资料来源：根据国家统计局数据测算。

虽然农村居民水平得到了一定的提高，人均可支配收入由 1980 年的 127 元增长到 1990 年的 686.3 元，但是相对于同期城镇居民的生活水平，仍存在较大的差距。1990 年，城镇的人均可支配收入已达到 1510.2 元，几乎是农村人均可支配收入的 3 倍。根据列文斯坦和巴格纳的推拉理论，经济因素和流出地的不利生活条件是人口迁移的主要动因。为了追求城市高质量的生活和更多的机会，摆脱农村落后闭塞的环境，这一时期，大批的农村人口选择向城市流动，主要包括进城务工、升学、当兵等方式。

经济的发展需要大量的劳动力和人员的供给，改革开放后，我国各个产业的生产力都得到解放，然而，我国并没有实现大工业和机械化的生产，其主要驱动力仍然来自人力，对劳动力的需求随着经济的发展大幅度增长。20 世纪 80 年代初期，农村由于实行家庭联产承包责任制，农业生产力得到了大幅度的解放，农村剩余劳动力溢出，这些剩余劳动力一部分进入了当地的乡镇企业，另一部分则进入了城市，以谋求新的工作机会，助推了经济的进一步发展。

由于经济的高速发展，人们的可支配收入大幅增长，“腰包鼓起来了”，对于生活水平的追求也就自然得到了提高，餐饮业、服务业等第三产业蓬勃发展，而这些行业对受教育程度要求门槛低，需要从业者勤劳、朴实，符合对农村务工人员的定位，而且其收入较为可观，因此吸引了一大批的农村剩余劳动力。

二、联产承包收益递减与“农工潮”

在家庭联产承包责任制实行初期，确实改变了传统的“大锅饭”、效率低的局面，解放了农村的生产力，推动了农业的快速发展。然而，我国本身耕地资源短缺，而农业生产力的发展不仅与劳动力的效率有关，同时也受天气、土地、肥料以及作物质量等多方面因素的影响，其收益的可控性和持续增长性较差。到了20世纪80年代中后期，家庭联产承包责任制所带来的收益开始递减。土地上的收益难以满足农村居民的需求，因此，很多农民在农业之外寻求新的“生财之道”。

在上文中曾提到，在1984—1985年，我国第三产业的发展速度超过了第一产业，如图5-6所示。主要是由于城市人口劳动生产率提高，收入大幅度增加，人均可支配收入增多，人们除了工作之外，可支配的时间也增多，对于生活水平的追求也有了一定的提升，这就推动了第三产业的发展，主要包括服务业、餐饮行业等，同时，农业收益率的降低，推动了大批农民涌入城市，其中很大一部分农民便投身到服务业的发展中。

城市化的发展，包括城市的基础设施建设、城市房地产业的发展，都需要大量的劳动力，而这些工作对于农民工而言都比务农获利更多，随着家庭联产承包责任制对劳动力的解放以及务农收益的递减，多数农民家庭不需要全部劳动力都务农，一般家庭仅需要妇女和孩子留守务农，而家中的主要劳动力进城从事工作。其中，主要一部分农民工从事了建设和拆迁工作，这一类工作需要大量的体力劳动，农民工体力充沛，多年从事农业劳动锻炼，吃苦耐劳能力强，因此能够驾驭此类工作。同时，对于城市建设公司而言，农民工也是一种廉价劳动力，因为农民工在计算收益时往往不是与城市居民的收入对比，而是与务农时同村人的收入相比较，而农业收入“看天吃饭”，且收入提高空间较低，这种比较方式导致了农民工对工资收入的预期较低，所以，城市建设公司更愿意雇用相对好管理、雇用成本低、吃苦耐劳的农民工。

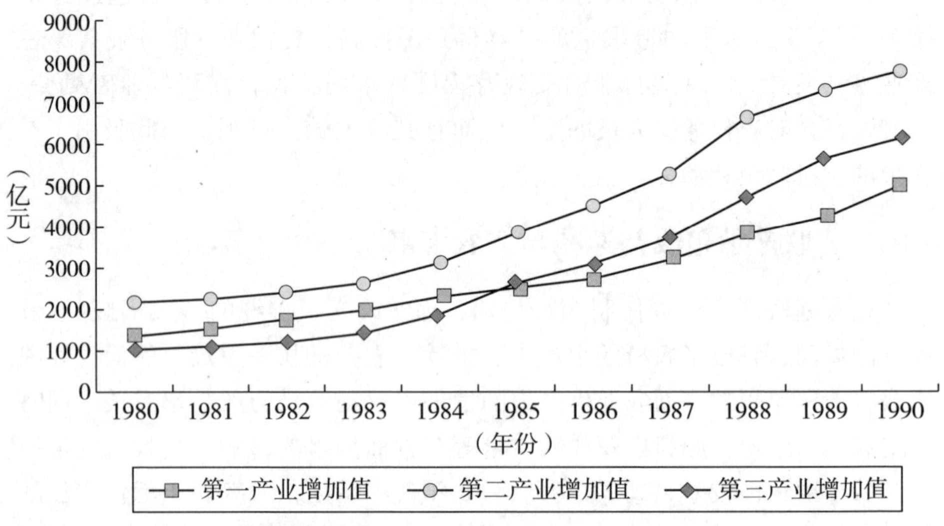

图 5－6　1980—1990 年三次产业增加值

注：三次产业分类依据国家统计局 2012 年制定的《三次产业划分规定》。第一产业是指农、林、牧、渔业（不含农、林、牧、渔服务业）；第二产业是指采矿业（不含开采辅助活动），制造业（不含金属制品、机械和设备修理业），电力、热力、燃气及水生产和供应业，建筑业；第三产业即服务业，是指除第一产业、第二产业以外的其他行业。

资料来源：根据国家统计局数据测算。

20 世纪 80 年代的“农工潮”虽然让一大批农民进城务工，但是，这批农民并没有真正地实现城市化。首先是因为农村土地和家庭的限制，农民自己本身具有土地情节，“守着地，有饭吃”的想法是农村家庭的主导想法；其次，户籍管制也是农民工无法城市化的重要原因，农民工虽然能够进城务工，但是无法在城市落户，自然难以成为城市居民；最后，农民工由于受到文化水平的限制，从事的工作多是体力劳动，相对于多数城市居民和城市的高消费水平而言，农民工工资十分低廉，城市的高支出水平使农民望而却步。种种原因导致了改革开放后，虽然大量的农民涌入城市务工，但是他们却没有实现真正的城市化。

三、从禁止农民工外出到鼓励农民工进城务工

对于农民工进城与城市化的关系，学术界研究较多，学者也基本达成共识，刘易斯提出农业人口从农业部门转移到非农业部门有利于推动一国

的现代化、城市化和工业化[①]；兰登特从人口统计学的角度分析城市化问题，认为城镇、农村支教的人口流动情况是影响城市化的因素之一[②]；国内学者郭庆和胡鞍钢认为，城市化进程是农村劳动力向城市化转移的过程[③]。另外，也有学者认为，中国流入城市的农村人口很难成为市民，这决定了中国城市化的“半市民化”现象[④]。总而言之，学术界对于农民工进城促进了城市化这一看法，是相对统一的。

改革开放初期，中国城市经济的发展基本属于“恢复性”发展，尽管百废待兴，需要劳动力，但是由于发展水平和发展速度不高，城市对劳动力的吸纳能力有限，而且，城市和农村依然留下了很多的历史遗留问题，尤其是知识青年返城给城市的就业带来了很大的压力，因此，当时国家十分不支持农民进城务工，并采取了严格的限制政策。针对当时刚刚出现的“农工潮”萌芽，国家相继出台了一系列制止农民进城和清退已经进城的农民的行政命令。[⑤] 1979 年，国务院批转国家计划委员会《关于清理压缩计划外用工的办法》中提出，清理的重点是全民所有制单位在劳动计划外使用的农村劳动力，要求各地把来自农村的劳动力清退回农村后，生产和工作确实需要劳动力的，经省、市、区劳动部门审批，可以补充城镇待业青年和上山下乡青年；1980 年 8 月，中共中央国务院《关于进一步做好城镇劳动就业工作的意见》强调，要压缩、清退来自农村的计划外用工；1981 年年底，国务院颁布《关于严格控制农村劳动力进城做工和农业人口转为非农业人口的通知》，提出城镇集体所用制单位一律不得从农村招收农民当职工，认真清理企业、事业单位使用的农村劳动力。对于当时的农民工进城务工的情况，中央的态度十分明确，一方面是从源头上禁止农民工进城务工，另一方面是不断地压缩和清退来自农村的劳动力，凡是与计划用工制度不相符的一律清退。

---

① LEWIS W ARTHUR. Economic Development with Unlimited Supplies of Labour［J］. The Manchester School，1954（2）：139－191.

② LEDENT，J. Rural－Urban Migration，Urbanization，and Economic Development［J］. Economic Development and Cultural Change，1982（1）：507－538.

③ 韩庆，胡鞍钢. 中国工业化问题初探［M］. 北京：中国科学技术出版社，1991.

④ 辜胜阻，易善策，郑凌云. 基于农民工特征的工业化与城镇化协调发展研究［J］. 人口研究，2006（5）.

⑤ 蔡江涛. 改革开放以来我国农民工政策的演进和发展［D］. 乌鲁木齐：新疆大学，2012.

在这一时期，政府对于农村剩余劳动力沿用了计划经济时期的管理制度，由于城市失业率过高而采取了严厉的措施禁止农民工进城，限制了农民工涌入城市。在这个阶段，中国刚刚开始改革开放，城市经济发展过程中，劳动密集型企业没有形成，非公有制经济尚未成型，规模小，对劳动力的吸纳能力不足，用工的数量有限，农民工尚未作为一个独立的群体出现在城市。然而，这一状况在1984年之后出现了变化，随着城镇经济体制改革的发展和改革开放的逐步深入，城市经济得到了恢复，对劳动力的需求也进一步增加。由于家庭联产承包责任制的实行，农业劳动力得到了解放。农民在土地上的收入已经难以满足其更高的需求，许多农民希望去城市里寻求新的机遇，赚取更多的收入。

20世纪80年代中期，东南沿海地区的乡镇企业得到了迅速的发展，吸收了大量的农村劳动力进入乡镇企业工作。乡镇企业的发展，并不会增加城市的负担，也不会增加政府对城市发展的投入，这种“离土不离乡”的劳动力吸纳方式，得到了政府的大力支持。特区经济的快速发展，需要大量的劳动力，中央鼓励向特区输送大量的劳动力，这种劳动力大量转移的情况，对计划经济时期对农村劳动力进城的管制产生了极大的冲击。

1984年1月1日，《关于1984年农村工作的通知》（1984年中央一号文件）提出“鼓励土地逐步向种田能手集中。社员在承包期内，因无力耕种或转营他业而要求不包或少包土地的，可以将土地交给集体统一安排，也可以经集体同意，由社员自找对象协商转包，但不能擅自改变向集体承包合同的内容”，这使大量劳动力从土地中解放出来。该文件强调了“允许务工、经商、办服务业的农民自理口粮到集镇落户”。该文件的发布，改变了以前禁止农民工进城的情况，变成了鼓励农民工进城务工。

1985年，《关于进一步活跃农村经济的十项政策》（1985年中央一号文件）提出“进一步扩大城乡经济交往”“城市要在用地和服务设施方面提供便利”。

1986年7月，国务院颁布了《国务院关于发布改革劳动制度四个规定的通知》，要求“企业招用工人，应当公布招工简章，符合报考条件的城镇待业人员和国家规定允许从农村招用的人员，均可报考”。

这一阶段，我国对于农民工进城的态度，从明令禁止转变为鼓励进城，这与我国城市建设步入快速发展阶段，需要大量的农村劳动力有关。

但由于户籍制度和土地制度的限制，农民工无法在城市落户和定居。因此，这批进城的农民工并没有真正的市民化，“青出老回”是这一时期进城务工的农民工的主要特点。对农民工进城务工的政策虽然从管控变成鼓励，但不同于发达国家的城市化，我国的农民工并未脱离土地，属于兼业化的就业，这对于我国农业生产率的提高和城市化进程都产生了较为消极的影响。

第三节　计划生育从倡导到国策

工业化所带来的产业革命，大大推动了社会生产力的发展，农业技术的进步使食品和其他工业产品的供给大大增加；医疗技术得到改善，使饥荒和疾病对于人口增长的抑制作用大大减弱。然而，此时人们传统的生育观点没有改变，世界各国的人口都呈现“爆炸式”增长。快速增长的人口，对资源的过度消耗以及大规模工业化生产对生态环境的破坏等问题，引起了学界的广泛关注和担忧，出现了适度人口理论以及人口资源悲观论。

这种悲观论深深地影响着中国，并推动了计划生育政策的提出，中华人民共和国成立之初，在“人多力量大”等口号的鼓舞下，我国人口增长率一路飘红，8 年内增长了 1 个亿，20 世纪 70 年代的人口出生率甚至达到了 5.83%。迫于巨大的人口压力，中央提出了“晚、稀、少”的具体政策，实施计划生育政策。1980 年，中央发布了“9·25”公开信，正式提出了“每对夫妇只生育一个孩子”的独生子女政策，由此确立了刚性的人口生育政策[①]。生育权也真正实现了从公民的自主权到由国家计划统一的转变。

本节主要是对计划生育政策的提出、倡导以及其最终成为一项基本国策的过程进行探讨，主要分为 4 个部分：第一部分，对国外相关理论以及国外理论对中国的影响进行梳理；第二部分，对我国人口学界对人口政策的主流研究进行整理；第三部分，对计划生育政策从被倡导到被确立为国策的过程进行梳理；第四部分，对计划生育政策被不断加强的过程进行整理。

---

① 任庆伟. 论我国计划生育政策的成果、问题及对策［J］. 改革与开放，2010（6）：114.

一、国外人口增长悲观论的进入和传播

西方的发展悲观派和适度人口理论等，认为地球上人口的增长是造成环境破坏和资源枯竭的主要原因。为了解决这个问题，降低人口增长速度和减少人口数量是一个主要的方法。

（一）适度人口论与人口控制主张

在西方人口理论中，英国经济学家和人口学家马尔萨斯的“人口原理”理论扮演着关键性的作用，其理论可归结为人口若不受抑制，会以几何比率增加，但生活资料却按算术比例增加①。在马尔萨斯的“人口原理”中，几何级数式增长的人口无限性与粮食生产和生活资料等算术级数增长的有限性存在矛盾关系，人口与资源很难实现有效的平衡。因此，为应对环境与资源危机，需要降低人口增长速度、削减人口数量和减少对自然资源的索取。其主要逻辑在于人口增长总比食物增长的速度快得多，每当食物短缺时，饥荒、贫困、瘟疫、战争等灾难就会对人口进行削减，自然事故和衰老等也会对人口数量进行限制，使得人口与资源实现平衡。当人口被大量削减后，丰足的食物供给又促使人口快速增长，这时候贫困与罪恶等限制因素又会起作用②。

马尔萨斯人口理论的提出，正处于欧洲工业革命的背景下。当时，社会经济产生了巨大的变化，工人属于被剥削阶级，生活贫困，暴动频繁。逐年战争造成了欧洲人口的大量伤亡，而粮食供应好转之后，人口又重新开始增长，在这样的背景下，欧洲人认可了马尔萨斯人口理论的正确性。

（二）《增长的极限》与人口资源悲观论

1972 年，罗马俱乐部的研究成果《增长的极限》，提出了三个基本假设：其一，系统论的观点，即人口增长、资本投资、粮食消耗、环境污染和能源消耗这五大因素相互影响，并构成一个大系统；其二，在追求利益

① MALTHUS，THOMAS ROBERT. An Essay on the Principle of Population，as It Affects the Future Improvement of Society［J］. General Information，1996（3）：530－550.

② 同①。

的增长和最大化上，人类永不停止和满足；其三，资源始终都是有限的①。

基于上述3个假设，梅多斯等人使用两种路径来分析大系统中的5个主要因素的作用。路径一为正反馈，即增强；路径二为负反馈，即消耗和抵消。正负反馈机制使得这五大要素处于不断的动态平衡之中，然而，人口增长、资本投资、粮食消耗、环境污染和能源消耗这5个因素都将呈几何级数增长。人口不断增长，资本连续投入工业生产，促使资源、能源不断消耗，污染排放不断增多，最终导致污染过于严重、粮食短缺和人口死亡率不断上升，迫使人类社会在2100年前崩溃。②

马尔萨斯的思想在当时传入了改革开放初期的中国，在这些理论的影响下，国内学者普遍认为，如果不对生育进行控制，人口的指数增长会造成国土资源消耗、能源供应不足、环境污染以及粮食短缺等悲剧性结果。

当前各国的许多实践都表明，《增长的极限》中的悲观论调存在着很大的缺陷。研究表明，单单利用梅多斯等人的预测模型，很难准确评估和判断各类相互影响而又具有极大不确定性的因素，诸多研究用各国发展经验和历程实现了对增长极限的突破。

历史证明，包括中国在内的世界各国在《增长的极限》发表后的40多年里，并没有出现报告中所预测的悲观情况。人类社会的实际发展过程，并不符合马尔萨斯和梅多斯的预测，因而他们的理论是不能解释当代社会中经济发展与人口增长的内在关系的。

但是，当时的中国正处于改革开放初期，对于国外很多理论的鉴别和认定能力不足，马尔萨斯的人口论和《增长的极限》一经引入，便引起了国内学者的恐慌和担忧，这为计划生育政策的制定和实施提供了学术研究层面的背景和条件。

二、控制生育：人口学的主流研究

中国应不应该实行计划生育，学者从20世纪50年代就开始争论。在学术界，争论主要是经济学家马寅初对20世纪50年代中国人口高出生率和高增长率与粮食等供应的平衡关系的担忧引起的。中国在改革开放前实

---

① MEADOWS，DONELLA H，et al. The Limits to Growth［M］. New York：Univers Books，1972：102，134－145.

② 同①。

行了物质投入和生产的计划经济，将决策权集中统一到了政府手中；但是，在人的再生产方面，当时的领导人并没有将生育权收归政府，虽然那段时期也提倡过计划生育，但是生育权仍归个人，生育仍然由家庭分散决策，政府并没有实行集中的计划管制。

马尔萨斯的人口论和《增长的极限》传入中国，引起了国内学者的担忧和恐慌，虽然也有很多国外经济学家，如西尼尔、库兹涅茨等提出了相对乐观的人口理论，但是，控制生育已经成为国内学者的主流观点。

最具有代表性的是时任北京大学校长的中国著名人口经济学家马寅初，他认为国家必须控制人口规模的增长，以适应有限的耕地和粮食供给能力。他提出，“我们的社会主义是计划经济，如果不把人口列入计划之内，不能控制人口，不能实行计划生育，那就不能称其为计划经济”①。改革开放以前，计划生育并没有成为计划经济的组成部分。

1978 年以后，中国在人口理论方面的研究，向着有利于政府进行生育计划调节的方向进展。1979 年，马寅初在《新人口论》中指出，为了适应有限的土地、粮食和生产资料供给，国家需要控制人口规模的增长。面对当时中华人民共和国快速增长的人口和严峻的经济问题，他在他的人口论中指出，“唯一的、最有效的办法就是控制人口，实行计划生育”，他还主张普遍推行避孕和晚婚。在每对夫妇生几个孩子最合适的问题上，马寅初指出，“我认为两个就够了，男孩代替父亲，女孩代替母亲。我还主张‘两个有奖，三个有税’”②。

随着改革开放的逐步发展，人口问题变得越来越严重，针对人口政策的研究开始兴起，关于人口理论的讨论成为当时的学术界热点，《人口文摘》《人口探究》《人口学报》等刊物如雨后春笋般出现，而在当时的讨论中，一方面由于受到外国悲观理论的影响，另一方面源于对于经济发展和社会生产力的片面估计，“控制人口，控制生育权”成为当时学术界的主流观点，并对计划生育政策的发展起到了推动和强化的作用。

在当时，学者对于中国适度人口规模的问题展开了讨论，主流意见认为人口保持在 6 亿到 7 亿的规模为宜。最早研究中国适度人口规模的是南京大学的孙本文教授，他在 1957 年就提出，根据人口规模与粮食生产及人

① 王勇．马寅初“人口论”遭批判始末［J］．文史月刊，2007（12）：27－29.

② 马寅初．新人口论［M］．北京：北京出版社，1979.

口就业两个因素，中国适度人口以 8 亿最为理想。

1979 年，中国社会科学院的田雪原和陈玉光认为，在消费和积累达到一定比例的条件下，经济的发展和国民收入的增长，一方面决定着消费资料的增长，从而决定着一定消费水平下的社会总人口；另一方面通过积累和固定资产的增长，技术水平和装备水平的提高程度，制约着吸收劳动力人口的数量，从而也决定着人口总的数量。他们从 1950—1979 年国民收入年平均增长 7.3% 的速度，预计出今后几十年内中国经济增长应当在 6% ~ 7% 的结果。另外，他们也从国内外过去 30 年的统计资料分析得出，今后我国固定资产增长速度在 6% 左右，工农业技术装备增长率在 5% 左右，从现代工业、农业和第三产业的劳动力人口比例和稳定的零增长率社会人口的年龄组比例推算，我国总人口数量应当保持在 6.5 亿 ~ 7 亿，这对经济发展最有利。

宋健等学者，用控制论的方法对人口规模与食物生产和淡水资源的平衡关系进行了讨论，他们认为，从食品的角度看，中国未来 21 世纪后半期的适度人口应在 7 亿或者 7 亿以下；从工农业和人民生活所需要的淡水资源看，我国在 21 世纪的人口总数应当在 6.3 亿到 6.5 亿。

西安交通大学的胡保生等学者，也从粮食产量、动物蛋白供应、生活和工业交通占地、淡水资源、能源生产、人均收入、人口老化、全球人口比例等多目标进行考虑，用系统工程中的多目标决策技术和方法分析了中国未来的适度人口规模，认为保持在 7 亿到 10 亿为好。

从各种约束条件计算出的我国未来甚至是 100 年中的适度人口规模为 6 亿 ~ 7 亿人，根据这样的适度人口规模，要对当前人口的数量进行控制，甚至是从当时已经接近 10 亿人口的规模下降到 6 亿 ~ 7 亿人口，硬性的、削减性的计划调节，成了中国长期实行一胎化政策的理论依据。关键是，生育权要从家庭收归政府进行管理，生育由分散的家庭决策改由国家集中计划进行，以便使人口数量与粮食、就业、淡水、土地等资源相协调。

主流人口学家的计算和论证，为计划生育的实施提供了理论上的支持，严格地控制中国的人口数量，随之而来的人口结构、经济发展等诸多影响人民切身利益和整个国家、民族未来等被当今学术界广泛讨论的问题，值得我们进行深入的探讨和研究。

三、计划生育观点从倡议到国策

计划生育的雏形大致形成于20世纪70年代末期，当时计划生育的政策主要体现为“晚、稀、少”的特点，而其正式提出是在20世纪80年代，这一时期的计划生育政策经历了从提出倡议到上升为一项基本国策的过程。

（一）计划生育理论形成并付诸实施的时代背景

为什么物质生产、分配和消费的体制，从集中管理变为分散决策、从计划经济向市场调节转变，人的生育却从家庭决策变为国家管制、生育决策变为国家计划管理的体制呢？

从理论上来讲，中国的学术讨论刚刚从封闭中解禁，人口学和人口经济学界受马尔萨斯等古典学派的影响较大，提倡计划生育的北京大学原校长马寅初又逢此时“平反”，加上一些新型工业化国家正处于环境污染时期，当时“适度人口论”，以及《增长的极限》中的观点在全球传播并盛行，国内人口和经济学界所受影响较大，主流观点偏向于由国家控制人口增长。

实际上，世界人口和经济学界对人口从“爆炸式”增长到低增长的转型，早就从宏观趋势和微观机制方面进行了研究。从长期趋势方面，最早进行研究的学者是法国的兰德里，后来是美国的汤普森、诺特斯坦、科尔和胡佛、金德尔伯格和赫里克、布莱克等人口和人口经济学家，他们都发表了许多著述和文章，总体上形成了人口从“高生育率、高死亡率、低增长率”到“高生育率、低死亡率、高增长率”再到“低生育率、低死亡率、低增长率”的转型理论；美国经济学家莱宾斯坦、贝克尔等人，也在20世纪70年代发表了一系列论述，对在市场经济环境中，成本、机会成本、预算可能性与抚养最大数量、生育数量与质量选择等内容进行了细致的分析，从微观机制的方面解释了高生育率下降为低生育率的内在机理。同样在20世纪70年代，美国人口学和经济学家卡恩、西蒙等人，从技术进步等角度分析了工业、农业等革命活动，提高了人口规模的承载能力，他们认为人类的智慧和努力，完全可以解决未来世界的人口问题①。可惜

① 李仲生．欧美人口经济学说史［M］．北京：世界图书出版公司，2013.

当时中国刚刚改革开放，这些研究从发表到被翻译到中国，有一个时滞。有的在20世纪80年代末才被翻译入国内，但没有引起学术界的注意[①]。而国内学术界中反对计划生育的学者很少，分析计划生育必要性的研究“一边倒”。

中国体制改革的走向当时也不明朗，开始提的路线是向着有计划的商品经济改革，到1992年才确立了市场经济体制的改革方向。但是，此时计划生育的宪法和法律框架及行政实施体制已经形成。主流人口学和人口经济学方面也忽视了人口增长从高到低自动转型的客观趋势。

从实践上来看，当时的学者和决策者都将人均国民收入低、失业严重、外汇短缺和粮食大量需要进口等问题，归咎于中国人口太多。正好在国外处于争论但在国内学术界盛行的“适度人口论”，给控制人口增长和削减人口规模决策提供了理论依据。

改革开放后，当时中国政府碰到的第一个难题是，就业压力巨大。自1966年开始，特别是1968年后，到1979年，全国动员了接近1776万名城镇初中生和高中生到农村去。其间除了陆续回城的知识青年外，到1978年时，还有1000万余名知识青年在农村，在他们及其家长的强烈要求下，1979年年初中央同意他们迁出农村[②]，但这些知识青年回城后的就业安置成了相当严峻的社会经济问题。

（二）计划生育政策成为我国的一项基本国策

1980年，中共中央发布了《关于控制人口增长问题致全体共产党员、共青团员的公开信》即著名的“9·25”公开信，提倡一对夫妇只生一个孩子，并提出有些人确实有实际困难，允许他们生育两个孩子，但是不能生三个孩子。“9·25”公开信的发布，代表着我国计划生育政策的正式实施，但是在执行过程中也出现了一定程度的偏差，具体执行、落实情况不是很令人满意，基层计生工作中，有的干部为了完成任务和指标，教条化和形式化严重，干群关系不断恶化；也有的干部放任不管，出现了多胎生育等问题。“9·25”公开信发表一年后，中共中央再次召开会议讨论，进一步明确了计划生育政策的实施原则，并提出要结合农村计划生育工作开

---

① 奥威毕克. 人口理论史［M］. 北京：商务印书馆，1988.

② 罗军生. 邓小平终结知识青年上山下乡运动［J］. 党史纵览，2004（12）：4－10.

展实际，采取切实可行的政策措施。

1982 年 2 月 9 日，中共中央、国务院联合下发了《关于进一步做好计划生育工作的指示》，该文件明确指出，控制人口增长问题，是我国社会主义现代化建设中面临的一个重大战略问题，该文件对 20 世纪 70 年代以来实施计划生育取得的成效予以总结和肯定，明确了计划生育的具体措施，要求继续提倡“晚婚、晚育、少生、优生”，国家干部和职工、城镇居民，除特殊情况经过批准者外，一对夫妇生育只一个孩子，同时，要求少数民族也实施计划生育政策，但在要求上适当放宽。另外，文件对于过去的地方文件表明了态度，“在中央没有具体规定的情况下，各省、自治区、直辖市制定了一些暂行办法，总的来说，对于推动计划生育工作的开展，起了积极作用。今后，凡是适用的应继续执行，与本指示相抵触的，应结合当地实际情况，有步骤地进行调整，或根据本指示精神制订具体政策规定和实施细则”。至此，由中共中央和国务院制定的，适用于全国范围的计划生育措施正式出台。1982 年，计划生育政策正式成为一项基本国策。

四、计划生育措施逐步强化

计划生育政策在 1982 年成为一项基本国策后，其实施过程中仍然面临着很多的问题，1982—1990 年，计划生育政策不断调整，直到 1991 年才真正地稳定下来，并一直沿用到 2014 年单独二胎政策的实施。在调整的过程中，计划生育政策的执行力度也不断加强，计划生育的实施逐步强化。

1982 年 8 月，全国计划生育工作会议召开，国家计划生育委员会结合前期工作开展的实际，对计划生育工作进行了细化和完善，对于二胎生育的条件进行了界定和划分，但农村的计划生育问题中仍然存在一些政策难以落实的情况。

1984 年 4 月 5 日，国家计划生育委员会向中共中央作了《关于计划生育工作情况的汇报》，该汇报提出，要适时、适度地进行对计划生育政策的调整，努力使之合情合理。在计划生育工作中出现的党群、干群关系恶化问题，对建设一支群众拥护的政权起到了消极作用，因此，在接下来的工作中应该尤其注意方式和方法问题，做好干部工作是关键。此次汇报中提出了“开小口，堵大口”的策略，即在农村继续有控制地把“口子”开得稍大一些，夫妇经过批准可以生育二胎，但是坚决制止“超计划二胎和多胎生育”。这一政策的落实，是我国对“一对夫妇只生育一个孩子”的计划生育政策进行调整的开始。

1984 年 4 月 13 日，中共中央以中发〔1984〕7 号文件批转国家计划生育委员会党组《关于计划生育工作情况的汇报》，该文件指出，“要把计划生育政策建立在合情合理、群众拥护、干部好做工作的基础上”“为到本世纪末把我国人口控制在 12 亿以内，要继续提倡一对夫妇只生育一个孩子”，并提出了完善计划生育的具体措施，对于农村和少数民族地区也做了详细规定，同时，提出要注重思想工作，不采取强迫命令的手段等。7 号文件的发布，继续强化和具体了计划生育工作，推动了计划生育工作的进一步开展，作为之后几年计划生育的指导性文件，其发挥了较大的作用。

1986 年，中共中央以中发〔1986〕13 号文件发出批转《关于“六五”期间计划生育工作情况和“七五”期间工作意见的报告》的通知，中央批语：“目前，全国各地生育水平差别很大，城市绝大多数群众已做到一对夫妇生一胎，今后的重点是把农村计划生育工作搞好，特别是对于目前处于后进状态的地区和单位，必须采取有效措施，把计划生育搞上去。”

1987 年 12 月 28 日，国家计划生育委员会、民政部、司法部、中华全国妇女联合会以〔1987〕国计生委（厅）字第 280 号文件，联合发出经国务院同意的《关于认真贯彻执行〈婚姻法〉严禁违法婚姻的通知》。该文件中提到，对于全国许多农村早婚和不登记就以夫妻关系同居的现象，各级政府应当予以高度重视，强调“在加强行政管理的同时，要认真抓好城乡婚嫁习俗改革”。

1988 年 3 月 31 日，中共中央政治局常委会举行第 18 次会议，讨论并在原则上同意国家计划生育委员会《计划生育工作汇报提纲》。会议肯定了计划生育工作的成绩，但是也指出，计划生育政策在有的地方依然执行困难，有的地方甚至放任不管，助长了多胎生育的行为。中央肯定了部分农村允许第一胎生女孩的夫妇再生第二胎的政策，但是，“间隔”非常重要，并指出这样“有利于减少计划外生育，实现控制人口的目标”。会议强调，对于计划生育工作，要“切实加强领导，把计划生育工作进一步抓紧”。

1991 年 3 月，党中央再次强调，计划生育工作是我国的一项基本国策，关系到民族和未来的发展。从当前我国人口发展形势来看，计划生育刻不容缓，我国实行计划生育政策符合我国国情，不能有任何的动摇，要坚定不移地抓牢、抓好。1991 年 5 月，中共中央、国务院发布《关于加强计划生育工作严格控制人口增长的决定》，该决定明确提出，未来 10 年年均人口增长率应控制在 12. 5‰以内，这将作为我国未来一段时期内的人口增长目标，指导计划生育工作的稳步实施。

至此，我国计划生育工作不断强化，各项措施和政策通过不断的修正和讨论，最终成了一套较为完善的计划生育体系，实现了生育权从公民自主掌握到国家指令计划的转移。

从时间上来看，中国实行这种强制性的计划生育时间较长，达 41 年之久，到 2014 年也只是松动，没有全面放开二胎生育，还谈不上彻底废止计划生育。

毋庸置疑，计划生育政策的执行对于我国人口增长速度的控制是效果显著的，计划生育政策的实施也经过了很多学者的论证，长达 30 年的计划生育，不仅对我国人口政策产生了巨大的影响，还对我国经济的发展产生了深远的影响。

第六章　世纪之交（1991—2002）：生育双重调节与人口流动加速

1991—2002 年，我国确立了社会主义市场经济体制改革目标，优化了经济结构，注入了市场活力。我国的国内生产总值（GDP）从 1991 年的 21781.5 亿元，增长到 2002 年的 120332.7 亿元，增长了近 6 倍；人均 GDP 从 1991 年的 1893 元增长到 2002 年的 9398 元，增长了近 5 倍。伴随着这一时期我国经济的高速增长和市场化改革的推进，我国的人口生育和人口迁移也都呈现出新的特点。

在人口生育方面，这一时期我国的人口受到了市场机制与政策机制的双重调节，市场机制的压力主要来源于工业化和城市化快速推进所带来的高成本、受教育水平的变动等；政策调控方面，主要表现为这一时期计划生育政策日趋严格并上升为国家法律，违法违规生育的处罚力度加大。双重机制的调节合力导致了这一时期人口增长率快速下降，人口自然增长率在 1991 年为 12.98‰，到 2002 年下降为 6.45‰，下降了近一半；而我国的总和生育率，也从 2.1 左右的替代水平，降为 2000 年的 1.22 的超低水平，远低于 1.8 的警戒线。

在人口流动方面，随着我国市场经济体制改革的不断深入，这一时期我国人口流动和迁移不断加速。一方面，农村剩余劳动力大量进入城市，形成民工潮，推动了城市经济的高速发展，但这部分人口并未实现市民化；另一方面，不少农村人口通过教育、从商和从军等途径进入城市，实现了市民化，推动了城市化的发展。

第一节　生育市场的双重调节

从我国人口生育和增长模式以及实际增长曲线来看，1991—2002 年，

“微观上，由于大量处于育龄阶段的农村人口从农村向城镇流动，市场机制开始逐步起到应有的调节作用，改变了农村家庭的生育意愿、决策和行为及模式；宏观上，20 世纪 70—80 年代新出生的受教育水平更高的人口进入育龄阶段，生育数量显著下降；同时，城市化的推进，进一步减少了人们的生育意愿和生育机会。在政府政策调节方面，计划生育立法使城乡居民生育受到的管制也越来越严。”① 从数据来看，生育率从 1991 年的 2.075，降低到 2002 年的 1.383；出生率从 19.68‰下降到 12.86‰；死亡率从 6.70‰下降到 6.41‰；而人口自然增长率则从 12.98‰急剧下滑到 6.45‰。② 由此，人口增长率大体与死亡率相等，我国人口急剧从中速增长转向低速增长阶段，如表 6－1 所示。

表 6－1　　1991—2002 年中国人口增长和乡村人口比例

年份	生育率（%）	人口出生率（‰）	死亡率（‰）	自然增长率（‰）	总人口（万人）	乡村人口比例（%）
1991	2.075	19.68	6.70	12.98	115823	73.06
1992	1.875	18.24	6.64	11.60	117171	72.54
1993	1.755	18.09	6.64	11.45	118517	72.01
1994	1.760	17.70	6.49	11.21	119850	71.49
1995	1.770	17.12	6.57	10.55	121121	70.96
1996	1.680	16.98	6.56	10.42	122389	69.52
1997	1.625	16.57	6.51	10.06	123626	68.09
1998	1.550	15.64	6.50	9.14	124761	66.65
1999	1.475	14.64	6.46	8.18	125786	65.22
2000	1.218	14.03	6.45	7.58	126743	63.78
2001	1.387	13.38	6.43	6.95	127627	62.34
2002	1.383	12.86	6.41	6.45	128453	60.91

资料来源：生育率，1991—1997 年采用数据来自夏乐平《1979—2000 年中国人口生育趋势：出生数据和教育数据的比较分析》，载于《人口研究》2005 年第 7 期；1998 年数据，以 1997 年和 1999 年数据，做了一下平滑处理；1999—2002 年，用国家统计局人口普查和抽查数据。人口出生率、死亡率、自然增长率、总人口和乡村人口比例根据中华人民共和国统计局网站数据库计算整理。

① 张弥，周天勇．自主到计划：人口生育和增长变迁——1950～2014 年中国人口论纲要［J］．经济研究参考，2015（32）：3－31.

② 资料来源：国家统计局。

一、生育机制调节功能越来越强

这一时期，我国社会主义市场经济体制改革不断推进，带动了工业化和城市化的快速发展，经济处于高速增长阶段。在此背景下，市场机制对我国人口生育产生的调节和制约作用越来越强。

（一）农村育龄人口进城务工

这一时期，虽然户籍管制制度没有放开，但从 20 世纪 80 年代开始，国家采取了一系列措施，逐步放开了对农村人口进城务工的管制。

1984 年 10 月，国务院发出的《关于农民进入集镇落户问题的通知》规定："在城镇拥有固定住所和职业的务工、经商、服务的农民和家属，公安部应准予其落户，发自理粮户口簿"①，"自理粮户口"放开了对农村人口转为乡镇人口的限制，允许农村人口进入乡镇从事生产和工作。"1985 年先后颁布的《关于城镇暂住人口管理的暂行规定》和《中华人民共和国居民身份证条例》，在某种程度上解决了个人对家庭的身份依附和世袭限制，初步建立了对长期外出务工人员的管理体系。"②

进入 20 世纪 90 年代后，国家对流动人口的限制进一步放开。1992 年，为缓解"农转非"指标过少和农村劳动力进城的要求，公安部于 8 月发布了《关于实行当地有效城镇居民户口制度的通知》，该政策提出"蓝印户口制"，通过"加纳一定数额的城市人口增容配套费，办理'蓝户'来解决一部分农民进城的问题"③，然而"'蓝户'具有过渡性质，并未转变户口类型。"④ 1993 年 11 月，《中共中央关于建立社会主义市场经济体制若干问题的决定》指出，"鼓励和引导农村剩余劳动力逐步向非农产业转移和地区间的有序流动。"⑤

一方面，一系列的政策支持打破了城乡之间人口流动的壁垒，农村积聚的大量剩余劳动力在这一时期得以释放；另一方面，由于市场经济体制

---

① 中华人民共和国国务院．关于农民进入集镇落户问题的通知［Z］．1984－10－13．

② 陆益龙．户籍制度——控制与社会差别［M］．上海：商务印书馆，2003．

③ 曹景椿．关于"蓝印户口"问题的思考［J］．人口与经济，2001（6）：15－21．

④ 陆益龙．超越户口：解读中国户籍制度［M］．北京：中国社会科学出版社，2004．

⑤ 中共中央关于建立社会主义市场经济体制若干问题的决定（中国共产党第十四届中央委员会第三次全体会议 1993 年 11 月 14 日通过）［J］．求实，1993（12）：1－13．

改革释放了市场的活力，产业结构、就业结构和城乡结构随之发生变化，城乡之间形成了3倍左右的人均收入差距，推动了农村剩余劳动力进城务工，从而获得更高的收入。

基于这两方面原因，我国流动人口的增长从20世纪80年代中后期开始，并经历了一个迅速增长的过程。1990年，我国流动人口规模为2135万人，到2000年第五次人口普查时达到10229万人。①

同时，根据1990年和2000年两次人口普查的数据显示，我国的城市化率在这一时期快速增长，从26.4%增长到36.2%，城市人口从29971万人增长到45844万人，农村人口数从83397万人减少到80739万人。② 在流动人口规模迅速增长的同时，流动人口的结构也发生了变化。段成荣根据两次普查数据测算发现，"1990年全国流动人口的性别比达到了历史高点125，当时，流动人口更多是年轻力壮的男性，到了2000年下降到107.25"，可以发现越来越多的妇女加入流动劳动力，"两次人口普查中，育龄人口的比例提升，从32.47%上升到37.00%，育龄人口的规模从693万人大幅上升到3784万人"③，育龄人口数量增长了5倍多。另外，严善平根据测算也发现"20世纪末我国农村地区人口流动中妇女迁移率的峰值年龄是20～32岁"④，而这个年龄段同时也是妇女生育的峰值年龄。

如此大规模的农村育龄人口外出务工，主要从三个方面影响了农村人口的生育意愿，导致生育率下降：其一，抚养子女的收入来源货币化程度加强。农民工到城镇务工的收入水平，在1991—2002年是城镇职工工资水平的1/3到2/3。农民工收入从有一定程度的自给自足经济因素，彻底改变为货币经济方式；抚养子女的最大数量受到货币收入在生活消费等支出（城镇中租房、衣着、饮食、交通等消费，农村家庭建房，赡养老人等）后剩余可能性的约束。其二，以往男方外出务工，女方抚养子女的格局被改变。由于农村农业的收益比较低，农村未婚女青年和已婚妇女也大量外出，进入城镇务工，这使一些儿童失去了母亲的看管；而留在农村由老人抚养的子女，因为老人看管能力有限（而一些只有单独老人或者没有老人

---

① 资料来源：第四次和第五次人口普查。

② 同①。

③ 段成荣，杨舸，张斐，等．改革开放以来我国流动人口变动的九大趋势［J］．人口研究，2008（6）：30－43.

④ 严善平．地区间人口流动的年龄模型及选择性［J］．中国人口科学，2004（3）：32－41.

的家庭，则无法将子女留在农村抚养），所以极大地限制了外出务工夫妇生育子女的数量。其三，闲暇时间减少、机会成本提高以及城镇生育观对育龄人口的影响更为明显。由于大量的育龄人口进城务工，其生育的机会成本相比于留守妇女大大提升。同时，城镇务工的流动性、工作紧张性、居住的临时简陋性等，都导致妇女的受孕机会减少，机会成本强制性提高（生育子女导致收入减少，面临丢失工作等风险），再加上一些进城青年女工和夫妇，羡慕和追求“一孩”城镇家庭比农村要富足得多的生活，从主观上也降低了其多生育子女的意愿。

20 世纪 90 年代后，对迁移人口的管制逐步放开，城乡收入水平逐步拉大，大规模的农村育龄人口进城务工，由于这一群体具有不稳定性、收入较低、生育的机会成本较高等，市场机制调节的影响更为明显，导致其生育意愿大大降低，生育水平显著下降。

（二）更高教育水平人口进入生育年龄

在这一时期，从宏观上看，受教育水平更高的人口进入育龄阶段，而受教育水平的提高从机会成本和生育理念两个方面影响了人口的生育意愿和生育率。

受教育水平是生育研究领域中的一个重要变量。“一般来说，受教育程度越高的妇女独立自主性越强，生育观越开放，同时，对学业和事业的追求缩短了生育期。”① 而受教育程度低的妇女生育孩子多的原因有三个：“受长辈生育理念的影响较深；生育年龄较早，生育周期长；为了得到长辈的经济和非经济支持而较早地开始生育。”②

这一时期的生育主力人口的受教育水平大大提高。1991—2002 年这一时期的育龄人口主要出生于 20 世纪 70—80 年代，其所受教育的层次是不同于以前时期出生的人口的。自 20 世纪 50 年代，我国“以俄为师”，在教育方面学习苏联经验，钱俊瑞③在第一次全国教育工作会议上强调，“特

① 陈卫，靳永爱．中国妇女生育意愿与生育行为的差异及其影响因素［J］．人口学刊，2011（2）：3－13.

② 杨菊华．意愿与行为的悖离：发达国家生育意愿与生育行为研究述评及对中国的启示［J］．学海，2008（1）：27－37.

③ 时任政务院文化教育委员会秘书长。

别要借助苏联教育建设的先进经验，建设我国的新民主主义教育”[①]。随后，我国开始了从新民主主义教育向社会主义教育的过渡，这种教育制度以“思想政治教育和路线学习为主，批评在教育和教学思想中的资产阶级和小资产阶级的思想”[②]，而且，当时我国以发展重工业为主，教育资源不足，教育思想僵化。后来，又受到“文化大革命”的冲击，教育水平急转直下。

20 世纪 70 年代末，“文化大革命”刚刚结束，人们对新生事物充满了兴趣，被压抑已久的求知欲得到解放，人们对接受教育和受教育的方式开始了反思。

在高等教育方面，高考得以恢复，高等教育质量提升。1977 年 8 月 8 日，邓小平在科学和教育工作座谈会上指出：“今年就要下决心恢复从高中毕业生中直接招考学生，不要再搞群众推荐。”[③] 同年 10 月 12 日，国务院批转教育部《关于 1977 年高等学校招生工作的意见》及《关于高等学校招收研究生的意见》。“1977 年冬，全国共有 570 万名考生参加高考，录取新生 27.8 万人；1978 年夏，全国共有 610 万名考生参加高考，录取新生 40.2 万人。”[④] 其后，1981 年《中华人民共和国学位条例》的实施，进一步规范了学位管理制度。高考制度的恢复和学位管理的规范，不仅保证了高等学校的教学质量，也促进了中小学教学质量的提高，推动了全社会学习风气的形成。

基础教育方面，1979 年 1 月教育部下发了《关于继续切实抓紧普及农村小学五年教育的通知》，强调“提高教育质量，特别是提高农村小学教育的质量，是完全应该的。但不能把普及与提高对立起来，抓提高就忽视普及”[⑤]。1980 年 12 月 3 日，中共中央、国务院颁布了《关于普及小学教育若干问题的决定》，对普及小学教育的重要性、意义、时间表、方针、经费、途径方法、管理、师资等做了明确规定[⑥]。1986 年 4 月 12 日，第六届全国人民代表大会第四次会议通过了《中华人民共和国义务教育法》，

---

① 田正平．中外教育交流史［M］．广州：广东教育出版社，2004：861.

② 社论．学习和贯彻过渡时期的总路线［J］．人民教育，1953（12）：4.

③ 中央文献研究室．邓小平同志论教育［M］．北京：人民教育出版社，1990：36.

④ 张神根，端木清华．改革开放 30 年重大决策始末［M］．成都：四川人民出版社，2008：9.

⑤ 何东昌．中华人民共和国重要教育文献［M］．海口：海南出版社，1998：1661.

⑥ 中共中央、国务院．关于普及小学教育若干问题的决定［Z］．1980－12－03.

极大地推动了基础教育的发展。我国的小学升学率到 2002 年为 97.0%；同时，这一时期的高中升学率也大幅度提升，从 1991 年的 28.7% 上升到 2002 年的 83.5%，如图 6－1 所示，大大提升了 20 世纪 70—80 年代出生人口的受教育程度。20 世纪 90 年代，正是这一部分受到更高水平教育的人口达到生育年龄的时期，他们的生育率受到自身的受教育水平的影响较大。

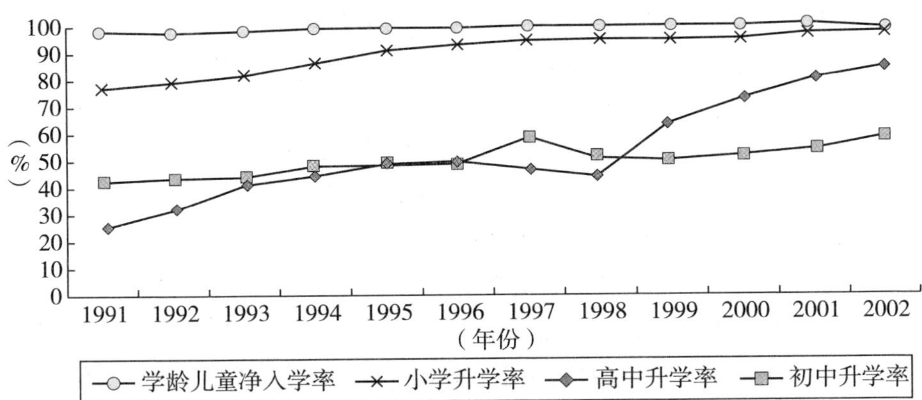

图 6－1　1991—2002 年学龄儿童入学率和各级普通学校升学率

注：1. 初中升高级中学包含升入技工学校。

2. 高中升学率为普通高校招生数（含电大普通班）与普通高中毕业生数之比。

资料来源：国家统计局。

教育水平对生育率的改变无疑具有重大的作用。许多研究成果表明，受教育程度与生育率呈负相关关系，即受教育程度越高，生育率越低，这其中主要受以下几个因素的影响。

受教育水平支配的公民的生育观。第一，“受教育水平高的女性为了获得更好的学业和事业上的成就，往往推迟结婚年龄和尽量少生孩子，她们有较强的晚婚意识”；第二，“受教育水平较高的女性在生育性别上比较公正，不重男轻女，她们特别注重生一个健康的孩子，关心第二代的智力发育和教育，希望子女在德、智、体方面都得到发展，而教育水平较低的女性很难摆脱重男轻女传统观念的影响”①；第三，受教育水平较高的女性容易认识到节育的重要性和掌握使用科学的节育方法，而教育水平较低的

① 赵建华. 论我国妇女教育水平对生育率的影响［J］. 河南教育学院学报：哲学社会科学版，1995（4）：72－78.

女性，则缺少生理常识和避孕知识，在应用药具方面也存在不少实际困难，从而造成高流产率和多胎生育；第四，受教育水平较高的女性能掌握科学的育儿方法，降低婴儿的死亡率，较低的婴儿死亡率可以达到理想的家庭模型，并降低生育率。

因此，随着20世纪70—80年代受到较高水平教育的人口进入生育年龄，妇女的整体生育意愿下降，生育的机会成本大大提升，从而降低了妇女的总和生育率，对我国生育率大幅下降产生了重要影响。

（三）城市化的不断推进

以1992年春邓小平南方谈话和同年10月中共中央召开十四大为标志，我国进入了全面建立社会主义市场经济体制的新时期，人口和资源配置受到市场机制作用的影响，流动性增强。

“1992年以来，城市基础设施建设和以房地产开发起步的开发区建设成为城镇化的主要动力之一”①，“客观上决定了资源配置的主动权掌握在市场手中而非政府手中，政府部门的观念、职能也因此发生改变，即由计划控制转向宏观掌握、调控”②。政府不再限制城市规模的扩大，而是更多地运用宏观调控推动城市的发展。这一时期我国城市化进入了全面推进、加速发展阶段。

“在一国内部，人口向着预期收入高、就业岗位多的地区和城市迁移是基本的经济规律。”③ 1991—2002年，城乡居民收入差距开始拉大：1991年城市居民人均年收入为1713.1元，农村居民人均年收入为708.6元，城市人均年收入是农村人均年收入的2.42倍，城乡差距为1004.5元；到2002年，城市居民人均年收入为8177.4元，农村居民人均年收入为2475.6元，城市人均年收入是农村人均年收入的3.3倍，城乡人均年收入差距扩大到5701.8元，如图6-2所示。城乡收入差距的显著递增是这一时期城市化快速发展的主要推动力，大量的农业剩余劳动力转移到城市中，形成了这一时期独具特色的“民工潮”现象，而人口的大规模流动推动了这一时期我国城市化的快速发展。当然，我国的“民工潮”与绝大多

① 向春玲．中国城市化发展与反思［M］．昆明：云南教育出版社，2013：31-33.

② 汪雷．市场经济条件下我国城市化发展战略的政策取向［J］．财贸研究，2003（4）：6-10.

③ 周天勇．新发展经济学［M］．北京：中国人民大学出版社，2006：72-74.

数国家的城市化并不相同。由于“蓝印户口”[①]“暂住证”[②]等过渡性的户籍政策，此次“民工潮”并非是市民化的城市化。

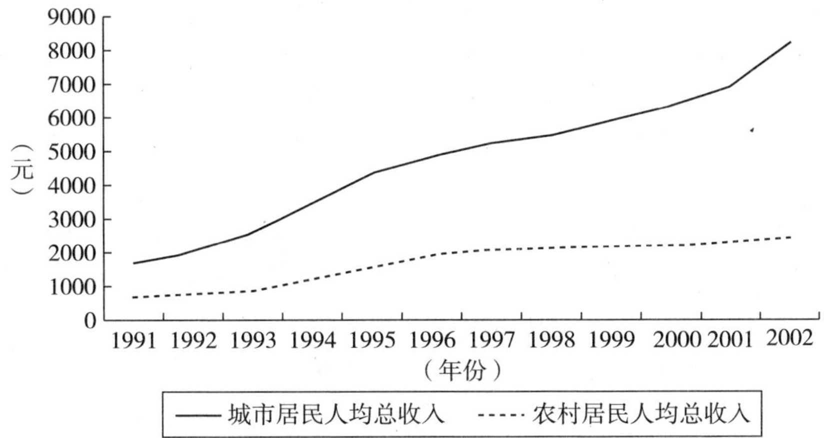

图6－2　1991—2002年我国城乡居民人均总收入情况

资料来源：国家统计局网站。

然而，在这一时期，我国的城市化水平仍取得了较为快速的进展。1991—2002年，我国的城镇人口从31202万人，增加到50212万人；城市化率也从26.37%，增加到39.09%，推进近13个百分点；城市数量从479个增加到660个[③]。城市化进程的加快，无论对城市居民还是对流动人口的生育行为，均产生了显著影响。

首先，在城市化发展的过程中，人口流动加剧，流动人口的婚姻稳定性受到了影响。“传统的家庭理论认为，家庭成员以共同生活为基础条件，只有血缘关系而不共同生活的则不构成家庭。但是，在我国农村，却存在着大量的家庭成员长期分居式家庭，这已经构成了我国进城务工农村劳动力家庭最基本特征。”[④]农村人口的大量流动，造成了夫妻分居、夫妻与子女分居以及兄弟姊妹长期分离等各种情况，其中对于生育率影响最为严重的是夫妻分居状态下的家庭关系问题和未婚进城务工者的婚姻问题。就前者而言，“这一时期我国农村劳动力进入城市务工多半是以个人而不是以

---

① 介于正式户口与暂住户口之间的户籍，因公安机关加盖的蓝色印章，而称为蓝印户口。1992年最早在部分中小城市出现，2000年后逐步在各地被叫停，而退出历史舞台。

② 1984年首创于深圳，是特定时期的人口管理方式，不少地区已经取消暂住证，由居住证代替。

③ 资料来源：国家统计局。

④ 李强．关于“农民工”家庭模式问题的研究［J］．浙江学刊，1996（1）：77－81.

家庭为单位实现的，因此在农村形成了众多夫妻分居家庭。农民工因夫妻分居造成家庭关系不稳定，乃至家庭破裂”①。外出务工虽然能够带来较为可观的收入，改善了农村家庭的经济状况，但是，由此产生的亲情缺失、观念冲突、婚姻关系不稳定等问题，也大大抑制了我国农村人口生育率的增长。另外，相对于后者而言，随着外出务工的未婚青年劳动力的增多，他们由于年龄稍小和单身原因而更容易适应城市生活，生活观念和婚姻观念的改变更为彻底，致使他们不甘心再回到乡村组建家庭；同时，由于城乡之间的巨大差异和城市的高生活成本，在城市组建家庭十分困难，因此，往往造成了这一群体婚姻的延后和不稳定，这在一定程度上延迟了他们的生育年龄并且降低了他们的生育意愿。

其次，城市化进程的加快冲击了传统生育文化和生育观念赖以维持的环境，通过市场机制影响了农村人口的生育观，从而在农村形成了一种低生育文化，降低了农村人口的生育意愿，并导致了生育率的下降。一方面，城市化的迅速推进，将城市中的“提高妇女就业参与率，使妇女意识到就业机会的选择越来越取决于智力的差别，而非性别的差别以及注重生育质量而非数量”② 等理念传入农村，打破了传统的“重男轻女、多子多福”的观念；另一方面，对于很多农村人口而言，随着经济的发展和生活水平的提升，生育不再是一种廉价和低成本的行为，其所带来的一系列医疗费用、生养费用、教育费用以及机会成本等的提升，导致了传统的低生育成本环境不复存在，从而大大降低了农村人口的生育率。

另外，在农村人口的转移方式上，我国的人口转移不同于西方国家在城市化的过程中将农村人口集中到城市的做法，而是主要采取了就地城市化和兼业化等方式，发展乡镇企业，让农民利用农闲时间兼业。这一政策导向也导致很多农村育龄妇女一方面需要从事农业劳动；另一方面也要到乡镇企业进行工作。其空闲时间的减少，导致了生育的机会成本大大提高，其生育意愿也随之降低。

就城市化的发展而言，由于“社会主义市场经济体制的确立和发展，我国在这一时期的城市化进入了全面推进、加速发展阶段”③，城市化的年

---

① 侯力，肖贺飞．农村劳动力转移过程中存在的社会问题［J］．人口学刊，2005（6）：18－22.

② 韩永江．生育观影响因素的经济分析［J］．人口学刊，2005（2）：55－59.

③ 王桂新．城市化基本理论与中国城市化的问题及对策［J］．人口研究，2013，37（6）：43－51.

均增长百分点达到1.06%，发展特征也从20世纪80年代的注重外延式扩张转变为开始注重内涵发展。这个阶段我国的城市化建设快速推进，取得了显著的成果，由于各种原因，城市化建设对我国的生育率的抑制作用也是极其显著的，同时，土地产权、户籍制度等政策性因素，也导致了中国特色的农村转移人口出现“青出老回”的现象，并未真正实现市民化。

总而言之，在这一时期，市场机制对我国生育率的影响十分显著，其中对农村人口的生育率影响更为明显，特别是外出务工的农村人口。虽然我国部分农村在这一时期有“一胎生育女儿，可根据需要申请二胎”的“一孩半”政策，以及对农村进城务工人口生育管制相对不严等方面的情况，但是，农村人口的生育率还是受到大大的约束和抑制。

二、《人口与计划生育法》和《社会抚养费征收管理办法》的颁布

经过20世纪90年代的又一个10年的计划生育严格控制，在世纪之交，我国的总和生育率已降至超低生育水平，社会进入老龄化，生育水平甚至低于一些发达国家。在这种背景下，2002年，我国相继颁布了《中华人民共和国人口与计划生育法》和《社会抚养费征收管理办法》，也终于使我国的计划生育工作真正有法可依，进入了法治化轨道。

在21世纪之初，计划生育政策经过了30年的实践，在立法上面临着三大问题：“首先，国际上没有相似的经验可以借鉴；其次，该法律具有一定的特殊性质，不仅要取得国内人民的支持，也应当为国际社会所接受；最后，计划生育工作在很大程度上受制于经济实力，为了鼓励群众实行计划生育的自觉性和积极性，就应该通过国家财政支持，提高独生子女的补贴或者其他激励措施。”① 针对这三个问题，我国这一时期对计划生育政策进行不断完善，随着我国国际地位的提高以及经济体制改革所带来的经济水平的提高，这三个问题得到了较好的解决，使计划生育立法时机较为成熟，而且我国已经初步建立了社会主义市场经济体制，计划生育法治化问题亟待解决。

---

① 穆光宗.《人口与计划生育法》的背景、内涵和前景分析［J］. 中国人口科学，2002（3）：78－82.

2001年12月29日，第九届全国人民代表大会常务委员会第二十五次会议通过了《中华人民共和国人口与计划生育法》（以下简称《人口与计划生育法》）。它的颁布，标志着中国的计划生育政策走过了一条从“人治”到“法治”的道路①。同时，也意味着计划生育通过立法这种法治化的手段与市场经济实现了有机结合。

《人口与计划生育法》认为公民的生育权是有限权，而不是无限权，贯彻了我国从严控制人口增长的指导思想②，在其规定中，最具有市场经济特色的内容，就是通过经济限制措施即征收社会抚养费的方式执行计划生育。该法第六章第四十一条规定“不符合本法第十八条规定生育子女的公民应当依法缴纳社会抚养费”，这个规定统一了全国各地经济限制措施的名称，也使经济限制措施规范化、法制化③。另外，与经济限制措施相对应的，该法也运用了利益导向机制，在法律规范体系中，只需设置“为”与“不为”的义务规范，而不需要设立计划生育的奖励原则，但考虑到我国的计划生育法规是以地方行政法为基础制定的，以及国家严峻人口形势的事实和推进计划生育的特殊背景，也可以设置奖励的通用原则④，但由于地方财政和执行力度均不足，奖励激励措施大多数是通过宣传手段，如颁发独生子女证、表彰独生子女家庭等方式，金钱奖励各地标准不一，有的为一次性发放，有的以保健费的形式逐月发放，金额一般较低，并未起到明显的激励作用。

《人口与计划生育法》和《社会抚养费征收管理办法》明确了社会抚养费及征收办法，使社会抚养费的征收具有了合法性。然而，社会抚养费并非在该法律中首次提出，而是由来已久。1982年，中共中央、国务院在《关于进一步做好计划生育工作的指示》中提出，对于不按计划生育的，要给予适当的经济限制。国家干部和职工，城镇居民，计划外生第二胎的，要取消其按合理生育所享受的医疗、福利等待遇，还可视情况扣罚一定比例的工资，或不得享受困难补助、托幼补助。对农村社员超生的子

① 穆光宗．《人口与计划生育法》的背景、内涵和前景分析［J］．中国人口科学，2002（3）：78－82.

② 王淑娟．论《人口与计划生育法》中公民的权利与义务［J］．人口研究，2003（2）：77－79.

③ 江亦曼，陈明立，李芸莉，等．解读社会抚养费——《人口与计划生育法》焦点讨论之一［J］．人口研究，2002（2）：35－43.

④ 高元祥．我国人口与计划生育法的几个理论问题［J］．人口研究，2001（5）：76－80.

女，不得划给责任田、自留地，或对超生子女的社员给予少包责任田，或提高包产指标等限制。各地在执行该指示时普遍增添了对违规生育者收取一定数额罚款的规定，而对于违规生育者收取罚款行为的称谓，并没有统一的规定。1982 年，国家计划生育委员会和财政部联合颁发的《关于加强超生子女费管理的暂行规定》中采用了“超生子女费”一词，但国家计生委、财政部《关于转发河北计委、财政厅〈关于加强计划生育超生罚款管理的紧急通知〉进一步加强超生子女管理的通知》同时用到了“超生罚款”和“超生子女费”两个词[①]。随后，1992 年 3 月 5 日，国家计生委、财政部联合颁布的《计划外生育费管理办法》中规定对计划外生育者按照规定征收计划外生育费。至此，国家通过部门章程的方式将对违反规定生育者征收的一定金额，统一称为“计划外生育费”。

1995 年 8 月，国务院新闻办公室发布的《中国的计划生育》白皮书中又提到：“对多生育子女的家庭，则征收一定数额的社会抚养费，这样做既是对多生育子女行为的限制，也是多生育子女者给予社会的一种补偿”，这是政府文件第一次用“社会抚养费”代替“计划外生育费”的表述。2000 年 3 月 2 日，中共中央、国务院作出了《关于加强人口与计划生育工作稳定低生育水平的决定》（中发〔2000〕8 号），提出“建立社会抚养费征收制度，即对违反计划生育政策的家庭给予必要的经济制约，依法征收审核抚养费，以适当补偿因此所增加的社会公共收入”。2000 年 9 月 1 日，财政部、国家发展计划委员会（现为国家发展和改革委员会）、国家计划生育委员会联合发出《关于计划外生育费改社会抚养费的通知》，提出“将‘计划外生育费’改称‘社会抚养费’，但征收目的、性质并未发生变化，更加符合我国法制建设的要求”。由此可见，改为“社会抚养费”更符合法律术语，体现了其合法性，这为《人口与计划生育法》的颁布奠定了一定的基础。

2001 年 12 月 29 日，《人口与计划生育法》首次以法律的形式明确要对不按照法律、法规生育子女的公民征收相应的社会抚养费。同时，国务院为了规范社会抚养费的征收管理，于 2002 年 8 月 2 日颁布了《社会抚养费征收管理办法》，使之与《人口与计划生育法》同时实施，这为社会抚

---

① 王贵松. 经济诱导措施与行政法的实效性保障——以社会抚养费为分析对象［J］. 当代法学，2015，29（2）：3－12.

养费征收工作提供了直接的法律依据①。

究其本质，征收社会抚养费的原理在于，公民违反法律法规的规定多生育子女，客观上对经济和社会发展、资源利用、环境保护造成了影响，加重了社会负担，缴纳社会抚养费是对社会公共投入的一种补偿②。这对于其他遵守法律的社会公民而言，也是一种补偿，同时更是社会公平的体现。《人口与计划生育法》和《社会抚养费征收管理办法》的颁布，使得计划生育超生罚款有了国家级的政策法规的保障，更加有效地遏制了人口超生行为。但其并未建立统一的征收标准，而是将裁量权放归地方③，这往往导致地方标准不一且逐渐升高的趋势，造成违规乱收费的情况十分普遍的局面④。各地的规定中往往只有社会抚养费征收裁量的下限，只规定征收额的最低倍数或金额，例如，《河北省人口与计划生育条例》规定征收不低于实际收入或人均收入的 2.5 倍⑤，并且一些地方政府也乘机将征收社会抚养费作为新的财政手段，征收标准就高不就低，以增加地方财政收入，甚至作为“寻租”工具。计划生育立法虽然在一定程度上整治了政策手段管理的杂乱性和随意性，但法律规定的可裁量空间较大，也造成了有法难依的情况，进一步加重了计划外生育者的经济负担。

经过 20 世纪 90 年代计划生育政策的又一个 10 年的强力推进，到 1999 年，我国妇女总和生育率已经进入 1.5 以下的超低阶段，2000 年更是降至 1.218，总和生育率比多数发达国家还要低。这时我国出台了一部《人口与计划生育法》，并配套实施《社会抚养费征收管理办法》，来进一步约束人口生育，使超生从原来的违规行为上升到了违法行为，进一步加深了计划生育的强制性。

三、生育管制措施越来越严密

进入 20 世纪最后一个 10 年，我国市场经济体制开始逐步建立起来，

---

① 纪学勇，胡燕萍．浅析非法生育与社会抚养费征收［J］．人口与经济，2006（1）：22－26.

② 李合明．关于提高社会抚养费征收到位率的实践与思考［J］．人口研究，2003（2）：71－73.

③ 薛天良．试析社会抚养费征收实践中存在的问题及对策［J］．人口与计划生育，2003（5）：22－23.

④ 陈伯礼，金唤唤．社会抚养费征收的正当性反思及建议［J］．河南财经政法大学学报，2018，33（3）：12－19.

⑤ 伏创宇．社会抚养费征收裁量的检讨与重构［J］．中国青年社会科学，2016，35（2）：54－61.

然而政府对生育权的管制却日趋严格。为了防止市场经济导致生育权的下放，《人民日报》发文强调，计划生育作为基本国策，不会因为经济运行机制的转变而改变。为了实现到20世纪末把我国人口控制在12亿以内的目标，早在1992年3月12日中共中央政治局常委会第172次会议就提出，计划生育工作不能有丝毫松懈，计划生育政策必须坚持不变，已经统一的控制人口增长的计划指标也不能随意改变。各种生育管制政策的出台越来越频繁，管制措施越来越严密，其执行也越来越严格。这些措施涵盖了政策立法措施、财政措施、宣传措施、医学科研措施、激励措施、外交措施等各个方面。

（1）政策立法方面。1991年5月12日，中共中央、国务院发布了《关于加强计划生育工作　严格控制人口增长的决定》，开启了20世纪90年代严格控制人口的计划生育工作。国务院在每年的政府工作报告中均强调“计划生育和环境保护是我国的基本国策”①，始终把计划生育政策放在基本国策的高度进行贯彻落实。经国务院批准，1991年12月26日国家计划生育委员会发布了《流动人口计划生育工作管理办法》，加强对流动人口的计划生育管理工作。1992年7月22日，国家计划生育委员会印发了《县、乡、村计划生育工作指南》。1992年7月30日，国家计划生育委员会、中共中央统一战线工作部（简称“中共中央统战部”）、外交部、国务院港澳办公室（现为国务院港澳事务办公室）、国务院台湾事务办公室以国计生政字〔1992〕260号文件发出《关于大陆公民与港澳台同胞、外国公民依法结婚后有关生育政策问题的意见的通知》，对归侨、侨眷、港澳台、外国公民生育子女的计数方式等作出了相关规定。1994年10月27日，第八届全国人大常委会第十次会议通过了《中华人民共和国母婴保健法》，并于1995年6月1日起施行。1996年3月10日，中央计划生育工作座谈会在中南海怀仁堂举行，时任国家总理的李鹏提出，当前计划生育的方针、政策比较完备，就是“三个三”，即“三个不变”②　“三为主”③“三结合”④。1998年，国务院办公厅印发《国家计划生育委员会职能配

---

① 政府工作报告汇编编写组. 政府工作报告汇编（1954—2017年）［M］. 北京：中国言实出版社，2017.

② 三个不变：现行计划生育政策不变，既定人口控制目标不变，各级党政一把手对计划生育工作亲自抓、负总责不变。

③ 三为主：计划生育工作要以宣传教育为主、以避孕为主和以经常性工作为主。

④ 三结合：把计划生育工作与发展社会主义市场经济相结合，与群众勤劳致富奔小康相结合，与建设文明幸福家庭相结合。

置、内设机构和人员编制规定》，对国家计划生育委员会进行编制职能改革，细化职能，明确职责，形成了更严格、更细致的体制机制。《流动人口计划生育工作管理办法》于1999年1月1日起施行，同时废止1991年的《流动人口计划生育管理办法》。2000年3月2日，中共中央、国务院发布《关于加强人口与计划生育工作稳定低生育水平的决定》，在我国依然是一个发展中国家、提前进入老龄化社会、生育率降至1.218超低水平的背景下，我国开启了新世纪新一轮的强力稳定低生育的计划生育工作。2001年12月29日，全国人大常委会审议通过的《中华人民共和国人口与计划生育法》颁布。2002年9月1日国务院《社会抚养费征收管理办法》正式施行。

（2）财政措施方面。这一时期国家对计划生育的经费和财政方面也采取了相应的措施，1991年，计划生育经费从人均1元变为人均2元。1998年，国家计划生育委员会发出《关于进一步加强计划生育各项经费管理工作的通知》，提出全面落实“乡收县管、财政监督”的管理体制，加强对避孕药具经费的管理，确保“九五”期末人均投入4元。一系列的财政措施，为计划生育的执行提供了经费支持，进一步强化了生育管制。

（3）医学科研措施方面。这一时期，我国在避孕药、早孕检验、避孕器械、避孕措施等方面的研究取得了较大的进展。例如，上海市计划生育科学研究所合成口服抗早孕新药——米非司酮。人体绒毛膜促性腺激素酶标单克隆抗体检验盒①于1992年通过国家新药审批；在国家计划生育委员会主持的避孕节孕技术重点科技攻关项目中，长效皮下埋植和米非司酮两项研究获重大科技成果称号。一类抗早孕新药卡孕栓正式投产，该药品填补了我国计划生育抗早孕药的一项空白，标志着我国生育调节药物研究工作已进入世界先进行列。同时，我国在男性避孕方面的研究也取得了进展。国家计划生育委员会印发的《计划生育药具工作管理办法（试行）》对计划生育的药具管理作出了规定。另外，各类以计划生育为主题的科研会议、学术会议的召开，对生育进行了学理和生理上的探讨，并取得了大量科研成果。这一系列的医学科研进展，为我国计划生育工作的开展提供了学术和技术上的支持。

（4）宣传激励措施方面。计划生育工作在这一时期开始更加注重宣传

---

① 一种可用于家庭自测的早孕诊断药盒。

教育工作。1991 年 5 月 4 日，中共中央宣传部发出通知，要求各新闻舆论部门加大计划生育的宣传分量，把社会各方面的力量调动起来，在全国形成一个人人重视计划生育，人人为控制人口增长作贡献的新局面。同年 6 月 1 日，国家计划生育委员会办公厅发出通知，提出计划生育标语口号四十条，如“振兴中华，匹夫有责；控制人口从我做起；控制人口增长，促进社会进步；少生优生，幸福一生；生活要小康，人口要下降”等。在具体措施上，一方面，计划生育工作队到农村和偏远贫困地区进行节育宣传和生育知识普及，通过举办文艺会演、发放节育药具、进行节育手术等方式推动计划生育工作在农村和偏远贫困地区的普及；另一方面，印发《人口和计划生育工作者职业道德规范（试行）》和《计划生育节育技术人员职业道德规范》，全面标榜计划生育先进人物，将计划生育与扶贫联系起来，通过“十大扶贫状元”“全国计划生育优秀工作者”和“百台节育手术零失误标兵”等奖项表彰了一大批计划生育工作者，涌现出了李世同、孟石源等计划生育先进人物。一系列的表彰先进人物的方式，宣传了计划生育政策，从思想上助力了计划生育政策的开展。

计划生育政策不断完善、发展，主要目的在于继续深入强化计划生育，控制人口增长。虽然这一时期实行了市场经济体制改革，但生育权仍然在政府手中，管控措施越来越严格，对人口生育的控制力度越来越强。

整体来看，我国这一时期的生育在原有生育政策的基础上也受到了来自市场机制的调节，而且市场机制发挥出越来越重要的调节作用，政府和市场的双重调节机制开始形成合力，共同作用于这一时期的人口生育，导致我国这一时期生育率急速下降，总和生育率从 1991 年的 2.075 快速下降到 2002 年 1.383 的超低生育水平，人口结构开始老化和失衡，对 21 世纪我国经济社会发展和工业化、现代化的进一步发展产生了极为重要的影响。

第二节　人口增长快速转型

世纪之交，我国人口生育受到直接成本、机会成本增加以及户籍制度管制下的半城市化等市场机制调节的作用增大；同时，计划生育政策也日益严苛。在市场机制与政策约束的双重作用下，我国的人口增长速度更是呈现陡峭的下滑趋势，我国人口增长在这一时期实现了快速转型，进入了低生育低增长阶段，主要表现为家庭小型化、低生育文化开始形成以及人口增速和生育率急速下降等特征。

一、家庭小型化

计划生育政策被提倡以来，经历了近30年的政策调节，我国的家庭小型化趋势较为明显。其主要表现为：家庭规模不断缩小，核心家庭[①]占比较高并且较为稳定，家庭代数减少，离婚家庭、隔代家庭、空巢家庭以及丁克家庭等小型化家庭占比上升。

（1）家庭规模不断缩小。通过历次人口普查的数据来看，中华人民共和国成立以来我国的平均家庭规模经历了先扩大后缩小的趋势[②]。1953年，第一次人口普查时我国平均家庭规模从中华人民共和国成立前20世纪三四十年代的5.5人降至4.30人，1964年第二次人口普查时我国家庭规模再次略降至4.29人，而1973年平均家庭规模反弹至4.78人，达到中华人民共和国成立后的高峰值。[③] 之后，我国的平均家庭规模开始逐渐缩小，1982年第三次人口普查时我国平均家庭规模为4.41人，1990年第四次人口普查时降至3.96人，2000年第五次人口普查时再次下降为3.44人[④]，如图6-3所示。历年家庭规模统计数据变化趋势显示，我国家庭规模在1973年开始出现快速下降趋势，到这一时期末，我国家庭规模已经稳定在3.5以下，由此可推测“三口之家”已经成为一种较为普遍的情况。

（2）核心家庭占比较高并且较为稳定。通过对第三、第四、第五次人口普查的数据进行测算，可以发现，1982年我国的核心家庭在所有家庭形式中所占比例已经达到72%，1990年为73.8%，到2000年略有下降，但仍在68.2%的高位，如图6-4所示。根据王跃生的分析，三次人口普查中核心家庭中的人数已经超过了总人数的50%，无论是从家庭所占比例超过所有家庭形式的50%还是从家庭中的人口超过总人数的50%的判断标准来看，我国家庭核心化的进程均已经完成[⑤]。

---

① 核心家庭是指由一对夫妇及未婚子女（无论有无血缘关系）组成的家庭，也称为“小家庭”。

② 王跃生．当代中国家庭结构变动分析［J］．中国社会科学，2006（1）：96-108。

③ 马侠．中国家庭户规模和家庭结构分析［J］．人口研究，1984（3）：46-53.

④ 数据来源：根据国家统计局网站相关数据测算。

⑤ 王跃生．当代中国城乡家庭结构变动比较［J］．社会，2006（3）.

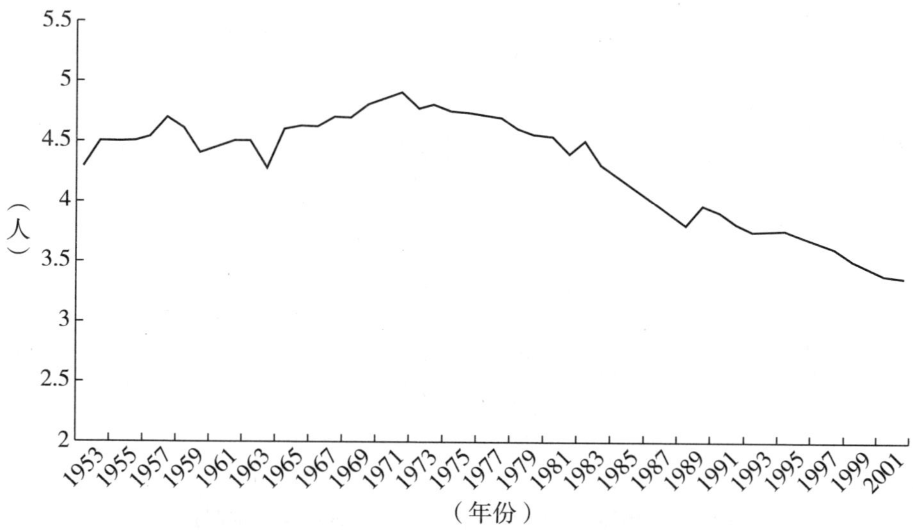

图 6－3　1953—2001 年中国家庭规模动态变动趋势

资料来源：1953—1990 年数据来自《中国人口统计年鉴》；1991—2002 年数据来自国家统计局 1992—2011 年《中国统计年鉴》。

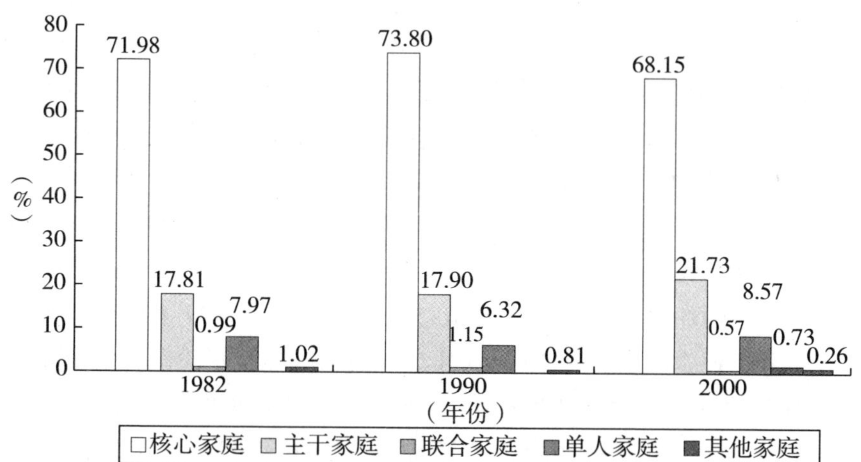

图 6－4　第三、第四、第五次人口普查中国家庭形式变动情况

资料来源：王跃生. 当代中国家庭结构变动分析［J］. 中国社会科学，2006（1）：96－108，207.

注：由于本图数据由普查数据和普查抽样数据两组组成，因而其合计数有一定误差。

（3）家庭代数减少。通过 1930—2000 年的数据可以看出，中国家庭代数变化趋势为，二代户的比例先升至 1987 年 68. 3% 的高点后在 2000 年降到 52. 7%，一代户比例不断上升，三代以上户比例从 1903 年的 48. 9% 下降到 19. 7% 后维持稳定，如图 6－5 所示。

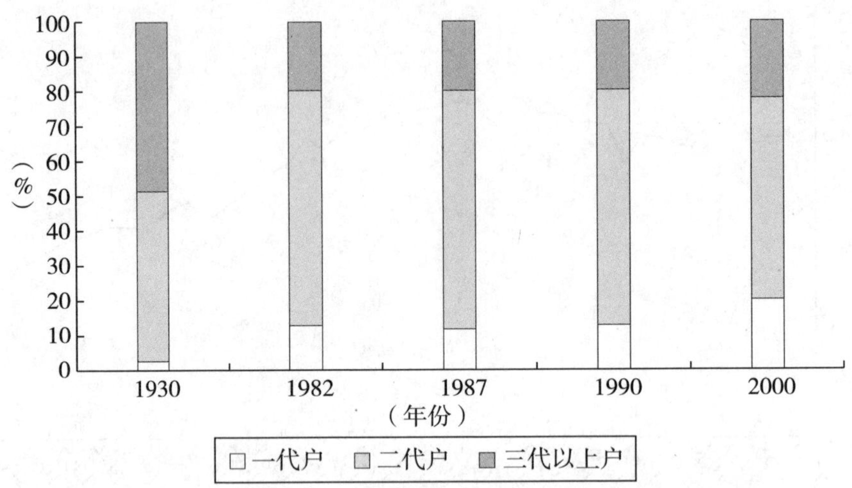

图 6-5 1930—2000 年中国家庭代数的纵向变动趋势

资料来源：1930 年的数据是李景汉在河北定县调查的结果；1982 年、1990 年和 2000 年的数据分别来自当年全国人口普查资料汇总数据；1987 年和 2005 年的数据分别来自当年全国 1% 人口抽样调查资料。

（4）很多新型的小型化家庭出现并呈不断增加的趋势。婚姻解体或不婚所致的单亲家庭在全部家庭中的比例稳步上升，根据民政部数据，我国粗离婚率①在 1978 年仅为 0.2%，2000 年上升为 1.0%，涨幅为 5 倍②；隔代家庭在全部家庭中的比例逐渐上升，祖父母与未婚孙子女同住但父母不同住的家庭在 1990 年占全部家庭的 0.7%，而到 2000 年该指标增长到 1.9%；空巢家庭的比例也持续攀升，数据显示，低龄空巢家庭数量大增，过去空巢家庭一般指 60 或 65 岁以上的老年人家庭，而今很多 45～47 岁的中年人家庭随着子女外出已空巢，并在 13～15 年后才进入老年生活阶段，空巢家庭占老人家庭总数的比例也从 1980 年的 10% 升至 1990 年的 30%，并在 2000 年达到 42%③；丁克家庭的比例不断提升，2000 年我国的丁克人数已达 110000 人并呈逐渐上升趋势④。

我国历史上也曾出现过家庭小型化的情况，然而，当时的主要原因是

---

① 粗离婚率是指年度离婚数与总人口之比，与之相对应的细离婚率是指年度离婚数与已婚妇女人口之比，差别为是否排除了不到婚龄的年轻女性人口。

② 数据来源：民政部官方网站。

③ 数据来源：全国老龄工作委员会。

④ 杨菊华，何炤华．社会转型过程中家庭的变迁与延续［J］．人口研究，2014，38（2）：36-51.

医疗水平低下、社会环境不稳定导致了高死亡率。与历史情况不同的是，改革开放以来，我国的人口死亡率已大大降低，这一时期所出现的家庭小型化趋势主要是由内生因素造成的，包括生育政策和成本限制所导致的生育率下降，生育和家庭观念改变，代际独立性增强，流动人口增多等方面的原因。

（1）生育政策和成本限制导致生育率下降，进而造成家庭小型化趋势。通过数据对比可以发现，我国总和生育率在1968年达到6.45的峰值后开始下滑，而家庭规模也在1973年达到4.78的峰值后开始下滑，通过将两组数据进行对比可以发现，其相关系数大于0.75，具有强相关性。究其内在机理，生育率的下降造成了二代家庭中子代的人数减少；同时，生育年龄的推迟也必然导致多代家庭由于亲代去世、子代尚未出生而出现家庭成员替代不继进而家庭规模变小的情况。

（2）随着市场经济体制改革的深入，生育和家庭观念改变，代际独立性增强，并出现了分家、丁克等现象，从而导致三口之家的核心家庭比例在总家庭形式中高居70%左右。收入的提升和社会保障水平的提高是“分家”的主要原因，两代人均可以靠自己的收入维持家庭生活，而代际价值观的差距，使很多家庭往往通过“分家”化解矛盾①；同时，西方“丁克”思想的传入、工作压力过大、养育成本过高等，使一些白领或因推迟生育而最终无法生育，或因自愿放弃生育，而形成了两人组成的无子女家庭。②

（3）流动人口的增多，且流动形式主要是以个人为单位而非家庭，造成了不完整流动家庭、留守家庭、隔代家庭和空巢家庭等情况增多。根据第五次人口普查数据，在外出务工的农民工中，80%的家庭是不完整流动家庭或留守家庭，留守家庭的规模为3.3人，不完整流动家庭多为夫妻或单人，而留守家庭多为父母中的一方或与子女隔代家庭；另外，我国成年死亡率较低，隔代家庭的主要成因在于父母外出工作③；空巢家庭的形成原因大多也是子女外出学习、工作或婚嫁而从父母

---

① 麻国庆．分家：分中有继也有合——中国分家制度研究［J］．中国社会科学，1999（1）：106.

② 肖爱树．当代中国丁克家庭的社会历史学考察［J］．苏州科技学院学报：社会科学版，2004（3）：58－61.

③ 曾毅．中国人口分析［M］．北京：北京大学出版社，2004.

家庭分离①。可见流动人口的增多，将原有家庭结构拆散而使家庭规模变小。

通过世界大多数国家的发展趋势来看，家庭小型化是现代社会发展的总体趋势，是经济发展和社会进步导致生育率下降的必然结果。从表面上看，家庭规模受人口总数和户数的影响，而深入分析就会发现，人口年龄结构对家庭规模也有深刻影响。“一般而言，少年儿童均会与父母生活在一起，而成年子女分家立户独立生活的可能性要大很多，因而，少儿比重越高，平均家庭规模则相对越大；反之，少儿比重越低，则家庭规模相对越小。”② 这也从侧面说明了我国已经出现了少子化和老龄化的发展趋势。严格的生育政策和市场因素的双重约束，导致了我国家庭结构小型化趋势的出现，但无论是与发达国家的相同发展阶段还是与同水平发展中国家相比，均为时过早。从长期而言，这种趋势的过早出现，不利于我国经济的持续发展和社会稳定。

二、低生育文化开始形成

“生育文化是指人们在生育及相关活动中形成的意识形态和相应的规范制度，即人们在婚姻、家庭、生育、节育等活动中形成的思想理论、价值观念、知识能力、风俗习惯、伦理道德、行为规范等。”③ 生育文化是生育体系中的价值和意识层面的内容，从生育意愿和生育理念的层面影响着生育行为，同时，也是反映我国人口增长模式转型的重要表现形式。其形成往往依附于社会制度、经济体制、政策导向等，也并非一蹴而就，往往经历了较为漫长的过程。

长久以来，我国的生育文化受到小农经济的影响，形成了“多子多福”“养儿防老”“不孝有三，无后为大”等这样多生育、生男孩的生育价值体系。我国传统的生育文化有着深刻的社会经济基础和文化土壤。中华人民共和国成立以后，作为传统生育文化基础的宗法制度被废弃了，相应的伦理制度也被大大地淡化，传统文化赖以存在的基础已经被摧毁，这意味着传统生育文化也失去了根基，具体表现为我国生育率在 20 世纪 50

---

① 陈建兰．中国“空巢”家庭研究述评［J］．天府新论，2008（2）：105－109.

② 杨胜慧，陈卫．中国家庭规模变动：特征及其影响因素［J］．学海，2015（2）：154－160.

③ 潘贵玉．中华生育文化导论［M］．北京：中国人口出版社，2000.

年代前期有下降趋势。

20 世纪 70 年代，我国开始了全方位的生育文化的转变。这一时期转变的主要动因来自限制生育理念的提出，而在这一时期中国人口类型也逐步完成了从“高、低、高”向“低、低、低”的转变①，而随着改革开放的深入和计划生育政策的逐渐加强，外来文化和政策宣传都进一步推动了生育文化从多生育、生男孩向少生、优生的方向转变。

20 世纪 90 年代，我国加强了计划生育的宣传手段。1991 年 5 月 4 日，中共中央宣传部发出通知，要求“各新闻舆论部门加大计划生育的宣传分量，把社会各方面的力量调动起来，在全国形成一个人人重视计划生育，人人为控制人口增长作贡献的新局面”②。而这一时期也涌现出一些具有特色的宣传口号如“控制人口，从我做起”“控制人口增长，促进社会进步”“少生优生，幸福一生”③ 等。

1992 年，中共中央提出建立社会主义市场经济体制改革后，一方面，并未让生育权回归个人，而是通过加强政策，对计划生育立法等方式，进一步强化了计划生育在市场经济中的作用；另一方面，市场经济作为以“少、优”为特征的现代生育文化产生的基础，也推动了低生育文化的产生。

值得说明的是，这一时期学界在大政方针的引导下对生育文化的作用有了更进一步的关注和研究。1997 年，江泽民在十五大报告中指出：“有中国特色的社会主义文化，是凝聚和激励全国各族人民的重要力量，是综合国力的重要标志。”④ 此后，学界开始提出并研究社会主义生育文化的内涵和作用，人口学的权威期刊在 1998 年和 2001 年先后两次组织生育文化领域的专家，如朱国宏、周长洪、杨魁孚，针对生育文化的传统及变革和生育文化的作用展开讨论⑤⑥。政治方针的引导和学界的深入研究，无疑对将生育文化向少生、优生方向的引导具有重要的作用。

根据调查显示，“1991 年，城市妇女的平均期望生育数为 1.65 左右，农

① 本刊编辑部．中国人口转变：生育文化发挥了多大作用［J］．人口研究，2001（4）：24－37.

② 中共中央宣传部．关于加强计划生育舆论宣传的通知［Z］．1991－05－04.

③ 国家计生委办公厅．关于加强计划生育标语口号管理的通知［Z］．1991－06－01.

④ 中共中央文献研究室．十五大以来重要文献选编（上）［M］．北京：人民出版社，2000.

⑤ 本刊编辑部．生育文化：传统及其变革［J］．人口研究，1998（6）：21－27.

⑥ 本刊编辑部．中国人口转变：生育文化发挥了多大作用［J］．人口研究，2001（4）：24－37.

村妇女平均期望生育数为1.89左右。1997年，城市妇女平均期望生育数为1.56左右，农村妇女平均期望生育数为1.80左右”①。这一时期妇女的平均期望生育数量开始减少，无论是城市妇女还是农村妇女，均不超过2个。

以上现象表明，随着传统的多生育、生男孩的生育文化所依附的社会基础的解体，以及新的社会制度、经济制度的形成，在计划生育政策这一生育文化内源创新和外来生育文化的共同影响下，这一时期我国的低生育文化已经开始形成。

需要补充的是，我国这一时期所形成的低生育文化，并非完整的现代生育文化。现代生育文化主要表现为“晚婚晚育、少生优育，越来越注重子女的质量和精神收益，性别偏好逐渐淡出，表现出重男不轻女”②。而我国的生育文化主要表现为“少生、优生”，即生育率的降低，而“重男轻女”的性别偏好并未发生改变。数据显示，“自80年代以来，我国出生性别比明显升高，且地区差异较大，1982年第三次人口普查的出生婴儿性别比为108.5，到1990年时上升到111.3，而到了2000年第五次人口普查时，已达到116.9”③，明显超出了国际公认的正常值④；就地区而言，2000年除西藏和新疆外，各省、自治区和直辖市的出生婴儿性别比都高出正常范围，超过120的地区有：陕西、广西、湖南、安徽、湖北、广东、海南，多为中、东部地区的人口大省（自治区）；就孩次而言，孩次越高，初生婴儿性别比越高，如表6－2、表6－3所示。严格的生育政策，使不少一胎为女婴的农民，在获准生二胎时，为避免又是女孩而通过各种方法来选择胎儿的性别，新生婴儿的性别比在公民偏好与生育政策的博弈中不断上升。

表6－2　　分孩次出生婴儿性别比　　单位：%

时间	合计	一孩	二孩	三孩以上
1990年第四次人口普查	111.3	105.2	121	127
1995年1%人口抽样调查	115.6	106.4	141.1	154.3
2000年第五次人口普查	116.9	107.1	151.9	159.4

数据来源：第四、第五次人口普查和1995年1%人口抽样调查。

---

① 穆光宗．近喜远忧的乡村生育文化［J］．市场与人口分析，2007（3）：31－34.
② 任兰兰．生育文化变迁的历史分析［J］．黑河学刊，2006（4）：39－40.
③ 陈俐．中国出生婴儿性别比的现状分析和对策［J］．人口学刊，2004（2）：46－49.
④ 出生性别比通常波动在102～107。

表 6－3　　2000 年按出生性别比高低分的地区数量

初生婴儿性别比（女孩为 100）	地区数（个）	地区名称
103 以下	1	西藏
103～107	1	新疆
107～110	5	贵州、内蒙古、云南、宁夏、黑龙江
110～116	13	青海、北京、上海、吉林、山东、天津、山西、辽宁、河北、浙江、江西、甘肃、重庆
116～120	4	四川、江苏、福建、河南
120 以上	7	陕西、广西、湖南、安徽、湖北、广东、海南

数据来源：第五次人口普查。

总的来说，我国的低生育文化在这一时期开始形成，主要是受计划生育政策的宣传引导与严格的强制执行措施的影响；实质上，我国过早地进行了向低生育文化的转换，导致我国过早进入人口老龄化社会；仅注重现代生育文化中的低生育率，而忽视了人们对胎儿性别的偏好，造成了性别比例严重失衡的不良后果。

三、急剧转入人口低生育率和人口低增长速度阶段

1991—2002 年，我国人口增长模式快速转型的另一个标志，就是人口急剧转入了低生育率和低增长率阶段。如图 6－6 所示，2000 年全国人口普查统计出来的总和生育率低到了“似乎难以解释”的水平①，我国的人口生育率和自然增长率急剧下降。我国的总和生育率从 1991 年的 2.075 突降到 2002 年的 1.383 超低水平，这不仅严重低于替代水平的 2.1，甚至低于国际警戒线水平的 1.5。

如图 6－7 所示，我国的人口自然增长率也从 1991 年的 12.98‰急剧下降到 2002 年的 6.45‰。以 10‰作为人口中速增长与低速增长的分界线，则我国人口已经进入低速增长阶段。世界银行数据显示，1991 年世界人口自然增长率为 16.5‰，中等收入国家为 17.6‰，而高收入国家为 8.1‰；而到了

① 张为民，崔红艳．对 2000 年人口普查人口总数的初步评价［J］．人口研究，2002（4）：23－27.

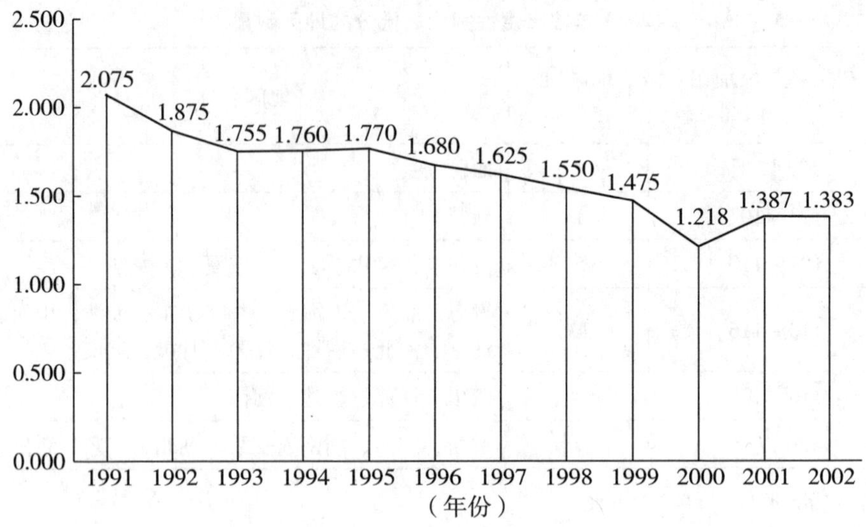

图 6－6　1991—2002 年我国人口的总和生育率

资料来源：国家统计局。

2002 年，世界自然人口增长率为 12.7‰，中等收入国家为 12.6‰，高收入国家为 6.8‰，我国在 2002 年的自然增长率（6.45‰）已经低于高收入国家（6.8‰）。可见，这一时期我国的人口增长率已经完成了从过渡性向现代性的转变，进入低出生率、低增长率、低死亡率现代人口增长阶段。

另外，对这一时期的人口出生率和总和生育率，学术界存在着一些争议，有些学者认为国家统计部门在 20 世纪 90 年代历年公布的出生率及隐含的生育率其实已经远远高于这一时期实际调查水平①；另外，还有一些观点认为，普查数据中确实存在出生人口漏报和育龄妇女多报的情况，2000 年以来中国人口的生育水平应当在 1.6～1.7②。这两种观点意味着，一方面，我国的生育率可能存在由于公布和实际情况的偏差而处于更低水平的情况；另一方面，即便是这一时期存在着漏报或多报的情况，其真实总和生育率在 1.6～1.7，也足以说明我国的总和生育率已经远低于替代水平，而接近甚至低于警戒线水平，我国人口生育率和自然增长率急速进入低增长阶段已是事实。

总而言之，这一时期我国的人口增长模式出现了快速的转型。家庭小

① 郭志刚．对中国 1990 年代生育水平的研究与讨论［J］．人口研究，2004（2）：10－19.

② 杨凡，赵梦晗．2000 年以来中国人口生育水平的估计［J］．人口研究，2013，37（2）：54－65.

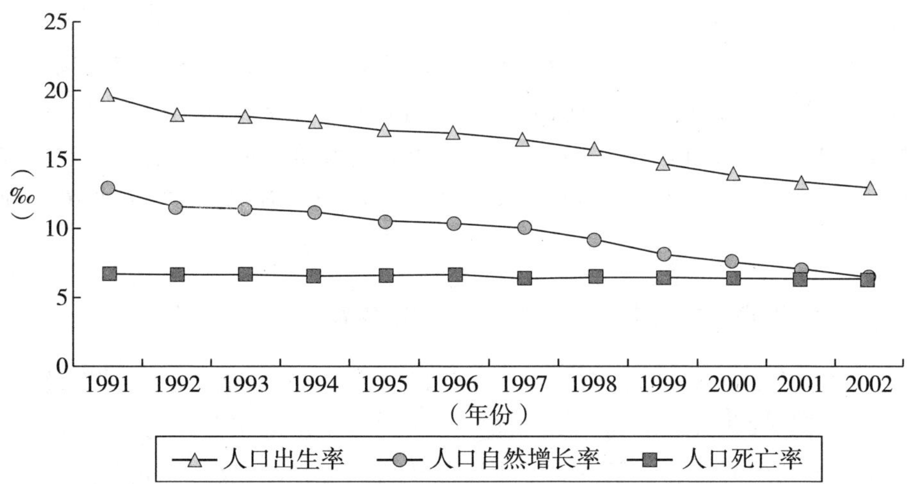

图6－7　1991—2002年我国人口的出生率、死亡率和自然增长率

注：2000年数据为当年人口普查数据推算数，其余年份数据为年度人口抽样调查推算数据。总人口和按性别分人口中包括现役军人，按城乡分人口中现役军人计入城镇人口。

资料来源：国家统计局。

型化的趋势较为明显，“两代三口”的核心家庭成为普遍的家庭形式；长久以来的政策宣传以及市场经济所引入的市场调控和生育观念，使这一时期的低生育文化逐步形成；相应地，我国的总和生育率和自然增长率在这一时期出现了陡峭的下跌，总和生育率已低于世界警戒线以下，人口增长进入了一个低出生率、低增长率、低死亡率的现代人口增长阶段。虽然我国人口的高速增长在短期内得到了抑制，但这种人口生育的急剧转型对于我国长期的人口结构和经济社会发展产生了深远的负面影响，造成了过早少子化、老龄化和人口红利提前结束等后果。

第三节　世纪之交的人口迁移与城市化

世纪之交，在社会主义市场经济体制改革的大背景下，我国的人口迁移与城市化进入了快速发展阶段。一方面，市场经济改革的活力推动工业化进程加快，产业间和城乡间收入差距的拉大成为驱动人口流动和城市化的主要经济动力；另一方面，为了适应市场经济的发展规律，中央决策层放开了对人口流动的限制，转向有序控制，为农村剩余劳动力进城提供了一定的政策支持。但是由于户籍制度和社会保障等原因，我国农村剩余劳动力进入城市后并未真正实现市民化，而真正的市民化只能依靠考学、从商和入伍等途径来实现。因此，由经济推动和政策引导所释放的“民工潮”，其增长速度远高于统计上的城镇化率，我国的城市化水平虽然取得了快速进展，但并未与同期的农业劳动力转移速度和规模上保持同步。

一、工业化进程与农村剩余劳动力流动

中国的工业化起步于20世纪50年代的第一个五年计划，改革开放后，工业化开始快速推进，到了20世纪90年代，我国的工业化已经进入了中期阶段。与此同时，由于乡镇企业发展放缓，各种限制劳动力转移的制度逐渐放开，农村剩余劳动力进入跨区域高速转移阶段，引发“民工潮”，随后逐步发展到稳定转移阶段。1991—2002年，工业化和农业劳动力转移主要表现为：其一，社会主义市场经济体制改革的不断推进，为工业化和农业劳动力流动释放了活力；其二，三次产业的比重和就业人数均发生重大变化，从劳动力人数占就业总人数的比重来看，第一产业减少，第二产业先增多后减少，第三产业稳步上升。

这一时期中国开始了社会主义市场经济体制改革，市场对劳动力和资源配置的作用增强，体制改革为工业化的快速推进和农业劳动力转移提供了制度环境和驱动力。

社会主义市场经济体制的确立代表着我国开始了由计划经济体制向市场经济体制的全面转型。其特征是体制转型与结构转化的双重演进，打破了计划经济体制僵化的限制，引入了市场经济灵活、资源优化等优点，推动了经济发展，我国国内生产总值从1991年的22005.6亿元增长到2002年的121717.4亿元。在体制转型与结构优化的双重背景下，我国工业化进程进一步推进，第二产业的增加值从1991年的9129.8亿元增加到2002年的54105.5亿元。第三产业的增加值也大幅增长，从1991年的7587亿元，增长到2002年的51421.7亿元。1991—2002年我国国内生产总值及产业增加值如图6-8所示。

农业劳动力转移在这一时期经历了先高速转移、后稳定的过程。1992年邓小平南方谈话后，中国改革开放进入一个新的阶段，“乡镇企业率先活跃起来，进入高速增长的轨道，年均增长52%，吸纳了大量农村劳动

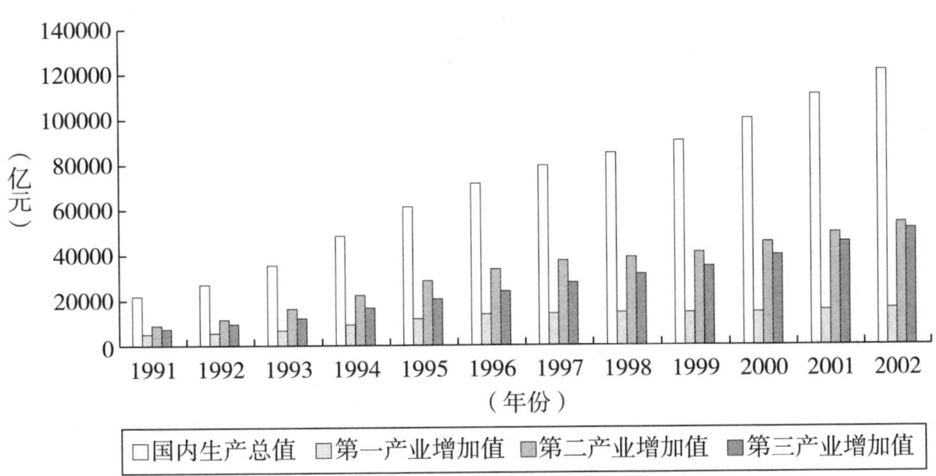

图 6－8　1991—2002 年我国国内生产总值及产业增加值

资料来源：国家统计局。

力，这在当时被称为‘乡镇企业的第二次创业’”①。另外，自 20 世纪 80 年代后期以来，我国工业和农业的剪刀差扩大，农民增产不增收，无论是三次产业之间的劳动力生产率还是城乡之间的收入差距，均呈现逐步拉大的趋势。在劳动力生产率方面，1991 年第一、二、三次产业劳动生产率分别为 1352. 7 元/人、6514. 3 元/人和 6129. 5 元/人，到了 2002 年分别变为 4418. 7 元/人、34501. 9 元/人和 24535. 5 元/人，如图 6－9 所示，第一产业与第二、第三产业的差距从 4900～5000 元/人增大到 20000～30000 元/人；在城乡收入差距方面：1991 年城市居民人均年收入为 1713. 1 元，农村居民人均年收入为 708. 6 元，城市人均年收入是农村人均年收入的 2. 42 倍，城乡差距为 1004. 5 元；到 2002 年，城市居民人均年收入为 8177. 4 元，农村居民人均年收入为 2475. 6 元，城市人均年收入是农村人均年收入的 3. 3 倍，城乡人均年收入差距扩大到 5701. 8 元。市场经济体制改革背景下巨大的产业和城乡收入差距，推动了我国这一时期前半段，即 1992—1996 年，农业劳动力的高速跨区域转移。1994 年我国劳动力在地区之间的转移数量骤增至 6000 多万，约占农村劳动力总数的 14. 3%；1997 年前后，民工潮达到 8000 万人的规模。1992—1996 年，我国累计转移农业劳动力

① 特色县域经济课题组．县域经济发展与乡镇企业的第二次创业［J］．重庆大学学报（社会科学版），1999（2）：15－17.

4122万，转移劳动力总量年平均增长7.9%，农村劳动力非农化率由20.7%迅速提高到28.8%，提高了8.1%[①]。

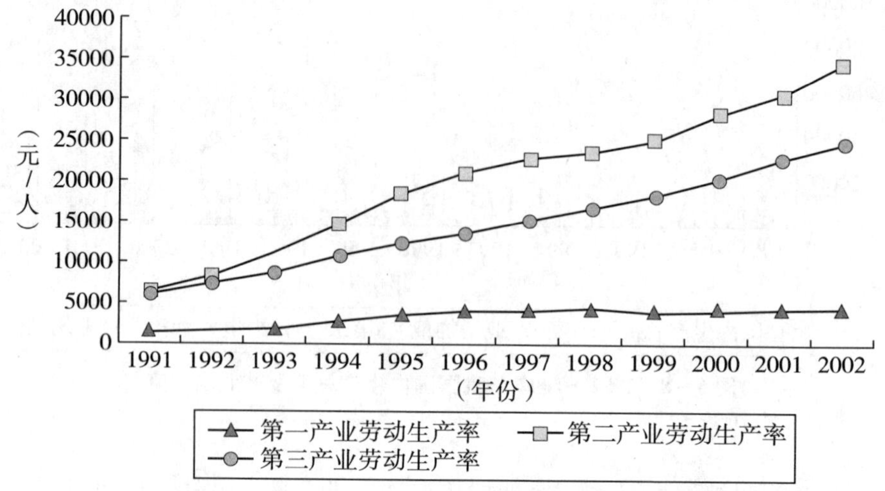

图6-9　1991—2002年我国三次产业劳动生产率情况

资料来源：根据《1991—2000年中国统计年鉴》数据测算。

20世纪90年代后半期，随着我国市场经济体制改革的进一步推进，国企改革力度加大，而乡镇企业开始分化与没落，使得我国的农业劳动力转移从高速转移转向规范化和制度化的有序转移。1996年，国务院发出通知，要求各地区各部门结合实际，贯彻执行国家经贸委《关于1996年国有企业改革工作的实施意见》，随着国有企业改革的深入推进，导致大量工人下岗，城乡就业态势趋紧；1997年，"国家出台《中华人民共和国乡镇企业法》，召开乡镇企业会议，推动乡镇企业实行两个根本性转变"[②]，这导致乡镇企业两极分化严重，一部分乡镇企业向大规模、高科技、外向型发展，也有很多企业开始跌入低潮，乡镇企业对劳动力的需求放缓，导致农村剩余劳动力转移速度随之放缓。1997年农业劳动力转移速度为1.1%，1998年为0.6%，1999年更是降到了0.4%；1996—1999年累计转移农业劳动力957万人，平均每年增长2.4%，农村劳动力非农化率由28.8%提高到29.8%，仅提高1%。国企改革导致城市就业岗位减少，就

① 张雅丽．中国工业化进程中农村劳动力转移研究［M］．北京：中国农业出版社，2009.

② 刘江．认真施行《乡镇企业法》促进引导保护规范乡镇企业发展［J］．中国乡镇企业，1997（1）：17-18.

业形势紧张，加上乡镇企业的分化与没落，使农业剩余劳动力流动的增速在20世纪90年代末期开始放缓。到2000年，我国流动的农村剩余劳动力仍超过1亿人。

如此大规模的农村剩余劳动力的去向问题，即这一时期产业结构与就业结构的变化，是探究我国工业化进程与农业劳动力转移过程中需要说明的问题。

随着农业剩余劳动力的转移，我国的就业结构也发生了变化。第一产业中的剩余劳动力向第二产业和第三产业转移，第一产业就业人口占总就业人数的比例从1991年的59.69%，下降为2002年的50.00%，第二产业就业人数占总就业人数的比例在这一时期经历了先增长后减少的过程，而第三产业就业人数占总就业人数的比例不断上升，从1991年的18.90%提升到2002年的28.59%（见图6－10）。

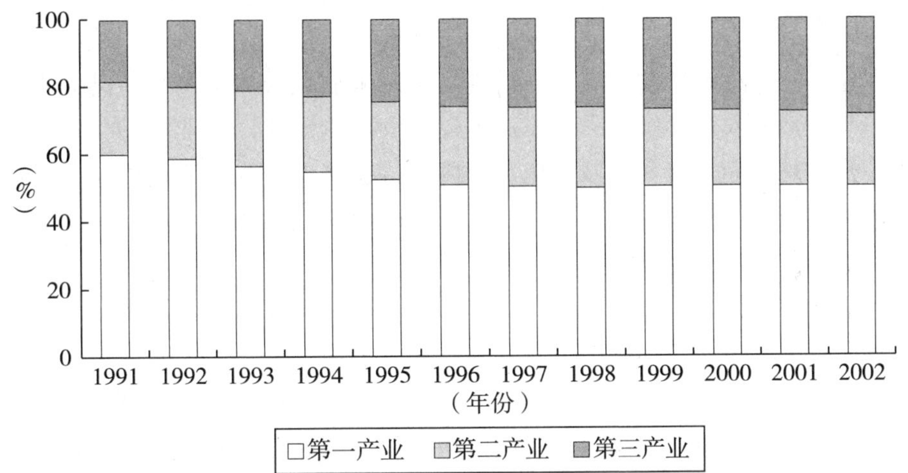

图6－10　1991—2002年三次产业就业人数占总就业人数的比例

资料来源：国家统计局官方网站。

从产业增加值的角度来看，1991—2002年，我国第一产业的产业增加值从5288.8亿元增长到16190.2亿元；第二产业从9129.8亿元增长到54105.5亿元；第三产业则从7587亿元增长到51421.7亿元（见图6－11）。三次产业虽然均有增长，但相比于第二、第三产业，第一产业增长缓慢，国民经济的增长也主要源于第二、第三产业快速增长的拉动。

由此可见，我国第一产业虽然产业增加值增长缓慢，但是堆积了50%以上的就业人员。这说明我国有大量的农民工涌入城市，但其务工主要以

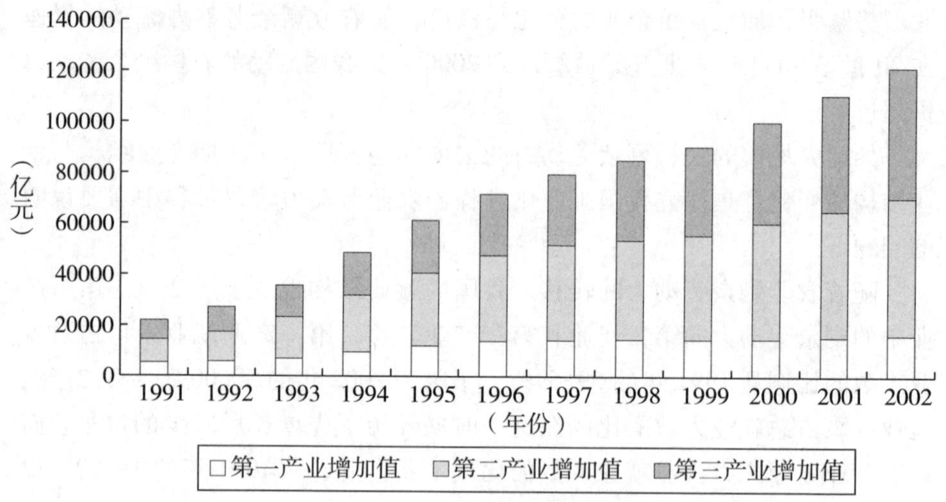

图 6－11　1991—2002 年三次产业增加值及其比重情况

资料来源：国家统计局官方网站。

兼业化为主，土地产权制度、户籍制度等的限制致使农村剩余劳动力无法真正从土地和农业中解放出来，这不仅大大影响了我国农业劳动生产率的进一步提高，而且对我国城市化进程的推进也具有很大的阻碍作用，这部分无法实现市民化的农村剩余劳动力被称为“错过城市化的人口”，而“青出老回”① 是其主要特征。

通过以上内容可以发现，“市场经济体制的生成和发育，必然引起投资方向、生产布局、产业结构和劳务市场等方面的变化，进而带来人口的大规模流动”②，市场经济体制改革是推动我国这一时期工业化进程快速发展、农业劳动力转移以及产业结构变动的根本性原因；除了经济因素，这一时期颁布的一系列促进人口流动的政策，也在某种程度上打开了城乡人口流动的渠道，其中农民工务工制度和临时居住制度的形成，具有代表性，也是引发这一时期“民工潮”的政策性原因。

二、农民工务工和临时居住制度的形成

这一时期，在人口流动政策方面，虽然户籍制度没有放开，但是已经逐步允许农民到城市中务工。尤其是在 1992 年确定社会主义市场经济体制

① 周天勇．迁移受阻对国民经济影响的定量分析［J］．中国人口科学，2018（1）：19－32.
② 林盛中．试论市场经济与人口流动［J］．人口学刊，1993（4）：33－36.

改革目标后，我国提出了一系列与市场经济体制的内在规律相适应的人口流动政策，对于人口流动的态度也从“控制盲目流动”转变为“宏观调控下规范流动”[①]，同时也形成了一系列农民工务工和临时居住制度。

由于受到20世纪80年代“盲流”带来的各种问题的困扰，1990—1992年，国家虽然允许农民工进城，但是这种允许受到了严格的控制和管理。比如1990年4月，国务院在发出的《关于做好劳动就业工作的通知》中提出：“对农村劳动力进城务工，要运用法律、行政、经济的手段和搞好宣传教育，实行有效控制，严格管理。”1991年，国务院发布的《全民所有制企业招用农民合同制工人的规定》提到：“企业招用农民工必须在国家下达的劳动工资计划之内。”1993年11月3日，劳动部下发了《农村劳动力跨地区流动有序化——“城乡协调就业计划”第一期工程》（劳部发〔1993〕290号），提出要实现“在全国形成与市场经济相适应的劳动力跨地区流动的基本制度、市场信息系统和服务网络，使农村劳动力流动规模较大的主要输入、输出地区实现农村劳动力流动有序化”。1993年11月11—14日，在北京召开的中共十四届三中全会通过了《中共中央关于建立社会主义市场经济体制若干问题的决定》，明确规定，“鼓励和引导农村剩余劳动力逐步向非农产业转移和在地区间有序流动”。1993年12月21日，劳动部在《关于建立社会主义市场经济体制时期劳动体制改革总体设想》中提出：“建立公平竞争的劳动力市场，还要逐步打破城乡之间、地区之间劳动力流动的界限”“加强城乡劳动力统筹，以建立农村就业服务网络为突破口，合理调节城乡劳动力流动，逐步实现城乡劳动力流动有序化”[②] 等内容。1993年一系列文件的下发证明国家对于劳动力流动问题的态度已经发生了重大变化，这也是当时党和国家对国民经济发展态势和城乡就业以及劳动力布局作出判断的结果。

1994年11月17日，劳动部颁布《农村劳动力跨省流动就业管理暂行规定》，要求“被用人单位跨省招收的农村劳动者，外出之前，须持身份证和其他必要的证明，在本人户口所在地的劳动就业服务机构进行登记并领取外出人员就业登记卡；到达用人单位后，须凭出省登记卡领取当地劳动部门颁发的外来人员就业证；证、卡合一生效，简称流动就业证，作为

---

① 张慧卿. 20世纪90年代以来“乡—城”人口流动政策述评［J］. 前沿，2010（17）：111－114.

② 袁守启. 劳动法全书［M］. 北京：宇航出版社，1994：852－853.

流动就业的有效证件"[①]。这是我国关于农村劳动力跨地区流动就业的第一个规范化文件，我国从此开始实施以就业证卡管理为中心的农村劳动力跨地区流动就业制度，同时这也是1958年户籍制度对人口乡城流动进行严格限制以来第一次出现了明显的变动，30多年来政府的红头文件中首次没有使用"限制农民进城"之类的字样。

1995年对于我国的人口流动而言是一个重要的转折点，7月8—11日，中央社会治安综合治理委员会会同公安部、劳动部等16个部委在厦门召开全国流动人口管理工作会议，确定了"因势利导、宏观控制、加强管理、兴利除弊"[②]的流动人口管理指导思想，标志着我国对流动人口已经由迁移控制转向全方位的社会管理。同年9月，中央社会治安综合治理委员会颁布了《关于加强流动人口管理工作的意见》，制定了流动人口管理工作的指导思想，确立了流动人口需要有关部门齐抓共管的思想，并细化了各部门在流动人口上的主要职责，会议还要求确立统一的收费办法，明确将是否具有暂住证和就业证作为收容遣送的重要依据，我国的流动人口管制开始走向规范化和制度化[③]。同年颁布的配套文件还有，6月2日公安部第25号令发布的《暂住证申领办法》，劳动部发布《关于抓紧落实流动就业凭证管理制度的通知》，劳动部办公厅发布《关于"外出人员就业登记卡"发放和管理有关问题的通知》。这些配套文件的出台标志着我国建立了一整套专门针对农民进城就业的证卡管理制度，农民工除须持有身份证外，还被要求办理"就业证""务工证""流动人口婚育证明""暂住证"等。

1996年，随着国有企业改革的深入推进，我国确立了建立现代企业制度的方向，企业开始成为独立的市场主体。追求利益最大化是企业的目标，然而，由于当时国有企业存在着严重的"冗员"问题，国企改革产生了一大批下岗失业人员，城市的就业压力大大增加。在这种情况下，严格规范农民工进城是当时的政策导向，使得农村劳动力外出务工又进入一个紧张期。1997年11月25日，国务院办公厅转发了劳动部等部门《关于进一步做好组织民工有序流动工作意见的通知》，强调"切实做好组织民工

---

① 全国人大常委会法制工作委员会．中华人民共和国法律行政法规规章司法解释分卷汇编［M］．北京：北京大学出版社，1998：324.

② 王霖霖．全国流动人口管理工作会议［J］．中国法律年鉴，1996（1）：120.

③ 尹德挺，苏杨．建国六十年流动人口演进轨迹与若干政策建议［J］．改革，2009（9）：24-36.

有序流动工作”，地方各级人民政府和各有关部门“对城乡劳动就业要统筹规划，合理安排，加强宏观调控”“引导和组织民工按需流动”，要“鼓励和吸引外出民工回乡创业，促进民工收入向直接投资转化，带动农村剩余劳动力就地就近转移”[①]。1997 年 6 月 10 日，国务院批转了公安部《小城镇户籍管理制度改革试点方案》和《关于完善农村户籍管理制度的意见》，“允许已经在小城镇就业、居住并符合一定条件的农村人口在小城镇办理城镇常住户口，以促进农村剩余劳动力就近、有序地向小城镇转移”，但强调要“继续严格控制大中城市特别是北京、天津、上海等特大城市人口的机械增长”。1998 年 6 月 9 日，中共中央、国务院发出《关于切实做好国有企业下岗职工基本生活保障和再就业工作的通知》，将“继续鼓励和引导农村剩余劳动力就地就近转移，合理调控进城务工的规模”[②] 作为宏观调控城市下岗职工再就业的一项举措。这说明中央政府希望通过控制农民工进城就业，以保障下岗职工优先就业。在这种政策背景下，“包括上海、广东、江苏、山东等东南沿海发达地区在内的大多数省市，都出台了各种限制农村劳动力进城及外来劳动力进省的规定和政策，这些规定大都包含着对招收农村劳动力就业的岗位限制和次序限制，即许多类别的工作只允许招收本地城镇户口人员，只有那些危险的、艰苦的工种，或城市居民不愿意从事的脏的、累的工作，才允许招收农村劳动力”[③]。在招工次序上，原则上是“先城镇、后农村”“先市内、后市外”，优先安排城市失业、下岗职工，对城镇用人单位使用农村劳动力要有审批管理，未经批准使用外来和农村劳动力要限期清退，安置下岗职工顶岗。这些政策法规是明显有失公平的歧视性法规。

进入 21 世纪后，由于歧视性政策和劳动力供给不足，部分地区企业开始出现“用工荒”[④]。中央对于流动人口的工作方针又发生了重大转变，出台一系列政策，逐步取消了各种限制性政策法规，降低了农民外出就业的门槛，政策导向相对更加公平。2000 年 1 月 10 日，劳动和社会保障部办

---

① 全国人大常委会法制工作委员会．中华人民共和国法律行政法规规章司法解释分卷汇编［M］．北京：北京大学出版社，1998：291 -292.

② 中共中央文献研究室．十五大以来重要文献选编（上）［M］．北京：人民出版社，2000：396.

③ 卢迈，赵树凯，白南生．中国农村劳动力流动的回顾与展望［M］//见马洪，王梦奎．中国发展研究——国务院发展研究中心研究报告选．北京：中国发展出版社，2002：554 -572.

④ 崔传义．进入新阶段的农村劳动力转移［J］．中国农村经济，2007（6）：4 -8.

公厅发布《关于做好农村富余劳动力流动就业工作的意见》，提出“促进劳务输出产业化，保障流动就业者的合法权益”①。2000年6月13日，中共中央、国务院发布《关于促进小城镇健康发展的若干意见》，提出“从2000年起，允许我国中小城镇对有合法固定住所、稳定职业或生活来源的农民给予城镇户口，并在子女入学、参军、就业等方面给予与城镇居民同等待遇，不得实行歧视性政策，不得对在小城镇落户的农民收取城镇增容费或其他费用”②。7月20日，劳动和社会保障部、国家发展计划委员会等部委在《关于进一步开展农村劳动力开发就业试点工作的通知》中，提出“实行城乡统筹就业，逐步建立统一、开放、竞争、有序、城乡一体化的劳动力市场，在试点区域范围内取消对农村劳动者就业的限制”③。2001年3月15日，在第九届全国人大四次会议上批准通过的《中华人民共和国国民经济和社会发展第十个五年计划纲要》提出，“打破城乡分割体制，逐步建立市场经济体制下的新型城乡关系。取消对农村劳动力进入城镇就业的不合理限制，要坚持城乡统筹的改革方向，推动城乡劳动力市场逐步一体化。”④ 2002年1月10日，中共中央、国务院下发《关于做好2002年农业和农村工作的意见》中提出，对农民进城务工要实行“公平对待，合理引导，完善管理，搞好服务”⑤ 的新十六字方针。至此，农民工务工和临时居住制度初步形成，以农民工为主要对象的流动人口管理具有了保护和服务的特性。此后，几乎每年国家都会出台与农民工相关的各项政策。

总体而言，这一时期我国农民工政策从严格限制逐步向有序引导再向公平服务的方向过渡，其改革目标在于建立城乡统一的劳动力市场，但由于经济体制仍处于转轨和改革阶段，相关政策并不是很完善，包括一些不利于农村劳动力流动的政策，如“证卡合一”制度、春运期间用工限制政策、外来人口暂住政策以及地方政府的歧视性规定等，这些都对农村剩余

---

① 劳动和社会保障部．关于做好农村富余劳动力流动就业工作的意见［J］．中国劳动，2000（3）：55.

② 本刊记者．中共中央、国务院出台《关于促进小城镇健康发展的若干意见》［J］．城市规划通讯，2000（13）：1－2.

③ 劳动部和社会保障部，国家发展计划委员会．关于进一步开展农村劳动力开发就业试点工作的通知［J］．劳动保障通讯，2000（8）：45－46.

④ 新华社．中华人民共和国国民经济和社会发展第十个五年计划纲要［N］．新华每日电讯，2001－03－18（001）.

⑤ 国务院办公厅．落实中共中央、国务院做好2002年农业和农村工作意见有关政策问题的通知［J］．现代种业，2002（5）：32－33.

劳动力的流动产生了较大的阻碍作用。

由于我国存在严格的户籍管制制度，“流入城市的农村人口很难成为市民，这决定了中国城市化的‘半市民化’现象”①，即“民工潮”所带来的大范围的劳动力转移并未实现真正的市民化。在这一时期，我国城市人口的增长仍主要来源于教育、从商和入伍等，并不是农民工的市民化。

三、城市人口增长：教育、从商和入伍等因素

在这一时期，我国的城市化水平得到了较快的发展，而城市化的主要标准之一是人口城市化。2000 年，第五次全国人口普查表明，我国居住在城镇的人口已经达到 45844 万，城市化水平达到 36.2%，相比于 1990 年第四次人口普查时的 26.4% 提升了近十个百分点。在城市化人口增长中，根据学者从不同角度的测算②③④⑤，我国农民工市民化的比例在 40% ~ 45%，我国 2000 年的迁移人口为 10229 万人，按照该比例，其中实现市民化的约为 4000 万人，而我国这一时期城市人口增长 15873 万人，农民工市民化仅占城市人口增长的 25% 左右。可见城市人口增长的主要因素并不是来自农村剩余劳动力的转移，而是来自教育、从商和入伍等。

由于经商人口的范围界定较为困难，组成成分较为复杂，而入伍的人数和结构涉及国家的保密内容，因此，此处以接受教育引致的市民化情况为例进行说明。在我国，能够通过升学获得落户资格的是接受了高等教育（包括普通高等教育和成人高等教育）或中等教育并获得了相应学历毕业证书的学生，其中高等教育主要是大学生（包括博士、硕士研究生、本科生和大专生），中等教育则是中专生，这一部分群体统称为“大中专毕业生”，他们可以迁转户口，因此当时出现了一种通过升学“考户口”的现象。根据《1991—2003 年统计年鉴》数据，1991—2002 年，我国“大中专毕业

① 辜胜阻，易善策，郑凌云．基于农民工特征的工业化与城镇化协调发展研究［J］．人口研究，2006（5）：1 -8.

② 魏后凯，苏红键．中国农业转移人口市民化进程研究［J］．中国人口科学，2013（5）：21 -29.

③ 吴自豪，朱家明，贾思钰，等．农民工市民化程度及影响因素的测度［J］．西昌学院学报（自然科学版），2018，32（2）：58 -64.

④ 郧彦辉．农民市民化程度测量指标体系及评估方法探析［J］．学习与实践，2009（8）：109 -112.

⑤ 王桂新，沈建法，刘建波．中国城市农民工市民化研究——以上海为例［J］．人口与发展，2008（1）：3 -23.

生”的总人数为3288.07万人，占我国这一时期城市人口增长的20.7%，可以看出通过教育落户已经成为这一时期我国人口城市的重要原因。

教育、从商和入伍等能够成为城市人口增长主要因素的内在原因在于：其一，教育也就是考学，农村学生考上中专或者大学，就可以办理户口农转非，可以在城市找工作达到市民化。农村人口通过升学的方式，离开农村，到城市工作，其教育水平的提升意味着个人能力的增强，进而可以成为高素质的劳动人口，获得能够足以支撑城市生活的收入水平，并在城市娶妻生子，落户并生活。其二，从商能获取一定的社会资源，有能力在城市落户生存。一些农村户籍人口，有较强的经商能力和精明的头脑，通过城乡贸易、承包建筑工程、创办公司企业等方式，经过一定时期的积累，有能力落户在城市，从而定居在城市，转化为城市市民甚至精英阶层。其三，则是从军入伍退役转业后落户城市。很多农村青年，通过参军的方式来改变命运，在军队学得一技之长，或者通过建功授勋提干，或者在军队考取军校，或者通过转志愿军等方式，获得身份转变的机会，改变命运。一些获取干部身份或者志愿军身份的官兵在退役后转业地方分配工作，落户城市，从而实现了市民化。因为这一时期户籍制度依然严格，没有城市户籍几乎不能够市民化，所以农村青年通过教育、从商和从军这三个渠道，都必须最终获取城市户口和城市工作，才能最终完成市民化。这一时期的农村青年通过进城务工这条路，很难获取城市户籍，因此，农民工最终的命运就是回农村养老。

因此，1991—2002年这一时期的人口城市化，受到了行政因素和市场因素的双重制约。行政因素方面，主要是国家对农村劳动力进城的种种限制和约束，在农村人口进城务工和户籍制度上都采取了严格的限制措施，特别是户籍制度成为农民市民化的主要障碍；而市场因素方面，主要是农村人口进城的成本较高，农民工在城市中属于低收入群体，城市的高消费对于农村进城务工人员而言，无论从观念上还是从收入方面都难以承受，只有少数人通过升学、从商和入伍等方式，能达到城市收入水平，并解决城镇户口，实现真正的市民化。

四、城市化水平的变动

从宏观来看，我国这一时期城市化水平取得了突破性进展，然而，其增长速度与世界其他国家相比较为缓慢。其机理在于这一时期由于经济推动和政策引导释放了规模庞大的“民工潮”，“民工潮”的“半市民化”

现象，导致其增长速度远高于城市化率，即城市化水平虽然取得了进展，但并未与农业劳动力转移保持同步。

1990 年我国的城市化率为 26.41%，而 1999 年，我国的城市化水平达到了 30.89%。根据城市化理论和国际发达国家的经验，当城市化水平达到了 30% 就会进入城市化高速发展的时期。中国这一时期城市化的发展也是如此，1991—1999 年的城市化年推进约 0.5 个百分点，1999 年城市化到达 30.89% 后，在 2000 年时突然增加 5.33 个百分点，此后一直维持 1% 以上的增长率。可以看出，在这一时期，我国的城市化率经历了一个质的变化，如图 6－12 所示。

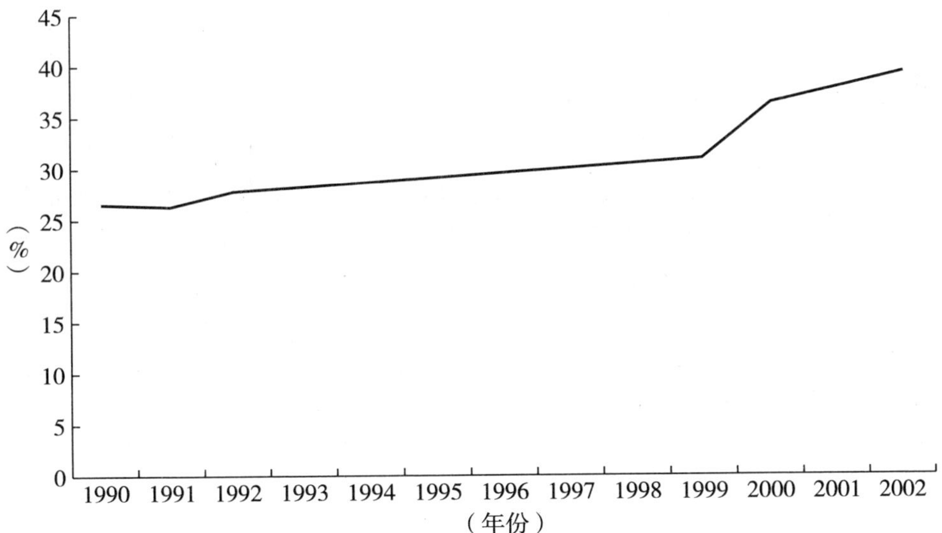

图 6－12　1990—2002 年我国城市化水平

资料来源：国家统计局网站。

然而，相比于世界其他国家，在这一时期，我国的城市化水平仍然较低，无论是相对于世界平均水平还是相对于发达国家和发展中国家水平，如表6－4 所示。1990 年，我国城市化率（26.4%）低于世界城市化率（42.6%）16.2 个百分点，低于发展中国家（33.6%）7.2 个百分点，低于发达国家（72.5%）46.1 个百分点；到了 2000 年，我国城市化率达到 36.22%，比 1990 年增长了近 10 个百分点，但是仍然低于世界平均水平 6.4 个百分点，低于发展中国家 3.1 个百分点，与发达国家相比依然低 38.2 个百分点。

表6-4　中国人口城市化率与世界、发达国家及发展中国家比较

年份	世界		发达国家		发展中国家		中国	
	城市人口（百万）	城市化率（%）	城市人口（百万）	城市化率（%）	城市人口（百万	城市化率（%）	城市人口（百万）	城市化率（%）
1990	2234	42.6	877	72.5	1357	33.6	302	26.4
2000	2854	46.6	950	74.4	1904	39.3	450	36.22

资料来源：《城市地理学》《中国统计年鉴（2000）》《中华人民共和国人类住区发展报告（1996—2000年）》。

我国城市化滞后的主要原因，就是我国的行政政策和市场因素对于人口城市化的限制和约束，这导致我国的农业剩余劳动力转移速度较慢而且很难实现市民化，其中，政策和制度是主要因素。通过将这一时期我国城市化与非农产业就业结构进行比较，可以发现我国的非农产业就业人数占总就业人数的比例高出城市化率10个百分点以上，如图6-13所示。城市劳动力的增加可以用城市化率来表现，而非农产业就业的人数比例可以反映我国农业剩余劳动力的转移情况。两者对比情况表明，我国的农业剩余劳动力仅完成了从农业就业向非农就业的转移，并未同步完成农民市民化。

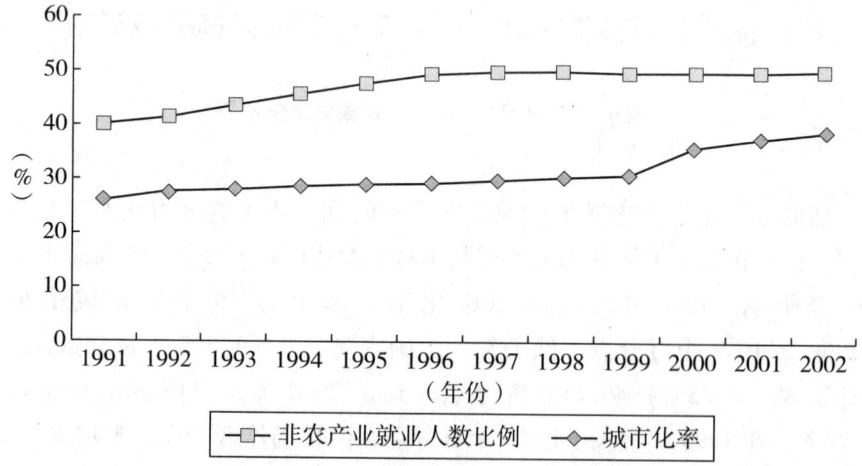

图6-13　1991—2002年非农产业就业人数比例与城市化率的关系

资料来源：国家统计局。

究其原因，可以从行政政策、市场因素两个方面进行分析。

在行政政策方面，首先是土地产权问题。我国农村土地产权属于集体所有，农民只有承包权，这种土地产权制度导致了农民手中的土地只有使用价值而没有价值①，当农民已经进城务工，在城市中生存之后，农村的土地、房屋等很难变现，进城农民无法从农村的土地中真正脱离出来，也无法筹得一部分资金在城市中创业或者置产，投入城市的建设，因此进城农民面临着从农村退出的困难。其次是户籍限制。这一时期我国的户籍制度已经成熟、固化，城乡二元户籍可谓泾渭分明，户籍制度涉及福利、粮食供应、医疗、子女教育等方面的日常生存，没有城市户籍很难真正成为市民。但是，这一时期户籍的"农转非"只能通过升学、参军、婚姻、招工等渠道解决，这对于一般农民来说，几乎不可能做到。虽然这一时期很多农民工进城务工并能够在城市中生存，但是由于户籍制度这一鸿沟的存在，农民工很难市民化。最后是社会保障不足。进城务工人员得到的社会保障不足，无论是薪资保障、医疗保障还是子女教育保障，都存在问题，因此在这一时期出现了大量的农民工讨要工资事件、工伤就医纠纷和农民工子女教育难问题，这对人口城市化也产生了极大的阻碍作用。

在市场因素方面，随着城市生活水平的提升，城市的物价和生活成本大幅度提高。同时，新兴事物的兴起，对文化程度较低的农村剩余劳动力形成了挑战和诱惑，作为城市中的低收入群体，进城务工人员的收入难以支撑城市高成本的生活，他们对新兴事物往往难以辨别而使经济蒙受损失，这些因素都将通过打工方式进城的农村剩余劳动力排斥在城市之外。真正能在城市中生活并落户的，往往是通过教育升学、商业经营和入伍转业等方式获得与城市人口相对等的收入水平和社会地位的农村人口，而这在农村剩余人口的茫茫大军中毕竟只占少数。因此，人口城市化的实际发展并没有跟上经济发展水平。

总的来说，这一时期我国的社会主义市场经济体制改革有序推进，市场机制的调节作用增强，经济发展取得了突破性的进展，在人口的生育和迁移方面都表现出了"大变动"的特点。在人口生育方面，政策和市场的双重调节增强，家庭小型化和低生育文化的趋势明显，致使总和生育率和自然增长

① 周天勇．国民经济增速从下行扭转为上行的框架性方案设计［J］．财经问题研究，2017（2）．

率陡峭下滑，总和生育率从 2.075 的接近替代水平急速下降为 1.383 的极低水平，进入超低生育阶段，人口生育在这一时期实现了快速转型；在人口流动方面，这一时期随着我国市场经济体制改革的不断推进，制造业和城市建设对人口的需求扩张，收入的提升吸引大量农村剩余劳动力进城务工，从而出现了大规模、快速度的“民工潮”现象；在城市化方面，农民进城务工面临着双重制约机制，由土地制度引起的农村退出障碍和户籍制度等导致的城市进入障碍，使农村进城务工人员即使实现了就业转移也很难实现真正的市民化，只有少部分人口通过经商、教育和入伍等方式真正成为市民。因此，这一时期我国的人口流动规模较大，城市化推动较快，但城市化速度和潜力并没有得到真正释放，而且城市化质量不高。

第七章　21世纪初（2003—2013）：工业化后期的人口增长与流动

中国加入WTO后，改革开放加速，从2003年开始中国制造业外部需求被大面积释放，传统工业化加速推进并进入后期阶段，而2013年中国制造业开始出现大面积过剩，传统工业化阶段已接近尾声。这一阶段的人口生育较早地进入了比发达国家后工业化社会更甚的超低生育率、超低出生率、低死亡率、超低增长率阶段。工业化推动人口加速向城市和发达地区流动，然而受户籍、社保、公共服务等制度性约束以及这一时期日趋增高的房价阻隔，中国城镇化虽然速度提升但水平较低、质量较差，且表现出“青出老回”的逆城市化特征。

第一节　人口的超低生育和增长

经过1991—2002年生育率和增长率的急剧下降，到2003—2013年这一阶段，中国人口已经进入了超低生育和增长阶段，如表7－1所示，人口增长特征表现为低生育率、低出生率、低死亡率、低增长率。农村自然经济解体、传统生育观念瓦解、人口流动加速等因素，使生育的直接成本和机会成本增高，进一步降低了这一阶段中国人口的出生率。

表7－1　2003—2013年中国人口增长和乡村人口比例

年份	生育率	出生率（‰）	死亡率（‰）	自然增长率（‰）	总人口（万）	乡村人口比例（%）
2003	1.398	12.41	6.40	6.01	129227	59.47
2004	1.444	12.29	6.42	5.87	129988	58.24
2005	1.333	12.40	6.51	5.89	130756	57.01

续 表

年份	生育率	出生率（‰）	死亡率（‰）	自然增长率（‰）	总人口（万）	乡村人口比例（%）
2006	1.379	12.09	6.81	5.28	131448	55.66
2007	1.430	12.10	6.93	5.17	132129	54.11
2008	1.468	12.14	7.06	5.08	132802	53.01
2009	1.364	11.95	7.08	4.87	133450	51.66
2010	1.181	11.90	7.11	4.79	134091	50.05
2011	1.040	11.93	7.14	4.79	134735	48.73
2012	1.257	12.10	7.15	4.95	135404	47.43
2013	1.236	12.08	7.16	4.92	136072	46.27

资料来源：生育率来自国家统计局各年人口普查和抽查数据；出生率、死亡率、自然增长率、总人口和乡村人口比例，来自国家统计局网站数据库，并以此计算整理。

一、农村自然经济解体

从农村来看，虽然市场化和要素流通水平不高，但农村经济已经实现了货币化、市场化，传统自给自足的自然经济基本解体。

首先，中国加入 WTO 后，对外开放水平显著提升，中国经济开始深度融入世界经济，对外贸易加速发展，外需的增加促进中国制造业得到飞速发展。2013 年，中国成为世界第一货物贸易大国。对外加工和制造业的飞速发展使中国工业化加速推进并进入后期阶段。工业化加速发展是促进我国农村自然经济瓦解的最大因素。

其次，2003 年中共十六届三中全会作出了《中共中央关于完善社会主义市场经济体制若干问题的决定》，进一步推动了中国经济体制的市场化改革力度，市场化水平不断提高，加速要素在城乡之间、地区之间的流动。2003 年，《中华人民共和国农村土地承包法》开始实施，依法确定我国农村土地承包关系长期稳定不变（30 年），农户在承包期内可依法、自愿、有偿流转土地承包经营权，从而推动了土地租赁、入股、转包等市场化经济关系，促进了农业的规模化经营。

再次，受户籍、高房价、子女教育、照顾家庭、外出务工收入较低以及农村土地经营制度改革等影响，一部分农民工返乡创业，带回资金、技术和市场经济观念，办理加工企业，农村中养殖、农产品购销加工、农业承包等业态兴起，出现了较为普遍的雇佣关系和农产品购销、加工等经济，商品经济开始活跃。农民除了去发达地区和大城市打工之外，在本村、临村、附近小城镇打短工的经济关系开始普遍发展起来，找人盖房子、种田、耕地、收庄稼等不再是无偿帮助现象，代之以货币报酬。农民就业方式多样化，促进了农民市场、商品、效益、工资等意识的强化，农村商品经济业态兴起，经济关系货币化。

最后，2003 年后，在整个国家工业化、市场化和对外开放水平开始加速发展的背景下，农村经济分工、商品化、市场化和货币化也加速发展。农民机会成本增加，农村经济分工开始细化，农村关系商品化，支出形式货币化，传统自然经济在市场经济大潮中基本瓦解。随着农村自然经济的瓦解和彻底货币化，生活品外购比例增高，教育和医疗的支出占家庭开支比例加重，生育成本和机会成本上升，超生罚款数额增多，农民生育和抚养子女的最大数量受货币收入扣除生活消费等支出后剩余部分的约束加大，市场机制调节农村人口生育发挥着越来越重要的作用，降低了农村人口生育率。

二、传统生育观念瓦解

随着中国长期高强度的计划生育管制、妇女受教育水平的提高、市场经济的发展，到了 21 世纪的第一个十年，我国传统的生育观念逐渐瓦解。

受农耕社会影响，我国社会长期以来形成了多子多福、重男轻女、传宗接代、生儿养老等传统生育观念。农业社会对劳动力有着刚性需求，多生孩子就意味着将来会有更多人劳动；而男女体力的差异，则形成了农业社会对生育男孩的偏好。农业社会是家庭养老模式，生产力低下，多生子女则父母在养老时候也会多一些依靠和保障。我国农业社会的自然经济是形成我国传统生育观念的基础。而随着农村自然经济的瓦解，传统生育观念得以存在的经济社会基础不复存在。

根据世界经验，发达国家进入工业化后期，人口增长会自动进入低出生率、低死亡率、低增长率模式，妇女随着受教育水平和生育成本、机会成本提升而生育意愿降低。

进入 21 世纪以后，我国经济社会发生了一系列急剧变化，致使我国传统生育观念已基本瓦解。这一阶段，中国工业化、城市化加速发展，受土地财政驱使，城市房价从2003年开始快速上涨，并带动一系列物价过快增长。青年男女结婚生子除了面临买房和生活成本高涨的压力外，也面临失去工作机会和升迁等风险，直接成本和机会成本上升。这一阶段的育龄人口主力军为“70后”和“80后”，“70后”和“80后”赶上了改革开放后学校教育和高考制度的恢复发展，受教育水平普遍提升，受过高中和高等教育人数增加，女性就业率和就业层次提升，机会成本增加，追求个人生活质量和发展机会而少生晚生意愿增强。政府长期的计划生育政策宣传与刚性调节，使“一对夫妇只生一个好”的生育观念深入人心，“多子”观念已不复存在。2002年，《中华人民共和国人口与计划生育法》正式实施，使计划生育由政策上升为法律，制度调节生育的强制性增强，超生违法成本增高，导致这一阶段的生育意愿进一步降低。2002年，国务院颁布实施《社会抚养费征收管理办法》，使超生成本进一步增加，市场机制调节作用降低生育意愿。党的十六大以后，中国开始加快建立覆盖城乡居民的社会保障体系，保障体系不断规范、完善，覆盖范围不断扩大，解决了一部分居民的养老后顾之忧，社会养老功能不断强化，养儿防老观念存在的制度与经济基础在很大范围内开始消失。受教育水平的普遍提高，使得绝大多数“70后”“80后”在城镇就业，子女婚后与父母分开居住成为一种趋势，家庭越来越趋于小型化；而且绝大多数家庭中男女双方均参加工作，女性有工资性收入，经济独立性显著增强，促进男女平等观念形成的家庭和经济基础也进一步增强；下一代仅须随父姓，传宗接代的观念也进一步减弱。以上这一系列的制度、经济结构、社会保障、就业和家庭结构等的变化，以农耕社会为基础产生的多子多福、重男轻女、传宗接代、生儿养老等传统生育观念，在我国传统工业化后期阶段已基本瓦解，取而代之的是“少生优育”“生男生女都一样”，甚至不要孩子（“丁克”家庭）的现代生育观念。

三、人口流动降低生育率

人口的流动，特别是城市化，使家庭从自然经济转向货币经济，闲暇时间减少，生育的直接成本和机会成本上升，大幅度降低了人口的增长率。城市化水平与人口生育率和增长率高度负相关。货币经济下，生育的直接成本和机会成本上升、受教育水平增高等因素对人口生育的制约作用趋于加大，从而降低了生育率。

2003—2013 年，受中国加入 WTO 和工业化进程的推动，中国人口在城乡区域加速流动。虽然这一时期户籍管制、公共服务、社会保障、高房价以及部分城市的行业限制规定等仍然对人口流动和迁徙有着强大的制约作用，但是发达地区和城市对劳动力的需求进一步增加，经济发展、就业机会、收入水平等因素在市场机制的调节下对我国农村人口流动发挥了更大作用，推动人口从农村进入城市、从欠发达地区流向发达地区，人口流动呈加速趋势。

农村人口比例从 2003 年的 59.47% 降到 2013 年的 46.27%，常住人口城镇化推进了 13.2 个百分点，年均推进 1.32 个百分点，平均速度高于 1991—2002 年的年均增速 1.1%。如表 7－2 所示，农民工规模从 2003 年的 21500 万人增加到 2013 年的 26894 万人（受金融危机影响，2008 年下半年曾出现农民工大批返乡现象），其中，大多数农民工属于育龄人口。从 2012 年的情况来看，农民工以青壮年为主，16～20 岁占 4.9%，21～30 岁占 31.9%，31～40 岁占 22.5%，41～50 岁占 25.6%，50 岁以上的农民工占 15.1%。40 岁以下农民工所占比例逐年下降，由 2008 年的 70% 下降到 2012 年的 59.3%，农民工平均年龄也由 34 岁上升到 37.3 岁。① 由此可见，虽然这一时期农民工的年龄结构开始老化，但依然以青壮年为主，生育受人口流动因素制约作用较大。

表 7－2　　中国 2003—2013 年农民工规模　　单位：万人

年份	2003	2004	2005	2006	2007	2008	2009	2010	2011	2012	2013
总量	21500	22000	23000	24000	24600	22542	22978	24223	25278	26261	26894

资料来源：

1. 2003—2007 年：根据国家相关部门及相关学者研究成果估算。转引：杨黎源．农民工权利研究［M］．杭州：浙江人民出版社，2009：79－80.

2. 2008—2013 年：国家统计局《2013 年全国农民工监测调查报告》。

3. 2008 年受金融危机影响，出现大批农民工返乡现象。2003—2007 年数据为学者根据有关材料估算得出，与 2008—2013 年国家统计局的官方数据会出入较大。

中国的人口流动也就是所谓的“常住人口城镇化”，主要包括两部分：解决户口的户籍人口城镇化和农民工进城务工。户籍人口城镇化特别是进

① 国家统计局．2012 年全国农民工监测调查报告［EB/OL］．国家统计局网站：2013－05－27，http：//www.stats.gov.cn/tjsj/zxfb/201305/t20130527_ 12978.html.

入体制的人口流动，将一部分农村转移人口置于城镇汉族居民强制性一胎政策管制范围，新进城人口受生育成本、机会成本提升等的调节作用也相应加大；农民工外出务工，其生育主要受生育成本、机会成本调节。

从户籍城镇化特别是进入体制工作人口的生育调节来看：一方面，2002 年后《中华人民共和国人口与计划生育法》和《社会抚养费征收管理办法》开始实施，违法生育将面临失去工作、党政处分和高额罚款，违法生育的成本增高，冒险超生的概率微小。到了 2011 年 11 月，中国各地全面实施双独二孩政策，2013 年 12 月实施单独二孩政策，政府一胎政策才有条件松动。另一方面，由于 2003—2013 年是中国城市房价快速上涨并带动一系列物价上涨的时期，新进城的年轻人口要结婚生子，首先面临的是高房价、高房租、高物价等经济压力，直接生育成本比前一时期增高很多；其次是受这一时期的育龄人口受教育水平普遍提高、工作竞争压力增大的影响，机会成本比前一时期高，直接成本和机会成本的增高使晚育成为常态，也使得单身和不育人口增多。在政策约束和市场机制调节作用强化的双重压力下，从农村新进城的户籍城镇化人口的生育率进一步下降。

从进城务工农民工的生育调节机制来看，因为其户口为农村户口且其不在体制内工作，所以逃避流出地计生部门管控的机会增多，加上医院接生受准生证明的硬性约束力量减小，违法生育主要面临的是经济罚款及生育成本、机会成本上涨等，政府计划调节不起主要作用。而且，进城务工农村人口的生育率受到收入和生育、抚养子女预算的约束比城镇居民强硬。由于这一时期城镇户籍并没有完全放开，进城农民工不能正常享受城镇的教育服务、住房医疗和养老保障等福利，其青壮年时的城镇务工收入除生活以外，还要为子女教育、农村建房、未来养老等进行分配储备。国家对农村人口医疗养老等方面的保障极其有限，也不保障其迁移在城镇中的居住。农民工子女从幼儿到高中的教育，相当多的城镇并不提供与城镇居民一样的公共补贴和服务。实际上，农民工顾了子女教育，就盖不起住宅；顾了现实的消费，就保障不了养老和未来大病支出。而子女在城镇中受教育和生活的成本很高，生育子女在抚养成本、收入和支出的多方面回旋余地很小，预算约束很硬。从进城务工的农民人口来看，越是年长，储蓄率越高；越是年轻，消费率越高。随着老一代农民工人口比例的下降和新生代进城农民工人口比例的上升，收入“月光族”的农民工人口比例越来越大。

由此可见，虽然这一时期的人口城市化比例提高很快，推进了13.2个百分点，但实际上城市户籍的家庭、在城市居住务工6个月以上的农民工及家庭与在农村中没有外出的农民家庭，他们的生育意愿是不一样的。城市户籍汉族人口的生育被严格控制在一胎。关于这一阶段的城乡生育机制，从成本和机会成本约束，以及政府对生育的管控来说，与1991—2002年相比没有太大的差别。有变化的是，育龄妇女的受教育水平进一步提高，从农村上学、参军进入城市的人口毕业后回乡的规模增大。特别值得指出的是，2002年加入WTO，使中国能够更好地利用比城市相对便宜的农村剩余劳动力，使农村更多的育龄妇女进入城镇务工，减少了其在农村生育的时间，提高了其生育成本和机会成本。这一时期，也是一个交通和城市大建设的阶段，吸引了大量的农村劳动力进入城市。这进一步降低了农村户籍人口的生育意愿。

总的来说，由人口流动主要是城市化导致的生育成本、机会成本上升使人们的生育意愿进一步降低，我国人口生育率和增长率均呈进一步下降趋势。

第二节 生育成本对生育率的约束

2003年开始，中国房价进入快速增长阶段，物价水平快速提升，乡镇财政越来越多地依赖于孕妇“肚皮”财政，生育的行政罚款快速趋于昂贵，教育支出等各种支出增加很快，种种因素导致2003—2013年这一时期中国城市居民的生育成本快速上涨，中国人口生育率受到的约束力量越来越强。

一、生养机会成本和直接成本急剧上升

在经济货币化的背景下，生育不仅仅是怀孕生子这么简单，还要受到其收支预算空间大小的制约。2003—2013年，物价上涨、房价高企、教育支出增加等各种生育直接成本上涨过快，许多家庭住房按揭还贷压力较大，这制约着城乡居民的生育意愿、决策和行为。

这一时期有3次较为严重的通货膨胀，主要是地方政府寡头垄断卖地、土地财政和借债扩大投资，以及2008年美国发生次级贷款债危机波

及全球后，中国政府在2009年实施了货币和财政双强刺激政策导致的。如表7－3所示，2004年、2007年、2008年、2010年、2011年，统计局公布的居民消费物价上涨率分别为3.9%、4.8%、5.9%、3.3%、5.4%，但是，有许多居民抱怨实际的物价上涨要比公布的高。

表7－3　　2003—2013年居民消费物价上涨幅度

年份	2003	2004	2005	2006	2007	2008	2009	2010	2011	2012	2013
涨幅（%）	1.2	3.9	1.8	1.5	4.8	5.9	－0.7	3.3	5.4	2.6	2.6

资料来源：国家统计局网站。

2003年，中央将房地产作为国民支柱产业，房价中有60%～70%的部分都通过税费方式流入政府，土地财政驱使房价越调越高。商品住宅全国平均销售价格，2003年为2197元/平方米，到2013年上涨为5850元/平方米，为2003年房价的2.7倍。测算结果显示，2003—2013年，中国房地产市场的确经历了“黄金时代”。在“北上广深”四个一线大城市中，房价平均每年上涨13.1%；在31个其他直辖市、省会、重要工业城市等二线城市，房价平均每年增长10.5%；另外85个三线城市的房价年均增速为7.9%。[①] 北京、上海、广州、深圳、杭州、厦门、青岛，包括“长三角”“珠三角”“京津冀”以及各省省会等外来人口流入较多的城市，2013年的平均房价在6500～30000元（北京破4万元）[②]。房价的过快上涨，导致许多家庭特别是刚结婚处于育龄阶段的年轻家庭背负按揭还贷的巨大压力，而农民工想要通过城镇务工地购买自己的住房，则更是希望渺茫。物价上涨使进城务工农民的收入除了用于建房和养老储蓄外，剩余用于生育和抚养子女的部分也相应减少。根据国家统计局2013年的统计调查，农民工人均月收入2609元，人均月生活消费支出892元，其中，平均有453元用于房租，占消费支出的50.78%，远高于国际平均水平的30%左右。

有学者研究显示，依据2003年的数据，孩子0～16岁的抚养总成本达到25万元；到子女上大学再读研究生，则高达48万元。[③] 根据国家统计

① 数据来自凤凰财经.

② 数据来自安居客网站.

③ 徐安琪.孩子的经济成本：转型期的结构变化和优化［J］.青年研究，2004（12）：1－8.

局公布的数据，2013 年居民消费价格指数比 2003 年高 35.6%，则按 2013 年消费价格来算，子女 0～16 岁抚养总成本近 34 万元，而子女上大学再读研究生，则更是需要 65 万元。未来人口结构面临着特别大的风险，即让人们放开生人们也会因成本太高而不生了。

以上，作者从物价上涨、房价高企、教育支出增加几个方面分析了生育直接成本的快速上升现象。

为履行加入 WTO 的承诺，满足进一步对外开放和经济发展的需要，我国经济市场化改革步伐进一步推进，特别是推进了与国际市场接轨的有关体制改革，以促进中国经济国际化、市场化、法制化水平快速提升。2003 年，十六届三中全会审议通过了《中共中央关于完善社会主义市场经济体制若干问题的决定》，开启了新一轮的经济体制市场化改革；2007 年，我国颁布实施了《中华人民共和国物权法》，保护私人产权迈出重要步伐；从 2002 年我国开始全面下调关税，2010 年所有产品的降税承诺已经履行完毕。我国加入 WTO 后，清理了 2300 多部法律法规和部门规章，以及 19 万件地方性法规规章，对不符合 WTO 规则和中国加入 WTO 时承诺的条件的，分别予以废止或修订①；社会保障制度逐步推进。这一系列的改革措施，使我国的经济市场化水平提高很多，这有力地促进了人口流动和要素流动。

从人口流动和就业结构转变来看，随着经济市场化水平的不断提高，人才与劳动力在城乡区域间的流动趋于活跃，非农业就业人口增加很多，城镇化水平加速推进。这一时期进城务工的农民工由 2003 年的 2.15 亿增加到 2013 年的 2.68 亿。农民工的就业地点主要在城镇，这推动这一时期的城镇化水平上升了 13.2 个百分点；农民工从事的职业主要是制造业、建筑业和服务业，推动非农产业就业人数比例从 2003 年 50.9% 上升到 2013 年的 68.6%；就业部门主要分布在非国有经济领域，或者自主创业。非国有单位工作时间长、经常加班、法定假日和带薪休假得不到保障，而且一些公司竞争压力大，挤压了农民工的闲暇时间；而进入非农产业就业，就意味着不能随着农闲休息和生育孩子，而必须按照规定时间上班，非农产业就业人数比例增多，必然推动这一部分育龄女性生育机会成本强制性提高（如果生育子女，则会失去工作和收入）。获得城镇户口和体制内工作

① 汪闽燕. 加入 WTO 十五年：改变中国重塑世界［N］. 法制日报，2015-07-14.

的女性新就业人员，主要由城镇一胎制度调节，但其生育的机会成本也提升很多，影响了婚姻、生育决策和行为。

从妇女受教育水平来看，育龄女性受教育水平、就业人数、就业层次等普遍提升。1977 年恢复高考之后，学校恢复正常上课；1985 年中共中央通过了《中共中央关于教育体制改革的决定》；1986 年第六届全国人大四次会议通过并实施《中华人民共和国义务教育法》，普及九年义务教育，并规定父母或者其他监护人必须使适龄的子女或者被监护人按时入学，接受规定年限的义务教育。"70 后" 和 "80 后" 的育龄女性是这一时期的生育主力人口，基本赶上了改革开放后高考制度恢复后我国学校教育的大发展，普及了初中阶段的九年义务教育，而且在育龄女性中"80 后"受过高中和高等教育的人数增加很多（考虑到受教育水平对生育影响的滞后期，每 10 万人中：高中在校人数 2010 年为 3504 人，是 1991 年 1355 人的 2.59 倍；高等教育在校人数 2010 年为 2189 人，是 1991 年 304 人的 7.2 倍①），就业率和就业层次也普遍提升，工资收入水平比过去提高很多，这也导致她们生育孩子的机会成本提高。

因此，这一时期经济市场化水平的提升，人口流动和城镇化的加速推进，促进非国有单位、非农产业就业人员比例增加，导致城乡居民闲暇时间减少，加上妇女受教育水平、就业率和就业层次比前一时期有较大提高，生育机会成本急剧上升。

二、生育的行政罚款成本快速趋于昂贵

从 20 世纪 70 年代末开始，生育的行政罚款从最初的"超生子女费"演变到"计划外生育费"，2001 年年末，《中华人民共和国人口与计划生育法》的颁布，以法律的形式确立了"社会抚养费"的名称。自此以后，生育的行政罚款主要以"社会抚养费"的名义存在和征收，另外，罚款、没收非法所得等形式的生育行政罚款依然广泛存在，而且名目繁多。

（一）社会抚养费

2002 年，国务院颁布实施了《社会抚养费征收管理办法》，各省（自治区、直辖市）随即颁布各地方的征收管理办法。从各地《人口与计划生

① 数据来自国家统计局官方网站：http：//www.stats.gov.cn/tjsj/ndsj/.

育条例》的具体情况来看，各地征收标准和方法不一，绝大多数省份采用"计征基数×倍数"的方法，并对超生采取逐胎累进或加倍机制，对非婚、婚外、重婚等生育和超生实施从重征收。2006 年，全国取消了农林特产和农业耕地两税后，致使乡镇财政越来越多地依赖于孕妇"肚皮"财政。

社会抚养费征收具有较大的弹性空间和自由裁量权。虽然各省（自治区、直辖市）规定的征收办法比较具体，但仍有较大的弹性空间和自由裁量权。社会抚养费征收裁量的构成由一个基本标准（城镇居民年人均可支配收入与农村居民年人均纯收入）和两个考量要素（当事人的实际收入水平与违法违规生育情节）组成。具体操作中，基本标准的考察可以统计部门公布的参数作为依据，实际收入水平则相对难以量化，违法违规生育情节的认定更为复杂。[①] 绝大多数省（自治区、直辖市）在规定倍数的时候，用的是区间表达，比如按 2 ~6 倍征收，自由裁量空间很大，在地方政府对计划生育财政依赖性增强以及监督缺失的背景下，在征收标准选择上很容易就高不就低，执行人员乘机寻求寻租机会，导致权力腐败，增加当事人生育成本。

社会抚养费的计征基数，会随着各地人均收入及当事人实际收入的提高而累进。计征基数的主要依据是各地上一年的人均收入（城镇为可支配收入、农村为纯收入，下同）为基本依据、并参照个人实际收入，这样计征基数必然随着当地年度人均收入和当事人实际收入的增长而增长，有的地方计征基数还随着超生数量的增长而增长（比如甘肃）。各省（自治区、直辖市）2002—2012 年每年公布的年人均收入提升较快，导致其 2003—2013 年计征基数随着年份趋于增多，如果再乘以 3 ~6 的倍数，则更放大了征收的自由裁量空间及生育成本增长。多数省份实施参照个人实际收入办法，当实际收入超过当地人均收入的，按实际收入确定计征基数；低于人均收入的按人均收入。这样的话，如果当事人的实际收入水平较高、再乘以较大倍数的话，则其创业致富的高收入反而成了其生育罚款高涨的主要因素，可能因此而致贫，其普遍实施也会影响一个地区经济的持续发展能力；而那些当事人收入低于当地上年人均收入的，则意味着实际的生育

① 根据《社会抚养费征收管理办法》，社会抚养费征收裁量的构成由一个基本标准（城镇居民年人均可支配收入与农村居民年人均纯收入）和两个考量要素（当事人的实际收入水平与违法违规生育情节）组成。具体操作中，基本标准的考察可以统计部门公布的参数作为依据，实际收入水平则相对难以量化，违法违规生育情节的认定更为复杂。（伏创宇．社会抚养费征收裁量的检讨与重构［J］．中国青年社会科学，2016（2）：54 –61.）

负担更重。

绝大多数省份实行超生的逐胎累进机制，超生越多，费用越高，生育成本越昂贵。累进的方法主要有三种：第一种，以超生子女数为乘数累进；第二种，以一个计征倍数的固定值累进；第三种，逐胎加倍累进。第一种，是按照超生第一个子女的社会抚养费为基数，按照超生子女数为倍数，进行累进征收。比如宁夏（2002 年版），超生两个以上子女的，以超生一个子女应当征收的社会抚养费为基数，按超生子女数为倍数征收社会抚养费[①]；陕西（2002 年版）、广东（2002 年版）等省也是这样。第二种，是按照一个固定数值或范围的倍数累进，比如 3 倍或者 5 ~6 倍等。湖南规定，违法多生育子女的，按照上年度总收入的 2 倍征收；每再多生 1 个子女的，依次增加 3 倍征收。[②] 安徽要求违规生育 1 个子女则按照双方上年度总收入的 3 ~4 倍征收；每再多生 1 个子女的，依次增加 2 倍征收双方社会抚养费。[③] 海南的征收方法是，超生 1 个子女的，按 3 ~4 倍征收；超生两个以上子女的，每个子女按 5 ~6 倍征收。[④] 江苏规定：违规多生育 1 个孩子的，按照基本标准的 4 倍缴纳社会抚养费；违规多生育两个以上孩子的，按照基本标准的 5 ~8 倍缴纳社会抚养费。[⑤] 河南（2002 年版）、湖北（2002 年版）规定超生 1 个的基数倍数为 3 倍，以后再多生均按 6 倍征收。第三种，逐胎加倍累进。比如，四川（2002 年版）规定，不符合本条例规定再生育第 2 个以上子女的，逐胎加倍征收社会抚养费[⑥]；内蒙古、

---

① 宁夏回族自治区人口与计划生育条例（2002 年版）．国家人口和计划生育委员会政策法规司编：全国各省（区、市）人口与计划生育条例及规范性文件汇编［M］．北京：中国人口出版社，2004：710.

② 湖南省人口与计划生育条例（2002 年版）．国家人口和计划生育委员会政策法规司编：全国各省（区、市）人口与计划生育条例及规范性文件汇编［M］．北京：中国人口出版社，2004：452.

③ 中国法制出版社．办理人口与计划生育案件法律依据［M］．北京：中国法制出版社，2002：237.

④ 海南省人口与计划生育条例（2003 年版）．国家人口和计划生育委员会政策法规司编：全国各省（区、市）人口与计划生育条例及规范性文件汇编［M］．北京：中国人口出版社，2004：547.

⑤ 江苏省人口与计划生育条例（2002 年版）．国家人口和计划生育委员会政策法规司编：全国各省（区、市）人口与计划生育条例及规范性文件汇编［M］．北京：中国人口出版社，2004：253.

⑥ 四川省人口与计划生育条例（2002 年版）．国家人口和计划生育委员会政策法规司编：全国各省（区、市）人口与计划生育条例及规范性文件汇编［M］．北京：中国人口出版社，2004：595.

浙江、河北等地也是，违规生育第 2 个以上子女的，逐胎加倍征收。当然，这个总数简单翻倍其实不简单，实质就是以 2 的指数幂累进，累进力度很大。其他的累进方法还有，具体数字累进（黑龙江）、计征基数与倍数双重累进（甘肃）。

综合全国的情况，计征倍数比较高（5 ~ 10 倍），而且实行逐胎加倍计征的包括辽宁、四川、云南、内蒙古等地，比其他省份的处罚要重得多。辽宁（2003 年版）的计征基础倍数为 5 ~ 10 倍，以后实行逐胎加倍征收。① 四川（2002 年版）的计征基础倍数为 6 ~ 8 倍，以后实行逐胎加倍征收②；内蒙古（2008 年版）对超出生育数量多生育一个子女，夫妻双方年总收入低于或者相当于当地计征基数标准的，按照计征基数的 2 ~ 5 倍征收社会抚养费；高于计征基数标准的，按照计征基数的 6 ~ 10 倍征收社会抚养费，有配偶的一方与他人生育第一个子女的，按照计征基数的 10 ~ 14 倍征收社会抚养费，并实行逐胎加倍的征收办法。③

值得注意的是，有的省份对个体工商户、私营企业主以及从事其他各类经营活动人员收取更高的社会抚养费，比如，贵州按照上一年农村居民人均可支配收入或者城镇居民人均可支配收入的 4 倍以上 10 倍以下征收，而对其他一般居民则按照 2 倍以上 5 倍以下征收④，这种方法在地方经济发展中起到了很大的破坏作用，不利于民营经济的发展，特别是像贵州这样相对落后的西部省份，更需要保护民营经济发展，以活跃和带动地方经济。

社会抚养费征收范围很宽。从各地的《人口与计划生育条例》来看，社会抚养费的征收情况比较复杂，只要不是计生部门批准生育的，也就是

---

① 辽宁省人口与计划生育条例（2003 年版）. 国家人口和计划生育委员会政策法规司编：全国各省（区、市）人口与计划生育条例及规范性文件汇编［M］. 北京：中国人口出版社，2004：140.

② 四川省人口与计划生育条例（2002 年版）. 国家人口和计划生育委员会政策法规司编：全国各省（区、市）人口与计划生育条例及规范性文件汇编［M］. 北京：中国人口出版社，2004：595.

③ 内蒙古自治区人口与计划生育条例（2008 年修订版）内蒙古自治区人大常委会法制工作委员会编：内蒙古自治区地方性法规汇编（1979—2009）［M］. 呼和浩特：内蒙古人民出版社，2009：502.

④ 贵州省人口与计划生育条例（2002 年版）. 国家人口和计划生育委员会政策法规司编：全国各省（区、市）人口与计划生育条例及规范性文件汇编［M］. 北京：中国人口出版社，2004：608.

非计划内生育的，基本上都要收取一定数额的社会抚养费。具体情况一般包括：对于未婚生育第一个子女，未达一定年龄，未达一定间隔年限，未办理准生证，非法收养，婚外、重婚等生育及超生的情况，都会征收一定数额的社会抚养费，且从重征收。比如，甘肃将依法缴纳社会抚养费的情况分为五种：①未形成法定夫妻关系而生育的；②违反本条例规定的条件生育的；③违反本条例规定间隔年限再生育的；④符合本条例规定可以再生育，但未经县级以上人民政府计划生育行政部门审批生育的；⑤违反国家有关收养法律、法规或者本条例规定收养子女的。[①] 由此可见，即便是符合生育、再生育条件但未审批，或者未达到间隔年限等的生育当事人，各省（市、区）基本上都要对其进行征缴社会抚养费。

现在我们用一个在各个省份中比较典型的也是比较适中的社会抚养费征收办法为例，来说明社会抚养费的具体金额。比如，湖北省（2008 年以后适用）规定，对男女当事人双方，违规超生 1 个子女的，按照当地年人均收入（实际年收入高的按实际年收入）的 3 倍分别征收社会抚养费；违反本条例规定多生育两个及两个以上子女的，以多生育 1 个子女应当征收的社会抚养费为基数，按多生育的子女数为倍数分别征收社会抚养费。[②] 为了简化问题，我们统一按照这种征收方法来说明 2003 年和 2013 年湖北省的社会抚养费增长情况，湖北省 2002 年城镇居民人均可支配收入 6789 元，农民人均纯收入 2444 元[③]，湖北省 2003 年城镇超生 1 个、2 个、3 个孩子的家庭（按男女双方合计）应缴社会抚养费分别为：40734 元、81468 元、122202 元；农村超生 1 个、2 个、3 个孩子的家庭（按男女双方合计）应缴社会抚养费分别为：14664 元、29328 元、43992 元。湖北省 2012 年的人均可支配收入城镇为 20839. 59 元，农民人均纯收入 7851. 71 元[④]，

① 甘肃省人口与计划生育条例（2002 年版）. 国家人口和计划生育委员会政策法规司编：全国各省（区、市）人口与计划生育条例及规范性文件汇编［M］. 北京：中国人口出版社，2004：669.

② 湖北省人口与计划生育条例（2002 年版）规定：违规多生育两个及两个以上子女的，以违规多生育一个子女应当征收的社会抚养费为基数，按 6 倍分别征收社会抚养费，适用于 2003—2008 年，为简便起见，我们统一为 2008 年版的规定。

③ 湖北省统计局、国家统计局湖北调查总队：湖北省 2012 年国民经济和社会发展统计公报［EB/OL］. 湖北省统计局门户网站：http：//www. stats – hb. gov. cn/wzlm/tjgb/ndtjgb/hbs1/7. htm.

④ 湖北省统计局、国家统计局湖北调查总队：湖北省 2012 年国民经济和社会发展统计公报［EB/OL］. 湖北省统计局网站：2013 – 02 – 20，http：//www. stats – hb. gov. cn/wzlm/tjgb/ndtjgb/hbs1/94310. htm.

2013 年湖北省城镇超生 1 个、2 个、3 个孩子的家庭（按男女双方合计）应缴社会抚养费为：125037.54 元、250075.08 元、375112.62 元；农村超生 1 个、2 个、3 个孩子的家庭（按男女双方合计）应缴社会抚养费为：47110.26 元、94220.52 元、141330.78 元，如表 7-4 所示。2013 年城镇社会抚养费是 2003 年的 3.07 倍，农村为 3.21 倍，这主要受城乡人均可支配收入增长因素影响。但是不论怎么说，一次性收缴这样高昂的社会抚养费，都会使很多家庭想生而不敢生，何况那些实际收入不超过人均收入的家庭，同样要按照人均收入水平来征收。而对于那种实际年收入较高（超过当地上年平均年收入）、有多生育意愿的家庭来说，则按照男女双方的实际收入来计算超生社会抚养费，这种水涨船高的计算方法则很容易打消人的生育意愿，不利于中国人口结构的优化和恢复。

表 7-4　　湖北省 2003 年与 2013 年超生家庭应缴社会抚养费　　单位：元

年份	超生 1 个孩子		超生 2 个孩子		超生 3 个孩子	
	城镇	农村	城镇	农村	城镇	农村
2003	40734	14664	81468	29328	122202	43992
2013	125037.54	47110.26	250075.08	94220.52	375112.62	141330.78

注：1. 以全省上一年度城镇居民年人均可支配收入和农村居民年人均纯收入算；
2. 男女当事人合计。

客观地说，湖北省这个基础倍数为 3 倍、以后按 3 倍累加的社会抚养费计征办法在全国来说还是比较低的，而有的省份征收的基础倍数更高、逐胎加倍征收社会抚养费（如辽宁、四川、云南、内蒙古等地），超生罚款成本更是非常昂贵。同时，因 2006 年取消农林特产和农业耕地两税后，乡镇财政越来越多地依赖于孕妇“肚皮”财政，政府计划生育的执行，有两面性：即一方面，允许超生后谋取罚款，这样使一部分农民有用钱换孩子的机会，使生育率不至于下降得幅度太大；另一方面，越来越贵的计划生育罚款也抑制了一部分农村户籍人口的生育意愿，起着降低生育率的作用。①

① 张弥，周天勇. 自主到计划：人口生育和增长变迁——1950—2014 年中国人口论纲要 [J]. 经济研究参考，2015 (32)：3-31.

（二）其他罚款的情况

除了对违规生育当事人征收社会抚养费以外，计划生育罚款、对有关违规医疗机构和人员实施没收非法所得及数额不等的罚款、对相关计生工作人员没收非法所得、对有违反计划生育职工的所在单位实施罚款等此类生育行政罚款，在2003—2013年依然广泛存在。

（1）孕检和生育证方面的罚款：定期孕情检查（或生殖健康检查）是计生部门控制计划外怀孕的主要手段。不参加孕检，或者未提供孕情检查证明的，以及替代他人参加孕情检查或者提供虚假孕情检查证明的，一般都要处以一定金额的罚款。计划外怀孕的，除了要求终止妊娠外，还要处以罚款。违反生育证管理规定，生育或者超生的当事人，除了要按照规定缴纳生育人口的社会抚养费外，还要被处以罚款。比如，河南规定（2002年版），不按期参加生殖健康检查的，处50元以上500元以下罚款；不按规定采取补救措施、终止妊娠的，处200元以上500元以下罚款；违反生育证管理规定，生育第一个子女的，处200元以上500元以下罚款；生育第二个子女的，处500元以上2000元以下罚款。①

（2）没收非法所得和处罚：对于非医学需要的胎儿性别鉴定或者选择性别的人工终止妊娠的机构或个人，实施假节育、假鉴定、出具假计生证明的机构和个人，伪造、变造、买卖计划生育证明等情况，除没收非法所得外，都会处以一定数额的罚款。对有违反计划生育规定的职工的单位，根据情节不同，也要实施数额不等的罚款。对参与违反计划生育条例的机关及其工作人员、医疗机构和个人，也会实施没收非法所得及追加金额不等的罚款，甚至采取判刑等处罚措施。

总的来说，2003年以后我国的计划生育管理体系更加规范和复杂，地方政府自2006年后对计划生育财政的依赖性增强，各地的人均收入逐年较快增长，社会抚养费存在较大的自由裁量空间（执行的时候可能就高不就低），社会抚养费具有较强的累进特征，社会抚养费征收范围较宽，婚外、重婚生育和超生从重征收社会抚养费，行政罚款广泛存在且名目繁多等。这些因素的共同作用，导致2003—2013年这一时期城乡居民生育的行政罚

① 国家人口和计划生育委员会政策法规司．河南省人口与计划生育条例（2002年版）．全国各省（区、市）人口与计划生育条例及规范性文件汇编［M］．北京：中国人口出版社，2004：401.

款成本高昂。

三、计划生育管制更加严格

虽然经过 20 世纪 90 年代更加严厉的人口控制，1998 年我国人口自然增长率已经降到了 10‰以下（9.14‰），2000 年降到了 7.58‰，总和生育率甚至低至 1.218，远远低于 2.1 的人口世代更替水平，然而从 21 世纪初开始我国对人口计划生育的管制趋于更加严格，从制度、法规、流动人口等方面加强了对人口再生育的计划控制。

第一，21 世纪初在全国党政与计生系统中落实了计划生育“一票否决”制。2000 年，中共中央、国务院颁布了《中共中央 国务院关于加强人口与计划生育工作稳定低生育水平的决定》，对 21 世纪第一个十年的人口与计划生育工作作出各方面的规划、部署，其中第十八条规定：坚持和完善人口与计划生育目标管理责任制，对党政领导和计划生育部门分别进行责任考核，落实“一票否决”制度。中共中央、国务院第一次以党的文件的形式在全党和全国明确提出要落实“一票否决”制，一下子把全国的计生工作提高到了一个很高的级别，等于在所有的领导干部头上套上了一个计生“紧箍咒”，在思想上、行动上设定了一条计生“红线”；要求组织、纪检监察等部门把领导干部落实计划生育责任制的情况作为衡量政绩和选拔奖惩的重要标准，对工作失职的要追究责任。这就赋予全国党政及计生系统以更加严厉的政治任务、目标责任和考核办法，调动全国各级官员和计生干部计划生育工作的积极性，导致 2003—2013 年实施了更加严厉的计生控制。

第二，计划生育专门法的颁布实施。在全国性的计划生育专门法颁布之前，各省、自治区、直辖市只有自己辖区的计划生育条例。2001 年 12 月 29 日，全国人大常委会通过《中华人民共和国人口与计划生育法》，并于 2002 年 9 月 1 日起实施，各省（市、区）随即颁布、实施了各自的《人口与计划生育条例》。《中华人民共和国人口与计划生育法》的颁布实施，使计划生育基本国策以国家立法的形式予以确认，使政府计划生育管制从国家政策层面及地方性条例上升为统一的国家意志，实现了中国计划生育法制化的重大跨越，真正使计划生育工作有法可依，从而强化了政府对城乡居民的计划生育管制，赋予计划生育工作以更强的强制性与合法性。《中华人民共和国人口与计划生育法》及地方《人口与计划生育条例》，赋予各级政府及计生部门对超生当事人和相关违法机构及个人以法定管理权力，从各个方面强化了计划生育工作的强制力。

第三，加强了对流动人口计划生育的控制。外出务工成为中国农民躲避计划生育管制的重要方法。从20世纪90年代起，政府就加强了对流动人口的计划生育管理，但是一直存在着户籍所在地与现居住地“共同管理”的矛盾和盲区。1998年，国家计划生育委员会发布《流动人口计划生育工作管理办法》（2009年废止），明确规定“流动人口的计划生育工作由其户籍所在地和现居住地的地方人民政府共同管理，以现居住地管理为主”的原则，特别是“以现居住地管理为主”原则的确立，使现居住地的地方人民政府主要承担起对流动人口计划生育工作的日常管理，并在办证、租房、用工等环节加强了对流动人员的生育控制。2009年，国务院颁布《流动人口计划生育工作条例》，进一步加强了对流动人口的计划生育管控，并“建立流动人口计划生育信息管理系统，实现流动人口户籍所在地和现居住地计划生育信息共享，并与相关部门有关人口的信息管理系统实现信息共享”。另外，《社会抚养费征收管理办法》第五条规定：对于不符合人口与计划生育法第十八条规定生育子女的流动人口的社会抚养费的征收，当事人的生育行为发生在其现居住地的，由现居住地县级人民政府计划生育行政部门按照现居住地的征收标准作出征收决定；现居住地或者户籍所在地事中未发现、事后先发现县级政府有优先征收权。这种共同管理和“先发现有优先征收权”的原则，鼓励了户籍地与居住地计生部门对流动人口超生行为的“围剿”积极性。

这一时期的生育直接成本与机会成本的上升、生育的行政罚款高昂、计划生育管制也更加严格，加上妇女受教育水平的普遍提升、人口流动的加速，在这些因素的共同影响下，中国已经形成了低生育文化。

总的来看，这一时期中国的人口出生率进一步下降并稳定在超低生育水平。总和生育率最高为2008年的1.468，最低为2011年的1.04，而且在2010—2013年连续4年不超过1.3；出生率在12‰上下波动，最高为2003年的12.41‰，最低为2010年的11.90‰；死亡率从2003年的6.4‰上升到2013年的7.16‰，处于低死亡率阶段的微弱上升趋势；自然增长率处于稳定的超低增长，且呈进一步下降趋势：2003年为6.01‰，2009—2013年逐年降至5‰左右，各年分别为4.87‰、4.79‰、4.79‰、4.95‰、4.92‰。虽然这一阶段中国提前进入传统工业化后期，人均GDP处于中等收入阶段，但中国人口较早地进入了比发达国家后工业化社会更甚的超低生育、超低出生和超低增长阶段。

第三节　21 世纪初的人口流动与迁移

21 世纪初，中国加入 WTO，传统工业化加速并进入中后期阶段，带动中国农村剩余人口快速向城市和东部地区转移，这一时期的人口流动与迁移在规模与速度上都超过了前一时期。与人口生育一样，中国的城市化也受市场经济加政府管制双重调节体制的影响，中国的人口流动显示出自身的特点。

一、工业化中后期与劳动力需求

经过 20 多年改革开放带来的快速工业化发展，在中国加入 WTO 的推动下，21 世纪第一个 10 年，中国工业化开启了新的一波加速推进，发达地区和城市产生了对劳动力的更强劲需求，推动了人口加速从农村向城市、从中西部向东部的流动和迁移。

（一）中国工业化进入中后期

2003—2013 年，中国制造业飞速发展，我国工业化进入中后期阶段。加入 WTO 推动中国开启新一轮的市场化体制改革，我国进一步加大对外开放力度，从修改一系列不合乎世界贸易规则的法律法规到降低关税，国内市场与国际市场快速接轨，引发新一轮外资和企业进入中国的潮流。欧美产业开始向中国梯度转移，接替了东亚的日本及新兴国家和地区产业向中国转移递减的趋势，产业结构从过去的以家族企业为主转变为跨国公司进入。外商在我国登记注册的企业数量，2003 年为 226373 家，2007 年则达 445962 家，4 年间数量几乎翻了一番。外商对华投资金额逐年上升，如表 7-5 所示，中国实际利用外商直接投资金额在 2003 年为 535.05 亿美元，2013 年上升为 1175.86 亿美元，其中，2012 年中国吸引外国投资 1117.16 亿美元，我国自 2003 年以来第一次超越美国，成为吸引外资最多的国家。

表 7-5　2003—2013 年中国实际利用外商直接投资金额　单位：亿美元

年份	2003	2004	2005	2006	2007	2008	2009	2010	2011	2012	2013
金额	535.05	606.3	603.25	630.21	747.68	923.95	900.33	1057.35	1160.11	1117.16	1175.86

资料来源：中国统计局网站。

外资企业大规模进入中国，推动了中国经济迅速融入世界经济，中国对外贸易也飞速发展。2009 年，中国超过德国，成为世界上最大的商品出口国；2013 年中国全年货物贸易总值为 4.16 万亿美元，超过美国，成为全球最大货物贸易国。

中国制造业加入国际产业链，制造业快速发展，中国迅速成为“世界第一制造业大国”。2000 年，我国制造业占全球制造业的比例为 6.0%，居世界第四；2007 年达到 13.2%，居世界第二；2010 年为 19.8%，跃居世界第一。2013 年，我国制造业产出占世界比例达到 20.8%，连续 4 年保持世界第一的位置；在 500 余种主要工业产品中，我国有 220 多种产量位居世界第一。①

2003—2013 年也是我国建筑业快速发展的时期。受土地供给垄断和土地财政驱动，2003 年开始我国城市居民房价不断上涨，引发全民炒房高潮，大量资金流入并沉淀到房地产市场，房地产业超前繁荣，这带动了钢筋、水泥、汽车、家电等一系列相关行业的兴起。房地产市场的繁荣也带动城市基础设施建设的扩张。可以说，我国房地产业的超前繁荣，也推动了我国制造业的快速发展。随着 2013 年以后我国制造业开始出现大面积过剩，我国经济增速快速下滑，我国的传统工业化提前结束。

（二）劳动力需求加大

2003—2013 年，我国工业化加速推进并进入中后期阶段，制造业、建筑业的大发展使得对劳动力的需求量上升，制造业、建筑业成为我国吸纳农民工就业最多的两个领域。

从制造业来看，这一时期中国已经成为世界工厂和全球制造业基地。然而，受国际产业转移和分布影响以及我国创新能力水平较低制约，我国

① 工信部规划司．《中国制造 2025》解读之二：我国制造业发展进入新的阶段［EB/OL］．［2015-05-19］．http：//www.miit.gov.cn/n1146295/n1652858/n1653018/c3780661/content.html.

工业发展方式比较粗放，生产性服务业落后，许多产业以“两头在外”“大进大出”的加工制造为主，产业链短小，处于分工价值链的底端，劳动密集型产业居多，对劳动力的需求量较大。我国沿海地区的多数产业都属于这种经营模式，而一些跨国公司的产业转移，也主要是把生产环节或者劳动密集型产业转移到中国生产。通过国家统计局发布的《全国农民工监测调查报告》可以看出，制造业是我国农民工就业最大的领域，2008—2013 年，农民工在制造业的就业比例各年分别为 37.2%、36.1%、36.7%、36.0%、35.7%、31.4%，就业人数分别为 8385.6 万、8295.1 万、8889.8 万、9024.2 万、9375.2 万、8444.7 万，也就是说，我国制造业仅为农民工提供的就业岗位就超过 8000 万个。

房地产业的过度繁荣拉动了我国建筑业的大发展，建筑业的发展除了为经济增长作出巨大贡献之外，更是为我国农村剩余劳动力带来了巨大的就业机会。建筑业对劳动者体力有着刚性的要求，但对知识和技术水平要求不高，工资水平也相对较低，而我国的农村剩余劳动力，除了考上大学进入城市工作的，多数人口受教育水平较低、接受技能培训较少，因此建筑业成为他们就业的第二大领域。国家统计局发布的历年《全国农民工监测调查报告》显示：2008—2013 年，我国在建筑业就业的农民工占比各年分别为 13.8%、15.2%、16.1%、17.7%、18.4%、22.2%，人数分别为 3110.8 万、3492.7 万、3899.9 万、4474.2 万、4832.0 万、5970.5 万，5 年人数增加了 2859.7 万，增长 0.92 倍，这个较快的增长趋势也说明了我国建筑业扩张性发展对劳动力有较大需求。

此外，随着我国工业化的推进和经济社会的发展，在批发、零售、交通运输、仓储、邮政、住宿、餐饮、居民服务、修理和其他行业，我国都产生了较大的用工需求。

二、剩余劳动力的大量外出到接近枯竭

工业化伴随着城市化，在工业化过程中产生了巨大的劳动力需求，城乡、地区、行业之间的巨大就业机会和工资差距等市场机制调节，推动着农村剩余人口向发达地区转移。2003—2013 年，我国进入工业化中后期，这是一个农村剩余劳动力快速转移的时期，农村剩余劳动力以比前一时期更大规模和更高速度向内陆中心城市及东南沿海流动，农村的青壮年人口几乎被转移殆尽，农村主要以留守儿童和留守老人为主。

1980—1990 年是我国改革开放后的一个人口高增长时期，这一时期出生人口达 15628 万，这些人在 20 年后陆续成为推动我国经济增长的主力人口，特别是中国加入 WTO 的改革开放效应，在城乡和东西部就业机会与收入差距的驱动下，21 世纪初我国重启了新一轮农村剩余人口向内陆中心城市和东部的大转移和再配置。

这一时期，为适应加入 WTO 发展形势和对劳动力的需求，政府开始放开并支持人口流动，城市化水平有所提高。进入 21 世纪，我国的人口流动政策发生了积极变化，从单纯的就业目标转向就业、安居、公共服务、城市融入等综合目标。2006 年，国务院颁发《国务院关于解决农民工问题的若干意见》，其中涉及农民工工资、就业、技能培训、劳动保护、社会保障、公共管理和服务、户籍管理制度改革、土地承包权益等方面的政策措施。2012 年，《国务院办公厅关于积极稳妥推进户籍管理制度改革的通知》指出，"要继续坚定地推进户籍管理制度改革，落实放宽中小城市和小城镇落户条件的政策""引导非农产业和农村人口有序向中小城市和建制镇转移，逐步满足符合条件的农村人口落户需求，逐步实现城乡基本公共服务均等化"。

第六次人口普查（2010 年）显示，居住地与户口登记地所在的乡镇街道不一致且离开户口登记地半年以上的流动人口为 2.61 亿人，同第五次全国人口普查（2000 年）相比，增加 1.17 亿人，增长 81.03%。区域人口变动情况：东部地区的人口比例上升 2.41 个百分点，中部、西部、东北地区的比例都在下降，其中西部地区下降幅度最大，下降 1.11 个百分点；中部地区下降 1.08 个百分点；东北地区下降 0.22 个百分点。[①] 这表明流动人口的数量在过去 10 年里大幅增加，向东部流动人口增多。流动人口中以农民工为主，2010 年流动人口 2.61 亿人，其中农民工 2.42 亿人，占 92.72%。从 2003 年开始，在外务工农民工数量超过 2 亿人，到 2013 年在外务工农民工数量达到 2.69 亿人，其中主要以青壮年为主。

这一时期我国的城镇化主要靠人口流动，也就是农村剩余劳动力进入城镇就业推动。在我国，城镇化包括两部分：第一，不解决户籍的外出务工（农民工）的城镇化；第二，通过考大学、当兵转业等方式解决户籍的

---

① 国家统计局．第六次全国人口普查主要数据发布［EB/OL］．［2011－04－28］．http://www.stats.gov.cn/ztjc/zdtjgz/zgrkpc/dlcrkpc/dcrkpcyw/201104/t20110428_69407.htm.

城镇化。这一时期，我国城镇化率从 2002 年的 39.09% 上升到 2013 年的 53.73%，11 年增长 14.64 个百分点，年平均增长 1.33 个百分点。农村人口从 2002 年的 78241 万人下降到 2013 年的 62961 万人，不考虑人口死亡因素，农村人口下降的主要原因是农村剩余劳动力向城镇转移就业，如此，则 11 年中从农村进城总人口大约为 15280 万人，年平均转移人口 1389 万人。2011 年城镇化率首次超过 50%，城镇常住人口开始超过农村人口。相关数据如表 7－6 所示。

表 7－6　　中国 2002—2013 年常住人口城镇化率　　单位：%

年份	2002	2003	2004	2005	2006	2007	2008	2009	2010	2011	2012	2013
城镇化率	39.09	40.53	41.76	42.99	44.34	45.89	46.99	48.34	49.95	51.27	52.57	53.73

资料来源：国家统计局网站。

除了外出务工，考大学是农村年轻人口城镇化的另一个重要途径，而且这个途径可以把农村户口转为城镇户口。根据户口迁移政策，考上大学的学生可以凭高考录取通知书到派出所直接办理户口迁移手续，是农村户口的直接转为非农业户口，而且绝大多数考上大学的农村学生会留在城市就业、结婚、定居。全国高校大规模扩招始自 1999 年，2003—2013 年也是我国高校大规模扩招时期，这一时期高校共录取 6374 万人，如表 7－7 所示。农村考生按照一般比例计，也有超过 3000 万的考生被大学录取，这意味着这一部分人通过高考途径转移到城镇就业。另外，也有一部分农家子弟通过当兵、婚姻等途径进入城镇。

表 7－7　　2003—2013 年全国参加高考人数和录取人数　　单位：万人

年份	2003	2004	2005	2006	2007	2008	2009	2010	2011	2012	2013
参加人数	613	729	877	950	1010	1050	1020	957	933	915	912
录取人数	382	447	504	546	566	599	629	657	675	685	684

资料来源：教育部网站。

我国农村青壮年劳动力已经所剩无几，到了“盖房子上梁都凑不齐人”的地步。据《经济参考报》2013 年 11 月报道，记者近期在浙江、广东、河南、安徽、四川、贵州等东中西部 10 余个省份走访时看到，农村青壮年剩余劳动力几近枯竭，存量挖掘和转移难度日趋加大，“用工荒”现象已从东部蔓延至中西部地区，各地争夺劳动力“白热化”，农民工工资普遍快速上涨。由于青壮年劳动力普遍外出务工，农村留守妇女、留守儿童、留守老人的“三留现象”严重。四川省仁寿县始建镇镇长李建忠说，该镇 1.72 万劳动力中的九成以上都外出务工，因此村里 60 岁的老人还是种地的主力军。《经济参考报》记者在始建镇文武村看到，89 岁的苏少荣老人还在晒稻谷。“40 岁以下的劳动力在村里找不到几个，盖房子上梁都凑不齐人。”始建镇东风村党支部书记杨俊文说。安徽省临泉县韦寨镇韦周村 300 多人，60 岁以下的劳动力只剩下 41 岁的村干部韦小庄。河南省固始县郭陆滩镇太平村党支部书记吴兴民说，全村 3500 多人，外出打工的占六七成，“60 岁以上的现在也算‘劳动力’，要不然没人干农活”。记者在贵州省关岭布依族苗族自治县新铺乡的集市上看到，赶集的大部分是妇女、老人和小孩。新铺乡巴茅村村支书周玉明说，全村劳动力 500 人左右，外出打工的就有 400 多人。周玉明对此发出感叹：“村里想找到一个年轻人，难!”①

总的来说，由于城乡之间就业机会、收入差距等市场机制调节作用，2003—2013 年从农村转移 1.5 亿劳动人口进城，农村的年轻人口基本被转移殆尽，剩余的主要为留守的老人、妇女和儿童。与城市的越来越繁华相比，农村越来越凋落，土地撂荒，老龄化加重。

三、户籍、教育、社保深层次问题

2003—2013 年户籍的政府管制以及由此导致的教育、社保等问题依旧是我国人口流动和城镇化过程中的主要障碍，并产生了一系列深层次的社会问题，导致人户分离的流动人口规模越来越大、农村留守儿童和留守老人越来越多、农村老龄化严重。

（一）户籍方面

这一时期，虽然国家放开了对人口流动的限制，但户籍管控依然严格，保留了对户口迁移的审批制度和种种限制性条款，造成了越来越多处

---

① 王晖余，等. 农村剩余劳动力几近枯竭［N］. 经济参考报，2013－11－04.

于“人户分离”状态的流动人口大军。

逐步对于小城镇和中小城市放松了落户条件。2001年3月，颁布的《国务院批转公安部关于推进小城镇户籍管理制度改革意见的通知》规定，对办理小城镇常住户口的人员不再实行计划指标管理。[①] 2006年1月，颁布的《国务院关于解决农民工问题的若干意见》指出，中小城市和小城镇要适当放宽农民工落户条件。[②] 2011年2月，发布的《国务院办公厅关于积极稳妥推进户籍管理制度改革的通知》指出，要引导非农产业和农村人口有序向中小城市和建制镇转移，逐步满足符合条件的农村人口落户需求，逐步实现城乡基本公共服务均等化。[③] 这些规定逐步放松了中小城市和完全放松了建制镇的落户条件。这些城镇的流动人口以本市（县、镇）辖范围的农村人口居多，离家较近，甚至为郊区农民，城镇落户对他们来说价值不高，因此他们的意愿最低，而且占流动人口的比重较小。

大城市落户条件依然严格。对于流动人口分布较多和落户意愿较高的大城市和特大城市，国家虽然放松了一些条件，但是落户限制依然较为严格，北京、上海、广州、深圳的落户限制尤为严格，也是落户意愿最高和流动人口比重最大的特大城市。而且这一阶段的户籍制度也设立了诸多入籍条款，保留了审批制度，结果，使得不少合乎标准者依然不能登记为本地居民户口。因此，这种户籍改革的做法显然不能满足绝大多数流动人口的落户需求和落户意愿。而且也更增加了大城市和特大城市户口的稀缺性。而一些城市对于精英人员优先落户，则进一步导致户籍制度的不平等性。

这一时期的农村户籍依然与农民的“三权”挂钩，成为农民进城落户的一个重要障碍。按照规定，农民取得城市户口必须放弃农村户口及其农村原有的土地承包经营权、宅基地使用权、集体收益分配权等农村财产和资源，农民工进城则意味着要放弃其原有财产，损失较大。除非进入“体制内”工作，或者取得比较有诱惑性的“北上广深”等特大城市户籍，因

---

① 国务院批转公安部．关于推进小城镇户籍管理制度改革意见的通知［J］．劳动保障通讯，2001（5）：47－48.

② 国务院．关于解决农民工问题的若干意见［N］．人民日报，2006－03－28.

③ 国务院办公厅．关于积极稳妥推进户籍管理制度改革的通知［EB/OL］．中央政府门户网站：2012－02－23，http：//www.gov.cn/zwgk/2012－02/23/content_2075082.htm.

此很多农民工或者考上大学的农村学生不愿意放弃农村户口，以便将来年老后可以回家养老。这就造成了虽然中小城镇放松户口迁移限制，但是因为要损失很大一部分经济利益和依靠，而户口落入城镇后万一将来找不到可以依赖的工作则又将面临失业等风险，所以中小城镇户籍对农民来说吸引力并不大。

这一时期，虽然有些城市为刺激房地产市场而曾出台购房入户（即买房送户口）政策，但是这个政策本身又成为高房价的推手，导致大多数白领和农民工因为日趋昂贵的房价而不可能在常住地以买房方式获得户籍，进而抑制了城市化。

长期的户籍管控制度，在中国人的脑海里已经形成了根深蒂固的“户籍制度文化”。比如农村孩子生来就是农村户口，进了城的农村居民是“跳了龙门”；即便是大城市与小城市之间也因着经济上的差距有着身份的差异。谈对象、结婚、上学、找工作、买房子、社保、看病等无不与户口紧密相连，户口成为人们思维、谋划、行事的重要参照指标和基础。

我国的户籍制度对人口的自由迁移权是一种非常大的制度性约束。在我国经济越来越市场化的条件下，我国的户籍制度催生了一个规模越来越庞大的流动人口群体，2013 年流动人口规模达到 2.45 亿人。流动人口每年春节在流出地和流入地形成大规模往返式流动。大规模流动人口的存在给社会治理和城市化带来重大障碍，成为社会不和谐不稳定的重要影响因素。如表 7 – 8 所示。

表 7 – 8　　2010—2013 年我国流动人口数量　　单位：亿人

年份	2010	2011	2012	2013
流动人口数量	2.21	2.30	2.36	2.45

资料来源：国家统计局网站。

（二）教育方面

流动人口，特别是农民工，面临的一个重大问题就是随迁子女的就学问题。2006 年国务院颁布的《关于解决农民工问题的若干意见》中指出：“输入地政府要承担起农民工同住子女义务教育的责任，将农民工子女义务教育纳入当地教育发展规划，列入教育经费预算，以全日制公办中小学为主接收农民工子女入学，并按照实际在校人数拨付学校公用经费。城市公办学校对农民工子女接受义务教育要与当地学生在收费、管理等方面同等对待，不得违反国家规定向农民工子女加收借读费及其他任何费用。输入地政府对委托承担农民工子女义务教育的民办学校，要在办学经费、师资培训等方面给予支持和指导，提高办学质量。”[①] 国家从教育经费预算、公办学校招生、民办学校扶持三个方面对输入地作出了保障农民工随迁子女能够平等接受义务教育的指示，但是这一时期我国绝大多数地方政府并没有落实好这些指示，不愿拿出公共支出来保障外来务工人员子女的教育需求，导致绝大部分流动人口的子女不得不回归户籍地就学，使得农村留守儿童规模庞大。

比如 2010 年，我国进城农民工数量已经超过 2 亿，其背后是 7000 多万的农民工子女，其中包括 1400 多万随迁子女，还有 5800 万留守儿童。[②] 我国留守儿童存在的原因主要是他们不能随农民工父母在流入地就学。我们在这里姑且不讨论留守儿童远离父母在家乡由爷爷奶奶看护以及受教育的弊端。

农民工的随迁子女在教育方面受到了非常不公平的待遇。进城务工农民的子女进公办学校非常困难。首先，由于户籍管理制度的影响，随迁子女要想进城镇公办学校受教育，要面临复杂的手续、承受高额的教育费用。其次，很多城镇公办学校因为担心农民工子女基础差影响学校的升学率，而以各种标准或指标限制他们的入学申请。比如北京，外来务工人员子女要想进入公办学校，父母必须提供五项材料，以证明其在当地就业而且具有暂住证明，或者向学校提供一定数额的“赞助费”。然而，很少有父母能够拿得出五项齐全的证明材料，更交不起所谓的“赞助费”。最后，即便成功进入公办学校，部分农民工子女也会在学习过程中受到区别对待，部分学校对农民工子女和城镇学生采取分班授课，给农民工子女留下沉重的心理阴影。

城镇中农民工子弟学校办学条件堪忧。很多进不了城镇公办学校的农民工选择把子女送入农民工子弟学校，因为这里没有户籍限制，也比公办学校的费用便宜。然而，许多农民工子弟学校的办学条件，尤其是教学条

---

① 国务院．关于解决农民工问题的若干意见［N］．人民日报，2006 -03 -28.

② 进城农民工数量超 2 亿 子女教育问题如何解决［EB/OL］．凤凰网：2010 -03 -26，http：//news. ifeng. com/history/phtv/tfzg/detail_ 2010_ 03/26/406817_ 0. shtml.

件令人担忧。这些民办学校因为经费不足，硬件设施无法企及公办学校，师资水平也与公办学校相差甚远。

然而，就是这样的农民工子弟学校，也常常被城镇中的教育部门三番五次地审查，其中一些往往被勒令关门。2010—2012 年，北京随迁的农民工子女在 30 万人以上，除了很少一部分在公办学校就读外，大部分在北京的农民工子弟学校学习。据不完全统计，农民工子弟学校的数量在 2008 年达到 302 所，2011 年和 2012 年北京市教委强行对其进行了清理，因此在 2012 年减少到 170 余所。学校被关闭的学生，有 1/3 离开父母，回到农村就读。① 全国一些城市关闭农民工子弟学校的背后，其实存在着城市教育按照城镇居民安排各学校教育经费的利益冲突。地方政府不愿意拿财政支出来保障外来务工人口的子女享受教育资源。②

由此可见，2006 年国务院颁布的《关于解决农民工问题的若干意见》中作出的，从输入地教育经费、公办学校招收、民办学校扶持三个方面来保障农民工子女能够平等接受义务教育的决定，并没有在输入地政府中得到很好的贯彻落实。农民工子女的受教育问题堪忧，很多农民工子女由于受教育地点经常变动或者父母不在身边，因此学习成绩较差、心理阴影较大。

（三）社保方面

农民工社保问题主要是农民工城镇社保参与率较低，很多农民工没有被纳入城镇养老医疗等社会保障体系。

2008—2013 年，《全国农民工监测报告》显示，我国外出农民工整体参保比例依然偏低，参保比例由高到低依次为：工伤保险（年均 26%）、医疗保险（年均 15.1%）、养老保险（年均 11.8%）、失业保险（年均 6.3%）、生育保险（年均 4.3%）。年均参保率增长均不足 1 个百分点。即使是参保率最高的工伤保险，2013 年的参保人数也不足 30%。虽然外出农民工参加社会保障比例持续上升，但 2008—2013 年五种社保参保率的增长率年均不足 1 个百分点，如表 7－9 所示。

---

① 卢美慧，张永生．北京打工子弟学校被关停后三成学生回原籍读书［N］．新京报，2012－08－27（A30）．

② 周天勇，王元地．繁荣的轮回：人口变动与经济增长的一个逻辑解释［M］．北京：中国财富出版社，2017：208－209.

表 7 - 9　　2008—2013 年全国外出农民工参加社会保障的比例　　单位：%

	2008 年	2009 年	2010 年	2011 年	2012 年	2013 年	平均值	年均增长
养老保险	9.8	7.6	9.5	13.9	14.3	15.7	11.8	0.98
工伤保险	24.1	21.8	24.1	23.6	24.0	28.5	24.35	0.73
医疗保险	13.1	12.2	14.3	16.7	16.9	17.6	15.1	0.75
失业保险	3.7	3.9	4.9	8.0	8.4	9.1	6.3	0.9
生育保险	2.0	2.4	2.9	5.6	6.1	6.6	4.3	0.77

资料来源：根据国家统计局网站发布数据和计算得出。

农民工参保率低的原因主要有：农民工流动性强，工作固定性差，参保意识低，用工单位不愿负担等。首先，农民工参保要符合一定的条件。当准入条件因为不太规范的企业用工制度而不具备时，即使农民工想参加城镇社保，那也是不可能的。其次，农民工要处理好现实问题与长远养老的关系。农民工工资低且要用于养家糊口、抚养子女、赡养老人。他们眼前问题的重要性远远超过了未来养老。最后，养老金账户虽然可以跨省流动，但是社会统筹部分不易带走。这就意味着在发达地区就业的农民工，一旦决定回到经济较为落后的家乡，养老金收益就要打不少折扣。跨区域流动性较强的农民工，不参加城镇社保是其理性选择。①

第一代农民工多数已经到了退出劳动力市场的年龄，但是他们参与社会保障的比例很低，全国平均水平可能在 3% ~5%。他们绝大多数在城镇中没有养老保障，无住宅，无低保，在城市化的过程中没能融入城市，面对城市不断攀升的房价和生活成本，在失去劳动能力之后，他们将会面临巨大的养老问题和就医问题。

四、人口迁移呈现出“青出老回”的状态

我国长期以来实行以户籍管制为主的人口流动干预政策，除了城市化进程慢，严重滞后于工业化之外，也引发了城市化进程严重扭曲的问题。我国人口迁移一方面受市场经济驱动，人口流动加速且规模越来越大；另一方面户籍、教育、社保、土地制度、高房价等因素导致大量农民工无法

① 杨志勇．农民工参保率低的背后［N］．广州日报，2015 - 08 - 05. http：//www. xinhuanet. com/fortune/2015 - 08/05/c_ 128093842. htm.

真正实现市民化，我国呈现出与大多数国家能够市民化的城市化不一样的人口迁移模式。

德国、日本、韩国等国家的城市化，因为有了制度保障，所以农村人口向农村的“退”以及向城市的“进”都是十分顺畅的。一方面，明晰的土地产权和交易制度使得农民能够退出农业，还能获得可观的土地增值收入；另一方面，农村流动人口可以自由地进入城市，在城市中可以自由择业，也能享受到平等的社会保障和公共福利，至少在制度上不会受到身份和地位的歧视。因此，他们能够实现完全的市民化，不存在“青出老回”和在城市中大规模漂泊的问题。这些国家人口城市化的流动过程，是从农村到城市“单向出去的良性流动”。

受高房价、户籍、社保、教育、农村退出机制等方面的影响，我国的城市化不是这种“单向出去的良性流动”模式，而主要是一种“青出老回”的模式。我国的城市化是青年从农村出来，流动到城市，但不能在工作地永久地居住下来，而是在不同城市间移动漂泊，不能固定基本住所，有一小部分脱离工作后在家乡附近的建制镇和县城购买了住宅，大部分进城农民在步入老年后还是要回到农村去，人口流动轨迹是一个从农村到城市，再从城市回流到农村，其中还有一部分回流到县城的“出返双向不良流动”，[①] 也就是一个逆城市化的回流过程。

五、城市扩张性人口城市化

2003—2013 年是我国城市大规模扩张时期。城市的扩张主要包括高度上的向上发展和面积上的向外扩张两个方面，我国的城市则更倾向于向外的面积扩张，“城市建设盲目追求规模扩张，节约集约程度不高”[②]。我国的城市向外扩张采取的主要形式是设立新城、新区，大到一线城市，小到县城和建制镇，经济技术开发区、高新区、综保区、产业园区在我国的每一座城市不断涌现，新城、新区建设演变为各地方政府主导的“造城运动”，城市无序蔓延速度很快。

如表 7－10 所示，从建成区面积来看，2003 年我国城市建成区面积为

---

① 周天勇，王元地．繁荣的轮回：人口变动与经济增长的一个逻辑解释［M］．北京：中国财富出版社，2017.

② 出自《中共中央 国务院关于进一步加强城市规划建设管理工作的若干意见》.

$28308km^2$，到 2013 年达到 $47855km^2$，10 年增加 $19547km^2$，增幅达 69.05%，其中，年均增加面积 $1954.7km^2$，年均扩张 6.9%。2003 年我国县城建成区面积为 $11115km^2$，2013 年增加到 $19500km^2$，10 年增加 $8385km^2$，增幅为 75.44%，其中，年均增加面积 $838.5km^2$，年均增长率为 7.54%。建制镇方面，2003 年为 $21340km^2$，2013 年增加到 $36900km^2$，10 年增加面积 $15560km^2$，增幅为 72.91%，年均增加 $1556km^2$，年均增长率 7.29%。综合来看，2003 年我国城镇建成区总面积为 $60763km^2$，占我国国土总面积的 0.63%；2013 年增加到 $104255km^2$，我国城镇建成区总面积增加 $43492km^2$，占我国国土总面积的 1.08%，10 年扩张了 71.58%，年均增长 7.16%。

虽然我国在这一时期的人口城镇化速度较高，城镇化年均推进 1.32 个百分点，但是相对于城镇面积扩张速度来说，我国人口城镇化速度较低，城镇人口密度总体处于下降趋势，有的学者称这一现象为“城镇化进程中的‘人—地’失衡”，或者“人口城镇化滞后于土地城镇化”。具体来说，2003 年我国城镇常住人口 52376 万，人口城镇化率为 40.53%；2013 年城镇人口增加到 73111 万，城镇化率达到 53.73%，人口增加 20735 万，城镇化推进 13.2 个百分点，城镇人口数量增加 39.58%，城镇人口数量年均增长率为 3.96%。我国城镇建成区面积年均增长速度（7.16%）是城镇人口年均增长速度（3.96%）的 1.8 倍。从国际公认标准来看，衡量土地与人口城镇化关系的城镇用地增长弹性系数应维持在 1～1.12，而我国显然已跨出了这一合理阈值。① 城镇化过程中的“人—地”失衡，导致我国城镇人口密度呈递减趋势，从 2003 年的 8620 人/km^2，降低到 2013 年的 7013 人/km^2。在城镇化的过程中，土地的利用效率降低，城镇土地无序开发问题严重。

表 7－10　2003—2013 年我国土地城镇化与人口城镇化水平变化

年份	城镇建成区面积（km^2）				城镇建成区占国土总面积比（%）	城镇人口（万人）	人口城镇化率（%）	城镇人口密度（人/km^2）
	城市	县城	建制镇	合计				
2003	28308	11115	21340	60763	0.63	52376	40.53	8620

① 张莞航．城市建设：告别外延扩张 转向内涵发展［J］．中国发展观察，2016（6）：35－37.

续 表

年份	城镇建成区面积（km²）				城镇建成区占国土总面积比（%）	城镇人口（万人）	人口城镇化率（%）	城镇人口密度（人/km²）
	城市	县城	建制镇	合计				
2004	30406	11774	22360	64540	0.67	54283	41.76	8411
2005	32521	12383	23690	68594	0.71	56212	42.99	8195
2006	33660	13229	31200	78089	0.81	58288	44.34	7464
2007	35470	14260	28430	78160	0.81	60633	45.89	7758
2008	36295	14776	30160	81231	0.84	62403	46.99	7682
2009	38107	15558	31310	84975	0.88	64512	48.34	7592
2010	40058	16585	31790	88433	0.92	66978	49.95	7574
2011	43603	17376	33860	94839	0.99	69079	51.27	7284
2012	45566	18740	37145	101451	1.05	71182	52.57	7016
2013	47855	19500	36900	104255	1.08	73111	53.73	7013

资料来源：《中国统计年鉴》；住建部相关年份《城乡建设统计公报》；《我国土地城镇化的时空特征及机理研究》（张飞，2014）。

地方政府“造城运动”的驱动力，是巨大的土地收益和GDP快速增长的政绩。在我国现行的土地制度下，城市向外扩张的前提是土地使用属性和产权属性的转变：把大量的土地的利用属性由农业用地转变为城市建设用地，并伴随着土地产权属性的转变（由农村集体土地转为国有土地）。地方政府对“土地财政”的依赖有其客观无奈，更有其主观追求。在目前我国的税制设计下，中央政府和地方政府的财力与事权不对称，地方政府承担的事权大于其财政实力，土地财政成为地方政府财税收入的最主要来源，引发了地方政府对土地财政的依赖。在土地“农转非”的过程中，地方政府充当了“低价征地、高价出让”的土地经营者角色，并与开发商结成“利益同盟”。①

2003—2013年，我国土地出让金收入数额巨大且总体呈上涨趋势（见表7-11）。2003年我国土地出让金收入为5385.11亿元，2013年为39142.03亿元，是2003年的7.27倍。2003—2013年我国土地出让金总收

① 田莉．处于十字路口的中国土地城镇化——土地有偿使用制度建立以来的历程回顾及转型展望［J］．城市规划，2013，37（5）：22-28.

入为 185764. 53 亿元，同期我国地方财政总收入为 363222. 29 亿元，这一时期我国土地出让金总收入占地方公共财政总收入的比例为 51. 1%，贡献率超过一半；其中，2010 年土地出让金收入占地方公共财政收入的比例最高，为 69. 4%。由此可见，我国地方政府对土地出让金的依赖性很强。土地获取的低成本和巨额收益，使这一时期我国的房地产市场和城市扩张持续升温，同时也促进了这一时期我国经济的高速增长。

表 7－11　2003—2013 年我国土地出让金收入及占地方财政收入比重

年份	土地出让金收入（亿元）	地方公共财政收入（亿元）	土地出让金收入占地方公共财政收入比重（%）
2003	5385. 11	9849. 98	54. 7
2004	5894. 14	11893. 37	49. 6
2005	5505. 15	15100. 76	36. 5
2006	7676. 89	18303. 58	41. 9
2007	11947. 95	23572. 62	50. 7
2008	9943. 92	28649. 79	34. 7
2009	14239. 70	32602. 59	43. 7
2010	28197. 70	40613. 04	69. 4
2011	31140. 42	52547. 11	59. 3
2012	26691. 52	61078. 29	43. 7
2013	39142. 03	69011. 16	56. 7
合计	185764. 53	363222. 29	51. 1

资料来源：2003—2009 年土地出让金收入来源于国土资源部当年《中国国土资源统计年鉴》；2010—2013 年土地出让金收入来源于财政部当年《全国政府性基金收入决算表》；2003—2013 年地方公共财政收入来源于国家统计局《中国统计年鉴》。

总的来说，在过度追求土地收益和 GDP 快速增长的驱使下，2003—2013 年我国城镇向外快速扩张，扩张速度高于同期我国人口城镇化速度。城镇的快速扩张也带来了人口向城市的快速集聚和经济发展。我国城镇面积的过度扩张，导致我国城市土地利用效率的降低和土地资源的浪费。

六、户籍人口城镇化与常住人口城镇化

我国城镇化率以城镇常住人口为统计标准，在城镇居住 6 个月以上的农村人口在统计上也被视为城镇人口，虽然他们在城镇居住或工作，但是他们的户籍仍然是农村户籍，因此在我国存在着一个户籍人口城镇化与常

住人口城镇化之间的差距。没有城镇户籍的城镇常住人口，由于户籍、社保、教育、住房等原因而不能真正实现市民化，与城镇户籍人口在城镇中形成了一个新的二元体制，使我国的城镇化大打折扣。有学者把这一部分无城镇户籍人口的城镇化称为“半城镇化”，把常住人口城镇化率与户籍人口城镇化率之间的差称为“半城镇化率”（半城镇化率 = 非本地城镇户籍人口/城乡人口 ×100%）。我国严格的户籍制度及城镇户籍所附加的公共服务和福利待遇差别，使这部分没有本地城镇户籍的半城镇化农业转移人口享受不到与城镇户籍居民同等的公共服务和福利待遇，他们融入城镇生活受阻，老年后回乡导致的逆城镇化在所难免。

随着 2003—2013 年这一时期我国农民工数量的逐年增多，我国户籍人口城镇化率与常住人口城镇化率的差距呈扩大趋势。农民工是一个特殊群体，虽然他们都在城镇务工，但身份仍然是农民。这一时期我国户口类型依然按照农业户口和非农业户口划分，因此我们这里按照非农业户口人数口径来统计城镇户籍人口数。按照公安机关统计口径，2003 年我国总人口数 1260353218 人，非农业户口人口数 374272945 人，非农人口占总人口数的 29.70%①，即户籍人口城镇化率为 29.70%，2003 年我国常住人口城镇化率为 40.53%，相差 10.83 个百分点，无城镇户籍的城镇外来人口约为 1.36 亿人。2013 年我国常住人口城镇化率为 53.73%，户籍人口城镇化率为 35.9%，户籍人口城镇化率与常住人口城镇化率的差距扩大到 17.83 个百分点，扩大了 7 个百分点，无城镇户籍的城镇外来人口为 2.43 亿人，无城镇户籍的城镇外来人口增长了 1.07 亿人。2003—2013 年，我国常住人口城镇化推进 17.3 个百分点，而户籍人口城镇化只推进了 6.2 个百分点，常住人口城镇化速度是户籍人口城镇化速度的 2.79 倍，我国户籍人口城镇化严重滞后于常住人口城镇化。户籍的严格管制，导致大量农业转移人口难以融入城镇，市民化进程滞后，城镇内部出现新的二元矛盾，农村留守儿童、妇女和老人问题日益凸显，这给经济社会发展带来诸多风险隐患。

同样，小城镇居民向大城市特别是特大城市转移，也面临户籍壁垒等问题。对于北京、上海、广州、深圳这样的一线城市，其他省会级城市、中小城市和城镇居民也很难取得当地户籍，同样面临与农民工一样的户籍、教育、社保、住房等问题。但是，由于他们能够在自己户籍所在地的

① 数据来自《2003 年全国非农业、农业人口分地区统计表》。

中小城镇享受到公共服务等福利待遇，而且在城镇的住房等财产与农民相比，较容易变现和退出，因此他们进入更大城市并本地化的能力比农民工强一些。

总的来看，加入 WTO 后，2003—2013 年这一时期中国工业化进入中后期阶段，人口流动管制放松，人口流动规模和速度提升，农村年轻人口已经转移枯竭。但是户籍管理制度仍然严格，人口落户意愿高的大城市和特大城市入户门槛依然较高，导致这一时期我国户籍人口城镇化率与常住人口城镇化率差距逐步拉大，加上房价日趋高涨、社保、教育等问题突出，我国农村转移人口很难真正市民化，我国城镇化质量不高，表现出与大多数国家能够市民化的城市化不一样的人口迁移模式，具有较强的“青出老回”特征。

第八章　人口生育与迁移大争论和政策转型的四年（2014—2017）

随着我国加入 WTO 发展动能的基本消失，以及 2009—2010 年四万亿元的强刺激，我国低端产能开始严重过剩。人口低生育导致劳动年龄人口从 2012 年开始逐年大幅减少，我国经济增速下行趋势已经不可阻挡，2015 年我国经济增速开始低于 7%，我国的传统工业化基本结束。人口长期的超低速增长导致中国社会严重少子化，这加速了老龄化和劳动人口的逐年萎缩，对我国经济发展造成了持久性的下拽拉力。我国越来越严重的人口问题在 2014 年开始进入一个大争论阶段，2014—2017 年也成为我国人口政策的转型时期。

第一节　对计划生育的反思与政策的调整

我国从 1973 年实施计划生育政策，从 1980 年全面实施独生子女政策，长期的强制性计划生育政策对人口生育产生硬性约束，加上市场机制制约人口生育的力量越来越强，我国人口生育率从 1999 年开始进入 1.5 以下的超低水平。第五次、第六次全国人口普查的超低生育数据，更是让很多人开始反思我国的计划生育政策，很多人口学家呼吁尽快调整和废除我国的计划生育政策。2014 年开始，我国的独生子女政策逐渐松动，并进入调整时期。

一、经济增长速度的下降和高增长时间的缩短

2008 年国际金融危机对我国的出口造成重大影响，2009 年我国政府开始实施惯用的投资刺激经济增长的办法。而随着政府四万亿的一揽子计划的强刺激投入，我国的低端产能重复建设，房地产业过度开发，工业品和房子库存严重；由于低端产能对资源的消耗巨大，高排放导致环境高污染，经济发展的资源环境瓶颈趋紧。由于四万亿元的强刺激效应，2009

年、2010 年、2011 年我国经济仍然维持在 9.4%、10.6%、9.5%的高速增长水平，如表 8 -1 所示，我国经济增速下滑被短暂止住。

表 8 -1　　2008—2017 年我国经济增速　　单位:%

年份	2008	2009	2010	2011	2012	2013	2014	2015	2016	2017
增速	9.7	9.4	10.6	9.5	7.9	7.8	7.3	6.9	6.7	6.9

资料来源：国家统计局网站。

我国经济增长速度下降。从 2011 年开始，通过投资刺激经济增长的办法已经不起作用，我国经济增速下行已经不可阻挡，而且投资非但不能再起到刺激经济增长的作用，反而使负面效应累积并显现。随着投资的增加，投资的边际效应递减，投资回报率开始下降，并伴随出现更趋严重的经济结构失衡、环境污染和产能过剩问题。从 2011 年开始，我国经济增速一路走低，2012 年跌至 8%以下，2015 年更是跌到 7%以下。

我国经济高增长时间缩短。2012 年我国经济增速已经达不到工业化阶段应有的 8%以上的高增长速度，我国经济的高增长时间比一般国家和地区缩短 10 ~15 年。比如，中国台湾地区的经济增长速度在下降到 8%以前的高增长时期是 1950—1997 年，这一时期长达 48 年，从 8%的速度慢下来的那年，其人均 GDP 为当年汇率价 14048 美元；韩国的经济增长速度在降到 8%以前的经济增长时间是 1960—2002 年，长达 43 年，从 8%的速度慢下来的那年，人均 GDP 为当年汇率价 12094 美元；而我国经济增长速度在 8%以上的年份是 1979—2011 年，高增长的年份只有 33 年，从增速 8%慢下来的那年，中国大陆人均 GDP 仅为当年汇率价下的 5432 美元。从时间上来看，我国大陆与韩国和中国台湾相比，国民经济增长速度在 8%以上的增长时间，实际上也是工业化的时间，分别短了 10 年和 15 年。然而，从人均 GDP 来看，我们不及韩国、中国台湾的一半，远没有达到工业化完成时应有的收入水平，如表 8 -2 所示。

表 8 -2　　韩国、中国台湾、中国大陆 GDP 增速 8%的年份相关数据对比

国家和地区	GDP 增速 8%的截止年份（年）	8%以上的高增长时间（年）	人均 GDP（当时汇率下的美元）	人口生育率（‰）	人口自然增长率（‰）	65 岁以上人口比重（%）
韩国	2002	43（1960—2002）	12094（2002）	1.17	3.5	7.0

续 表

国家和地区	GDP 增速 8% 的截止年份（年）	8% 以上的高增长时间（年）	人均 GDP（当时汇率下的美元）	人口生育率（‰）	人口自然增长率（‰）	65 岁以上人口比重（%）
中国台湾	1997	48（1950—1997）	14048（1997）	1.70	9.0	8.0
中国大陆	2011	33（1979—2011）	5432（2011）	1.04	4.8	9.1

注：1. 中国大陆与韩国、中国台湾的数据根据三地统计局网站有关数据整理所得。

2. 中国大陆经济在 8% 以上的高增长时间比韩国、中国台湾分别短了 10 年和 15 年；GDP 增速降到 8% 以下的年份的人均 GDP 比韩国、中国台湾地区少一半；人口生育率低于这两地，人口自然增长率比韩国高，比中国台湾低；65 岁以上人口比重高于这两地。

二、计划生育政策的后果的显现

经过长期计划生育政策对我国人口生育的强制性约束，加上生育成本和机会成本等市场机制对人口生育制约作用的不断强化，妇女生育率长期处于低于 1.5 的超低水平，这使我国人口失衡问题从 21 世纪初开始日益严重，导致我国社会表现出严重少子化、加速老龄化、劳动年龄人口持续减少、育龄妇女人数逐年下降、男女性别比长期失衡等问题。人口结构失衡和老龄化加剧，对我国的经济、政治和社会等方面产生了深远影响。具体来说有以下几点。

第一，我国 0 ~ 14 岁人口的人数和比例不断下降，少子化严重，家庭规模变小，家庭脆弱性增强。1982 年，我国总人口 101654 万人，0 ~ 14 岁人口人数为 34146 万，占比 33.6%；到 2016 年，我国总人口上升至 138271 万人，增加约 3.7 亿人口，然而 0 ~ 14 岁人口人数降到 23008 万人，占比降到 16.6%[①]（注：15% ~ 18%，为严重少子化）。从数量来看，0 ~ 14 岁的人口减少了 11138 万人，比例下降 1/2。其中，2000—2010 年，我国 0 ~ 14 岁人口年均减少 750 万人。少子化程度已经非常严重。少子化导致家庭规模变小，家庭脆弱性增高，特别是一些“失独家庭”，表现更为突出。

第二，我国从 2000 年开始提前进入老龄化社会，老龄化程度不断加重，养老问题严重。2000 年，我国率先在发展中国家进入老龄化社会（未

① 资料来源：国家统计局网站。

富先老），而且是加速老龄化。2000 年 11 月底第五次人口普查，65 岁以上老年人口已达 8811 万人，占总人口的 6.96%；60 岁以上人口达 1.3 亿人，占总人口的 10.2%。以上比例按国际标准衡量①，均表示我国已进入了老龄化社会。截至 2016 年年底，我国 60 周岁及以上 2.3 亿人，占总人口 16.7%；其中 65 周岁及以上 1.5 亿人，占总人口 10.8%②。我国的老龄化速度高于世界老龄化速度。发达国家的老龄化进程长达几十年至一百多年，如法国用了 115 年，瑞士用了 85 年，英国用了 80 年，美国用了 60 年，而我国只用了 19 年（1981—1999 年），今后，我国老龄化的速度还将加快。21 世纪，我国将面临由三次生育高峰期引发的三次“银发浪潮”的冲击：1950—1958 年第一次生育高峰期出生的近 2 亿人口，于 2010 年前后陆续进入老年期；1962—1970 年第二次生育高峰期出生的 2 亿多人口，将于 2020 年前后陆续进入老年期；1985 年以后第三次生育高峰期出生的近 1 亿人口，将于 2045 年前后陆续进入老年期。三次老年期的重叠，将使我国人口年龄结构迅速进入高龄化。

人口老龄化和高龄化，使我国的养老压力越来越大，养老金缺口将成为未来中国发展的一大阻碍。根据魏吉漳的研究测算，不包括农村养老金，仅以城镇基本养老制度计算，以 2012 年为基准，社会统筹账户的隐性债务就高达 83.6 万亿元，个人账户的隐性债务高达 2.6 万亿元，合计城镇职工基本养老保险统账结合制度下的隐性债务为 86.2 万亿元，占 2012 年 GDP 的比例为 166%。曹远征等学者认为，从远期看，假定从 2010 年起我国每年的 GDP 年增长率为 6%，到 2033 年时养老金缺口将达到 68.2 万亿元，占当年 GDP 的 38.7%。此外，中国人民银行研究局首席经济学家马骏领衔的团队研究预测，2011 年三个劳动力赡养一个退休老人，38 年以后一个劳动力赡养一个退休老人，养老金缺口逐年上升；除了养老成本，还应当考虑由于人口老龄化，狭义卫生总费用加上长期护理成本，这部分支出在 38 年后会上升到 GDP 的 10%，其中 1/3 需要政府承担。他们认为，2012—2021 年是我国城镇养老金收支的“宽松期”；2022—2035 年是我国城镇养老金收支的“渐紧期”；2035—2050 年是我国城镇养老金收支的急剧“恶化期”。

如此巨大的养老压力和养老金缺口，将会对未来国民经济产生重大冲

① 国际老龄化社会的标准为：60 岁及以上人口比重达到 10%，或者 65 岁及以上人口比重达到 7%。

② 资料来源：国家统计局网站。

击：未来越来越大的养老需求，将导致越来越高的税负，高税负影响未来的投资、创业和经济增长；当财政税负过重而影响到经济增长时，减税负将会形成巨额的养老金债务，波及金融体系稳定；未来老龄化社会因巨大的城乡二元差别消费，会造成乡村老人贫困和消费塌陷区；从长远来看，养老负担越来越重，会削弱中国经济的全球竞争力。这些影响的交叉融合，将会对我国经济产生更加严重的影响。

第三，我国的劳动年龄人口和经济主力人口将持续减少，劳动力供给减少，服务业发展阶段提前到来。我国 15～59 岁劳动年龄人口在 2011 年的时候达到峰值，为 94072 万①，2012 年劳动年龄人口首次下降，比 2011 年减少 345 万；到 2017 年我国劳动年龄人口已经下降到 90199 万②，6 年时间劳动年龄人口减少了约 4000 万，年均下降 645.5 万。人力资源和社会保障部称，我国劳动年龄人口持续下降，特别是到 2030 年以后，劳动年龄人口会出现大幅下降的过程，平均以每年 760 万的速度减少；到 2050 年，我们预测劳动年龄人口数量会由 2030 年的 8.3 亿降到 7 亿左右。③

20～45 岁的经济主力人口也在不断萎缩。20～45 岁人口在就业、创业、创新、投资和消费等方面，均是最富有能力的人口资源和人力资本。他们的增加或者减少也就意味着劳动力供给，住宅、耐用消费品、汽车、奢侈品购买和消费，创业投资，发明专利和技术产业化等方面的增加或减少。因此，他们是一国经济活跃和繁荣的主力。据周天勇的测算，由于实施了强制性的计划生育政策，从 1970 年开始，我国的实际出生人口变动线，与工业化过程中社会内在调节机制自动调节下的人口自然变动曲线，形成了一个出生人口数的“人口坑”，这个“人口坑”应该包含 2 亿多人口，如图 8－1 所示。这减少的 2 亿多人口中主要是 1～45 岁的人口，其中经济主力人口有 1 亿多。我国 1 亿多经济主力人口的过快萎缩，是目前钢铁、有色冶金、煤炭、水泥工业和其他制造业全面过剩的基础性原因。而 1～19 岁是成长性人口，这一部分人口也进一步减少，意味着未来经济主力人口的不断萎缩，这将对未来中国经济增长产生持久性的下拽力量。

我国的劳动年龄人口特别是经济主力人口不断收缩，引起我国工业化

---

① 数据来源：中华人民共和国 2011 年国民经济和社会发展统计公报。

② 数据来源：中华人民共和国 2017 年国民经济和社会发展统计公报。

③ 人社部．延迟退休对就业影响有限也不会减少养老金待遇［EB/OL］．(2016－07－22)．http：//www.xinhuanet.com/fortune/2016－07/22/c_ 129169659.htm.

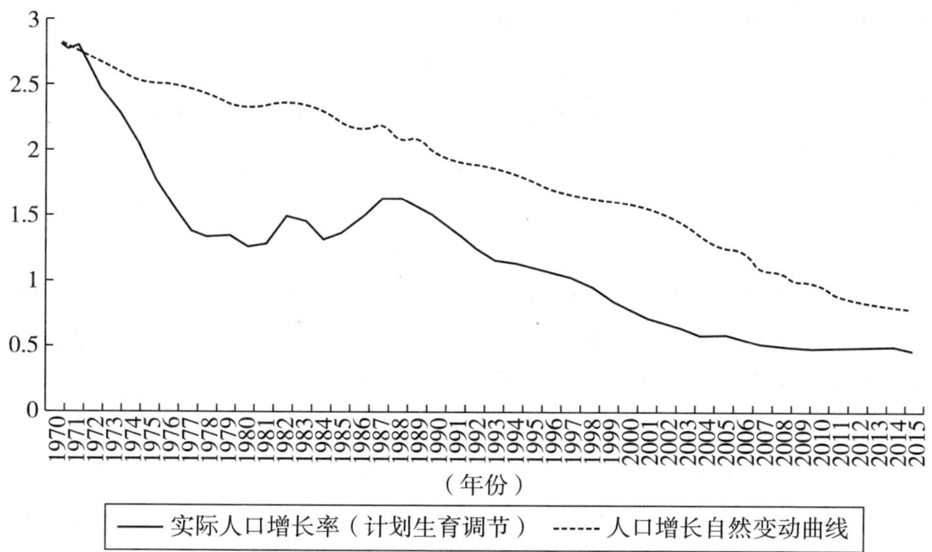

图 8－1　1970—2015 年的计划生育“人口坑”

后期阶段人力资源的供给不足和消费塌陷，在从中等收入阶段向高收入阶段冲刺的关键时期遭遇“人口坑”陷阱，加上人口老龄化的提前到来和程度的加重，我国制造业产能大面积过剩，导致我国的传统工业化在 2015 年就提前结束，国民经济服务业化提前到来。

第四，育龄妇女人数呈现逐年减少趋势，我国可能陷入“低生育率陷阱”。近年来，随着我国人口年龄结构的变化，育龄妇女人数呈现逐年减少趋势。国家统计数据显示，2017 年 15 ~49 岁育龄妇女比 2016 年减少 400 万人，其中 20 ~29 岁生育旺盛期育龄妇女减少近 600 万人。[①] 由于我国人口结构已经并加速老龄化，0 ~14 岁人口数量较少，未来 10 年我国育龄妇女人数减少趋势还会逐年增强。有学者测算发现，“十三五”期间，育龄妇女（15 ~49 岁）平均每年比上一年减少 520 万，其中 20 ~29 岁生育旺盛期育龄妇女人数减少 280 万 ~290 万。“十四五”期间，育龄妇女（15 ~49 岁）人数平均每年比上一年减少近 500 万，其中 20 ~29 岁生育旺盛期育龄妇女人数减少约 580 万。[②] 专家分析后表示，今后 10 年间，年龄在 22 ~30 岁（生育

---

① 李希如. 2017 年我国“全面两孩”政策效果继续显现［EB/OL］.（2018－01－20）. http：//www. stats. gov. cn/tjsj/sjjd/201801/t20180120_ 1575796. html.

② 定军，张文卓. 中国低生育率关口：去年出生人口比 2016 年少 63 万［N］. 21 世纪经济报道，2018－02－03.

旺盛期）的中国女性人数将减少 40%。[①] 育龄妇女人数的逐年减少，特别是 20 ~ 29 岁生育旺盛期育龄妇女人数的大量减少，以及妇女生育意愿的降低，将导致我国的人口短期内很难恢复生机，甚至陷入“低生育率陷阱”[②]而无法走出人口危机。

第五，我国男女性别比长期失衡，引发“光棍危机”。出生人口性别比，指活产男婴数与活产女婴数的比值，通常用女婴数量为 100 时所对应的男婴数来表示。正常情况下，出生性别比是由生物学规律决定的，保持在 102 ~ 107（也有 103 ~ 107 之说）。我国的出生性别比随着生育率的迅速下降而日趋失衡。自 1982 年“三普”发现出生性别比偏高以来，我国已经经历了 30 多年的出生人口性别比偏高过程。我国出生人口性别比从 1982 年的 107. 17 升至 1990 年的 111. 29，2000 年达到 116. 86，2004 年创历史最高纪录 121. 20。由此，这把我国推到世界出生性别结构失衡最严重国家的位置。之后，我国出生人口性别比一直徘徊在 120 上下。2008 年创造次高纪录 120. 56。[③] 我国出生人口性别比自 2009 年开始步入下降通道，2016 年降到 112. 88，如表 8 – 3 所示。

表 8 – 3　　2007—2016 年我国出生人口性别比　　女性：100

年份	2007	2008	2009	2010	2011	2012	2013	2014	2015	2016
出生性别比	120. 22	120. 56	119. 45	117. 94	117. 78	117. 7	117. 6	115. 88	113. 51	112. 88

资料来源：国家统计局网站。

出生人口性别比的长期失衡，导致我国总人口的性别比偏高，男女比例失衡，未来适婚男性比女性多出近 3000 万。国家统计局发布的数据显示，2015 年年末，中国男性人口 70414 万人，女性人口 67048 万人，男性比女性多出 3366 万人，总人口性别比为 105. 02（以女性为 100），出生人口性别比为 113. 51。另据统计，“80 后”非婚人口男女比例为 136 : 100，

① Sidney Leng，穆弈，译. 俄媒：低生育率将威胁中国经济发展［N］. 环球时报，2016 – 11 – 28.

② 低生育率陷阱，由人口学家卢茨等人提出，是指生育率一旦下降到一定水平（总和生育率为 1. 5，即每个妇女生育 1. 5 个孩子）以下，由于价值观的转变、生存压力增加等多方面因素共同作用，生育率会继续不断下降，很难甚至不可能逆转，这一现象被称为“低生育率陷阱”。

③ 原新. 出生人口性别失衡：形势与治理［J］. 西安交通大学学报（社会科学版），2014（6）：28 – 30.

“70 后”非婚人口男女比则高达 206∶100，男女比例严重失衡。男多女少造成“婚姻挤压”问题，原本相对稳定、平衡的婚姻市场，因男性数量与女性数量的巨大差异致使部分男性被挤压出去，被迫成为“光棍”。“剩男”社会问题越发严峻，适婚年龄段男性婚恋难度加大，单身问题难以解决。当“90 后”进入婚育年龄，这种现象会更加严重。我国已经历近 30 年的出生人口性别比偏高且持续攀升过程，如此累积的结果是，未来 30 年内逐步进入适婚年龄的男性将比女性多出近 3000 万人，矛盾或将集中爆发①。性别失衡引发的“婚姻挤压”问题将是影响我国人口结构均衡发展与社会和谐稳定的重大隐患。

总之，长期的强制性计划生育政策造成了我国人口结构的严重失衡，老龄化、少子化问题的双重挤压给中国的经济、社会等各方面造成了重大的负面影响。

三、对计划生育理论和实践的反思②

可以说计划生育政策从实施前就在理论上引起很大的争议。在政策实施后，我国生育率急剧降低，到 20 世纪末降到低于 1.5 的超低水平，2010 年以后更是维持在不到 1.3 的极低水平，理论界和社会上对计划生育政策的质疑加大，并开始反思我国计划生育的功过得失，要求尽快取消计划生育的呼声不断。

（一）计划生育政策的相关理论纷争

20 世纪六七十年代，国内刊物陆续发表了若干研究者进行经验交流的文章。当时，人口学尚未恢复重建，理论研究不够深入，理论界着重阐述了政策本身的正当性、合理性和实效性。1980 年 9 月 25 日，中共中央发表了“9·25”公开信，标志着我国独生子女政策正式出台。随着独生子女政策的全面推行，计划生育被作为基本国策确定下来，有关计划生育政策的依据、计划生育工作的成效、计划生育工作中的实际困难等论题得到重视。并且，随着独生子女群体规模的扩大，学术界开始关注独生子女的教育、心理和人格发展等成长问题。但是，20 世纪七八十年代，理论界呈

---

① 彭训文. 3000 万“剩男”跟谁结婚［N］. 人民日报（海外版），2017－02－13.

② 本部分的（二）和（三）研究成果参阅：徐俊. 我国计划生育政策的反思与展望——由“单独二孩”引发的思考［J］. 人口与经济，2014（6）：109－118.

一边倒态势，大力宣传“只生一个好”，对计划生育政策本身没有质疑，当时计划生育政策导致的负面效应尚在形成之中。

进入20世纪90年代，随着全国妇女总和生育率降至世代更替水平以下，国内少数人口学者开始意识到计划生育政策以控制人口数量为单一目标可能带来的弊端，对若干重要问题进行了前瞻性分析，提出“少生不是一切”，认为解决现实人口问题的基本战略既要重视“人口论”，也要重视“人手论”。我国需要一种在持续发展框架内进行的人口控制，需要一种综合治理时代所必需的“大人口观”，[①] 并首次提出如何认识生育政策在人口发展中的作用以及人口与生育之间的辩证关系问题。通过对我国人口与现代化关系的深入探讨，学者们认为不能将人口问题简单地归结为人口数量问题，进而简单化为生育问题；在理论上批驳了“人口多”是“人口负担”的代名词，人口多是现代化发展的主要障碍，人口增长率越低经济增长率越高等错误观点。[②]

进入21世纪，各种人口问题开始集中显现。首先，2000年第五次全国人口普查数据公布后，1.218的总和生育率震惊了全社会，人口学界更是无法相信如此超低的生育水平。为了稳定低生育水平，继续执行严格的生育政策，人口统计专家对普查数据进行了修正，以瞒报、漏报之名将原值提升至1.8[③]。2010年，第六次全国人口普查总和生育率再创新低，只有1.181，人口统计专家再次将其修正至1.5左右[④]。总和生育率历来被视为判断人口转变的核心参数，这正是人口学界争论不休的要害所在。可以肯定的是，尽管社会流动加剧，存在一定程度的瞒报和漏报，但是最近两次的人口普查数据还是值得信赖的，可以作为调整或制定政策的重要依据。因为相比于普查，抽样调查同样存在瞒报和漏报现象，而且抽样规模越小、抽样随机性越差、调查组织越不规范，所得到的数据越不准确、越不靠谱。

除生育率焦点之争外，与其相关的重要理论也受到高度重视和热议，

---

① 顾宝昌，穆光宗．重新认识中国人口问题［J］．人口研究，1994（5）：2-10.

② 本刊编辑部．人口多是中国现代化的主要障碍吗？［J］．人口研究，1996（1）：49-60.

③ 张为民，崔红艳．对中国2000年人口普查准确性的估计［J］．人口研究，2003（4）：25-35.

④ 崔红艳，徐岚，李睿．对2010年人口普查数据准确性的估计［J］．人口研究，2013，37（1）：10-21.

比如人口转变、人口安全、人口发展战略、人口均衡发展、未来人口发展预测等。值得一提的是，2007 年，国内 300 多位专家学者历时 3 年在其推出的《国家人口发展战略研究报告》中作出了我国人口发展战略的规划和预测，其中部分结论和观点遭到质疑，比如，他们认为总和生育率从 20 世纪 70 年代初的 5.8 下降到目前的 1.8，少生了 4 亿多人；我国人口在未来 30 年还将净增 2 亿左右，人口数量问题仍然是全面建设小康社会面临的重大问题；全国总和生育率在未来 30 年应保持在 1.8 左右，过高或过低都不利于人口与经济社会的协调发展等。从这份公开发表的报告中不难看出，国家人口发展战略规划智库，对于我国的人口数量依然忧心忡忡。不过，人们似乎没有看到我国人口形势正在发生的快速变化。第六次全国人口普查数据显示，我国家庭户均人口 3.10 人，比第五次全国人口普查 3.44 人减少 0.34 人，家庭小型化更加明显，家庭脆弱性进一步增强；总性别比虽然由第五次全国人口普查的 106.74 下降为 105.20，但新生儿性别比自 20 世纪 90 年代初以来仍在高位运行，达到 117.96；0～14 岁人口占总人口的 16.6%，比第五次全国人口普查时下降 6.3 个百分点，减少了 27.5%，降幅之大令人吃惊；而 60 岁及以上人口占总人口的比例为 13.3%，比第五次全国人口普查时上升了 2.9 个百分点，增加了 28.4%。我国已不可阻挡地进入了快速老龄化、高龄化时期。2017 年，我国 60 岁及以上人口已经达到 2.4 亿，占总人口的 17.3%；65 岁及以上老人 1.58 亿，占总人口的 11.4%。可见，当前和未来相当长的时期内，我国人口面临的主要问题不再是简单的数量问题，而是人口的性别、年龄结构失衡问题及其衍生的养老保障、婚姻挤压等多种棘手问题。无疑，少子化、老龄化和出生人口性别比失衡问题给我国人口发展及其与经济社会的协调持续发展留下了长期隐患。

（二）对我国计划生育政策的反思

人口不会无节制地增长，因为市场经济和近现代社会形成了一套抑制生育和人口增长并使其与资源环境及经济增长相协调的机制。其中，生育成本—经济效益这一主要的经济机制，决定了它在生育决策中的作用。在市场经济中，经济发展会促进社会和劳动力需求的变化，而劳动力价格、生育子女的成本和机会成本，使得家庭要在支出能力的基础上进行决策，形成与自然经济不同的生育观念，进而影响生育的数量和人口增长的速度。

在经济相对落后时，农村大部分由小农经济主导的区域还未能形成比较成熟的市场经济，父母往往通过压低生育孩子成本、缩短子女受教育年限并提前让子女参加劳动等形式尽量规避“生育成本—经济效益”的制约。然而，在工业化后期和经济较为发达的地区，随着经济水平的不断提高，市场机制对生育决策的影响作用越来越大。多项研究成果表明，当前全球超过一半的国家和地区人口的生育率低于理论上人口正常替换生育率（2.1）。

四、单独二孩政策的实施与效果

单独二孩，即允许一方是独生子女的夫妇生育两个孩子。经夫妻双方申请，可办理“生育服务证”，再生育一个子女。

2013 年，中共十八届三中全会决定启动实施“单独二孩”政策，“坚持计划生育的基本国策，启动实施一方是独生子女的夫妇可生育两个孩子的政策，逐步调整完善生育政策，促进人口长期均衡发展”。① 2013 年 12 月 28 日，《全国人大常委会关于调整完善生育政策的决议》由第十二届全国人大常委会第六次会议表决通过，“单独二孩”政策正式实施。

从 2014 年 1 月开始，全国各省陆续启动“单独二孩”政策。然而，由于“单独二孩”政策仍然实行“审批制”，而且各地启动时间不一，有的省份比较靠后，比如，海南、河南从 2014 年 6 月开始实施，多地卫计委表示“抢生罚款”。媒体曾统计，江西、浙江、天津、北京、陕西、上海、四川、甘肃、重庆、广东、辽宁、湖南、云南、福建、内蒙古、黑龙江、贵州 17 个省、自治区、直辖市明确规定在政策落地之前“抢生”单独二孩者属违法，仍需按规定进行罚款。②

如表 8－4 所示，2014 年我国出生人口为 1687 万人，比 2013 年多生了 47 万人；出生率为 12.37‰，比 2013 年的 12.08‰高了 0.29 个千分点；总和生育率为 1.278，稍有上升，比 2013 年的 1.236 高了 0.042。然而，这是否就意味着我国实施了“单独二孩”政策后我国的妇女生育率有了很大改观呢？

---

① 中共中央关于全面深化改革若干重大问题的决定［N］. 人民日报，2013－11－16（001）.

② 卢倩仪：中国允许普遍二孩 二孩不等于二胎 哪些夫妻例外［EB/OL］.（2015－10－30）. http：//www.china.com.cn/guoqing/2015－10/30/content_36932280_2.htm.

表 8-4　　2014—2017 年中国人口增长和农村人口比例

年份	总和生育率	出生率（‰）	死亡率（‰）	自然增长率（‰）	出生人口数（万）	总人口（万）	农村人口比例（%）
2014	1.278	12.37	7.16	5.21	1687	136782	45.23
2015	1.054	12.07	7.11	4.96	1655	137462	43.90
2016	1.24	12.95	7.09	5.86	1786	138271	42.65
2017	1.2	12.43	7.11	5.32	1723	139008	41.48

资料来源：国家统计局网站。其中总和生育率根据国家统计局发布的人口抽样数据计算得出。2016 年、2017 年生育率来自易富贤《从全球视角探求中国人口新政》。

据国家卫计委（现为卫生健康委员会，下同）计划生育基层指导司司长杨文庄介绍，截至 2014 年年底，全国共有 106.9 万对单独夫妇申请再生育，但 2014 年的出生人口仅比 2013 年增长了 47 万。易富贤则认为，这多出生的 47 万人与“单独二孩”政策无关。从怀孕到出生平均需要 266 天，也就是说，2014 年年底之前生孩子的妇女需要在 2014 年 4 月 9 日之前就已怀孕，而在这之前全国只有 9 万对夫妇申请了生育，这其中还包括政策出台前就已经怀孕的妇女。① 从怀孕到生子，一般需要 10 个月左右的时间，从各地实施“单独二孩”政策的时间来看，只有浙江、江西、安徽、天津、北京 5 个省市在 2014 年 2 月底前实施，多地实施时间晚于 2014 年 2 月末，故“单独二孩”政策的实施对 2014 年生育情况影响很小，其效果要到 2015 年才会显现出来。从生育申请的情况来看，全国符合“单独二孩”政策的家庭有 1100 万，然而，截至 2015 年 5 月底，全国约有 145 万对夫妇提出再生育申请，139 万对夫妇办理了手续。② “单独二孩”政策的效果并没有预期的那么好，申请人数只有符合条件人数的 13%，这比预期打了一个很大的折扣。

2015 年是“单独二孩”政策实施的第二年，也是政策实施的完整年，但这一年的出生人口和生育率又出现下降。2015 年我国出生人口 1655 万，比 2014 年下降 32 万，比没有实施“单独二孩”政策的 2013 年仅增加 15 万，“单独二孩”政策几乎没有改变我国的人口出生率，出生率的变动属于正常

---

① 王峰．我国进入低生育率国家行列人口预测报告呈递决策层［N］．21 世纪经济报道，2015-10-12（005）．

② 同①。

范围，可以说“单独二孩”全面遇冷。从2015年国家统计局公布的人口抽样数据来看，我国妇女总和生育率仅为1.054，比2010年第六次全国人口普查数据1.181还低，为21世纪的第二低生育率（2011年为1.040），比2014年下降0.224，出生率（12.07‰）和自然增长率（4.96‰）也比2014年下降很多，接近2013年的水平。这充分说明，随着我国生育成本和机会成本的上升、育龄妇女人数大幅度减少以及生育意愿的逐渐下降，“单独二孩”政策对于挽救我国十几年来形成的超低生育率，效果甚微。

五、全面两孩政策的实施与效果

“全面两孩”政策是指允许所有夫妇，无论城乡、区域、民族，都可以生育两个孩子的政策。

由于“单独二孩”政策遇冷，2015年我国生育率和出生人口数量比2014年又有所降低，中央决定开启“全面两孩”政策。2015年10月29日，党的十八届五中全会会议决定，坚持计划生育的基本国策，完善人口发展战略，全面实施一对夫妇可生育两个孩子的政策，积极开展应对人口老龄化的行动。这是继2013年十八届三中全会决定启动实施“单独二孩”政策之后的又一次人口政策调整。

“全面两孩”政策于2016年1月1日在全国统一实施。2015年12月27日，十二届全国人大常委会第十八次会议表决通过《中华人民共和国人口与计划生育法修正案（草案）》。鉴于“单独二孩”政策在各地落地时间不一，“全面两孩”政策于2016年1月1日起在全国统一正式实施。对于社会广泛关注的何时开始怀孕才算不违反政策的问题，国家卫计委计划生育基层指导司司长杨文庄于2016年1月5日表示，目前相关工作进展很快，现在开始怀孕应该不算违反政策，只要二孩是在新修订的《人口与计划生育法》颁布后出生，就是符合政策的。①

“全面两孩”政策实行生育登记服务制度，取消审批制。2016年1月5日，国家公布的《中共中央国务院关于实施全面两孩政策改革完善计划生育服务管理的决定》指出：“实行生育登记服务制度，对生育两个以内（含两个）孩子的，不实行审批，由家庭自主安排生育。”这是在“准生证”制度

---

① 金振娅．卫生计生委：二孩在新《人口与计划生育法》颁布后出生为合法［N］．光明日报，2015－11－06.

实施多年后中国计划生育服务管理的重大变革。审批制的取消，是我国生育政策的一大进步，意味着人民向自主生育的权利又迈进了重要的一步。

然而，“全面两孩”政策的效果依然不理想。可以说，“全面两孩”政策实施两年来，其效果既在意料之内，也在意料之外。根据国家统计局发布的数据，2016 年我国出生人口 1786 万，比 2015 年增加 131 万，也是 2000 年以来 16 年间出生人数最多的一年；出生率达到 12.95‰，人口自然增长率为 5.86‰，确实是一个令人鼓舞的结果。然而，这背后是否真的就意味着我国人口生育率和出生率会如国家卫计委和一些主流人口学家预料的那样乐观？

2017 年，我国新出生人口 1723 万，出生率为 12.43‰，与 2016 年相比，出生人口减少 63 万，出生率降低 0.52 个千分点，出生人口与出生率出现双降情况。2017 年，一孩出生人数 724 万，比 2016 年减少 249 万；二孩数量进一步上升至 883 万，比 2016 年增加了 162 万；二孩占全部出生人口的比例达到 51.2%，比 2016 年提高了 11 个百分点。可见，如果不是二孩出生导致的 162 万增量，则 2017 年的出生人数还要更少。这与国家卫计委的预测完全相反，在 2016 年我国出生人口达到 1786 万人之后，国家卫生计生委计划生育指导司司长杨文庄认为，“2017 年，包括‘十三五’期间，出生人口应当继续保持一个良好的发展态势。据预计，2017 年全面两孩政策效应会进一步显现，生育水平稳中有升，出生人口继续保持一定的增长态势”。[①] 然而，2017 年的出生人口比 2016 年减少 63 万。因此，2016 年出生人口的短暂上升，只不过是二孩生育需求的集中释放罢了，抵不住我国整体上育龄妇女人数的大幅度减少和生育意愿的下降。

六、生育体制改革内容和时间的争论

对我国人口生育体制改革的争论，主要包括 3 种意见：第一种，反对任何形式的宽松调整，坚持严格的“一胎化”政策；第二种，从“单独二孩”到“全面两孩”再到“自主生育”的渐进式调整方式；第三种，立即彻底废除计划生育政策，并实施鼓励生育政策。在主张对计划生育政策进行宽松调整的意见中，受 2000 年第五次人口普查数据中我国生育率低至 1.218 的影响，从 2000—2010 年，生育体制的改革以废除独生子女政策为

① 张尼．全面两孩实施一年效果如何？这些数字告诉你答案［EB/OL］．（2017－01－23）．http：//www.chinanews.com/gn/2017/01－23/8132680.shtml.

主，主张全面恢复二胎生育；受2010年我国第六次人口普查生育率进一步低至1.181数据的影响，在2010年以后，我国开始出现废除计划生育政策的主张。21世纪以来，可以说调整生育政策已逐渐成为共识。

虽然调整生育政策已逐渐成为共识，但关于如何调整以及何时调整，依然存在争论，主要分为“渐进式”和“一步到位”两种观点。一部分人认为，应该逐渐调整生育政策，逐步放宽生育限制，从“单独二孩”政策过渡到“全面两孩”，再过渡到“全面放开”，由部分省市试点扩展到全国，这样可以避免产生出生堆积，从而带来公共资源供需矛盾等问题；另一部分人认为，当前我国的生育水平已经下降到十分危险的境地，应立刻废止计划生育政策中限制生育的条款，转而鼓励生育。

（1）“渐进式”的生育政策调整方式。不少学者认为，需先逐步放开二孩，再全面放开生育，以应对我国的人口危机。21世纪中国生育政策研究课题组的主要组织者，中国人民大学教授顾宝昌，早在2004年便已提出“应逐步过渡到每对夫妇生育两个孩子”，并认为这不会造成人口失控。多位专家表示忧心忡忡：以往，人口的上升是几何级数，现在人口的下降也是几何级数，“很可怕。越晚采取措施，问题越大”。① 清华大学的杨燕绥在2013年11月23日凤凰卫视《一虎一席谈》中讲道，应该在2000年前后就放开二胎，它来得晚了点。② 胡鞍钢于2009年提出，应该从2010年起开始实行第二代人口政策，即“一对夫妇生育两个孩子”，也就是现在的“全面两孩”政策，以防止人口严重老化和少子化。③ 2014年，“单独二孩”实施之初，徐俊在《人口与经济》上撰文指出，仅仅实行“单独二孩”是不够的，严峻的人口形势客观上要求尽快放开二胎甚至全面放开生育政策；在政策执行上由“管理型”向“服务型”转变。④ 这些都可以归结为“渐进式”放开生育的调整方式。

（2）“一步到位”的生育政策调整。许多学者呼吁立即废除计划生育

---

① 王卉．计生部门考虑放开二胎政策引专家热议［EB/OL］．（2011-03-22）．http：//news. sciencenet. cn/htmlnews/2011/3/245288. shtm.

② 凤凰卫视．“单独二胎”不会反弹 放开生育解决不了人口老龄化［EB/OL］．（2013-11-25）．http：//phtv. ifeng. com/program/yhyxt/detail_ 2013_ 11/25/31535137_ 0. shtml.

③ 胡鞍钢．稳健调整计划生育政策 稳定未来人口规模［N］．经济参考报，2009-11-26（008）．

④ 徐俊．我国计划生育政策的反思与展望——由“单独二孩”引发的思考［J］．人口与经济，2014（6）：109-118.

政策，转而实施鼓励生育的政策措施。北京大学教授苏剑在2010年就提出，应该放松人口政策甚至取消计划生育政策的主张，以解决劳动力短缺和内需不足问题。① 2015年他又提出，面对严重的人口和劳动力形势，我国应该立即彻底取消计划生育政策，并转而鼓励生育。②《大国空巢：反思中国计划生育政策》的作者易富贤提出，我国政府应该拿出当年丘吉尔指挥敦刻尔克大撤退的那种政治勇气，果断停止计划生育，并实施鼓励生育的政策。③ 周天勇认为，应当尽快废除计划生育行政管理体制，废除生育的行政审批制，把生育权还给家庭和个人，全面放开生育，并逐步向鼓励生育转变，撤销卫计委，恢复卫生部，将计划生育的行政管制性机构转变为生育服务型社会组织，法律上要使非婚生子女合法化，适当放开外籍人才和女性人口迁移入境。④ 此外，还有很多学者和社会人士呼吁尽快废除计划生育政策。可以说，立即废除计划生育的“一步到位”式生育政策，正成为社会共识。

第二节　人口迁移与城市化

经过前一个时期我国工业化中后期农村剩余劳动力大转移之后，从2014年开始，虽然我国进一步推进户籍制度改革，但是由于农村剩余劳动力已经枯竭，加上经济进入低增长等，我国人口流动出现回落现象。2014—2017年，虽然我国的常住人口城镇化与户籍人口城镇化还在继续推进，但是由于农民从农村退出和进城后市民化的障碍依然没有破除，同时这一时期我国的房价更趋昂贵，部分农民开始返乡，而农民不愿落户城镇的逆城市化现象也越来越普遍。

一、剩余劳动力枯竭与人口流动回落

经过工业化后期我国农村人口的加速转移，以及从2012年起我国总体

① 苏剑. 论我国人口政策的走向［J］. 广东商学院学报，2010，25（1）：13－16.

② 苏剑. “经济新常态”与中国人口政策的调整［J］. 人口与社会，2015，31（2）：15－18.

③ 易富贤. 大国空巢：反思中国计划生育政策［M］. 北京：中国发展出版社，2013.

④ 周天勇. 跨越发展的陷阱：推进经济中高速增长的突破性改革方案［M］. 北京：中国财富出版社，2017：198－200.

上劳动年龄人口的逐年萎缩，2014—2017 年我国农村的剩余劳动力已经枯竭。

从农民工增长数量来看，农民工总量增加，增速在继续回落后小幅回升。2011 年以来，农民工总量增速持续回落。2012 年、2013 年、2014 年和 2015 年农民工总量增速分别比上年回落 0.5 个、1.5 个、0.5 个和 0.6 个百分点，2016 年、2017 年均小幅回升 0.2 个百分点，2011 年、2012 年分别比上年增长 1245 万人、1055 万人，增量均在 1000 万以上，从 2012 年开始增量降到 983 万人，2015 年仅比 2014 年增加 352 万人，如表 8－5 所示。这说明我国能够转移的农村剩余劳动力已经枯竭，其增量仅仅是新生代农村人口进入劳动年龄后进入非农领域就业的一些更替和补充，农村能够转移的剩余劳动力更多地开始倾向于在本地从事非农产业，就地转移。

表 8－5　　2009—2017 年我国农民工人数及增速

年份	2009	2010	2011	2012	2013	2014	2015	2016	2017
农民工人数（万）	22978	24223	25278	26261	26894	27395	27747	28171	28652
比上年增加人数（万）	436	1245	1055	983	633	501	352	424	481
比上年增速（%）	1.9	5.4	4.4	3.9	2.4	1.9	1.3	1.5	1.7

资料来源：国家统计局网站。

外出农民工增速继续回落，根据国家统计局发布的年度《全国农民工监测调查报告》数据，2011—2016 年，外出农民工增速呈逐年回落趋势，增速分别为 3.4%、3%、1.7%、1.3%、0.4% 和 0.3%。外出农民工占农民工总量的比例也由 2011 年的 62.8% 逐渐下降到 2016 年的 60.1%。从 2015 年起，我国跨省流动农民工数量开始减少；其中，2015 年跨省流动农民工为 7745 万人，比 2014 年减少 122 万人，下降 1.5%；2016 年跨省流动农民工为 7666 万人，比 2015 年减少 79 万人，下降 1%。省内流动和本地农民工人数增多、占比增大，说明人口流动在流动方式上趋于省内和本地化，流动范围缩小。在 2015 年比 2014 年增加的 352 万农民工中，本地农民工为 289 万人，占比 82.1%；2016 年农民工增量中的 424 万人，本地农民工占 374 万人，占比高达 88.2%，农民工增量中主要以本地农民工为主；2017 年，本地农民工总数为 11467 万，比 2016 年增加 230 万，增加 2%①。这说明农民在本地打工或者创业的意愿上升，外出和进城务工意愿下降。

流动人口规模从 2015 年开始趋于下降。2014 年我国人户分离人口数与流动人口数分别达到峰值 2.98 亿和 2.53 亿，2015 年开始下降，2015—2017 年我国人户分离人口分别为 2.94 亿、2.92 亿、2.91 亿，流动人口分别为 2.47 亿、2.45 亿、2.44 亿，人口流动已经连续 3 年出现回落，如表 8－6 所示。

表 8－6　　2011—2017 年我国人户分离人口、流动人口人数　　单位：亿

年份	2011	2012	2013	2014	2015	2016	2017
人户分离人口	2.71	2.79	2.89	2.98	2.94	2.92	2.91
流动人口	2.30	2.36	2.45	2.53	2.47	2.45	2.44

资料来源：国家统计局发布的相关年份国民经济和社会发展统计公报。

流动人口数量的减少，可以分为两种情况：一种是户口迁移至居住地，另一种是户籍不变，人又回到了户籍所在地，即返乡。第一种情况较少，第二种情况较多，因为我国的户籍管理制度比较严格，虽然流动人口大部分流向一、二线城市，但一、二线城市很难落户口，最终使得大部分老龄外出劳动力不得不选择落叶归根。

二、经济增长放缓与农民工返乡

2014—2017 年，我国经济增长速度总体放缓。由于我国劳动年龄人口和经济主力人口从 2012 年开始持续性缩减，老龄化加剧，劳动力成本快速提升，产品国际竞争力降低，加上国内税费负担较高，资本和产业开始向外转移；经济主力人口的萎缩导致住宅和汽车等需求萎缩，进而导致房地产、汽车和其他一系列产业过剩，传统工业化阶段提前结束。2011 年是我国经济增速高于 8% 的最后一年，从 2012 年开始，我国经济增速已经达不到工业化阶段应有的 8% 以上的高增长速度，我国结束了为时 33 年的高增长阶段，进入所谓的“中高速”增长阶段，我国经济高增长时间比一般国

① 数据来源：《中华人民共和国 2017 年国民经济和社会发展统计公报》。

家和地区缩短了 10~15 年。然而，2011 年我国人均 GDP 还不及韩国的一半，远没有达到工业化完成时应有的人均收入水平。2014 年，我国经济增速为 7.3%，2014 年以后我国的经济增速连续 3 年处于 7% 以下，分别为 6.9%、6.7%、6.9%。虽然 2017 年的增速较 2016 年有所回升，但是我国经济增长速度已经放缓是不争的事实，民间投资下降，实体经济低迷，产业向外转移加速，投资移民增多。

经济增速放缓，对农民工的就业形成一定冲击，农民工陆续返乡。2015 年开始，我国传统制造业出现大面积产能过剩和大量产品库存的情况，资本和产业大量向国外转移，对国内低端劳动力市场形成冲击。虽然 2017 年下半年北京等一些一线城市的房价有所回落，但是整体上城市房价在 2014—2017 年继续上涨，高房价成为农民工市民化的重要壁垒。2014 年，虽然户籍制度改革力度加大，但是主要降低的是中小城镇的落户门槛，而作为农民工主要流入地的大城市，特别是农民工落户意愿较高的一线城市，落户门槛过高依然是农民工进城的主要障碍。社保、教育等公共服务依然存在着以户籍划分的隐性标准。种种因素导致返乡农民工增多，农民工在本地就业创业意愿趋于增高。虽然 2014—2017 年我国农民工数量依然逐年增多，但是本地农民工占比增多。从 2015 年起，我国跨省流动农民工开始减少，农民工增量中主要以本地农民工为主；2015 年起，我国流动人口规模开始持续减少，如表 8-6 所示，农民工返乡就业创业人数增多。

农民工返乡有两种情况。第一种，年老体弱失去劳动能力后返乡养老，这种属于退出城市劳动力市场的退出性返乡。我国第一代农民工已经开始陆续退出城市劳动力市场，回乡养老。第二种，由于城市房价太高、房租高以及子女教育等原因，难以完全市民化的农民工回乡再就业或者创业的转移性返乡。2017 年 8 月 22 日，记者从农业部（现为农业农村部）召开的全国农村创业创新及项目创意大赛新闻通气会上获悉，目前各类返乡下乡人员已达 700 万，其中农民工为 480 万。[①] 城市的高房价、高房租、高生活成本，以及难以市民化导致的诸多困难，导致农民工在外打工收益减少，于是他们带着一定的技术、理念和积蓄回乡投资创业或者再就业，收入并不比在城市打工少，而且可以减少两地分居、家人分离的问题，加

① 常钦．全国 480 万农民工返乡创业［N］．人民日报，2017-08-23.

上农村剩余劳动力枯竭，也导致了农村工资上涨，农民工在城乡之间就业收益的二元差距缩小甚至消失，不能完全市民化的农民理性地选择了更适合生活的农村，从事非农产业的创业或者就业。这是造成这一时期农民工选择在本地务工和跨省流动人口减少的主要经济学原因。

三、2014—2017 年的城镇化水平

《国家新型城镇化规划（2014—2020 年）》提出，要实施“以人的城镇化为核心”“有序推进农业转移人口市民化”的新型城镇化以及户籍人口城镇化概念，并提出到 2020 年实现“常住人口城镇化率达到 60% 左右，户籍人口城镇化率达到 45% 左右”“努力实现 1 亿左右农业转移人口和其他常住人口在城镇落户”① 等目标。国务院 2014 年 7 月 30 日发布了《国务院关于进一步推进户籍制度改革的意见》、2016 年 2 月发布《国务院关于深入推进新型城镇化建设的若干意见》，强调要深化户籍制度改革、加快提高户籍人口城镇化率、积极推进农业转移人口市民化。这些政策措施推进了我国的城镇化工作。

如表 8 -7 所示，2013—2017 年，我国城镇化工作得到推进。2013 年，我国常住人口城镇化率为 53. 73%，户籍人口城镇化率为 35. 9%，户籍人口城镇化率与常住人口城镇化率的差距为 17. 83 个百分点；到了 2017 年年末，常住人口城镇化率提高到 58. 52%，户籍人口城镇化率提高到 42. 35%，户籍人口城镇化率与常住人口城镇化率的差距缩小到 16. 17 个百分点。4 年间我国常住人口城镇化率提高了 4. 79 个百分点，年均提高 1. 2 个百分点，户籍人口城镇化率提高 6. 45 个百分点，年均提高 1. 61 个百分点。从数据上来看，这一时期我国常住人口城镇化年均 1. 2 的速度慢于 2003—2013 年的年均 1. 32 的速度。

表 8 -7　　2013—2017 年我国城镇化率　　单位:%

年份	2013	2014	2015	2016	2017
常住人口城镇化率	53. 73	54. 77	56. 10	57. 35	58. 52
户籍人口城镇化率	35. 9	36. 7	39. 9	41. 2	42. 35

① 国家新型城镇化规划（2014—2020 年）［EB/OL］. 国家发展和改革委员会网站：http：//ghs. ndrc. gov. cn/zttp/xxczhjs/ghzc/201605/t20160505_ 800839. html.

续 表

年份	2013	2014	2015	2016	2017
户籍人口与常住人口城镇化率差距	17.83	18.07	16.2	16.15	16.17

资料来源：2014 年户籍人口城镇化率来自国家发改委①，其余来自国家统计局网站。

2017 年年末，我国内地总人口为 139008 万人，如果按照 16.17 个百分点来算，我国户籍人口城镇化与常住人口城镇化相差 22478 万人，比 2017 年我国流动人口的 2.44 亿人少了近 2000 万人。2017 年，我国常住人口城镇化率为 58.52%，人均 GDP 为 59660 元，约合 8836 美元（按照 2017 年年均汇率 1 美元兑 6.7518 元人民币）②，即便按照常住人口城镇化口径来看，我国的城镇化率不仅远低于发达国家 80% 的平均水平，也低于人均收入与我国相近的发展中国家 60% 的平均水平，与其他国家在工业化后期应有的城市化水平差距较大。而且，由于我国制造业出现大面积产能过剩和大量库存的问题，我国的传统工业化已基本结束，提前进入服务业化阶段，但是我国常住城镇化率却不到 60%，户籍城镇化率更低，只有 42%。蔡继明早在 2015 年就提出，小城镇在基础设施、公共服务以及现代化水平方面和一般的城市有很大的差距，我国的城镇化里包含着 1.8 亿人的"镇民"，因此实际的城市化率被高估。③

四、对传统城市化模式的反思

我国长期实行以户籍制度为核心的城乡二元制度，导致我国的城市化滞后于工业化、人的城市化严重滞后于土地的城市化，很多进城农民工不能被完全市民化，加上我国土地制度的特殊性以及由此引起的高房价，农民进城成本较高，导致"刘易斯拐点"的提前到来，在我国，城市化实际上处于停滞状态，甚至出现农民返乡这样的"逆城市化"现象。相关人员对我国传统的城市化模式必须有一个深刻的反思，以便在以后能够破除城市化的制度性障碍，重新启动城市化进程，促进人口流动，为我国经济进

① 国家发展和改革委员会．关于 2014 年国民经济和社会发展计划执行情况与 2015 年国民经济和社会发展计划草案的报告［N］．人民日报，2015－03－18.

② 数据来源：中华人民共和国 2017 年国民经济和社会发展统计公报。

③ 蔡继明．我国城市化率被高估　1.8 亿人实为"镇民"［EB/OL］．［2015－03－13］．http：//intl. ce. cn/specials/zxxx/201503/13/t20150313_ 4815599. shtml.

一步增长提供动力。

我国传统的城市化模式是一种不能完全市民化的半城市化。长期实行的城乡分割的户籍管理、土地管理、社会保障制度，以及财税金融、行政管理等制度，固化着已经形成的城乡利益失衡格局，制约着农业转移人口的市民化，阻碍着城乡发展一体化。[①] 无论主观意愿如何，农村人口城市化是一个国家从发展中国家向发达国家转变的必然过程，世界上还没有一个大部分人口在农村而国家成为现代化发达国家的案例。

首先，城市化受阻淤积了大量的农村中老年人口。过去实行城乡分割的户籍管理体制，导致数亿人当年没能及时从农村逐步地向城市转移，失去了提升教育水平、成为产业工人、在城镇创新创业、知识代际传承、收入水平提高、消费水平升级等机遇。而这样大量的人口，现在成了农村的中老年人口，就知识、技能和资金能力来说，他们不可能再向城市转移，不可能成为购买住宅和汽车的消费能力人口，而是人力资本含量最低的人群，无法成为继续推动国民经济高速增长的动能。一些经济学家在计算未来的国民经济增长速度因素时，忽视这样巨额人口的特殊性，将我国城市化水平、每万家庭汽车拥有量等简单地与日本、德国、韩国等比较，推断我国若达到这些国家的城市化水平、每万家庭汽车拥有量等发展指标，国民经济还有巨大增长潜力。这显然是错误的。

其次，城市化的回逆。由于进入城镇的农民工在农村没有财产性收益，大部分农民工因城镇中的房价太高而不能购买务工地的住宅，许多城镇不向进城农民工子女提供平等的公共教育服务，农民工的医疗和养老保险不能异地转移和接续，并且参保率较低。由此可见，进入城镇务工的许多农民，并没有成为真正的市民。他们中有相当大的比例是青年时从农村来到城镇务工，而到老年失去务工能力时再回到农村养老。因此，我国的城市化过程中相当多的人口流动，是农民工在青年时进城，又在老年回到农村，即没有市民化的城市化。这部分人口，也不可能成为买车和购买城镇住宅的经济主力人口；他们回到农村后，与城镇老年人口相比，消费水平也要低得多，从而形成消费需求塌陷人群。

最后，城乡空间上的二元分层，又被转移入城市，形成新的人群之间

---

① 国家新型城镇化规划（2014—2020 年）［EB/OL］. 国家发展和改革委员会网站：http：//ghs. ndrc. gov. cn/zttp/xxczhjs/ghzc/201605/t20160505_ 800839. html.

的二元分层。相当多进城务工的“80后”和“90后”，以及之后的“21世纪后”，他们在进城务工后，与其父母相比，不愿意从事体力劳动；他们挣到的钱以自己生活消费和积累为主，汇回家乡的越来越少；他们不会从事农业生产活动，其土地可能被流转，或者农村中没有他们的宅耕林地。因此，他们中有的因生活方式等可能不愿意再回农村，有的因没有土地和农业生产技能回不了农村。然而，由于他们也购买不起城镇住宅，其子女仍然得不到公共教育服务，社会保障薄弱，没有“以房养老”的可能。这些没有完全市民化的新农民工人口，其在收入水平、财产拥有、公共服务享受、社会保障、消费能力等方面，与拥有城镇户籍的人口相比差距很大，共同形成了城市内人群的二元分层，这实际是将原来城乡地域上农民与市民的二元分层转移到了城市之内，形成了新的二元分层。

传统城市化模式导致我国传统工业化提前结束，服务业发展阶段提前到来。从我国城乡结构和产业结构的变动情况来看，过去由于上述户籍等诸方面的障碍，我国城市化滞后，而城市化水平与服务业发展高度相关，这使我国服务业发展也滞后；中华人民共和国成立后的60多年，无论是计划经济时期还是市场经济阶段，国家都推进工业的现代化，使得工业化超前。由于经济主力人口的突然收缩，加之人口流动受阻造成的住宅、汽车和其他消费塌陷，我国工业全面提前过剩。而老年人口的快速增长，再加上青少年人口劳动的非体力化和消费观念方式的改变，诸如旅游、教育、医疗健康、文化艺术、信息网络等消费增长的过快，我国国民经济服务业化阶段提前到来。然而，这些领域大多被政府和国有企业垄断，管理体制僵化，计划经济和行政化色彩较浓，在准入、资本、经营等方面没有完全向社会开放。

总之，在我国的传统城市化模式下，迁移权被国家管制，城市化基本停滞甚至回流，工业化阶段的结束使制造业增长乏力，投资收缩；城乡人口、土地、资金双向流动不顺畅和要素利用不能盘活；服务业领域体制障碍很大，投资不能正常进入；新的增长领域没有被开拓。这种大格局的变动，导致了国民经济增长的下行。引起这样大格局变化的基础因素，是人口增长速度和结构的剧烈变动，以及人口市民化的长期受阻。因此，我国必须实施以“人的城市化”为核心的新型城市化发展战略。

五、国务院实施户籍制度改革的意见

户籍制度改革，是指对以1958年颁布的《中华人民共和国户口登记条例》为法律依据确立的一整套户口管理制度进行广泛、深入改良的一项新举措。

（一）我国户籍制度改革历程①

1. 第一部户口管理条例出台

1951年7月16日，公安部公布《城市户口管理暂行条例》，规定了对人口出生、死亡、迁入、迁出、“社会变动（社会身份）”等事项的管制办法。这是中华人民共和国成立后第一部户口管理条例，基本统一了全国城市的户口登记制度。

1955年，《国务院关于建立经常户口登记制度的指示》的发布，统一了全国城乡的户口登记工作，规定全国城市、集镇、乡村都要建立户口登记制度，户口登记的统计时间为每年一次。

2. “农”与“非农”二元格局确立

1958年1月，全国人大常委会通过《中华人民共和国户口登记条例》，第一次明确将城乡居民区分为“农业户口”和“非农业户口”两种不同户籍，奠定了我国现行户籍管理制度的基本格局。

1964年8月，《公安部关于处理户口迁移的规定（草案）》出台，该文件集中体现了该时期户口迁移的两个“严加限制”基本精神，即对从农村迁往城市、集镇的要严加限制；对从集镇迁往城市的要严加限制。

3. 实施居民身份证制度，小城镇户籍逐步放开

1984年10月，《国务院关于农民进入集镇落户问题的通知》颁布，户籍严控制度开始松动。该通知规定，农民可以自理口粮进集镇落户，并同集镇居民一样享有同等权利，履行同等义务。

1985年7月，《公安部关于城镇暂住人口管理的暂行规定》出台，标志着城市暂住人口管理制度走向健全，同年9月，作为人口管理现代化基础的居民身份证制度颁布实施。

1997年6月，《国务院批转公安部小城镇户籍管理制度改革试点方案和关于完善农村户籍管理制度意见的通知》出台，规定已在小城镇就业、居住并符合一定条件的农村人口，可以在小城镇办理城镇常住户口。

1998年7月，《国务院批转公安部关于解决当前户口管理工作中几个

---

① 白阳，邹伟．中国户籍制度改革历史回眸［N］．人民政协报，2014-07-31.

突出问题意见的通知》进一步松动了户籍制度。根据此通知，新生婴儿随父落户、夫妻分居、老人投靠子女以及在城市投资、兴办实业、购买商品房的公民及随其共同居住的直系亲属，凡在城市有合法固定的住房、合法稳定的职业或者生活来源，已居住一定年限并符合当地政府有关规定的，可准予落户。

2001 年 3 月，《国务院批转公安部关于推进小城镇户籍管理制度改革意见的通知》的颁布，标志着小城镇户籍制度改革的全面推进。通知规定，对办理小城镇常住户口的人员不再实行计划指标管理。

2012 年 2 月，《国务院办公厅关于积极稳妥推进户籍管理制度改革的通知》指出，要引导非农产业和农村人口有序向中小城市和建制镇转移，逐步满足符合条件的农村人口落户需求，逐步实现城乡基本公共服务均等化。

4. 新型户籍制度改革目标确立

2013 年 11 月，《中共中央关于全面深化改革若干重大问题的决定》指出，要“创新人口管理，加快户籍制度改革，全面放开建制镇和小城市落户限制，有序放开中等城市落户限制，合理确定大城市落户条件，严格控制特大城市人口规模”。

经过近一年时间的酝酿，《国务院关于进一步推进户籍制度改革的意见》（以下简称《意见》）于 2014 年 7 月 30 日正式发布。

（二）《国务院关于进一步推进户籍制度改革的意见》的主要内容

第一，最重要的就是取消了农业户口与非农业户口的性质区分，建立了城乡统一的户口登记制度，消除了户籍二元区别。《意见》规定：“取消农业户口与非农业户口性质区分和由此衍生的蓝印户口等户口类型，统一登记为居民户口，体现户籍制度的人口登记管理功能。建立与统一城乡户口登记制度相适应的教育、卫生计生、就业、社保、住房、土地及人口统计制度。”

第二，建立居住证制度。居住证持有人享有与当地户籍人口同等的劳动就业、基本公共教育、基本医疗卫生服务、计划生育服务、公共文化服务、证照办理服务等权利。

第三，保护进城农民“三权”。不得以退出土地承包经营权、宅基地使用权、集体收益分配权作为农民进城落户的条件。

第四，进一步调整户口迁移政策。全面放开建制镇和小城市落户限制，有序放开中等城市落户限制，合理确定大城市落户条件，严格控制特大城市人口规模。新的户口迁移政策全面放开县级市及建制镇的落户条件，但是对于中等城市、大城市的户籍依然实施条件限制，主要以3个条件设定户籍门槛：合法稳定就业、合法稳定住所（含租赁）、参加城镇社会保险年限。

对于特大城市的落户条件依然苛刻，实施积分落户政策。《意见》指出：严格控制特大城市人口规模。改进城区人口500万以上城市的现行落户政策，建立并完善积分落户制度。根据综合承载能力和经济社会发展需要，以具有合法稳定就业和合法稳定住所（含租赁）、参加城镇社会保险年限、连续居住年限等为主要指标，合理设置积分分值。

《意见》在一定程度上响应了以农民工为主体的流动人口的利益诉求，并突出了基本公共服务等户籍利益的进一步调整；就操作办法而言，则是基于不同的城市规模给出了不一样的落户门槛，仍然将户籍制度（而不是市场机制）作为调控城市规模的重要手段。①

六、人口从农村向城市的退出与进入障碍

与发达国家人口能够自由流动和迁徙不同，由于特殊的户籍、土地等制度，我国人口流动存在着从农村退出与进入城市的双向机制性障碍。

（一）进城农民工人口的农村财产退出障碍

由于我国土地制度的特殊性、复杂性，农民从农业生产等工作领域的退出较为简单，但是却存在着农村原有资产的退出障碍。

在市场经济体制中，农民也是理性经济人，当务农收入要比进城务工收入低时，农民选择从农村向城市流动，去寻求收入比农村高的工作机会和岗位。按照一般逻辑，农民及其家庭成员，如果同时向城市迁移，可以实现家庭团聚，减少交通费用，家庭化的生活成本可以大大降低。因此，他们应当从农村的农业生产和其他资产中退出。

---

① 张国胜，陈明明．我国新一轮户籍制度改革的价值取向、政策评估与顶层设计［J］．经济学家，2016（7）：58－65.

农村的耕地、宅地等土地是有价值的。根据所处的地段，按照当地土地房屋租金，通过政府对征用土地的拍卖价格的观察，农民对其价值有一定的预估。按照农村土地的集体所有制性质，卖地和出租土地的收益应当归全体村民所有。但是，我国农村集体土地所有制的结构非常复杂，即集体所有，农民承包使用，使用收益归承包的农民。比如，农田的产出，林地的水果产出、收入，自己宅院的出租，包括耕地的出租收入，均归农民自己所有。而且《中华人民共和国农村土地承包法》规定，农民承包地和宅地等的征用转让，需要给承包农民补偿，并征得承包农民同意。因此，虽然耕地、宅地名义上是集体所有，但农民也有一定程度上的实际所有权。

农民家庭在农村最主要的资产是土地等，这些资产就是他们的财富。如果他们选择无交易地退出农村，就会造成很大的损失。在一个土地作为私有财产并且能够在市场上进行交易的体制中，农民可以按照合理的价格将其出售再退出。但是，在我国农村目前较为复杂的集体所有制土地体制下，其退出遇到了障碍。

放弃农村的财富，或者资产连续收益，包括资产的增值利益，是农民工进城市民化的机会成本。所谓机会成本，是指他们进入城市成为城市居民要多付出的代价，即放弃农村户口以及农村户口所能享受到的各种权利。在《国务院办公厅关于解决无户口人员登记户口问题的意见》出台之前，国家规定，农民工如果要获得城市居民户口，必须放弃农村户口及其拥有的土地承包权、宅基地使用权。很多农民工只是选择在农闲时间进城务工，而且不能在城市安身立命，因此他们不愿意放弃农村的土地，如果在城市里不能生存下去，至少回到农村还有自己的“一亩三分地”。对于在城里有稳定收入的农民工来说，虽然他们不指望靠农村的土地来解决温饱问题，但是面对日益高涨的土地价格，土地的增值对他们来说是不小的诱惑，因此他们也不愿意放弃农村户口和农村的土地。四川省统计局的一项调查显示，在农民工不愿落户城市的原因中，43.6%的受访者认为城市生活成本高；38.5%的受访者认为农村和城镇户口差别不大；37.8%的受访者想保留家中土地承包权，为自己留一条后路；33.7%的受访者觉得农村土地有较大增值潜力。由此可见，农民工并非完全不愿意放弃农村的土地，只是希望能够从土地权利转让中获得更多的利益，以确保在“市民化”过程中没有后顾之忧。

现在的土地流转制度，不能使农民从农业生产中完全脱离出来，这实际上加大了他们进城的机会成本。虽然 2016 年中共中央和国务院办公厅颁发了《深化农村改革综合性实施方案》的文件，规定进城农民工人口的林地、耕地和宅基地权不变，但是，复杂的农村土地产权结构，使农民几乎无权处置土地。《中华人民共和国土地管理法》第十一条规定："农民集体所有的土地依法属于村农民集体所有的，由村集体经济组织或者村民委员会经营、管理；已经分别属于村内两个以上农村集体经济组织的农民集体所有的，由村内各该农村集体经济组织或者村民小组经营、管理；已经属于乡（镇）农民集体所有的，由乡（镇）农村集体经济组织经营、管理。"农民作为集体成员，是不拥有土地所有权的，只能处置承包权。然而，第三轮承包期只剩下 7 ~ 12 年，这样短承包期的土地，农民转让出去也不值钱，即便想转让，也很少有人对此感兴趣。

另一个阻碍农民人口向城市迁移、有偿退出农村土地的问题，是按现行法律，投资和建设用地如果是集体土地，必须得先征用为国有，才为合法用地。征用不是按照市场价格征收，也不是对级差地租性质的收入或者增值太多的收入进行征税，而是按照所谓的按多少年产出的标准进行补偿。另外，政府将土地在一个自己为卖方的行政垄断的土地市场拍卖，一家卖地，千家竞价，价高者得，其实质是从农民手中低价拿地，再高价倒卖。实际上，给农民的补偿部分，无法使绝大部分人有创业的资本，无法使他们有购买城市住宅的能力，无法使他们有供子女教育和自己养老医疗的财力和保障。因此，因征地拆迁形成的矛盾较多，而且，总体上与日本、韩国等国家相比，我国进城务工农民人口进入城市成为市民的创业自有资本不足且住宅购买能力等很弱。也就是说，在建设用地必须由集体土地征用为国有的体制下，农村人口可能部分或者全部退出农业生产和农村资产，但他们在城市成为市民的能力不足。

（二）流动人口市民化的进入障碍

我国对人口流动存在着较强的干预，主要表现为户籍管理制度和社会保障制度等对人口流动的管制和阻碍。因此，我国的人口流动基本上都是短暂性和中长期性的非永久性迁移，进城务工人员在农村与城市之间流动。对人口流动的干预，使我国农村进城务工人口"半市民化"，他们即便居住在城市，也不能享受真正的城市居民生活。

户籍制度是农民工市民化的最主要制度障碍。从 1958 年开始，城乡二元户籍制度就成为我国农民进入城市的坚固堡垒。1964 年以后，户口迁移管理贯彻两个“严加限制”，即对从农村迁往城市、集镇的要严加限制；对从集镇迁往城市的要严加限制，农村人口向城市流动基本停滞。自 1966 年开始，特别是 1968—1979 年，知识青年走进农村，全国动员了接近 1776 万城市初中生和高中生到农村去，我国出现了人口的“逆城市化”现象。虽然改革开放后我国户籍管理制度有所松动，但是城市户籍门槛依然很高，这长期成为农村人口进入城市的最大制度性门槛。2014 年，《国务院关于进一步推进户籍制度改革的意见》虽然全面放开了建制镇和小城市落户限制，但是对中等城市、大城市落户依然设置落户限制，而且严格控制特大城市人口规模。对于落户需求和意愿不高的建制镇和小城市全面放开落户限制，几乎对户籍迁移没有多大影响；而对于流动人口占比较高且具有较高的落户需求和强烈的落户意愿的大城市特别是一线特大城市，落户门槛依然过高甚至苛刻（特别是北京、上海），导致户籍制度依然是流动人口市民化的最大障碍。一些转移人口不得不采用在周边小城镇迂回落户的办法，或者回流到二线、三线城市工作解决进城问题。因此，此次的户籍制度改革对特大城市和超大城市影响很小，落户条件甚至更为严格。

社会保障与公共服务的差异化，也成为农民市民化的进入障碍。随着城乡二元户籍制度的建立，我国形成了以户籍制度为基础的社会保障与公共服务差异化，使得农村和城市人口在养老、医疗、失业、救济、补助等各类社会保障方面存在巨大差异。社会保障制度最基本的特征就是公平性和普惠性，而我国的社会保障长期以来是依据城市户籍人口基数和范围计算和实施的。这是进城农民工人口最终难以市民化的障碍之一。受我国社保体制和农民工职业家庭等影响，农民工 2014 年参保率依然较低，国家统计局《2014 年农民工监测调查报告》显示，农民工“五险一金”的参保率分别为：工伤保险 26.2%、医疗保险 17.6%、养老保险 16.7%、失业保险 10.5%、生育保险 7.8%、住房公积金 5.5%。没有养老保险的农民工必然老无所依，失去劳动能力后回乡养老是他们的主要选择。而随迁农民工子女难以在务工地受教育一直是农民工不能举家进城的主要原因，子女受教育关系到农民工后代的出路问题，留守儿童成为我国农村存在的一个长期问题。因此，户籍、社保、教育等问题，长期成为农民工人口进入城市市民化的主要障碍。

高房价成为流动人口市民化的重要障碍。由于实施严格的限售和限购"双限措施"，2017 年我国房价已经开始趋于稳定，但是这一时期也是我国房价历史以来的最高时期。房价的高涨与农民工工资上涨之间的差距越来越大，一般的农民工人口根本没有能力在城市购房。以 2015 年计算，农村的农民人均纯收入 11422 元，每户平均 3.5 人，收入 39977 元，当年商品房住宅销售均价为 6472 元/平方米，如果直接在城市购房，90 平方米房价为 58.25 万元，其房价收入比为 14.57，即农民一家不吃不喝积攒 14.57 年，才能买得起城市中的住房。在城市中的农民工，人均月收入为 3072 元，许多农民工的妻子在农村留守，照顾子女和长辈，一家两个劳动力按照城市的 1.75 人折算，年收入为 64512 元，房价收入比为 9.07，仍不具备在城市购房的支付能力。据国家统计局发布的《2015 年农民工监测调查报告》显示，2015 年在务工地自购住房的农民工比例为 1.3%，比 2014 年提高了 0.3 个百分点。即便是农民工在城市租房居住，其成本也相当高昂：2015 年外出农民工月均生活消费支出人均 1012 元，其中居住支出人均 475 元，居住支出占生活消费支出的比例为 46.9%，占比依然较高。城市中没有自住房，绝大多数农民工人口几乎不能留下来，老年还乡是其必然选择。

由此可见，我国农村人口流动和城市化存在着"退不出"和"进不去"的双重障碍，与一般国家的城市化相比，有着特殊的制度环境和约束。城市化进程中的问题导致农村转移人口中的绝大多数"青出老回"和少部分人老年后漂泊于城市的结局。长期以来，我国两亿多流动人口每年在城乡之间不得不"钟摆式"地往返流动，很多家庭只能在节日的时候短暂团聚，农村人口中主要以留守老人、留守妇女、留守儿童为主的问题长期得不到解决。

七、人口迁移体制改革进入了攻坚期

我国的人口迁移体制主要以户籍制度为核心，包括与户籍制度相联系的公共服务、社会保障、城乡土地等体制。我国长期固化的人口迁移体制障碍，导致人口在城乡、区域之间的流动不畅，农民工群体数量越来越多，加大了城乡、区域之间发展的不平衡。新一轮的户籍制度改革并没有在利益协调与重组等方面取得突破性进展，现有改革措施还远远没有"突破户籍利益固化的藩篱"。然而，我国经济发展速度下行的压力依然很大，传统工业化进程基本结束，以人为核心的新型城市化也处于停滞状态，而且由于城市高房价、高生活压力及公共服务与社会保障歧视，出现逆城市化现象。我国人口迁移体制亟待进行彻底的改革，彻底消除影响人口迁移的制度性障碍，以促进“城市化”进程，使新型城镇化及区域间的人口流动成为我国经济增长的重要动力。

城市化滞后，人口流动对经济增长的动力减弱。2017 年，我国人均 GDP 约为 8836 美元，工业化接近尾声（由于我国制造业产能大面积过剩，传统工业化已基本结束），常住人口城镇化率仅为 58.52%，远远低于这个发展阶段应有的城市化水平。而且，由于户籍门槛、城市高房价和农村土地制度等，我国的城市化发展缓慢，甚至出现了“逆城市化”现象。统计资料显示，北京、上海的 2017 年常住人口分别减少了 2.2 万、1.37 万，户籍人口分别减少了 3.7 万、6.15 万。[①] 对于北京、上海两个大城市来说，其独特的发展机会、社会资源，对人口的集聚功能依然强势，但是在中国城市化水平还不到 60% 的发展阶段，这两个城市却出现常住人口与户籍人口的双降，究其原因，与京沪两地高房价的影响分不开，但更多的则是两地严格的户籍制度和过高的户籍门槛，以及子女教育、住房等政策的影响。一些长期得不到北京、上海户籍的白领精英人士，在子女受教育等方面受到长期困扰，没有归属感，不少人在落户无望和高房价高生存压力的挤压下选择逃离，到二线城市创业发展。城市化出现一定程度上的逆流，很多农民工回到户籍地谋生，人口流动对我国经济发展的动能减弱。中国经济下行的原因有 55% 左右可以从人口生育管制和人口流动干预来解释，其他因素约占 45%。

农民工总量呈逐年上升趋势，户籍人口城镇化率远远滞后于常住人口城镇化率，给社会治理和农村养老等留下诸多难题。如图 8－2 所示，2017 年，我国农民工总量已达 28652 万人，比 2016 年增加 481 万人，增长 1.7%。2017 年进城农民工 13710 万人，比 2016 年增加 125 万人，增长 0.9%。[②] 由于户籍门槛或者农村土地等权益问题，农民工的户籍仍在农村，导致我国存在一个户籍人口城镇化率与常住人口城镇化率差距过大的问题，2017 年这个差距仍高达 16.17 个百分点，按照 2017 年总人口 13.9

---

① 数据来源：北京、上海 2016 年度、2017 年度《国民经济和社会发展统计公报》。

② 国家统计局. 2017 年农民工监测调查报告［EB/OL］. 国家统计局网站：http：//www.stats.gov.cn/tjsj/zxfb/201804/t20180427_1596389.html.

亿来计算，大约2.25亿城镇常住人口没有城镇户籍，给城镇社会治理和农民工随迁子女就学、购房、社保带来诸多问题和困难。由于农民工很难市民化，多数农民工“青出老回”，因此农村老龄化速度和程度高于城镇，给农村人口养老造成很多问题。

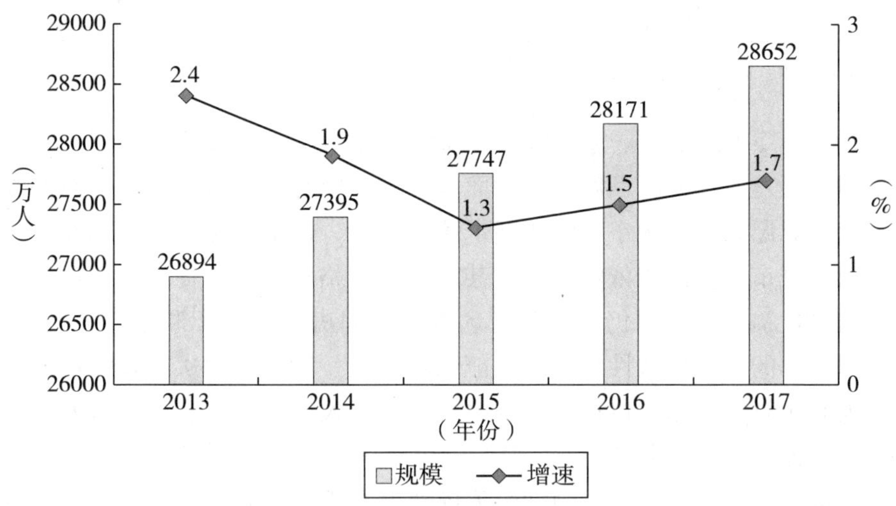

图 8－2　2013—2017 年我国农民工数量与增速

资料来源：《2017 年全国农民工监测调查报告》。

人口流动不畅，导致城乡居民人均可支配收入长期居高不下。人口流动与工资竞争机制是缩小收入差距的主要途径。我国基尼系数长期超过0.4的贫富差距警戒线，逼近0.5的贫富悬殊线，城乡居民人均可支配收入比长期过高，而且绝对数量差距呈扩大趋势。如表8－8所示，我国城乡居民人均可支配收入差距在2014—2017年依然很高，城乡居民人均收入比虽然有所下降，但一直在2.7以上，而且收入差距呈逐年增长趋势，2017年达到22964元。农村产值总体较低，但是农村人口绝对数量较多，导致人均收入远远低于城市。农村人口转移不畅，导致我国城乡差距长期较大，对我国总体贫富差距的贡献率很高。周天勇认为，我国基尼系数60%的权重来源于城乡差距。人口流动是缩小城乡与区域发展差距的重要途径，因此必须尽快放开人口迁移体制，从制度根源上消除人口迁移障碍，这才是我国的贫富差距与发展不平衡得以尽快缓解的有效途径。

表 8－8　2014—2017 年城乡居民人均可支配收入情况

年份	2014	2015	2016	2017
城镇居民人均收入（元）	28844	31195	33616	36396
农村居民人均收入（元）	10489	11422	12363	13432
城乡居民人均收入差距（元）	18355	19773	21253	22964
城乡居民人均收入比	2.75	2.73	2.72	2.71

资料来源：国家统计局网站。

2014 年，国务院的户籍制度改革意见虽然在一定程度上放宽了户口迁移政策，但是改革并不彻底。一方面，改革方向与流动人口的落户意愿相反：落户意愿较低的中小城镇放开了落户门槛，而落户意愿较高的特大城市和超大城市落户门槛依然很高，甚至更趋严格；另一方面，户籍制度没有与地方性福利脱钩，仍然与教育、医疗、购房等政策相联系，大城市、特大城市等的户籍稀缺性与福利功能依然突出。因此，此次户籍制度改革并不能真正解决我国人口迁移体制中的障碍，人口流动对我国经济发展的动能并不能得到有效释放。

目前，我国的农村土地制度改革依然没有很好地解决农民退出农村的障碍。此次户籍制度明确了要保护进城落户农民在农村的“三权”等权益，但是所有权、承包权、经营权“三权分置”的农村土地制度在实际操作中比较复杂，农民的产权很难清晰化，在交易、抵押、贷款、入股等方面存在实际障碍，而且土地流转程序多、不稳固、谈判成本高、风险高，土地流转制度性障碍不但没有得到解决，反而增加了很多不确定因素和新的问题，农民财产的明晰化和流通性需要进一步得以确认和提高。

人口的自由流动和迁徙，生产要素的自由高效配置，都依赖于人口迁移管制的减少和市场化水平的提高。鉴于我国传统制造业产能的大面积过剩，高端制造业和服务业成为经济发展的主要动力还尚需时日。目前，只有完全放开人口迁移体制，释放人口流动与要素流动活力，才能进一步促进城市化，推动我国经济增长。

第三节　中国人口经济理论的研究与进展

人口经济学是研究人口与经济之间相互关系的学科，主要考察人口对经济的影响，人口变动对经济发展的影响；同时，也研究人口变动的经济根源或经济因素。人口经济学形成于 20 世纪 30 年代。1939 年，英国经济学家雷德韦出版《减少人口经济学》一书，首先提出“人口经济学”这一学科命题；1944 年，美国经济学家斯彭格勒发表《人口增长经济学概论》一文，正式使用了“人口经济学”这一名称。西方人口经济学从 20 世纪 50 年代中后期开始逐渐形成宏观人口经济学与微观人口经济学两大分支。[①]人口经济学已经成为应用经济学的一个重要分支，并在中国得到建立与发展，特别是近几年取得了一些重要研究成果。

一、人口经济学在我国的建立与发展

中国对于人口经济的研究是在 20 世纪 80 年代初展开的。在经济体制改革开放的大好形势下，陆续有一些人口经济研究专著问世，比较有影响的是张纯元等主编的《人口经济学》，它系统地阐述了人口经济的基本理论，然后论述了人口与生产、分配和消费的相互关系及其规律性，考察人口和经济增长的比例关系、人口和环境与资源以及人口转变和经济发展等宏观人口经济学的主要内容，并创造性地提出了“最优人口经济效益”的概念，以此来探讨人口增长与经济发展相适应的问题。此后，彭松建编著的《西方人口经济学概论》和胡鞍钢编著的《人口与发展——中国人口经济问题的系统研究》比较引人注目。前者系统地论述了人口经济学的形成过程、各种流派的主要人口经济学说，以及西方宏观人口经济学和微观人口经济学的一般理论；后者则对人口与劳动力就业、消费、资源等进行了系统的分析，并探讨了发展模式及其可行性问题。

进入 20 世纪 90 年代，中国又出现了一些有关人口经济学方面的研究成果。蒋正华在 1993 年发表的《中国家庭生育行为转变的经济学解释理论模型》一文，从微观人口经济学的视角出发，运用“成本—收益”分析理论模型，对生育转变作了实证研究，富有创新性。郑志晓在 1994 年出版了《人口经济》一书，概括地阐释了人口与人口经济的含义，论述了人口的数量和质量、人口分布的状况、人口转变以及人口投资对经济发展的影响，并展望了将来的人口经济问题。此外，张世晴出版的《人口—经济增长的理论研究》（1994 年）、田雪原发表的《人口、经济、环境的可持续

---

① 何盛明．财经大辞典［M］．北京：中国财政经济出版社，1990.

发展》（1996 年）以及李竞能著的《人口经济理论研究》等学术成果，比较引人注目。总的来说，综合宏观和微观的比较系统的人口经济学的学科体系、内容和相关理论的研究，在中国由于还处于初创阶段，这方面我们与日益趋向成熟化的西方人口经济学的理论体系相比尚有差距。①

20 世纪末，人口经济学已经在我国建立起来，但是还需要进一步发展。中国学者应大胆借鉴西方某些科学的现代研究方法和研究成果，扩大人口经济学的研究领域，特别是将现代人口经济理论运用于中国工业化、城市化和人口政策引起的人口结构变动与经济增长之间的相关性研究，解决中国现实的人口政策、人口结构与经济持续增长问题。

二、关于人口迁移与经济发展方面的研究成果

进入 21 世纪，特别是 2003 年以后，经济学家主要的关注点是户籍制度对城市化的阻碍和劳动力供给的影响，讨论中国“刘易斯拐点”是否到来以及人口红利消失等问题。一些经济学家还关注了中国城市化的特殊过程与经济增长下行的相关性问题。

（一）关于中国“刘易斯拐点”与人口红利的相关研究

根据经典的刘易斯经济发展理论，具有劳动力无限供给特征的发展中国家，要经历一个长期的二元经济发展过程，即现代部门用不变的工资率获得源源不断的农业转移劳动力，加速其资本积累过程。因此，劳动力供给大于需求的就业压力，始终充斥着整个发展时期。当二元经济发展到了现代部门的劳动力需求超过农业部门可以转移出的劳动力供给时，就到达一个重要的转折点，即“刘易斯拐点”。“刘易斯拐点”的出现，意味着劳动力从过剩走向短缺，劳动力成本上升。

蔡昉把劳动力需求增长速度超过供给增长速度、工资开始提高的情形称作“刘易斯拐点”，此时农业劳动力的工资尚未由劳动的边际生产力决定，农业与现代部门的劳动的边际生产力仍然存在差异，而把农业部门和现代经济部门的工资都由劳动的边际生产力决定，两部门劳动的边际生产力相等的情形，称作商业化点，这时才意味着二元经济的终结。中国城市劳动力的供给已经越来越依赖于农村劳动力转移。在城市劳动年龄人口的

① 李仲生. 人口经济学的形成与发展［J］. 首都经济贸易大学学报，2002（6）：17－20.

新增数量小于农村劳动年龄人口的减少数量时间点之前，按照常住人口的口径，即考虑到劳动力从农村向城市流动因素的情况下，农村劳动年龄人口的减少量已经逐年接近城市劳动年龄人口的增加量（两者相等的时间点就是中国作为一个整体，劳动年龄人口停止增加的时刻），劳动力市场已经在逐步对此作出反应，一方面表现为全国范围内不断出现民工荒现象，另一方面表现为农民工工资逐年上涨。而按照定义，这就是“刘易斯拐点”到来的特征性表现。①

蔡昉在2004年就运用经济学视角研究了我国沿海地区的“民工荒”问题，对中国劳动力供给变化做了初步分析，认为中国劳动力无限供给已经随着时间和地点发生变化。现在出现的大规模劳动力短缺、农民工工资连续迅速上涨等现象，证明“刘易斯拐点”已经到来。同时，蔡昉认为，“刘易斯拐点”是一个理论概念，很难定义其开始或结束的时间点。如果要说起点的话，中国的“刘易斯拐点”大概是从2004年开始，当时有一些初步的迹象，如“民工荒”等。要等到“刘易斯拐点”终结，实现经济社会结构从二元到一元的发展，需要很长一段时间。但是后来蔡昉表示，中国的“刘易斯拐点”很可能在2013年就会真正到来。

与“刘易斯拐点”出现相关联的就是中国人口红利消失问题。人口红利与人口结构相关，是指一个国家的劳动年龄人口占总人口比例较大，抚养率比较低，为经济发展创造了有利的人口条件，整个国家的经济呈高储蓄、高投资和高增长的局面。2013年1月，国家统计局公布的数据显示，2012年中国15～59岁劳动年龄人口在相当长时期里第一次出现了绝对下降，比2011年减少345万人，这意味着人口红利趋于消失，未来中国经济要过一个“减速关”。

蔡昉认为，当人口年龄结构处在最富有生产性的阶段时，充足的劳动力供给和高储蓄率为经济增长提供了一个额外的源泉，这被称作人口红利。相应地，一旦人口转变超过这个阶段，人口年龄结构因老龄化而在总体上不再富有生产性时，通常意义上的人口红利便会消失。由于人口转变阶段的变化可以最综合地用总和生育率来反映，因此我们可以从理论上预期这样一个人口转变与经济增长的关系：当总和生育率处于很高水平时，经济增长率也相应处在很低的稳态水平上（假设没有人口转变和技术进

① 蔡昉．人口转变、人口红利与刘易斯转折点［J］．经济研究，2010，45（4）：4－13.

步)；随着总和生育率下降，并由于随之逐渐形成了富有生产性的人口年龄结构，经济增长率加快，从而获得人口红利；而当总和生育率继续下降到更低的水平时，由于老龄化程度提高，经济增长率逐渐回落到较低的不再有我们认识到的人口转变，但是技术进步处在创新前沿的稳态水平上。

1970—2010 年，中国劳动年龄人口的增长率高于总人口的增长率，而此后则呈现相反的趋势，这意味着我国人口年龄结构不再朝着具有生产性的方向变化，人口红利消失。

随着中国人口红利逐渐消失和“刘易斯拐点”的跨越，我国经济增长方式必须实现从主要依靠资本和劳动的投入向主要依靠全要素生产率的提高的转变。蔡昉还提出开发退休人口的第二次红利问题，通过增长方式的转变，使中国经济长期增长源泉终转变到依靠技术进步和生产率提高上。

（二）关于中国城市化与经济增长下行的相关性研究

中国经济从 2011 年开始新一轮下行模式，在此背景下，周天勇对中国人口因素变动与经济减速进行了相关性研究。在人口流动方面，周天勇提出，不能市民化的城市化成为中国经济增长乏力的重要影响因素。

农村人口城市化是一个世界性的经济规律和社会发展趋势，世界上还没有这种案例，一个拥有很大比例农村人口的发展中国家可以直接转变成发达国家。农村人口不断向城市转移和集中，是一个国家高增长的重要推动力，在城市化水平发展到 65% 左右时一个国家基本完成工业化，在城市化水平达到 85% 左右时一个国家进入较成熟的后工业化阶段。从刘易斯和舒尔茨等人的二元结构和人力资本理论看，人口流动，特别是城市化，既是流动过程中通过学习形成人力资本的过程，也是剩余劳动力得到利用、收入提高和相关土地等资源重新配置，推动经济强劲增长的阶段。舒尔茨经过计算，发现美国 20 世纪初的经济增长动力有 1/4 来自人口流动。

国内有的经济学家往往简单地将中国的人口流动和城市化水平与其他国家和地区相比，而忽视了中国在户籍、流程、公共服务制度和土地体制上与其他国家的巨大差异。城乡户籍不统一、土地体制僵化等，使得人口流动、消费和投资、农村土地等资源的再配置，这些其他国家可以强劲促进经济增长的动因，在中国减少了一半。

由于对人口流动的管制及其对城市化进程的影响，中国农村目前还有 6 亿多人口，但是这些人口老龄化的程度已经非常高，因此，这部分老年人口向城市迁移的可能性不大。虽然在城市中有务工劳动力人口 2.7 亿多人，但由于城市没有为他们提供相对固定的住宅、公共服务和社保，相当多的人到中老年时还要回到农村。结果则是：未来的经济增长在相当程度上失去继续推动城市化进程的动能；城镇的住宅生产供给过剩，而需求却流回农村；由于农村人口的收入特别是农村老年人口的收入和保障是城市的 1/3 甚至更低，未来不但不可能再指望这些人口成为汽车和住宅的消费主力，而且他们连普通的消费水平也比城市老年人口低得多，最终形成巨额的消费塌陷。

这对中国未来经济大的格局和趋势形成了重大影响。首先，传统工业化提前 10 ~ 15 年结束；其次，产业提前被挤出性转移，但准备不足；再次，形成了非市民化的半城市化；最后，服务业发展阶段提前到来。这种格局的变动，导致国民经济增长的下行。

（三）周天勇关于“人口坑”理论与中国经济增速变缓研究

在引起 2011 年以来中国经济增长下行的人口因素中，除了人口迁移、城市化因素以外，周天勇还研究了中国人口数量与结构变动对中国经济增长下行的影响。

周天勇认为，中国长期实行计划生育造成人口生育减少，人口增长下降的局面，由此带来劳动力增速放缓，甚至出现负增长的问题。消费因人口增长下降和老化而萎缩，特别是购买住宅和汽车的主力消费人口增速放慢，甚至以后还会进一步下降。

改革开放前，中国在商品服务生产分配方面实行计划经济，但在人的“生产”上还能自主决策；改革开放后，商品服务生产分配方面走向了市场经济，而人的“生产”却实行了比韩国、新加坡、中国台湾等国家和地区的指导性计划生育更有执行力的计划生育政策。20 世纪 70 年代起的计划生育政策，导致中国大陆在人口变量方面产生严重的后果，人口下降曲线比没有实行计划生育政策和实行指导性计划生育政策的国家和地区下行要陡得多，少子化和老龄化的程度比其他国家和地区更高，男女比例失调。

与没有实行计划生育政策的国家和地区相比，中国大陆较陡的人口生育和增长率曲线，与其正常人口生育率和增长率曲线之间形成了“人口坑”。

不同人均 GDP 水平上有不同的人口增长率。按照中国 1970—2015 年的人均 GDP，勾画出一条假设人口生育由社会内在机制自动调节情况下的中国人口自然增长率曲线，并与 1970—2015 年中国实际人口增长率曲线表示在一个图上，就可以得出一个对人口生育进行强制性干预形成的“人口坑”，如图 8 - 3 所示。为进一步量化中国计划生育“人口坑”的大小，用积分的方法可以粗略估算出计划生育以来（1970—2015 年）中国总共少生了 2. 17 亿 0 ~ 45 岁人。

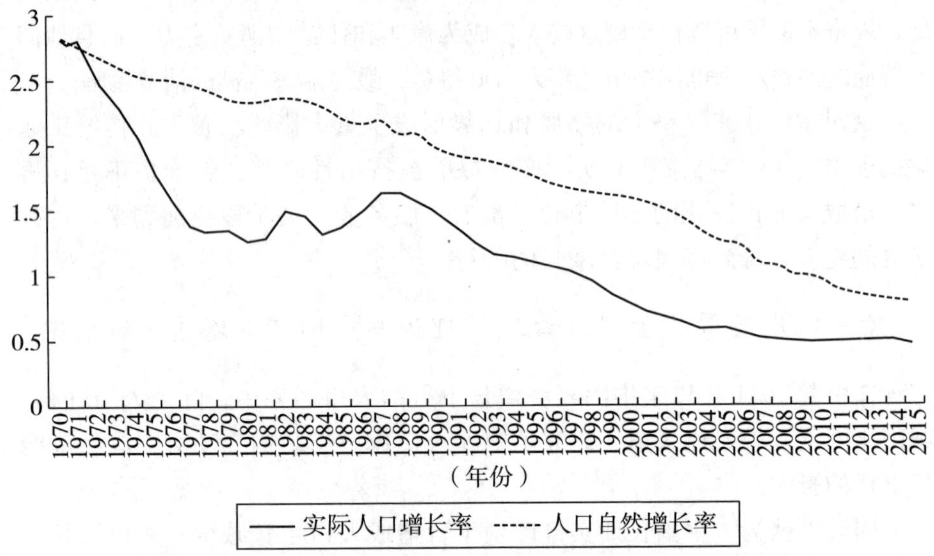

图 8 - 3　1970—2015 年中国实际人口增长率与人口自然增长率

结　语

从世界近代以来的发展历史来看，工业化带动了人口生育转变与人口流动加速，有其内在作用机理与自身的发展规律。在工业化过程中违背人口生育与流动的发展规律，人为施加强制性干预政策，过分夸大主观意志和政策的力量，就会导致人口结构的严重失衡和城市化进程的中断，影响社会现代化的转型和实现。

中国从20世纪50年代初期的第一个五年计划就开启了工业化进程，在苏联的帮助下，很快就初步建立起了独立的工业体系，为社会主义工业化奠定了初步基础。工业化进程的开启，同时开启了我国人口生育类型的第一次转型：从传统农业社会和手工劳动为基础的高出生率、高死亡率和低增长率模式，逐渐转变为高出生率、低死亡率和高人口增长率的人口再生产模式，也为工业化的进一步推进和城市化发展提供大量的人口储备和来源。中华人民共和国成立初期的社会主义工业化建设，产生了大量的岗位需求，推动了人口的城乡和跨区域流动。然而，由于人口的快速进城产生了粮食供需等社会问题，1958年我国开始强制性的人口户籍管制制度，建立起了二元的城乡户籍制度，极大地限制了人口迁移和城市化。由于人口流动被限制，城市化停滞不前，甚至出现逆城市化现象，导致中国在工业化进程中应有的人口流动与城市化对人口生育的制约机制失去作用，连续出现两个生育高峰，人口增长很快。为此，中国在20世纪70年代实施了计划生育政策，到1980年开始实施强制性的独生子女政策，实施了世界上强制性最强、时间最长和控制力度最大的计划生育政策。户籍制度和计划生育政策是对工业化过程中人口流动和人口生育的强制性政府管制，其初衷是为了更好实现现代化，但是由于违背了工业化现代化自身的发展规律，因此产生了严重的后果。

从人口生育控制来看，我国用了19年就进入了老龄化社会，为全球最短，但老龄化严重引起了社会养老危机。计划生育强控制和市场机制作用强化导致生育率极低，从 1999 年开始低于 1.5，之后连续低于 1.3，导致少子化严重。计划生育力度太大时间太长，导致从 2013 年开始 15～59 周岁的劳动年龄人口急剧减少。独生子女政策和男孩偏好导致男女比例失调。整个人口结构严重失衡，并导致消费萎缩，劳动力供给不足，投资减少，传统工业化提前结束，城市化陷入停滞，经济下行压力日趋增大。

从人口迁移来看，户籍制度严重阻碍了人口从农村迁入城市、从欠发达地区迁入发达地区，城市化水平严重滞后于工业化和经济发展。由于户籍制度带来的社会保障、公共服务问题以及身份歧视等，导致城市化受阻，城市化质量不高，农民工很难市民化，“青年进城、老年回乡”成为中国式城市化的重要特征。城市化受阻和人口流动不畅，加上城乡土地问题，导致城市住宅地价昂贵，房价高企，农民退出农村机制长期存在障碍，加大地区和城乡发展差距，成为推高基尼系数的重要因素。

中国须尽快回归户籍的统计功能，促进人口在城乡区域之间自由流动。实施生育奖励制度，为继续推进经济社会发展和现代化提供源源不断的年轻人口，保障中华民族伟大复兴。

参考文献

［1］LEDENT，JACQUES. Rural – Urban Migration Urbanization and Economic Development ［J］. Economic Development and Cultural Change，1982（1）.

［2］LEWIS W ARTHUR. Economic Development with Unlimited Supplies of Labour ［J］. The Manchester School，1954（2）.

［3］MALTHUS，THOMAS ROBERT. An Essay on the Principle of Population，as It Affects the Future Improvement of Society ［J］. General Information，1996（3）.

［4］MEADOWS，DONELLA H，DENNIS L MEADOWS，et al. The Limits to Growth ［M］. New York：Potomac Associates – Universe Books，1972.

［5］奥威毕克．人口理论史［M］．彭松建，译．北京：商务印书馆，1988.

［6］吉尔伯特·罗兹曼．中国的现代化［M］．上海：上海人民出版社，1989.

［7］马尔萨斯．人口原理［M］．朱泱，胡企林，朱和中，译．北京：商务印书馆，1992.

［8］马尔萨斯．人口论［M］．北京：商务印书馆，1959.

［9］麦克法夸尔．文化大革命的起源（第2卷）［M］．石家庄：河北人民出版社，1989.

［10］麦克法夸尔，费正清．剑桥中华人民共和国史（1949—1965年）［M］．谢亮生，等，译．北京：中国社会科学出版社，1998.

［11］《政府工作报告汇编》编写组．政府工作报告汇编（1954—2017年）［M］．北京：中国言实出版社，2017.

［12］中华人民共和国宪法（1954年）［EB/OL］．全国人大网．

［13］中央人民政府政务院．关于劝阻农民盲目流入城市的指示［J］．

山西政报，1953（8）.

[14] 中共中央．中共中央对卫生部党组关于节制生育问题的报告的批示[Z]．总号[55]045号，1955-03-01.

[15] 中国共产党中央委员会，国务院．关于制止农村人口盲目外流的指示[J]．中华人民共和国国务院公报，1957（54）.

[16] 李学昌．中华人民共和国事典（1949—2009）[M]．北京：世界图书出版公司，2009.

[17] 中共中央文献研究室．建国以来重要文献选编（第十三册）[M]．北京：中央文献出版社，1996.

[18] 国务院转发卫生部军管会、商业部、燃料化学工业部．关于做好计划生育工作的报告[Z]．国发〔1971〕51号，1971-07-08.

[19] 国务院批转卫生部．关于全国卫生工作会议的报告[R]．国发〔1975〕121号，1975-08-05.

[20] 中华人民共和国国家农业委员会办公厅．农业集体化重要文件汇编（1958—1981）[M]．北京：中共中央党校出版社，1981.

[21] 中共中央文献研究室．三中全会以来重要文献选编[M]．北京：人民出版社，1982.

[22] 中共中央，国务院．关于普及小学教育若干问题的决定[Z]．1980-12-03.

[23] 中共中央，国务院．关于进一步做好计划生育工作的指示[Z]．1982-02-09.

[24] 国际计划生育委员会，财政部．关于加强超生子女费管理的暂行规定[Z]．1982-03-21.

[25] 国务院．关于农民进入集镇落户通知[Z]．1984-10-13.

[26] 国务院中华人民共和国义务教育法[J]．人民教育，1986（5）.

[27] 中共中央，国务院．关于加强计划生育工作严格控制人口增长的决定[J]．中华人民共和国国务院公报，1991（23）.

[28] 中共中央．关于建立社会主义市场经济体制若干问题的决定[J]．求实，1993（12）.

[29] 中共中央，国务院．关于加强人口与计划生育工作稳定低生育水平的决定[J]．人口与计划生育，2002（2）.

[30] 中共中央．关于全面深化改革若干重大问题的决定 [N]．人民日报，2013－11－16.

[31] 中共中央，国务院．关于进一步加强城市规划建设管理工作的若干意见 [N]．人民日报，2016－02－22.

[32] 全国人民代表大会常务委员会．关于调整完善生育政策的决议 [N]．人民日报，2013－12－29.

[33] 中共中央文献研究室．十五大以来重要文献选编 [M]．北京：人民出版社，2000.

[34] 国务院．社会抚养费征收管理办法 [J]．人口与计划生育，2002（9）.

[35] 国务院．关于解决农民工问题的若干意见 [N]．人民日报，2006－03－28.

[36] 国务院．流动人口计划生育工作条例 [J]．人民日报，2009－09－19.

[37] 国家统计局．伟大的十年：中华人民共和国经济和文化建设成就的统计 [M]．北京：人民出版社，1959.

[38]《中国教育年鉴》编辑部．中国教育年鉴（1949—1981）[M]．北京：中国大百科全书出版社，1984.

[39] 中国社会科学院人口研究所《中国人口年鉴》编辑部．中国人口年鉴（1985）[M]．北京：中国社会科学出版社，1986.

[40] 农业部政策研究室．中国农业经济概要 [M]．北京：农业出版社，1984.

[41] 国家统计局工业交通物资统计司．中国工业经济统计资料 [M]．北京：中国统计出版社，1985.

[42] 当代中国农业合作化编辑室．建国以来农业合作化史料汇编 [M]．北京：中共党史出版社，1992.

[43]《当代中国的计划工作》办公室．中华人民共和国国民经济和社会发展计划大事辑要（1949—1985）[M]．北京：红旗出版社，1987.

[44]《中国的土地改革》编辑部，中国社会科学院经济研究所现代经济史组．中国土地改革史料选编 [M]．北京：国防大学出版社，1988.

[45] 中共中央党史研究室．中国共产党历史第二卷（1949—1978）[M]．北京：中共党史出版社，2011.

［46］中央文献研究室．邓小平同志论教育［M］．北京：人民教育出版社，1990.

［47］国务院法制办公室．中华人民共和国新法规汇编（2012 年）·第 3 辑（总第 181 辑）［M］．北京：中国法制出版社，2012.

［48］国务院．批转公安部关于推进小城镇户籍管理制度改革意见的通知［J］．劳动保障通讯，2001（5）.

［49］国务院办公厅．关于积极稳妥推进户籍管理制度改革的通知［J］．司法业务文选，2012（15）.

［50］国务院．关于进一步推进户籍制度改革的意见［N］．人民日报，2014 - 07 - 31.

［51］新华社．国家新型城镇化规划（2014—2020 年）［J］．农村工作通讯，2014（6）.

［52］国家统计局．中国统计年鉴（1983—2016 年）［EB/OL］．国家统计局网站．

［53］国家统计局．全国农民工监测调查报告（2008—2017 年）［EB/OL］．国务院发展研究中心信息网．

［54］国家统计局．中华人民共和国 2011—2017 年国民经济和社会发展统计公报［EB/OL］．国家统计局网站．

［55］国家统计局．2010 年第六次全国人口普查主要数据公报（第 1 号）［J］．中国计划生育学，2011（8）.

［56］国务院全国工业普查领导小组办公室，国家统计局工业交通物资统计司．中国工业经济统计资料（1986）［M］．北京：中国统计出版社，1986.

［57］国家统计局．国民经济统计报告 1958 年（92 号）. 1958 - 12 - 09.

［58］国家统计局．国民经济统计报告 1960 年（6 号）. 1960 - 01 - 22.

［59］国家统计局．1949—1984 光辉的三十五年（统计资料）［M］．北京：中国统计出版社，1984.

［60］国家统计局国民经济综合统计司．新中国五十五年统计资料汇编［M］．北京：中国统计出版社，2005.

［61］国家统计局人口统计司，公安部三局．中华人民共和国人口统计资料汇编（1949—1985）［M］．北京：中国财政经济出版社，1988.

［62］内务部民政司．中华人民共和国行政区划史料［M］．北京：内

务部民政司，1959.

［63］国家农业委员会办公厅．农业集体化重要文件汇编（1958—1981）［M］．北京：中共中央党校出版社，1981.

［64］公安部治安管理局．户口管理法律法规规章政策汇编［M］．北京：中国人民公安大学出版社，2001.

［65］国务院计划生育委员会，财政部，国家物价局．计划外生育费管理办法［Z］．1992－04－01.

［66］国务院新闻办公室．中国的计划生育（白皮书）［Z］．1995－09－01.

［67］财政部，国家发展计划委员会，国家计生委．关于计划外生育费改社会抚养费的通知［Z］．2000－09－01.

［68］中共中央宣传部．关于加强计划生育舆论宣传的通知［Z］．1991－05－04.

［69］国家计划生育委员会办公厅．关于加强对计划生育标语口号管理的通知［Z］．1991－06－01.

［70］国家计划生育委员会政策法规司．流动人口计划生育工作管理办法［M］．北京：中国人口出版社，1998.

［71］国家人口和计划生育委员会．中国人口和计划生育史［M］．北京：中国人口出版社，2007.

［72］国家人口和计划生育委员会政策法规司．全国各省（区、市）人口与计划生育条例及规范性文件汇编［M］．北京：中国人口出版社，2004.

［73］何东昌．中华人民共和国重要教育文献［M］．海口：海南出版社，1998.

［74］中国法制出版社．办理人口与计划生育案件法律依据［M］．北京：中国法制出版社，2002.

［75］中共河南省委党史研究室．河南人民公社化运动［M］．郑州：河南人民出版社，2005.

［76］内蒙古自治区人大常委会法制工作委员会．内蒙古自治区地方性法规汇编（1979—2009）［M］．呼和浩特：内蒙古人民出版社，2009.

［77］毛泽东．毛泽东文集（第六、七卷）［M］．北京：人民出版社，1999.

［78］中共中央文献研究室．周恩来经济文选［M］．北京：中央文献出版社，1993.

［79］周恩来．关于发展国民经济的第二个五年计划的建议的报告［N］．人民日报，1956－09－19.

［80］邓小平．邓小平文选（第二卷）［M］．北京：人民出版社，1994.

［81］陈云．陈云文稿选编（一九四九——九五六年）［M］．北京：人民出版社，1982.

［82］陈云．陈云文选（第三卷）［M］．北京：人民出版社，1995.

［83］彭珮云．中国计划生育全书［M］．北京：中国人口出版社，1997.

［84］彭珮云．学习中共中央、国务院《关于加强计划生育工作严格控制人口增长的决定》的体会［J］．中国人口科学，1991（5）．

［85］薄一波．若干重大决策与事件的回顾［M］．北京：中共党史出版社，2008.

［86］陈吉元，陈家骥，杨勋．中国农村社会经济变迁（1949—1989）［M］．太原：山西经济出版社，1993.

［87］费孝通．费孝通文集（第四卷）［M］．北京：群言出版社，1999.

［88］冯文荣，赖得胜，李由．中国个人收入分配论纲［M］．北京：北京师范大学出版社，1996.

［89］顾洪章．中国知识青年上山下乡大事记［M］．北京：人民日报出版社，2009.

［90］辜胜阻，刘传江．人口流动与农村城镇化战略管理［M］．武汉：华中理工大学出版社，2000.

［91］郭景轶．河南农业大事记［M］．北京：中国农业出版社，1997.

［92］《当代中国》丛书编辑部．当代中国的劳动力管理［M］．北京：中国社会科学出版社，1990.

［93］何盛明．财经大辞典［M］．北京：中国财政经济出版社，1990.

［94］何雄．城乡发展一体化的路径与机制创新［M］．北京：中共中央党校出版社，2014.

［95］胡焕庸．中国人口（上海分册）［M］．北京：中国财政经济出

版社，1987.

［96］胡绳．中国共产党的七十年［M］．北京：中共党史出版社，1991.

［97］熊映梧．中国人口（黑龙江分册）［M］．北京：中国财政经济出版社，1989.

［98］《当代中国农业合作化》编辑室．建国以来农业合作化史料汇编［M］．北京：中共党史出版社，1992.

［99］蒋正华，张羚广．中国人口报告［M］．沈阳：辽宁人民出版社，1997.

［100］李德彬，林顺宝，等．新中国农村经济纪事（1949.10—1984.9）［M］．北京：北京大学出版社，1989.

［101］李新建．中国人口结构问题［M］．北京：社会科学文献出版社，2009.

［102］李新建．中国人口控制中的政府行为［M］．北京：中国人口出版社，2000.

［103］李竞能．现代西方人口理论［M］．上海：复旦大学出版社，2004.

［104］李友梅．中国社会生活的变迁［M］．北京：中国大百科全书出版社，2008.

［105］李仲生．欧美人口经济学说史［M］．北京：世界图书出版公司，2013.

［106］李仲生．中国的人口与经济发展［M］．北京：北京大学出版社，2004.

［107］李宗植，张润君．中华人民共和国经济史（1949—1999）［M］．兰州：兰州大学出版社，1999.

［108］梁建章．中国人太多了吗［M］．北京：社会科学文献出版社，2012.

［109］梁济民，陈胜利．全国生育节育抽样调查分析数据卷（四）死亡 迁移［M］．北京：中国人口出版社，1993.

［110］梁中堂．中国计划生育政策史论［M］．北京：中国发展出版社，2014.

［111］林蕴晖．乌托邦运动——从大跃进到大饥荒（1958—1961）

[M]．香港：香港中文大学出版社，2008.

[112] 柳随年，吴群敢．中国社会主义经济简史（一九四九——一九八三）[M]．哈尔滨：黑龙江人民出版社，1985.

[113] 柳随年，吴群敢．“大跃进”和调整时期的国民经济（1958—1965）[M]．哈尔滨：黑龙江人民出版社，1984.

[114] 陆益龙．户籍制度——控制与社会差别[M]．北京：商务印书馆，2003.

[115] 陆益龙．超越户口：解读中国户籍制度[M]．北京：中国社会科学出版社，2004.

[116] 路遇．新中国人口五十年（上、下）[M]．北京：中国社会科学出版社，2016.

[117] 罗平汉．“大跃进”的发动[M]．北京：人民出版社，2009.

[118] 罗平汉．大迁徙：1961—1963年的城镇人口精简[M]．南宁：广西人民出版社，2003.

[119] 罗平汉．票证年代：统购统销史[M]．福州：福建人民出版社，2008.

[120] 罗平汉．农村人民公社史[M]．福州：福建人民出版社，2003.

[121] 马寅初．马寅初全集（第14卷）[M]．杭州：浙江人民出版社，1999.

[122] 马寅初．新人口论[M]．北京：北京出版社，1979.

[123] 么树本．三十五年职工工资发展概述[M]．北京：劳动人事出版社，1986.

[124] 潘治富．中国人口（贵州分册）[M]．北京：中国财政经济出版社，1988.

[125] 潘贵玉．中华生育文化导论[M]．北京：中国人口出版社，2000.

[126] 石方．中国人口迁移史稿[M]．哈尔滨：黑龙江人民出版社，1990.

[127] 宋迺工．中国人口（内蒙古分册）[M]．北京：中国财政经济出版社，1987.

[128] 宿焕民．集体经济和家庭副业[M]．济南：山东人民出版

社，1962.

［129］苏星．新中国经济史［M］．北京：中共中央党校出版社，2007.

［130］孙健．中华人民共和国经济史（1949—90 年代初）［M］．北京：中国人民大学出版社，1992.

［131］孙沐寒．中国计划生育纪事［M］．北京：红旗出版社，1987.

［132］孙沐寒．中国计划生育史稿［M］．长春：北方妇女儿童出版社，1987.

［133］汤兆云．新中国人口政策研究［M］．北京：光明日报出版社，2016.

［134］唐正芒，等．新中国粮食工作六十年［M］．湘潭：湘潭大学出版社，2009.

［135］田方，林发棠．中国人口迁移［M］．北京：知识出版社，1986.

［136］田正平．中外教育交流史［M］．广州：广东教育出版社，2004.

［137］王保畬，罗正齐．中国城市化的道路及其发展趋势［M］．北京：学苑出版社，1993.

［138］王冰，朱农．市场经济与人口发展［M］．武汉：湖北教育出版社，1995.

［139］王俊山．大寨村志［M］．太原：山西人民出版社，1992.

［140］中国自然辩证法研究会．城乡建设若干问题的思考［M］．北京：新华出版社，1985.

［141］吴敏一，郭占恒．中国工业化理论和实践探索［M］．杭州：浙江人民出版社，1991.

［142］谢百三．中国当代经济政策及其理论［M］．北京：北京大学出版社，2008.

［143］杨魁孚，梁济民，张凡．中国人口与计划生育大事要览［M］．北京：中国人口出版社，2001.

［144］杨云彦．中国人口迁移与发展的长期战略［M］．武汉：武汉出版社，1994.

［145］姚新武，尹华．中国常用人口数据集［M］．北京：中国人口

出版社，1994.

[146] 向春玲．中国城市化发展与反思［M］．昆明：云南教育出版社，2013.

[147] 叶庆丰．中国特色社会主义理论体系教程［M］．北京：中共中央党校出版社，2009.

[148] 易富贤．大国空巢：反思中国计划生育政策［M］．北京：中国发展出版社，2013.

[149] 曾毅．中国人口分析［M］．北京：北京大学出版社，2004.

[150] 翟松天．中国人口（青海分册）［M］．北京：中国财政经济出版社，1989.

[151] 张纯元．中国农村人口研究 1994［M］．北京：中国人口出版社，1994.

[152] 张光照，杨致恒．中国人口经济思想史［M］．成都：西南财经大学出版社，1988.

[153] 张神根，端木清华．改革开放 30 年重大决策始末［M］．成都：四川人民出版社，2008.

[154] 张素华．变局：七千人大会始末［M］．北京：中国青年出版社，2006.

[155] 张伟．人口控制学［M］．北京：中国人口出版社，2000.

[156] 张孝海，江君才．粮食政策［M］．北京：中国商业出版社，1991.

[157] 张新华．新中国探索“三农”问题的历史经验［M］．北京：中共党史出版社，2007.

[158] 张雅丽．中国工业化进程中农村劳动力转移研究［M］．北京：中国农业出版社，2009.

[159] 张怡民．中国卫生五十年历程［M］．北京：中医古籍出版社，1999.

[160] 赵德馨．中华人民共和国经济史（1949—1966）［M］．郑州：河南人民出版社．1988.

[161] 赵发生．当代中国的粮食工作［M］．北京：中国社会科学出版社，1988.

[162] 周天勇．新发展经济学［M］．北京：中国人民大学出版

社，2006.

［163］周天勇，王元地．繁荣的轮回：人口变动与经济增长的一个逻辑解释［M］．北京：中国财富出版社，2017.

［164］周天勇．跨越发展的陷阱：推进经济中高速增长的突破性改革方案［M］．北京：中国财富出版社，2017.

［165］班茂盛，祝成生．户籍改革的研究状况及实际进展［J］．人口与经济，2000（1）．

［166］蔡昉．人口转变、人口红利与刘易斯转折点［J］．经济研究，2010，45（4）．

［167］曹景椿．关于“蓝印户口”问题的思考［J］．人口与经济，2001（6）．

［168］陈岱云，武卫华．人口生育观念嬗变与社会发展［J］．求索，2008（11）．

［169］陈东林．从灾害经济学角度对“三年自然灾害”时期的考察［J］．当代中国史研究，2004（1）．

［170］陈光金．身份化制度区隔——改革前中国社会分化和流动机制的形成及公正性问题［J］．江苏社会科学，2004（1）．

［171］陈洁．从人口移动视角看知识青年上山下乡［J］．北华大学学报：社会科学版，2012，13（2）．

［172］陈俐．中国出生婴儿性别比的现状分析和对策［J］．人口学刊，2004（2）．

［173］陈友华．独生子女政策风险研究［J］．人口与发展，2010，16（4）．

［174］陈友华，沈晖．关于人口老龄化七大认识问题的反思［J］．探索与争鸣，2010（6）．

［175］陈卫，都阳，侯东民．是人口红利？还是人口问题？［J］．人口研究，2007（2）．

［176］陈卫，靳永爱．中国妇女生育意愿与生育行为的差异及其影响因素［J］．人口学刊，2011（2）．

［177］程恩富，詹志华．三年困难时期非正常死亡人口及其相关问题研究［J］．人口研究，2017，41（2）．

［178］崔红艳，徐岚，李睿．对 2010 年人口普查数据准确性的估计

[J]．人口研究，2013，37（1）．

[179] 戴安林．湖南大跃进运动始末[J]．中南大学学报：社会科学版，2009，15（6）．

[180] 董志凯．“大跃进”运动对中国工业建设作用辨析[J]．中共党史研究，1996（2）．

[181] 段成荣，杨舸，张斐，等．改革开放以来我国流动人口变动的九大趋势[J]．人口研究，2008（6）．

[182] 范子英．关于大饥荒研究中的几个问题[J]．经济学（季刊），2010，9（3）．

[183] 冯志军．巩固与强化：粮食统购统销制度研究（1961—1965）——以山东泗水县为个案[D]．上海：华东师范大学，2011.

[184] 伏创宇．社会抚养费征收裁量的检讨与重构[J]．中国青年社会科学，2016，35（2）．

[185] 高元祥．我国人口与计划生育法的几个理论问题[J]．人口研究，2001（5）．

[186] 顾宝昌．论社会经济发展和计划生育在我国生育率下降中的作用[J]．中国人口科学，1987（2）．

[187] 顾宝昌，穆光宗．重新认识中国人口问题[J]．人口研究，1994（5）．

[188] 辜胜阻，易善策，郑凌云．基于农民工特征的工业化与城镇化协调发展研究[J]．人口研究，2006（5）．

[189] 国家人口发展战略研究课题组．国家人口发展战略研究报告[J]．人口研究，2007（1）．

[190] 光梅红．集体化时期农民生活水平研究——以昔阳大寨村为例[J]．中国农业大学学报：社会科学版，2011，28（2）．

[191] 郭志仪．战后世界人口发展的特点[J]．西北人口，1982（4）．

[192] 海尔弗·基里，周希璋．国际人口政策、人口战略和人口规划[J]．人口研究，1981（S1）．

[193] 韩永江．生育观影响因素的经济分析[J]．人口学刊，2005（2）．

[194] 侯力，肖贺飞．农村劳动力转移过程中存在的社会问题[J]．

人口学刊，2005（6）.

［195］胡鞍钢. 稳健调整计划生育政策 稳定未来中国人口规模［N］. 经济参考报，2009－11－26.

［196］纪学勇，胡燕萍. 浅析非法生育与社会抚养费征收［J］. 人口与经济，2006（1）.

［197］解振明. 曲折、艰难、辉煌的中国生育转变［J］. 人口研究，2012，36（1）.

［198］李德滨. 当代中国移民基本经验［J］. 人口研究，1995（2）.

［199］李合明. 关于提高社会抚养费征收到位率的实践与思考［J］. 人口研究，2003（2）.

［200］李静萍. 二十世纪六七十年代大寨劳动分配办法述略［J］. 中共党史研究，2009（1）.

［201］李隆虎. 农村公共食堂与大饥荒［J］. 社会发展研究，2017，4（2）.

［202］李若建. 当代中国人口转变的时空分析［J］. 人口学刊，1991（3）.

［203］李若建. 大跃进与困难时期人口迁移初步探讨［J］. 中山大学学报：社会科学版，1999（1）.

［204］李若建. 大跃进时期的城镇化高潮与衰退［J］. 人口与经济，1999（5）.

［205］李若建. 大跃进与困难时期中国粮食产量、消费与流通［J］. 中山大学学报：社会科学版，2001（6）.

［206］李仲生. 人口经济学的形成与发展［J］. 首都经济贸易大学学报，2002（6）.

［207］梁中堂. 毛泽东人口思想研究［J］. 兰州商学院学报，2008（5）.

［208］林盛中. 试论市场经济与人口流动［J］. 人口学刊，1993（4）.

［209］刘际钢，林桂平. “大跃进”运动的历史成因与经验教训［J］. 安徽师范大学学报：人文社会科学版，2000（2）.

［210］刘愿. “大跃进”运动与中国1958—1961年饥荒——集权体制下的国家、集体与农民［J］. 经济学，2010，9（3）.

［211］陆益龙．1949 年后的中国户籍制度：结构与变迁［J］．北京大学学报：哲学社会科学版，2002（2）．

［212］罗军生．邓小平终结知识青年上山下乡运动［J］．党史纵览，2004（12）．

［213］罗平汉．国民经济调整时期的职工精简［J］．史学月刊，2007（7）．

［214］罗平汉．对高级农业合作化的历史反思［J］．北京党史，2016（6）．

［215］马凤楼，许超．近五十年来中国居民食物消费与营养、健康状况回顾［J］．营养学报，1999（3）．

［216］麻国庆．分家：分中有继也有合——中国分家制度研究［J］．中国社会科学，1999（1）．

［217］马红军，张恺．迁徙自由应回归宪法［J］．法制与社会，2008（22）．

［218］马侠．中国家庭户规模和家庭结构分析［J］．人口研究，1984（3）．

［219］米红，贾宁．中国“大跃进”时期的非正常死亡人口研究——基于改进的 Lee - Carter 分年龄死亡率预测模型［J］．人口研究，2016，40（1）．

［220］穆光宗．近喜远忧的乡村生育文化［J］．市场与人口分析，2007（3）．

［221］穆光宗．“独生子女”风险论［J］．绿叶，2009（8）．

［222］穆光宗．《人口与计划生育法》的背景、内涵和前景分析［J］．中国人口科学，2002（3）．

［223］乔晓春．适度低生育水平与如何实现适度低生育水平［J］．人口与发展，2011，17（2）．

［224］任兰兰．生育文化变迁的历史分析［J］．黑河学刊，2006（4）．

［225］任远．中国户籍制度改革：现实困境和机制重构［J］．南京社会科学，2016（8）．

［226］史本林．毛泽东解散农村公共食堂的来龙去脉［J］．湘潮，2017（3）．

［227］宋健，于景元，李广元．人口发展过程的预测［J］．中国科学，1980（9）．

［228］苏剑．论我国人口政策的走向［J］．广东商学院学报，2010，25（1）．

［229］苏剑．“经济新常态”与中国人口政策的调整［J］．人口与社会，2015，31（2）．

［230］苏少之．1949—1978 年中国城市化研究［J］．中国经济史研究，1999（1）．

［231］汤兆云．20 世纪 70 年代中国人口政策研究［J］．江西社会科学，2003（3）．

［232］辛逸．农村人民公社家庭副业研究［J］．中共党史研究，2000（5）．

［233］辛逸，葛玲．三年困难时期城乡饥荒差异的粮食政策分析［J］．中共党史研究，2008（3）．

［234］徐俊．我国计划生育政策的反思与展望——由“单独二孩”引发的思考［J］．人口与经济，2014（6）．

［235］徐俊，风笑天．我国第一代独生子女家庭的养老问题研究［J］．人口与经济，2011（5）．

［236］徐俊，风笑天．独生子女家庭养老责任与风险研究［J］．人口与发展，2012，18（5）．

［237］薛天良．试析社会抚养费征收实践中存在的问题及对策［J］．人口与计划生育，2003（5）．

［238］叶廷芳，丁冬．我国人口政策调整已刻不容缓［J］．社会科学论坛，2010（15）．

［239］王存同．中国计划生育下的避孕节育：1970—2010［J］．学海，2011（2）．

［240］王丰，蔡泳．4 亿中国人是怎么少生的？［J］．中国改革，2010（7）．

［241］王桂新．城市化基本理论与中国城市化的问题及对策［J］．人口研究，2013，37（6）．

［242］王桂新，沈建法，刘建波．中国城市农民工市民化研究——以上海为例［J］．人口与发展，2008（1）．

[243] 王巨川. 对人口生育率水平统计指标的探讨［J］. 人口学刊, 1984（5）.

[244] 王淑娟. 论《人口与计划生育法》中公民的权利与义务［J］. 人口研究, 2003（2）.

[245] 汪孝宗. 人口政策大争鸣: "一胎化"还是"放开二胎"?［J］. 中国经济周刊, 2009（11）.

[246] 王一晶. 知识青年上山下乡和劳动就业［J］. 青年研究, 1991（11）.

[247] 王勇. 马寅初"人口论"遭批判始末［J］. 文史月刊, 2007（12）.

[248] 王跃生. 当代中国家庭结构变动分析［J］. 中国社会科学, 2006（1）.

[249] 魏后凯, 苏红键. 中国农业转移人口市民化进程研究［J］. 中国人口科学, 2013（5）.

[250] 魏津生, 郭志仪. 毛泽东与计划生育政策——"错批一人, 多生三亿"的错误认识应予澄清［J］. 人口与计划生育, 2003（12）.

[251] 位秀平, 吴瑞君. 中国计划生育政策反思［J］. 哈尔滨工业大学学报: 社会科学版, 2013, 15（6）.

[252] 温铁军. 我国粮食供求的5次波动［J］. 科技导报, 1999（1）.

[253] 严善平. 地区间人口流动的年龄模型及选择性［J］. 中国人口科学, 2004（3）.

[254] 杨凡, 赵梦晗. 2000年以来中国人口生育水平的估计［J］. 人口研究, 2013, 37（2）.

[255] 杨菊华. 意愿与行为的悖离: 发达国家生育意愿与生育行为研究述评及对中国的启示［J］. 学海, 2008（1）.

[256] 杨菊华. "一孩半"生育政策的社会性别与社会政策视角分析［J］. 妇女研究论丛, 2009（3）.

[257] 杨菊华, 何炤华. 社会转型过程中家庭的变迁与延续［J］. 人口研究, 2014, 38（2）.

[258] 余佳, 丁金宏. 中国户籍制度: 基本价值、异化功能与改革取向［J］. 人口与发展, 2008（5）.

［259］原新，乌沧萍，李建民，等．新中国人口 60 年［J］．人口研究，2009，33（5）．

［260］原新．出生人口性别失衡：形势与治理［J］．西安交通大学学报：社会科学版，2014，34（6）．

［261］姚秀兰．论中国户籍制度的演变与改革［J］．法学，2004（5）．

［262］殷啸虎，陈春雷．迁徙自由的现实困境及实现路径分析［J］．法学，2013（6）．

［263］霍振武．20 世纪 50 年代中国人口政策的回顾与再评价［J］．中国人口科学，2000（1）．

［264］张弥，周天勇．自主到计划：人口生育和增长变迁——1950～2014 年中国人口论纲要［J］．经济研究参考，2015（32）．

［265］张庆五．中国户口迁移政策的回顾与思考［J］．南方人口，1990（1）．

［266］张为民，崔红艳．对中国 2000 年人口普查准确性的估计［J］．人口研究，2003（4）．

［267］张学兵．当代中国史上“粮油关系”的兴替［J］．长白学刊，2010（5）．

［268］赵文琛．论生育文化［J］．人口研究，2001（6）．

［269］周宝余．对毛泽东人口思想的几点认识［J］．人口学刊，1984（5）．

［270］周国伟．家庭联产承包责任制与农民生育需求变动［J］．南方人口，1999（4）．

［271］周天勇．迁移受阻对国民经济影响的定量分析［J］．中国人口科学，2018（1）．

［272］周天勇．国民经济增速从下行扭转为上行的框架性方案设计［J］．财经问题研究，2017（2）．

［273］朱国宏．传统生育文化与中国人口控制［J］．人口研究，1992（1）．

［274］朱来常．安徽三年困难时期的严峻形势与为克服困难而作出的努力［J］．安徽史学，1996（1）．

后 记

本书的主题，即中华人民共和国成立以来中国人口发展的脉络，源于笔者自2014年以来关于中国人口生育、人口增长、人口结构与中国经济增长之间内在相关性的深层次研究。人口总量与人口结构的变化对中国经济增长究竟有什么影响、有多大影响，笔者的研究成果曾陆续发表在《经济研究参考》（2015年第32期）、《财经问题研究》（2017年第10期）等期刊上，笔者在中央党校的教学与相关学术会议中也进行了关于部分成果的交流与讨论。

在研究过程中，笔者深切感受到，要探索经济问题，必须先进行数据的分析与研究，并以此得出和充分论证一些规律性的结论。中华人民共和国成立以来，由于各历史阶段不同，每个时期的人口相关数据比较缺失，且不系统、不全面。因此，这方面的研究缺少全面的数据支持与翔实的资料参考。据此，笔者酝酿写就《中国人口史论纲（1949—2017）》一书。

可以说，在这么长的一个时间跨度内，从某种意义上说，中国经历了各种不同的历史时期，各种政策也出台了很多。在动态地分析中国经济增长的过程中，以人口为基础的劳动力、创新创业等供给消费的投资变动时，大多数的学术观点是以人口与经济、资源和生态环境的协调发展为重点，很少考虑到人口是生产、创新创业和消费的基本要素，其数量的增长和结构变化及流动变迁与经济增长之间有密切的相关性。鉴于此，本书以1949—2017年中国人口发展与变迁作为研究对象，对中国过去69年的人口数量变化、人口结构变化进行了客观的描述，提供了比较详细的数据，并依此层层深入分析，提出相应的结论性成果。作为中华人民共和国成立以来国内第一部从经济的角度解读中国人口史的原创著作，本书对解答中国发展的诸多疑惑，进一步推动改革发展，可以说有着重要的参考价值。

本书的框架结构主要由笔者设计，其主要思想与思路在周天勇教授的启发下逐步完善，周天勇教授特为笔者提供了两本关于人口变动与经济增长的逻辑解释及推动经济中高速增长的突破性改革方案的专著，还组织了相关学者对全书结构进行讨论。整个研究工作的完成得益于我们的团队——张弥、刘宗涛、齐本荣、王加利、侯启缘的积极参与和辛勤付出。张弥教授完成了全书的统稿工作，并对各部分章节进行了细致的修改和完善。导言及各章节撰写：张弥、齐本荣、王加利、侯启缘、刘宗涛。另外，刘宗涛在紧张的工作日程中挤出时间，全力协助完成了相关数据的核实和材料的更正工作。我们团队成员的认真负责严谨的态度、卓有成效的工作，为本书达到目前的水准提供了支持。虽然本书谋划构思时间较长，但是鉴于撰写时间有限、材料来源相对缺乏以及工作中的疏忽遗漏，书中存在争议与不当之处在所难免，敬请各位研究同人与读者提出批评和修改意见，以便再版时进行修改完善。

本书在出版过程中，得到了中国财富出版社的大力支持，在此一并致以诚挚的感谢。

张 弥

2018 年 8 月 1 日于大有北里